荆楚文庫

〔光緒〕黄安縣志（下）

〔清〕陳瑞瀾 陶大夏 修
〔清〕吴言昌 王儀吉 纂

荆楚文庫編纂出版委員會
武漢大學出版社

閨範上

閨雎爲風之始安常處順以賢淑稱上也不幸或未嫁而守貞或已嫁而守節甚或禍生倉猝變起非常觸白刃而不辭凛清霜而難犯皆足羽翼綱常儀型巾幗故就前志所載及所舉報者備録之志閨範

孝婦劉氏二尹王國任妻太保莊襄公從姪女也父天成與任父珍同遊郡庠相厚善因有婚姻約而莊襄公配王夫人爲珍從姊以是劉襁褓莊襄公即主字王生氏甫六齡而任母熊殁氏聞訃鎮日啼泣不食

嗣毋值熊忌辰輒哀慕悲涕既笄歸王其後姑爲陶劉事之甚得其歡陶視劉亦不啻所生子婦任以歲薦肄業南雍劉從逾年婦姑相念俱至成恙任壯歲無子劉寄置側室進御乃生子三錫撫之如已出稍長督教惟嚴遇諸姒和而不狎於諸姻黨里鄰咸以恩禮接前姑熊之族中衰而窶歲時周䘏之家臧獲甚衆馭之肅然無敢犯劉後病三錫方就童子試劉念曰第得兒列黌序吾目瞑矣三錫果補弟子員劉含咍而逝時隆慶壬申歲也

李淑人耿鳴甫大振配也靜重寡言笑事姑秦孺人至孝姑性嚴急微拂意輒怒且撻淑人敬受之終身無怨懟姒第三子將娩晨猶受撻含淚井汲歸亟入室而子誕即耿恭簡父也性廉嘗乞茗於世姑中有遺金遽以還尤樂施族里娶孤之貧者常待以舉火時耿氏中落淑人勤苦治生僅足自給猶省約以爲施與屬纊時强起沐浴更衣而逝年七十有一誥封淑人

秦淑人耿靜菴金配也子四定向定理定力定裕事兩

世尊人以敬遇諸姑姒以和每夜勤女紅令諸子讀書於側課熟乃許寢子所交遊必嚴爲分別見孤娶貧者輒賙之歲大祲減食輟哺以分給族屬之不舉火者大疫則施湯藥全活無筭長子延西夏有持千金求薦者靜菴公已遣之入告淑人淑人愀然不樂聞已遣乃色喜後就養於督學南畿署中布衣疏食無異寒素諸子婦勤織紝躬炊爨婢無常主兒無常毋淑人之化也卒年七十三誥封淑人

淑人彭氏耿恭簡命婦也初歸耿時婢僕寡一切自爨

淑人躬之及仲娌歸姑令更番日值淑人日娌初至
且孱弱奈何苦之作苦如常静庵公爲官錢窘淑人
奩中有數金取以授姑姑喜且泣曰婦貧家女奩中
止此乃以佐公耶恭簡從昆負債繫獄恭簡盡括淑
人衣笥奩具代償淑人無難色後隨恭簡任未嘗購
一服飾布服糲食以迄白首其於貧安之矣諸從子
自嬰孺即相依及往來兩都則牵裾涕泣強欲與俱
不知有已母也年六十二卒京邸誥封淑人
魏恭人太守鍾青巖妻庠生采和女嫻禮教年十八歸

鍾孝舅姑和妯娌青巖方讀書不暇治生恭人勤紡
績以供膏火鍾有孤女數人襁褓失怙恃爲哺乳鞠
育後適各門有孤姪數人亦依以養時流氛肆虐毋
多流離失所恭人恒保護之青巖既貴顯恭人隨任
裙布荆釵子女輩皆不令習紈袴性温和御下以慈
無疾言怒色未逾年即思歸歸未幾而卒贈恭人
李孺人者瀘州刺史李長年女也幼聰慧伯父大冢宰
李長庚鍾愛如己出五歲時誤墮入金魚水瓮中端
坐逾時若有浮之者然衆皆異聲適鄉賢盧爾悌發

奩極繁盛漠不介意惟執婦道敬夫子如賓事舅姑
以孝冢宰公曾以一珠助奩價不貲侍婢偶失鑪中
懼責孺人曰物之成敗有數焉不之咎歲辛巳邑大
飢爲典簪珥服飾約數百金易穀以賑生子九甫成
人即督使勤學不十年二子同舉於鄉一成進士迨
夫死尤不令與外事督教如初故其子登賢書者又
二成進士者又一其餘則皆食餼列明經目擊孫曾
三十餘人壽八十終封太孺人
黄氏學博盧之標妻也姑周氏沉痾氏親湯藥經月衣

不觧帶私嘗姑糞朝夕禱天願以身代姑死復甦竟
延壽一紀明崇禎壬午七月初六夜流賊襲陷安城
周罵賊死夫赴省鄉試氏歸寧毋家聞訃奔喪哀毀
幾絶持長齋終身卒年六十有二
梅氏邑庠生耿成宗妻明甘肅巡撫之煥女孫也幼習
詩書閫内則及笄歸耿事姑以孝夫中年染疾氏脱
典簪珥醫治之生二子不假外傅自課甚嚴婢生子
夫以其出身微賤不欲畜子列氏曰母以子貴子不
以母賤也白之伯叔長諳入雁行氏自爲文以紀其

事餘產照三子均給閭里族黨咸頌其賢德云
樊氏郡學博樊維獻女邑孝廉盧爾惜妻也父以殉節亡兩兄先逝遺姪樊永大復歿家資累萬樊之族將立氏中子而嗣焉氏泣謂其夫曰父死之謂何而乃因以爲利乎與其夫擇立樊屬戚以繼其祀父所遺悉歸之事孀姑以孝聞姑病通身痛楚藥寡效摩其患處則少間家人皆不省惟氏摩之輒中因日與姑同寢處以手摩不少輟閒則爲之進饘粥滌裾褕焚香籲代越三年姑蹶起夫以賢孝廉居井里事無大

小皆就决客嘗滿座氏主中饋咄嗟立辦甫于歸夫初不知其識書也偶吟蘇若蘭織錦廻文詩間遺忘氏悉記憶立誦三十餘首夫客京華十二載子六人皆氏自課卒年六十有七
李氏鄉飲賓江澍德妻也性溫惠相夫子以敬處姻婭族黨無失禮好施與一時鄉隣之貧乏者多賴焉叔氏某幼遭橫逆鬻產殆盡猶不得理氏爲急請於夫罄所藏以禦侮後某以忤權貴意將被逮氏爲籌之使遁而屬其夫代爲辯叔亡在外幼妻弱子賴以相

依有偷兒入其居昆季皆被竊氏獨無恙後氏疾亟舍猝不能辦殮具姑年八十素鍾愛氏以其制櫬與焉氏固辭待其子別市至乃瞑子南才列邑庠次南錦隨氏卒孫十人俱能文
韓氏吳維楨妻明經吳尚之嫡母也氏初艱熊夢納尚母周氏生尚後氏亦生二子飲食衣服如一且謂尚能讀父書待之加厚及尚餼於庠尤不勝喜夫卒慈愛教誨終身不懈
盧晟妻秦氏年二十而寡遺二子矢志撫孤教以義方

皆有文名多懿德喜施捨康熙十八年隣有周氏婦貧且病饘粥不給子絕乳哺氏日餽以升斗母子皆賴存活次年歲大祲氏與母王氏出其織作市米二十石以賑鄰里之窮餓者有張氏者鬻身葬父氏焚其券助以千錢至今頌義無窮焉
程氏劉任妻生員劉之驕嫡母也氏出黃岡望族年及笄歸於劉以孝順稱操井臼勤紡績佐甘旨不少缺中年尚未有子乃徧置妾媵七人爲劉氏似續計晚得驕撫之如已出驕有疾則晝夜祈禱疾痊乃已夫

歿驕甫九齡爲延師課讀無何氏亦隨歿騎後列膠
庠皆氏之力也

張氏鄭思孔妻也事後姑王以孝聞王病篤割股奉羹
以進王旋愈年八十卒邑令向公贈以額曰闔孝可
風其子君昭亦屢積功德重建苦修橋

吳持權妻汪氏年二十五夫因貧遠貿翁姑年邁氏勤
紡績以供朝夕三十餘年無少間翁姑歿夫卒於外
氏喪葬如禮族黨賢之

何儒之妻熊氏性勤儉樂善好施族有寒儒恒資其膏

火力不能婚葬者脫簪珥以周之享壽百有三歲邑
令戴炯表其門曰西池鶴算併製聯以贈之

監生吳若傑妻韓氏生二子中年夫故事衰姑婦兼子
職撫子成人

邵陽訓導吳宏初妻耿氏邑庠耿宗邁女幼秉父訓經
史内典靡不淹通年十七歸吳勤儉自守中年夫逝
經理家政得姑歡心養叔姑卹寡媳訓子女暇則執
書史以考析疑義晚歲創定歲時家祭及族戚往來
儀則至今沿爲子孫法壽九十有六親見五代以孫

浒　贈孺人

訓導吳兆澧妻韓氏七歲喪母事繼母如所生視異母
弟如同胞于歸後孝事翁姑生平無疾言厲色隨夫
任猶箴紉不釋手疾中值夫病没強起執服哭奠隨
歿遺命以衰絰斂年七十五

知縣吳浒妻劉氏澧州學政劉待女幼嫺内則于歸後
孝慈和順内外無間言隨夫任勤儉自守每訓其子
曰兒輩爲宦家子當不失爲儒家子汝父蒞事寬仁
詒子孫福厚矣

吳孝女增貢吳大築之三女質沉静幼侍父母愛敬倍
至父南遊吳越歸日以筆墨應酬女侍奉罔懈父歿
女一慟惛憫隨咯血竟以哀毀卒聞者傷之

生員吳緒妻李氏年十六歸吳慈和孝順娣姒咸矜式
之夫歿撫幼孤教養兼盡以孫中理　贈孺人

歲貢吳之瑞妻劉氏舅姑見背夫遠館恒以雙親未葬
爲念偶有術士謂屋後可隂宅小豐閣之以告氏嘿
識之俟夫歸遂厝焉惡刀筆嘗以誡其子其後科名
相繼氏與有力焉

吳文煒妻耿氏生員耿昭普女聰慧知書于歸後孝事
孀姑和睦兩姒子中理未售時嘗吟詩見志曰荊布
荊釵四十秋蕭蕭白髮雪盈頭慇懃詩禮貽堂構莫
也兒童夙願酬又小調有萊衣何日舞瀛洲遂我平
生願之句夫易簀蔣氏亦病力疾哭歛翼日遂自盥
浴更衣而卒以子中理贈孺人以長孫性誠贈宜人
知縣吳中理妻盧氏于歸後克勤婦職從宦三十餘年
多所贊助聞扑責輒愀然不樂布衣蔬食衣裳恒自
澣洗誡子孫及諸婦毋習奢華卒年六十以子性誠

贈宜人
知縣吳性誠妻孟氏大定守孟正笏胞妹也沉默溫厚
淑慎端嚴事舅姑以孝舅姑歿哀毀欲絕見貧老者
必賙之年四十卒　封孺人 [illegible]
吳兆揆妻王氏貢生王時鏡女年十七歸吳佐理內政
井然有條中年夫逝教子孫嚴謹子家英履亮若鴻
孫東昱東昇東昊東暹東晟東晨均庠生孫東昊妻
李氏于歸甫一月而昊歿矢死靡他後值姑病氏兩
刲股以進姑立愈撫嗣成立人咸以爲能禀祖姑懿

訓云
進士吳應庚妻戴氏少聰慧長通經史書數隨夫任內
助之力居多常訓子姪以忠孝壽八十有七
增生吳楚湘妻王氏未于歸即以孝女稱迨適吳姑逝
翁老奉養罔懈毋家有老婢念幼曾乳哺時以紡績
羨餘遺之遇困乏者必賙卹其仁慈類如此
吳如瑁妻虞氏于歸後克盡婦職年四十五猶無子以
紡績餘資陰行善事五十忽舉一子目睹成立克振
家聲年九十卒

孝廉阮昌綸妻楊氏陂邑太學生世傳之女年十五兩
次刲股以愈毋病于歸事翁姑以孝聞年六十有四
孟存謨妻張氏東光縣令應瑄母也夙嫻姆訓治家嚴
肅子弟進退必以禮愷惻仁慈婢僕童稚罔不曲加
體卹年九十終　贈孺人
孟應瑄妻劉氏仲憲之女荊州府學司訓之春母也生
而恪順動遵禮法于歸事舅姑以孝隨夫之任內助
稱賢凡賙貧乏修橋梁皆樂爲之　封孺人媳江氏
之春之妻亦知書識大義克承姑訓無愧焉　贈太

恭人

孟道玄妻江氏庠生九般之女溫惠和順壼範素嫻勤儉相夫持家整肅課子正麟正芴嚴慈備至賢淑之稱內外無間言　贈太恭人

孟唐氏庠生士衡女優增生道益原配也賦性柔嘉持躬淑慎早卒繼室耿氏婺源知縣昭震女敬戒無違柔順貞靜先後均以母儀稱

孟劉氏歲貢敬占女候選司訓道沅妻也溫惠慈和善持家計生子正樾夫婦相繼夭撫育庶子如已出寬

以逮下有樛木之風焉

孟聖揆妻熊氏副榜春梛毋至性肫篤痛姑青年苦節孝養備至姑有疾晨夕侍湯藥不少離夫病垂危追無計欲以身代夜閉戶將投繯旋聞犬吠門內若有私語者因轉念身死而夫卒不生子女何恃乃焚香默禱割左股肉寸餘作羹以進夫飲訖熟寐達旦病脫然如失延壽一紀

江鳳翩之妻庠生韓黃女也適江夫兄貧窶氏佐夫養姑凡親朋慶弔及夫姊妹粧奩皆出簪珥服飾助之夫性剛方恒觸時忌每婉言勸解或謗毀至則匿不以聞晚喪明長媳鍾氏侍奉惟謹一遵姑範鍾無出勸夫納妾生子撫愛備至家有操作嫡庶均勞逸焉韓卒年九十二鍾卒年七十六以上賢淑

胡氏乳名黑女灄源里人明正德七年流賊掠浮光而南至兩河口掠得胡氏二女黑女次女也年方及笄賊悅其姿欲汚之女抗節不辱賊令羣婦密誘之曰女從則極富貴可立至否則虀粉矣女曰已聘某氏予死則死耳富貴何羨賊取刀斷女足趾威之不從

賊復斷女手指女不從如初賊怒遂刃之槀埋萬歷二年知縣應存初始表其墓

周氏光祿吳士伸繼配也世爲西陵望族生而端凝不茍言笑嬪於吳事孀姑至孝凡滫瀡紉箴之具必身親湯藥必躬嘗絕不假手婢媵夫學之膏火則典釵釧佐之家不素豐性樂周人之急雖飢寒切身弗顧也愛子若掌珠竟未嘗以姑息弛丸熊訓侍側室有樛木之仁撫支庶若鳴鳩之德焉隨夫宦金陵以姑櫬未殯趨假歸嘗叜寓居風水山寨賊環攻水盡糧

絶氏曰事勢若此總一死以完我節遂投繯遇救復甦賊入執之罵曰我夫受爵朝廷我爲命婦恨不能執利刃殺汝汝死且無日敢執我耶言訖罵不絶口賊怒碎其首其子收殮遺骸見氏顔色如生邑人上其事撫軍賜額旌曰閨閣完人將題請旌表會疆場多故事遂寢

王氏生員秦瑗妻明崇禎乙亥歲正月初七流寇掠北鄉執其姑氏奮身往救以頭觸賊罵不絶口賊擁之馬上批賊頰賊怒殺之投其屍於塘水盡赤又生員

秦珩妻適秦甫十月避寇山寨寨潰姑被執同其姒李氏往救罵愈烈賊刃斃之毫無血痕後殮神色不改

王氏生員韓璣妻也幼嫻禮法旣適韓克盡婦道内外交譽之時流寇充斥氏自矢曰吾輩從一而終倘爲賊獲有死而已常懷一利刃以待及賊攻砦砦潰氏爲所獲將携去氏紿曰我旣被擄又安適歸隨去耳但兩黄口女幸借提挈賊信然乘間拔刀自刎而死學使者王公爾祿爲詩敘以旌之勒諸石

韓琮妻王氏庠生王三輔之女也幼通書史嘗刲股救母以孝聞明崇禎乙亥歲賊襲鳳水山琮父子俱被害氏亦傷重創死而復甦兄弟舁入城調治旣痊時年二十九誓不再適居韓惟破屋數椽瘠田數畝上無所依下無所托惟一婢女自隨辮紝終日以供衣食間閲古烈女傳及釋道書足不出戸庭者四十五年而終

周氏武舉盧舜臣妻也性孝友樂施與當歲大凶氏傾倉賑飢自甘薄粥後値大疫施藥餌以濟閭里賴存

活甚衆明崇禎壬午年七月初六夜流寇襲陷邑城婢僕奔告曰盍行賊將至氏叱曰若獨不聞女子不出閨門訓乎危坐室中賊入氏罵不絶口遂遇害

周氏王有永妻方寇亂之際常語其夫曰時事阽危如此女子之身名節至重非獨不可辱於賊並不可死於賊也及聞賊至先自刎死

李氏王嗣杰妻也夫婦入山避難遇賊於道夫被刃佯死賊艷氏不忍加害百計誘之上馬氏罵曰爾賊殺吾夫恨不殺爾取心肝奠夫前以雪吾仇安能隨爾

去邱賊怒杖殺之乃去夫璉終身不再娶

黃純武妻吳氏通山教諭吳棨之女甫三歲便知別男女凡嬉戲禁家童年相若者不得入儕隊佩環琢玉氣象固殊矣長適麻邑庠生黃純武賢聲益著甲申五月以歸寧來安時流寇餘孽猶蹂躪豫楚間一日賊暮至舉家驚散氏獨與一婢匿樓上賊將逼樓氏謂婢曰吾義不受辱惟一死以謝父母遂引石自碎其首血尺僵仆而死時年二十七麻邑諸縉紳聞之多有爲詩以弔者

程氏李袞章妻也賊陷邑城氏匿胥井中賊入室執袞章縛之將加刃氏憤極從井中躍出大罵逆賊以身覆夫賊怒刃斧亂下被數十創罵不絕口氏死而夫竟得脫

無姓烈婦者明崇禎丙子歲經賊後有婦反縛於邑南彭氏之庭柱上不爲所辱而死卒莫知其誰氏婦也嗟乎板蕩之秋疾風勁草烏可不深嘉樂道以見一腔熱血爲淡月之遊靈哉惜其姓氏湮沒徒令人扼腕浩嘆不置

姚覲一不知何里人有女年及笄美姿容爲賊所獲豔其色欲犯之但見衣裙綴結縫紉甚密故知女之自防者素矣乃使營中女子以密語誘說百端不可利刃脅之不可始褫其衣縛其手足令兩力士左右夾持思一獵而甘心焉女喊聲震地曰我姚覲一女已許人義不受辱展轉顛撲至於折肱毀體終不可近賊怒支解之旬餘面色如生噫孰謂草野中無奇女子哉

河邊婦者當明末流氛之亂爲賊縛馬上將渡河奮躍

大呼縛斷賊急持之嚙賊賊負痛乘間拔賊刃自斷其頸未絕賊猶持之遂躍入水中水從口入血自喉湧刀痕赤裂黑髮漾波見者不寒而慄時文學耿遠倩被執目擊傳於人云惜逸其姓氏爲遺恨耳

彭女邑庠彭世濟長女也許字司理盧經年將及笄適賊至岐亭屠馬埠頭一方震恐世濟携女逃於月山寨中賊至女持刀欲自殺父止之曰姑且緩賊攻益急女以墨塗面蓬頭易足穿藍襖以舊青布衣襲其外遍體密縫長呼一聲曰天遂自刎父置之亂草中

寨隨潰盡屠之溺水死者半存者不過十餘人世濟入水恍如其女牽之而渡者遂得生次日始具棺殮邑令李元玉旌之曰閨烈

石麟趾邑庠生早歿妻樂氏齒更少抗志苦節撫子正嵩女喬大成人正嵩娶媳李氏抱孫各作礪喬大亦年將及笄值賊氛蠭起樂氏偕子女及媳竄避堡寨遇賊逼近持刃奪喬大樂氏救女罵賊死嵩奮擊賊伏母屍哭罵又殺死喬大被賊繫馬上乘間拔賊佩刀刺賊目賊怒又支解之時李氏携作礪匿藪澗中

三日不食僅得免收三屍歸葬艱辛困苦撫作礪成立補弟子員且援室生四孫無何賊氛又起李氏被執亦以罵賊死傷哉一門之內前後死節者四直與日月爭光矣豈第彪炳史策哉

張氏李子方妻也夫鄰有木匠祝子昂者子方曾借其斧鑿整理犁具昂瞰其夫出遂借討斧鑿爲名入氏室欲姦之氏扭喊抵死不從被子昂斧鑿交加而死昂逃匿旋緝獲始伏誅此前令劉公承啟事也

祝烈女許字程國泰泰貿易于歸德期有李亞言謀娶之術女母同至伊家逼成婚女執不從自刎死附葬程氏祖塋雍正六年　旌

庠生戴應龍妻李氏崇禎八年流賊突至執應龍氏罵不絕口與夫俱遇害

劉氏夫丁遂早逝守節三十餘年明末賊衆數萬由楚之豫路經安邑氏居李泰寨被圍知城必潰欲先自裁家人泣持不許寨旣破氏獨自扃戶固閉將雉經死賊已擊戶聲甚猛叱賊曰我節婦不可以面目見賊遂投繯賊碎戶入義之觧其懸乃以頭擊賊賊怒

羣刃並舉氏罵不絕口身受二十刃而殁死三日賊去收其屍肉尚溫先是所居村有虎每夜伏屋側犬吼大木無故連拔數株及遇害家二犬守其屍數日不食死子斯昌庠生時簡廩生氏爲不泯矣

王風漁妻孟氏夫以牽連繫獄家貧百計營求冀夫出獄因乞債於鄰爲強盜所逼殺乾隆丁未年蒙

恩䘏　以上烈女

葉氏選貢彭鴻功之妻兗州太守繩祖冢媳衡州教授自巖長女也初歸彭事舅姑以孝稱勤紡績助夫子

讀書歷寒暑無間夫膺選薦北上以教習留雍逾年疾卒訃至氏哀號慘怛潛投於池覺救得免櫬旋之日携三子環泣左右欲啟視衆阻不獲寢苫樽旁須臾不離營葬畢迎主至中堂事之如生出入以禮自持内外肅然教三子嚴而有法長之英爲名諸生次之華之蘊皆能文

趙氏國學鍾應造妻生出名門長歸宦族勤儉自持夭死氏欲與俱死值隣嫗救方甦撫育遺孤飲冰茹蘖撫子裕淑雯齡卒能成立克紹家聲

李文華妻張氏年三十六生有四子夫殁甘苦食貧能矢和熊畫荻之義俾諸子皆得孝弟力田不敢惰棄迄於有成斯亦壼德之足稱者卒年六十有九

歲貢呉大崧妻周氏孝事舅姑和睦娣姒氏本巨族而荆釵裙布若貧女然長孫克塤早逝婦韓氏矢志自守嘗刲股以療姑疾可謂節孝兩全矣

戴克勤妻董氏年二十適戴翁姑俱喪家貧如洗越三年夫殁無棺氏亦自盡後二日氏母來見兩屍在室哭甚哀氏復甦語母曰壻無棺女之罪也母宜節哀語畢而絶

彭氏耿大賓妻也賓卒時彭年二十六遺孤二彭抗志撫之苦家窘不能給朝夕賴族伯教授公高其志操時時分俸賙之年六十六歲終自新寡以迄白首家人未嘗一覩其齒笑居常凜凜若鐵面然族里婦女瞻其容儀者自生嚴憚也郡守慈谿孫公光祖檄表其墓

王黄氏王惠妻也甫笄歸惠夫嘗役於外氏獨居敬養舅姑得兩尊人歡待諸姒克諧以和居五年惠旅會

城久不返舅姑以嗣續爲念遣從之寓省一夕而氏不安於闈闠旋歸歸而有身後舉一子甫週而惠殁氏時年二十四耳惠疾亟時以氏年少囑母再醮之氏聞持其孤向惠泣曰君疑妾矣妾不難以身殉顧妾與君俱死呱呱者將誰依耶惠泣謂母曰兒故知婦無二志第不忍重苦之耳今云爾聽之可也惠既殁號慟幾絶既忍死勉襄其事後卽屏居一室含哀繴絍以撫其孤至老不服紈綺疾不用醫藥曰嫌其診也亦不用禳曰吾天年果盡幸得從夫於地下幸

矣鬼神必不妄譴我也年八十二終氏嘗得一觀音
大士像祀之謹每家人疾病休咎卽見之夢預知之
抑其志潔行芳將鬼神可質也撫其子旣成立復撫
教其孫曰三顧應萬歷四年歲薦曰三極登巳卯鄉
試賢書
蔡氏三節婦皆奇女子也先有張氏者儒士張本女年
十六適蔡純仁踰月純仁死喪盡其禮服旣闋有慕
而聘之者斷其耳藏笥篋中以示不渝奇矣又有徐
氏者適仁弟蔡純信踰年純信死與張稱雙節焉及

服闋亦有託其諸妯而探之者氏卽憤曰汝不樂吾
之有耳耶卽往取刀自割探者急抱得觧則又奇矣
邑令應公黎公置附近田二石建祠以永其祀越八
世後復有蔡毓哲之妻周氏者適哲未二年夫死其
貞烈與前二節無異其貧苦視前二節尤甚撫姪爲
嗣姪稍長能耕始不絕食年八十卒曠觀前後一門
三節則又奇之奇矣
張氏孝子王威妻也威幼失父母從父時瑩撫養之瑩
與其媪多病卧榻者十餘年威與張百計調護張澣

滌涸溺無難色媪病後思肉食張猝不能具皇皇然
傾貯粟市鶩歸烹以供欲盡之恐益疾四分之藏其
餘以待不時需孺嬰在側涎垂垂不得一染指焉啼
則鞭撻驅之戶外會瑩與媪後先卒威亦隨卒子纔
八齡威臨終語張曰吾死若必適人家且貧是孤安
恃與張泣曰是何言哉夫天也天一而已妾本願從
君地下徒以此孤苟活人耳矣死靡他終與孤相爲
命也威伏枕謝曰子若是吾瞑矣時年僅廿餘守一
孤兒以爲命每雷雨夜患其震驚魂兆號慟尤悽家

益落朝鋤夕紡數十年如一日邑令扁其閭曰節孝
粟氏彭守則之妻也氏家世書香多篤行故氏幼稟父
兄之訓年十九適彭進止必以禮姑姒皆懽之夫遘
羸疾將就木氏誓以死殉夫曰死易耳汝若生吾乃
不死遂卒氏一慟幾絕繼而曰吾不難殉夫子死而
難背夫子之屬我生也取夫弟之子爲嗣勉終喪事
營葬後每歲時嗚咽兩袖斑斑血淚痕聞者傷之家
益中落二鬴不供之死靡他侍御周公家棟曰古今
以節顯者代不乏人要之或一瞑而不回或遺孤其

堩託孰有一綫俱泯片語邱山飲血茹荼四十餘年如一日若氏者哉乾坤之所鍾洵非偶然矣

張氏王世亨之妻也夫早死無嗣姑又喪翁時年七十餘欲奪氏節強之嫁氏曰下不能爲王氏續宗祧上又棄其衰老之翁人將不食吾餘矣遂抗志守節撫其夫之弟至於成名朝夕奉養衰翁始終無間翁九十七卒氏亦以全節終

鄭氏邑庠生彭承芳妻也父孝廉彭台早世芳亦殀遺孤甫十月氏年二十六守寒士殘家耕耘餬口嘗遭

儉歲併日舉火終歲不製衣極人世不堪之苦氏獨甘之無所怨尤五十年一如初志教子德禎入庠序薦紳韋帶頌歌之上憲邑侯旌表之人謂彭台與耿恭簡倡明理學學士景從其家有貞節婦宜矣

王氏三節婦者鄭氏王世臣妻年廿六而寡遺孤方一週後十三歲夭其嬸方氏世臣之弟世巨妻也亦廿六而寡子正極六歲鄭與方先已析居十餘年矣至是復合居一室共撫孤子迄於成立補弟子員當道上其事勅下有司歲給廩以終其身後正極又早逝

妻秦氏年廿五三子幼秦苦節自矢孝事二姑克教其子子道父道一身兼之嗟乎一家而三未亡人三未亡人而相繼一世二世歲時伏臘風雨晦明幽苦相對何凄切也

董氏年十六適秦尙朴五載朴卒遺孤環甫二歲女僅四齡耳氏悲號慟絕時翁姑尙在堂皤然兩鬢年俱六旬外謂之曰代夫養親不猶愈死從夫子耶氏從其命拮据朝夕以奉二老菽水視夫在之日尤加敬愼及歿含殮棺衾無不竭力盡禮教子義方寓嚴於

慈貞操閫訓鄉里皆化之卒年六十其女爲耿恭簡母恭簡爲立貞母祠永祀不絕焉

耿氏恭簡公女周之復妻也年廿四夫歿子女俱幼腹尙有娠氏痛哭垂絕願以身殉姑解之曰若念吾兒亦念吾兒有垂白之母乎氏泣曰吾以其心死死者姑以其身生生者乃客斷一梳破一鏡置夫棺中稱未亡人三十載事孀姑以孝聞年五十四卒卒之夕召其二子曰吾向曾斷梳破鏡以殉爾父存其半以待今日曷取以殮言訖而逝女二一適王氏罵賊投

非死一適詹氏早寡守志死

劉廷評妻黄氏年三十寡生三子皆幼及長教之讀書夜則一燈母績子讀車聲書聲如泣如慕遠徹墻屋聞者莫不嗟嘆時夫柩在庭氏每事必告鄰有失火者比屋皆焚將及氏家氏伏柩大號願以身殉隣媪急持之終不動哭聲益哀火然屋忽熄榱桷半燬年八十卒邑令蔣公旌其門後室被賊焚惟額獨存如故

馬氏葉明之之妻也年二十二歲夫故遺子二歲矢節

撫孤有議再醮者則斷髮破面茹荼三十年邑令楊公嘉其志扁曰苦節可風年五十二卒子向華感母冰霜抱恨終天廢寢忘飧持齋報本夏以成疾三十四歲亡妻方氏年踰三十能繼姑志撫歲半藐孤子至於成立年六十卒

鍾氏徐國善妻也年廿八夫卒苦節撫孤迄於成立且饒智力內振家聲外彌侵侮人稱女中丈夫當道屢旌其門宅近通衢至今行李往來者咸指爲徐節婦宅云

孟淮妻余氏名家女也少嫺內則長適孟門無舅有姑孀居萱室氏事孀姑色養備至年二十五夫淮沒遺二子存誠七歲存謨三歲慟夫早逝誓以死殉姑曰吾食蓼茹荼忍飢待子不幸子死賴有孫吾之命繫於孫孫之命繫於汝汝若捐生二孤無所倚吾命休矣氏乃收淚強起苦食貧此年不登旦暮績織養姑哺子猶不給又兵寇交訌一身衣紉百結不憚拮据課子年七十九老疾長子先喪惟次子存謨侍湯藥易簀時屬之曰從一以終吾得見汝父於地下矣語

不及他長孫應瑄以壬子拔貢教授德安郡次琮璜俱列黌序曾孫之春廩貢之夏太學生芝蘭馥馥所遺豈有盡哉

秦文實妻王氏隨夫遠舘寄居麻邑之東山僻壤不幸夫卒於舘遺孤子啟意年纔十三豪欺其孤寡欲奪爲妾氏知勢不可直拒姑唉之曰新喪在何忍以身許人少待期年可乎豪度其無能爲遂信之氏密與子計運薪柩下然之誤驚失火拾其骨於囊負骨携子夜行晝伏亂行山谷間輒逃所往有鳥前引道近

氏家始飛去歸葬夫骨於舅秦學部墓側時以全身異地計脫虎穴之苦泣教其子力學修品子啟意爲邑庠生鄉飲二次學品兩無愧云

汪氏秦際昌妻也昌十八入膠庠明年娶汪又明年病亡昌與汪同歲俱二十以隻影撫孤子琚芳五十餘年覩其遊泮且誕孫壽七十三卒琚芳泣詞云琚未生前七月失所怙始生生母桂氏亡嫡母汪氏和丸畫荻以教我我不知父知有母不知生母知有嫡母琚不孝無能以母節顯嗚呼若汪氏者可以風矣

趙氏名媛夫失其名早寡有子二俱少賊破風水寨入爭奪門走氏憐二子少出亦難全遂不出賊縱火焚寨氏伏二子墻隙中以身捍火火洞入兩腋傷二子氏終不釋手與俱亡士人哀焉每社祭必呼而酹之吁古稱鄉之賢有德者歿而祭於社女德亦何殊哉

周氏中和里人張信之妻事舅姑以孝聞信任俠抗直當官不阿年二十八早逝氏年二十六矣志內艱外患常以身捍之教子廷舉無廢業歲荒鄉有積粟不屑乞升斗一日斷炊所居有梨一株取其實蒸而食之茹苦四十餘年乃卒

柴氏者何邦文妻也適何無出邦文另娶滕氏婦置於別室生子應朝巳二歲尚未之知也年二十八夫病歿氏即以死殉家有老僕泣而請曰主人有子在安用歲生爲氏詢獲狀遂迎歸與滕並志撫孤常提孤耳以命曰兒能成令名汝父瞑九京矣孤奉命惟謹銳意攻苦崎嶇於兵戈搶攘中竟不得售復又勉之曰人患不種德爾苟種德不於其身亦必於其子孫也及氏見背草澤豪掠人子女以爲市應朝捐貲贖還者甚衆尤能貸人急輒焚其券初朝原配吳氏誕遜述逵三人氏躬紡績爲延師供具備極精鑿師德之寄語氏曰媼孫內慧非常予不能傳尋易師遜郎採芹食餼貢成均述亦冠道試軍逵後拔府試第一殤焉氏年六十五而卒獨呼遜曰予逝矣後有興者是誰責乎迨吳氏卒朝繼娶賀氏撫遜等如巳出生迪與通皆遜課以成名通於甲子登賢書第二成甲戌進士雖曰朝種德哉皆氏澤也

婁氏耿應福妻也氏適耿甫二載應福歿遺孤紹宗纔

歲週氏年十九瀕死者數次妯娌以姑在觧乃斷指截髮破面毁形以栢舟自矢迨紹宗出就外傅氏勤紡績以佐舘俸晝夜寒暑無間常自減膳供師必豐後紹宗補弟子員邑令諗氏賢節屢優奬氏泣辭孫與振能修品年七十舉鄉賓重孫思文三傑輩皆以讀書世其業康熙五十三年　旌

秦氏江至衡妻也生子一女一夫早卒氏年止念四撫子女誓不二時明末政弛族豪託差役覬産氏百計支持不爲摧折流氛猖獗氏避亂同姓西砦多欲逃

竄不守氏率衆家僮訓子弟曰與其獨奔遇賊死何如偕聚一處有險可恃乎衆因同心捍禦砦賴以全家道中衰專意教子有謂此非急務者氏曰人各有志以吾夫子從事詩書何遽使子改其業耶子成立忽夭遺孫將半歲命名密取李令伯念劉意也家益落依戚居城賣屨供食以教其孫及長列膠庠氏嘆曰江氏書香有託吾可瞑目報先人於地下矣年七十八卒嗚呼年歷兩朝撫孤二代天何黙助其籌算而深與以艱危也氏誠女中鐵漢哉

匡氏進士盧堯臣之妻孝廉盧爾愷之母以父宇坦公夢刺繡虎與夫姓首同文而遂適之也年二十九夫遘病瀕危衣不弛帶籲天請代卒不起矢死撫孤通尙書女箴雖崎嶇於兵戈窮餓中能不失其節使孤無廢學由拔貢登賢書尤慟其父見侮於豪隣含忿以歿出刃自銘其臂誓復父仇仇悸死有烈丈夫風焉居嘗危坐凜凜慴雜流優劇姻黨慶會不一至撫其兄孤子克家起祚完婢女舊盟焚從甥鬻劵類多懿行云康熙壬子歲廵撫董爲特舉節孝得邀

旌表年七十六夢夫築室期與居遂寢疾將屬纊猶引被覆其足而後瞑卒之先庭有乳燕忽一白羽子墮地殞邑人咸異之

耿應旂妻王氏庠彦耿淞之祖母淞父堅宗僅週歲而孤堅宗年十八入贅庠生淞淞生彌月父母相繼没賴祖母養育以成自厥祖應旂身後已歷三世蕭然一孀嫠撫兩世孤兒使耿氏之祀不絶如綫者氏之力也

謝氏趙士泰妻適趙甫三日夫暴卒氏哭泣七日不輟

舅姑父母勸之食氏謝曰我義不可活偷生非所願也是夕不聞聲啟戶視之已自經矣舅姑哀其節與夫合葬焉

吴氏韓宗孟妻也年十九夫殁舅姑皆早逝氏爲營窀穸撫孤廷敬成名由明經學博晋賓州倅越四載氏以節終敬子勳默杰勳默以食餼恩扳顯杰以潛德舉鄉賓杰生廷榮廷榮弱冠補弟子員適伯兄無兒盡鬻其先業榮贖還之以終其養伯感泣臨殁欲以榮之子爲嗣榮固辭乃别立嗣以其業歸之

熊氏程繼韶之妻于歸後事姑以孝年二十七生子之達甫兩月而夫卒氏誓以身殉姑曉以大義氏乃擯除服飾食糲衣粗與姑同寢處姑病氏奉湯藥罔懈姑殁哀毁如禮恒督其子力學爲邑諸生平居足不及户聲不出堂歲時伏臘宴會不赴内外井浴必辨男女出入必防家政肅然年七十三卒

吴氏夏以亨妻也年十六適夏十九夫殁遺孤僅六月值寇擾氏百計潛避以存夏氏之一綫保終身之全璧寇平紡績課子以壽終

徐氏其先中和里人徐方都女年十四適岡邑黄經緯父母不忍割愛遂家於安之灄源里緯年十三補諸生十四食餼傅學多奇行氏幼隨祖父官於蜀從季父授諸史日數千言且嫻保姆訓精習女紅舉止端莊與緯筆硯相砥礪八載緯卒遺孤二尚在襁褓氏艱難扶櫬以歸爲夫卜吉封馬鬣自爲文哭之併刻左股以自誓二孤親授教讀得列於庠以壽終

耿應元妻秦氏年二十四元卒遺孤二皆髫齡兵荒頻仍上無舅姑中鮮伯叔以隻身携兩孤逃避三角寨

氏恐難保自縊覺救始甦脱於難日益窘蓬首垢面拾秉穗以自給晝夜紡績爲兩孤讀書之費子皆成立卒年七十有四

程氏邑庠生吴之璘妻也幼嫻姆訓工鞶帨于歸得舅姑歡未一載夫疾卒水漿不入口矢死以從時姙身數月翁聞之遣諭再四父母亦以爲言始强起閲五月而生子曰瑚值土氛肆熖遭家中落流離瑣尾艱苦備嘗氏獨辟纑終夜課其子誦讀若嚴師遂以弱冠采芹旋食餼媳鍾氏早夭瑚義不再娶遺孫數歲

氏含飴鞠育以迄成人無何曰瑚卒氏亦繼歿孫八
鳳由邑庠入太學爲貞節之報云
吳氏邑庠生韓瑞璋妻也年二十而夫歿遺孤名世甫
月餘氏一慟幾絶姑救得蘇猶矢死以殉翁道諭再
三乃止仰事俯育苦節四十二年壽終六十三孫庚
寅以唐縣宰行取食報正未艾也
李極妻方氏夫病篤郎飲食不下痛絶數四及夫故大
哭觸棺而死年十九
謝如金之母李氏年念五夫歿遺孤僅二歲家貧翁姑

勸他適不從勤紡績教子成立苦節三十七年壽六
十二而卒
吳氏袁友信妻也適袁不逾年夫以足病莫能興侍湯
藥四五年卒不起年僅二十三撫嗣成立娶媳生子
五其長者入膠庠年八十一卒
葉氏胡光國之妻早寡遺孤承虞家徒壁立母家有強
以再醮者氏矢經會救得免撫子成立入邑庠年五
十卒
李氏麻邑李家宰之姪孫女適邑庠生劉銓甫六年而
歿舅姑繼喪年僅二十四矢志撫孤成立英年入泮
孫六人芳豪孫也以冠軍列邑庠
韓氏方遵義妻也年二十一而夫卒子幼家徒壁立疊
經寇賊凶荒氏之死靡他越十餘年子復故遺腹生
孫甫四月媳亦亡氏辛勤紡績以撫其孫又數十年
家道稍成目擊其孫生三子享年七十有七
葉氏劉漢簡妻也年二十生子宗璉未彌月而簡卒母
憐其少且貧令再適氏恚不答遂終身不復歸寧勤
紡績以養孀姑姑病醫藥飲食必躬親養姑外有餘

財即以贍姻黨之困乏者氏撫孤成立慈嚴並濟年
四十八以苦節終
張氏邑廩生盧纓之妻侍講希良長女也生而婉淑端
靜寡言父母甚珍愛之年十九歸盧姑李氏持家嚴
氏能執婦道常得其歡心處娣姒以和姑卒痛哭幾
不欲生未幾夫繼歿誓以身殉念遺孤在乃勉終制
撫三子潼漳滄而漳最聰秀不幸早夭氏以慟子故
亦致疾卒聞者傷之
郭氏程翥之妻性純懿年三十無子勸其夫納姬夫不

從氏乃密爲置篋室焉逾年舉一子甫週而夫殞氏痛不欲生念姑老子幼乃強起奉姑誠孝兼至姑卒喪葬如禮撫子如已出卒能成立

陶氏邑庠李天勅妻也年二十二而寡形消骨立竭蹶以奉姑晨昏定省無少缺歲歉多盜氏毎枕刀以寢期自盡盜不敢窺其室及姑没氏哀毀成疾以終

王氏庠彦李垓妻也初歸以紡績佐家計夫遘疾經年晝夜侍湯藥不倦夫歿哀毀絶粒足不出戶外姑春秋高好佛喜施捨氏婉容承順姑卒殯葬如禮教子

有成卒年五十六子列青衿

秦氏邑庠熊養和之妻年十八歸熊家貧氏歷試諸艱越三歲生子必遴甫四月而夫卒時烽火頻仍氏扶老姑攜幼子奔走崎嶇而甘旨無缺復值歲祲有少婦攜女偃卧欲絶氏推食解衣以活之姑没哀葬皆盡禮教子成立年七十二終

詹氏庠彦仁賢之女王定民妻也夫旣遊泮遂卒氏年二十五遺孤二俱在襁褓家貧氏躬操井臼以事舅姑日勤紡績以教二子苦節四十餘年其子皆補博士弟子年七十終

陳氏韓邦貞妻也素知書年二十而寡矢志柏舟撫遺孤成立常以大義訓之年八十卒子若昌孫馨蕙馨蘭俱列青衿

贈君吳之璜妻杜氏廩生天翫女也生而端淑父鍾愛甚甫笄適吳奉孀姑以孝姑歿夫以哀毀過相繼而殞氏年二十三撫棺搶痛幾不欲生遺孤屺瞻方在抱環顧皆無可托乃勉爲未亡人手口拮据撐拄門戶後屺瞻成進士筮仕隆昌迎養在署馳黄褒節光

寵逮未艾也康熙二十二年旌

吳氏郭士達妻姑暴疾卒家貧無以爲殮氏鬻衣釵以襄事夫亦隨病勢不起氏飮泣欲絶夫日予將從母地下所遺二弟一妹皆黄口無知汝能撫之成立予目瞑矣遂卒時氏年二十二有一子一女兩叔一姑俱幼一切飮食襦袴惟氏是賴未幾子殀叔患痧腥穢不可近氏爲進饘粥勤拂拭凡數十晝夜始痊嫁其姑奩具過於女叔婚娶皆如禮娣姒敬愛家政大小皆稟命焉以縞素終其身

程氏國學彭蒸妻也年二十五夫歿長子啟錢甫三歲次子嗣錢甫一歲孀姑年七十病臥床褥氏上侍湯藥下勤教育艱苦備嘗後兩子皆列庠序康熙五十三年旌

吳氏劉子裕妻年十七歸劉克盡婦道越五載翁歿夫隨故遺孤二姑媳母子相依爲命仰事俯育一身肩之苦節數十年而卒

王姚氏二十三歲孀守撫二孤成立長者生杜臣不幸二子俱早逝氏以一身艱難辛苦閲歷王門三世六十年如一日境愈逆而節愈顯矣

汪氏汪騰龍女也適徐某嫺女訓夫早逝年方二十有二矢志苦守時兵燹頻仍田園盡蕪藜藿不充而柏舟之志愈堅卒能撫孤成立歿年七十二子媳秦氏念姑苦節亦以孝行聞

鄒建武妻陳氏夫歿年僅念二撫棺泣血悽愴萬狀家貧惟勤紡績以教子卒致有成

李氏周維鼎妻也年二十孀居甘貧自守事姑及祖姑以孝勤紡績以教子節操孝慈兼盡焉

張一仲妻喻氏年二十二夫死遺子僅一齡或勸改適氏怒啞之家貧事繼姑以孝撫孤成立娶媳生子年七十餘卒

王氏邑庠王萬化妻麻邑庠生王正臣女也甫笄于歸生子綱歲餘而夫卒氏年廿四苦守二十餘年而歿綱生子國讓道行皆能文食餼膠庠人咸稱苦節之報

程氏十六歸王夫染疾脫簪珥爲湯藥貲朝夕不離側夫卒遺孤二哀毀悽切不履戶外時氏年念六有鄰家婦勸其改適氏怒罵之惟竭力奉翁姑勤紡績以

教子二子下帷攻苦爲名諸生偶鄰人因旱與氏家僕爭水氏戒僕曰寡婦孤兒切勿與人爭潛遣人灌水入隣田隣覺謝過又有盜牛者被執視之亦近隣人氏命釋之且贈布二疋賊感愧氏絕口不言至老不服色綺病篤不飲藥年七十二卒郡太守旌之曰節操金石後有孫媳二一秦氏二十守志一羅氏割股救姑節孝家風可振頹俗矣

張氏年十七歸楊自棟居五載生子一而棟卒薄田數畝張盡鬻以厚殯葬族衆疑其有他志微探之則斷

髮自誓族衆憐其意稍賙之踰年卽不受曰吾初以
夫故子孤一時難措辦耳今猶不自給愧未亡人矣
日夜紡績不倦家遂漸足復其故業且有餘財以給
兩姪孫之失怙恃者年八十餘卒

周氏生本農家女長爲陶璜次妻上無舅姑中鮮伯叔
生一子甫三歲而璜殁又兩載子復夭氏時年二十
磽田數畝不足供饘粥或以再醮勸氏矢死弗渝數
十年如一日焉

僉憲陶公孫女靜婉知書嫻於泰生子中理中實夫卒

年二十一抗志撫孤勤女紅力織紝以佐膏火後二
子俱補弟子員中理以明經考授縣佐中實尤敦孝
友信義固氏有以成之矣年七十卒

熊一鵬妻王氏年二十歸熊有悍僕三人執殺其夫氏
喊呼震地身被數創遇救得脫夫殁遺孤四愍愚不
了家事石田數畝半質予錢家衣食薪水亦缺氏犯
冒疾雖尫羸支床第猶勤紡績躬芸耨督兩子耕作
稍有餘卽出爲膏火資課兩子讀一日執剪爲兒繻
見其子舍業嬉怒刺之血流滿地性好施樂善尺布

斗粟時捐以佐橋路之修茶湯之濟訓其子若婦孝
友和睦年六十五歲而卒

秦子馥妻秦氏與夫同姓異宗也年十五歸馥方一載
而夫殁子女俱無家貧且寠夫族母族咸勸之嫁不
應惟勤紡績以奉孀姑日對靈泣三十餘年未之易
也姑嘗三抱疾氏卽三刲其股姑没復與其姑之寡
女共相守稱雙節焉

楊文岡妻萬氏年二十六文岡病殁氏矢志苦守撫孤
成立苦節終其身

耿氏邑庠生王以寧之妻明戶部主事耿應昌之女年
二十七夫故撫三子成名長子王岱次子王嶅俱不
永長媳秦氏年二十二幼媳張氏年十七同矢柏舟
事姑盡孝耿氏壽八十終

李氏庠彥盧緇妻年十九生子甫二月夫病卒氏慟哭
嘔血幾死翁姑解之始強起營喪葬惟勤紡績以奉
養及翁姑殁附身附棺罔不如禮嘗製棺以給鄉里
之不能殮者苦節五十三年子澤太學生

閨範下

張字神妻王氏年十九無出夫卒哀毁骨立水漿不入口父以貧窘難支勸再適氏以死自誓父知志不可奪乃止未幾薄產盡為族豪侵漁乃依父父歿與嫂共寢食數十年如一日嗟乎氏固苦節嫂亦賢矣

程氏邑庠生吳偉之妻孝廉之澍女也年十四歸于偉偉喜任俠輕財好施賓客接踵氏供給不稍懈偉病煩熱恒鞭撻僕婢氏每引過自責偉卒水漿不入口者七日尋死數次皆以救得甦古節撫孤教子入太

學女亦嫻內則皆晝荻之訓也康熙五十三年旌

程濂叔妻江氏庠生江衡女也十八適程翁姑繼喪夫哀毁成疾氏焚香籲天願以身代無何夫病卒拊膺慟絕誓以死從毋解之始強起蓬首垢面飲泣撫孤越十年子亦夭苦節終其身

張氏庠彥李如英妻也青年孀守撫孤成立苦節以終子掄列諸生

胡子和妻許氏年十九夫歿遺孤僅週歲孝事公姑撫子成立生孫二不幸公亡子夭媳又他適二孫亦相繼殤惟老姑年逾八十竭力奉養姑歿喪葬如禮苦節以終

江氏生員吳立嵒妻明經江惟清女也年二十適吳未數載夫故遺腹生子未週而殤矢志不二孝事孀姑姑卒喪葬悉以禮撫嗣子成立苦節終身

蕭氏學博蕭化龑之女張棠之妻侍講張希良冢婦也棠卒氏年十九遺一子一女子炳虒尚在襁褓氏痛不欲生翁姑止之因勉治喪事翁以仕宦遊四方氏勤紡績以奉姑甘旨無闕下逮幼姑叔子衣衫屝履

皆氏緘紉手製延師課子慈嚴並用康熙四十七年旌

耿氏邑庠生耿興行之女盧之極妻也適盧三載翁卒夫亦相繼歿氏方念齡無所出撫棺痛哭幾絕與毋族相距不遠終歲不一往撫其夫弟之樞幼子為嗣以苦節終

黃氏邑庠生馬文盛之妻年十六于歸盛素羸染咯血疾氏親湯藥衣不解帶者五年盛卒遺孤僅二齡氏仰事俯畜子克成立年十八入膠庠

彭女候選州同彭喆女也年十齡許字生員陶鏜之子

宗澍越二年澍患癱疾喑啞不能言勳鎧請於喆許女另聘女聞之遽剪髮誓死強欲歸陶入門拜舅姑執婦道侍夫湯藥澍卒欲以死殉翁姑阻止之鎧感其志爲告宗族曰女非吾兒媳乃吾子也照于姪行呼爲陶四兒凡家計女悉爲經營勤勞節儉以養翁姑立翁庚子之次男爲夫嗣教育有成前令劉公承啟表之曰幼知守節久愈全貞入室未成婚三十年依然處子爲婦供子職十二時克盡孝思志既凜乎冰霜操更同乎松栢誠山城之希覯而巾幗之偉丈夫也

梅氏吳氏皆董家婦也梅氏夫國學董承舒吳氏夫董萬瞻爲胞兄弟先後病殁梅與吳俱年少梅有遺子吳鮮孤兒妯娌同心矢死不二一門雙節人咸嘉之

吳文光妻黍氏年三十夫故教子成立七十二歲終

蕭氏吳光綸側室也前妻妾相繼卒遺子遵惟蕭鞠育慈嚴並濟克底於成

生員吳舞鳳妻彭氏十九歸吳未幾夫殁苦節終身

生員吳信鳳妻陳氏歸數年而夫殁立姪兆揆爲嗣守節終身

生員吳德鳳妻鄒氏于歸三載夫殁立姪兆振爲嗣守節四十年

吳彣鳳妻韓氏歸吳兩載生子兆潤夫殁撫孤成立苦節終身

吳遂妻陳氏十八歸吳歲餘夫卒投繯 旌表節烈

吳之璧妻秦氏年廿五夫故遺孤二撫育有成苦節至六十七歲終

吳應羽妻楊氏年二十歸吳生一子夫故苦節終其身

吳應洽妻盧氏年二十一歸吳生二子夫故苦節四十四年

吳姤琇妻曹氏于歸數載夫殁勉撫遺孤守節四十四年

吳宏泰妻鍾氏幼從父讀書通大義甫笄適吳善事舅姑姑殁撫兩小姑敬愛並至舅娶繼姑委曲承順得其懽年二十九夫卒遺孤五齡苦守四十九年而殁時兩小姑已年屆六旬爲之執毋服

生員吳鳴鳳妻鍾氏監生鍾斂來女年二十適吳不數

月夫逝矢志柏舟立叔氏子爲嗣守節三十三年著
有貞節堂小吟載家乘孫大椿曾孫亮爕均庠生
生員吳翔鳳妻陳氏陂邑拔貢陳城女年十九歸吳二
十三夫逝撫孤天成十八遊泮未幾卒立夫季弟湃
子大蓁爲天成後與伯姒鍾同勵冰操偶內宅失火
氏誤登樓覺有人推之下即抱夫木主以出人以爲
苦節之感乾隆辛酉　旌年九十三卒
吳貞姑監生吳人鳳女幼許字儒童盧文姑父早逝文
亦失怙恃無何文遘疾卒女矢死不二因聘爲位於

別室以奠奉毋孝養終其身
吳大枇妻劉氏房縣訓導吳兆澧冢婦也年二十六夫
逝撫孤成名孤歿孫幼復撫幼孫苦節已六十三載
監生吳大蓁妻萬氏年二十五夫逝遺孤八月撫養成
人邑令陳贈以額曰彤荻傳芳孫贈額曰慈竹凌霄
守節三十九年卒子星烺孫廷塏均庠生
監生吳大棐妻盧氏年二十九夫歿撫子東旭成立苦
節三十一年卒
生員盧澮妻吳氏邵陽訓導吳宏初長女初授書即通

大義十九歸盧三載夫歿氏屢殀未果乃強起爲夫
立嗣營葬畢形銷骨立越數月卒邑令九河劉公嘆
爲志同冰霜攝邑篆桐城姚士基旌爲奇烈著有冰
雪堂小吟皆夫亡後作也
吳鼎禮妻胡氏未于歸而夫歿聞訃易服矢志守貞請
於父母歸吳苦節三十餘年乾隆巳卯　旌表節孝
吳世棠妻陳氏年二十九夫故撫孤成立守節至八十
四歲終
吳應鍾妻方氏年二十六夫故矢志撫孤年七十八卒

吳鼎趙妻鄧氏歸吳二載夫被淹沒氏抱子沿河號泣
屍即浮出歸葬苦節撫孤卒年七十七
吳秉坤妻方氏二十八夫故撫孤成立苦節五十三年
吳鴻妻陳氏二十三夫歿遺孤八月矢志苦守並捐產
入祠後子超楚以拔貢任枝江教諭
吳宗信妻韓氏歸吳六年夫歿於水氏隨投入急救得
甦苦節撫孤至七十五歲卒
吳洞妻江氏歸吳五載夫與舅姑相繼逝僅一女相依
乃立夫兄子業雄爲嗣苦節三十餘年

吳若迫妻江氏廪生江源女歸吳一載夫歿撫嗣承暉娶婦張氏生子履泰僅七日暉又卒姑婦同勵冰操乾隆丙子江蒙　旌表節孝撫憲莊贈淸標彤管額年八十卒張卒年七十六子履泰庠生

吳秉興妻陳氏生一子而夫歿氏時年二十六矢志撫孤苦節三十七年卒

吳若熙妻張氏年二十適吳半載夫故遺腹子大斫家貧苦守撫孤成立娶婦劉氏生子業俊歲餘斫歿劉年二十四遺腹兩月復生子業億隨孀姑集蓼共矢

及業俊娶婦方氏甫婚三日而歿方以身殉屢爲姑救免乃立業億子克瑀爲嗣張壽八十劉壽八十六方年今六十二前令李贈三世冰操額

舉人吳恢聲妻虞氏年甫笄歸吳夫捷鄉闈氏無矜色夫歿自經覺救得免時年二十一終身淡素撫子成人苦節至九十卒

儒童吳贊化妻周氏年十九歸吳明年夫歿撫子文耀英年遊泮孫獻章廪生

吳丁鳳妻何氏歸吳二年夫故撫遺腹子苦節六十餘年壽八十四

吳伍鳳妻虞氏年二十六夫故家貧撫孤成立苦節已五十二年

吳兆灘妻韓氏歸吳數年而夫卒甘貧守志撫孤成立苦節四十餘年孫業耀廪生

吳兆鉅妻黃氏二十五孀守遺孤匝月撫育有成苦節五十二載壽七十七

吳兆硯妻董氏青年孀守矢志撫孤苦節五十餘年岡邑太史萬年茂贈節孝長輝額

吳兆潢兆沆兄弟早年相繼没潢妻耿氏時年廿九無子沆妻秦氏時年廿三有子二以次子爲潢嗣娣姒共矢柏舟撫孤成立耿七十一而終秦七十七而終

吳兆熠妻韓氏歸吳數載夫歿遺兩女姑老病氏甘貧苦守事姑嫁女孝慈兼盡以貧極未立嗣年已六十有五

吳如岡妻韓氏二十適吳數載夫歿撫孤大智成立娶婦祖氏連舉兩孫智歿祖年二十一隨孀姑苦守韓六十四卒祖七十二卒

吳兆泌妻韓氏青年孀守撫孤大仁娶婦秦氏舉一孫仁故秦與孀姑苦節以終
儒士吳壎妻耿氏二十二歸吳四載夫故苦節至七十四卒
儒童吳來學妻王氏明經王時鏡女二十二歸吳五載夫故守節至八十六卒
儒童吳溶妻姚氏于歸一載夫歿柏舟自矢立夫兄三子爲嗣翁姑均年逾八十奉養不衰氏年今六十
吳顯烈妻王氏青年夫故矢志孀守

吳業華妻歐氏青年孀守年今六十有二
吳業鑑妻鍾氏于歸六年夫故家貧撫孤克爗成名年今七十
吳業鋭妻王氏青年夫故甘貧自守苦節已三十餘年
吳大惠妻李氏年三十夫歿紡績度日苦節終身
吳大梠妻劉氏青年夫故撫孤成立苦節已三十九年
吳大栩妻范氏十九歸吳逾年夫故遺腹生男家赤貧紡績以奉翁姑翁姑歿典衣營喪葬苦節四十餘年
吳大森大楙兄弟相繼逝森妻韓氏楙妻虞氏皆青年孀守韓有子三虞遺腹生男各撫孤成立苦節均三十餘年
吳懷玉妻黃氏十九歸吳未一年夫故遺腹生子撫育有成苦節已四十四年
吳大顏妻韓氏年二十五夫故撫孤升貴成立娶婦陳氏三載舉一孫貴歿陳年二十八隨姑孀守韓年七十一歲苦節已四十六年
儒童吳大華妻韓氏年二十五夫故撫孤成立守節至七十七歲終

吳杠妻胡氏年廿五夫故撫子業以成人娶婦祝氏年二十七而寡遺子三隨孀姑撫育有成長克恕娶婦張氏而夭張年二十一爲夫立嗣共勵冰操胡年七十九卒祝年五十有八
吳大禮妻王氏年二十八夫故甘貧苦守撫子生孫苦節已三十六年
監生吳南陵妻張氏年二十三夫沒撫孤成名弟儒童吳宏典妻韓氏刲股救夫夫卒撫嗣成立並捐祀田
吳選妻秦氏二十五夫故撫二子有成卒年九十八

吴崇業妻虞氏二十五夫故苦節四十七年
吴適妻陳氏歸吴三載夫故撫嗣子成立已抱孫矣
監生吴遵妻韓氏甫笄適吴越三載生子大德而夫故撫子成立娶婦韓氏年餘德亦故婦隨姑孀守立夫堂兄子為嗣嘗捐屋作祖祠乾隆戊戌己亥乙巳歲荒均鬻産以賑邑令李贈以懷清濟美匾
吴恒妻張氏年二十一而寡無子立嗣復殤艱貞益勵日勤紡績積餘置産入祖作祀田並夫墓祭掃苦節五十三年

吴楚産妻韓氏年二十三夫故撫子業鈐娶婦黄氏鈐卒黄年十九隨姑孀守立夫兄子為嗣
吴琛妻黄氏年二十三夫故苦節至八十歲卒
吴若儲妻何氏年二十夫故遺腹生子撫養成人畢婚後子與婦相繼沒更立夫兄子大僖為嗣為舅姑置祀田僖長娶媳韓氏生子三月僖又故韓年二十隨姑苦守何年七十有九韓年八十有八
吴若軾妻韓氏年二十五夫故矢志苦守立夫弟子斗才為嗣後食餼於庠曾孫嶷亦庠生

吴如勝妻王氏歸吴三載夫歿撫子大梅苦節至七十五歲
吴楚棟妻周氏青年孀守苦節終其身
監生吴大樞妻汪氏年二十五夫故監生吴世範妻李氏年二十七夫故同守志撫孤汪氏子若英媳李氏年二十六英故亦隨姑苦守
吴鉞妻夏氏十八歸吴四載夫歿撫姪大化為嗣長娶婦彭氏化旋卒彭隨孀姑同勵冰操
監生吴若古妻劉氏青年孀守撫孤承芳娶媳高氏芳

歿氏隨姑共勵冰操
生員吴遠妻張氏二十四夫歿撫孤娶泌入泮孫新用庠生廣德太學生曾孫亦多成名享年九十三
吴如珩妻宋氏歸吴未三載夫卒撫遺腹子苦節六十年壽八十四
吴若遂妻金氏年二十二夫故撫子承洙入成均守節六十六年
吴世統妻潘氏青年夫故苦節終身
吴大懋妻袁氏青年孀守撫孤成立

監生吳成秀妻周氏及笄適吳數載夫故矢志撫孤夫
姪夢元亦早逝姪媳余氏與氏若姑媳形影相憐共
勵苦節
吳業翔妻黎氏年二十夫歿遺一女甘貧自守苦節終
其身
吳業貴妻張氏于歸歲餘夫外貿卒氏典釵珥迎櫬歸
葬紡績養姑苦節五十七年
吳佶妻韓氏二十夫故撫嗣成立守節至八十四歲
吳際時妻張氏年二十二夫故撫孫天福成立守節五

十九年
吳承誑妻韓氏二十八夫故撫遺腹子成立守節今五
十一
生員吳斐文妻虞氏年二十二夫故撫嗣有成苦節四
十五年
吳宏義妻韓氏年二十六夫故撫孤成立守節已三十
三年
吳業禮妻汪氏年二十二夫故撫孤克相成立守節已
三十七年

生員吳夔鰲妻張氏青年夫故撫孤三守節已三十餘
年
吳天才妻羅氏年二十一夫故撫遺腹子佑興成立卒
年五十八
吳克聰妻王氏二十二夫故撫孤成立卒年七十五
吳業奇妻胡氏二十五孀守卒年七十四
吳大稠妻胡氏青年孀守立夫兄子爲嗣娶婦陳氏夫
婦相繼卒更立嗣孫克緒以延夫祀
吳大炘妻陳氏二十七夫故立夫堂兄子爲嗣守節今

五十四
吳克艮妻余氏年二十一夫故撫嗣如巳出守節已三
十五年
吳月山妻張氏廪生張慶會女年及笄適吳産一子而
夫歿苦節四十餘年
儒童吳大權妻韓氏十七歸吳生子九月夫故矢志苦
守撫子成人
吳映楚妻陳氏十九歸吳舅患噎刲股以療二十夫歿
立嗣承祧守節五十餘載嗣子業澄妻陳氏猶子懐

玉妻韓氏均青年守志撫孤成人

吳大蓋妻鍾氏候選訓導吳萬選長婦也年二十八夫故矢志撫孤足不履戸外者六十一年

吳士駿妻岳氏適吳數載夫館河南商邑疾卒氏年二十五携孤匍匐迎柩歸葬教子有成

吳尚質妻宋氏二十二歸吳四載夫故家徒壁立矢志自守上奉舅姑下撫孤子艱苦備嘗卒年七十五

吳一德妻張氏青年孀守苦節四十餘年

吳櫎林妻秦氏十九歸吳數載夫歿遺二子撫育有成

後氏疾篤孤業福濳刲股以進病痊壽八十有三

吳俊妻陳氏年二十二夫故無子甘貧自守苦節七十一年

吳份妻方氏二十四夫故有欲奪志者毀容投水獲免卒得事姑撫子苦守七十五年

吳業煥妻胡氏年三十夫故幼孤二家赤貧忍苦撫育各爲娶妻生子苦節已五十四年

吳承淦妻孟氏歸吳一載生子履坦六月夫卒守節六十年

吳永清妻張氏十九歸吳三載夫歿撫孤履亨成立守節已五十二年

吳履觀妻蕭氏年二十四夫歿撫子克煌成立守節今五十有一

吳紆妻何氏年二十歸吳五載夫歿遺二女矢志苦守夫親從無可承祧以其產入祖作祀田併爲其舅姑及夫婦春秋祭掃之費

吳大義妻葛氏歸吳數載夫歿撫兩孤成立年六十歲

吳大成妻韓氏青年孀守撫諸孤不少姑息年九十歲

吳子麒妻陳氏二十六夫故苦節三十餘年

吳璣妻韓氏青年夫故苦節終身

吳若仲妻秦氏十八歸吳生一子夫卒於外矢志守孤未幾夫兄嫂相繼逝撫二姪如已子年七十八卒守節四十六年

吳業紹妻黃氏十八歸吳饔飧不繼越數年夫卒益貧窶艱堪而清操自矢守志撫孤者三十六年

吳貞女伯棠之次女也幼許字生員陳達周之孫繼蕃後蕃歿家產蕩然惟一孀姑子立父別議婚女聞而

絕粒父憐之乃送歸陳逾年姑以貧實就養壻家女亦依父食父亦貧闔族爲捐祖穀歲賙之女更刻苦積羨姑卒喪葬如禮年七十二卒如囑祔繼蓄冢焉

吳璉妻李氏年二十七夫逝承翁姑命撫幼叔璧成立娶妻吳氏生子盛傳未一年璧故二氏相依爲命共撫一孤以迄成人

石氏周之冕妻石中玉之女年廿二于歸不數年夫歿卒年六十三苦節三十餘年

吳氏周遠詒妻歸逾年而夫歿灼靈後即扃戶投繯周

學博贈以額曰幽光待闡併詩一首有凉風細雨烏啼夜長使家人淚眼穿

王氏周如蘭妻王鍾陵女也年二十七夫故撫孤成立苦節已三十八年

陳氏周如鶴妻生員陳丕蘭女年二十二適周不數年夫故孝事孀姑撫子金鏞遊泮守節已四十年

陳女周永庸聘室也將于歸而夫歿女聞訃易服勺水不入口適翁至女欲與俱歸翁先行女以爲翁疑而不我許也閉門自經死遂與庸合葬於金龜山儒學

鄉贈以扁曰節烈雙輝併銘其墓

王氏周如錦妻年廿七夫故撫孤成立守節三十餘年

黃天明妻錢氏年十七歸黃廿一夫逝撫孤鳳彩成立守節四十九年

何鳳瑞妻盧氏年二十四夫歿守節五十年

何士俌妻石氏年二十五夫故守節至八十七而終子敦翰孫允恭皆庠生翰於嘉慶二年堵賊十三年賑飢俱踴躍從事云

何呈漢妻張氏年十八于歸半載夫故氏投水死

沈之潤妻張氏年二十于歸五載夫故撫兩孤成立苦節已三十一年

黃之瑚妻楊氏年十九歸黃二十四夫歿撫孤成立苦節六十年

黃福妻陳氏年二十于歸生一子二十三夫故撫子成立娶媳姜氏有孫無何子死孫亦繼亡氏偕媳苦守苦節五十二年

梅涂氏儒童梅先健之妻于歸五載夫故苦節已四十餘年嘉慶二十五年學使楊給以茹苦完貞扁額

熊藴妻張氏年二十一夫歿苦節四十年卒
熊國柱妻黎氏年二十九夫歿苦節四十五年卒
熊國良妻秦氏年二十五夫歿苦節三十三年卒
熊彬雅妻余氏年二十二夫故苦節五十五年卒
熊時憲妻張氏二十九夫故苦節三十五年
熊天瑞妻李氏年二十八夫故苦節四十一年
熊有義妻張氏年二十九夫故苦節三十四年卒
生員熊元彩妻陳氏年二十五夫故苦節四十七年
劉氏周遠裕之妻年十九于歸半載夫故撫　子文蔚成

立苦節終其身
胡氏監生周棟妻二十三適周不數年夫歿撫子文謨
道坦俱成名苦節已六十五年
劉氏監生周濟妻松滋教諭劉逵之女年二十適周未
幾夫歿撫嗣成立娶妻生子無何嗣亦故孀媳孤孫
相依爲命松滋令姜旌以聯扁卒年六十七苦節四
十年
秦在楊妻李氏年二十五夫故苦守三十五年
張士禮妻劉氏年二十四夫故撫子椿楠俱成立苦節

五十八年
孟正樞妻金氏太學生覺先之女年二十三夫故撫幼
孤成立孫四人卒年七十二
耿中理妻劉氏生員承綱之次女年廿六夫歿撫孤成
人守節至六十九卒
耿昭鼎妻王氏年廿五夫故撫孤成立苦節終其身
耿敬臣妻劉氏于歸生子五齡而夫故孝事衰姑撐當
家計苦節終其身
耿忠富妻郭氏年廿六夫故撫遺腹子苦節四十餘年

耿貞姑耿禧宗之女幼字黄某于歸而黄歿姑矢志不
二父母憐之因名與淑如男子焉無何父歿兄嫂相
繼逝喪葬大事姑以一身任之兄遺孤九齡撫之成
立娶妻生子未幾孤歿復撫其子成人養生送死兩
無遺恨
鍾棖妻耿氏夫病歿投繯死邑令李晉岳旌之曰潛德
幽光並七言聯云千秋烈行摩霄漢一片冰心倚碧
天
耿普義妻鄭氏生員鄭之良女年十八歸耿未幾夫歿

撫孤成珠守節已三十餘年

耿文獻妻秦氏二十歸耿越數載夫歿撫姪普先爲嗣生子成德普先故撫孫成德生子艮怡德又故撫曾孫怡成立年今八十有九

歐光濂妻耿氏國學秉正長女也年十九歸歐二十七夫故遺孤七歲撫養成名有族姪生二十日而母死亦賴鞠育壽七十七

歐銹妻彭氏二十九夫故守節至七十三

歐紹漢妻彭氏年二十一寡苦節至七十九

歐錡妻周氏年二十三夫故矢志柏舟其孫歸耿亦二十三而寡撫子炳坤成立

歐名貴妻王氏十九夫歿遺一女守死不二族人撥公屋一間田數畝贍之苦節五十餘年

歐若欄妻王氏十八歸歐越七年夫故撫孤成立娶妻生子未幾子若孫皆相繼亡族爲之立孫培翹以終其志苦節已三十餘年

歐若榆妻劉氏年二十一夫故守節已四十餘年

歐廷禎妻徐氏二十六寡苦節自守逢春秋祭期及夫生忌日必展墓拜奠哀感路人

歐廷杰妻江氏年廿三夫故撫子至十九歲又歿立嗣苦守鄉人稱之

生員郭元會妻熊氏于歸數月而夫歿苦節五十年儒學陳廷楫製扁旌之

生員郭象寬妻彭氏年二十于歸育一男一女而夫歿守節已三十年

黃泰聘室吳氏未于歸而夫故衰服奔喪矢死不二乾隆乙卯年　旌表邑紳士多贈以詩

黃元吉妻董氏年二十適黃越數年夫故守節至八十六年

黃金印妻李氏夫外貿翁年老臥病氏割股奉羹以進病立愈後割處疼痛氏夢與授以藥方痛立止里人神之

徐光初妻張氏年二十適徐八載夫歿撫三子成立守節至七十一終孫翊鳳翩曾孫兆基中和俱成名

吳自得妻陳氏年十七適吳九載夫歿四子俱幼家徒壁立飲冰茹蘖教育有成後子及孫曾輩多成名卒

年六十一苦節四十五年
吳雲鵠妻孟氏年二十一生一子半月而寡苦節巳三
十五年
吳秀泰妻馮氏年二十一生一子半月而夫歿年今七
十有三
吳杰之妻姜氏年十九適吳三載夫故苦節巳三十六
年
宋文煌妻吳氏年二十五夫故苦節四十餘年
李璞姑父毋俱早逝依叔父李材幼許字陶國樸之子

家鰲未于歸而夫歿有欲奪志者遂自縊前學師丁
額以貞烈可風
周大烈妻李氏年二十七夫故撫子文錦入成均苦節
四十年
周文元妻李氏年二十二夫故遺三女立嗣宗秩承祧
苦節三十五年
周朝俊妻張氏年二十四夫歿飲蘖茹冰苦節五十三
年
楊秀之妻鄭次淳之女年十八歸楊越二載夫故矢志

柏舟年六十三卒苦節四十三年
儒童吳家龍妻余氏年十九歸吳越五年夫歿撫子瑄
成立登乾隆甲午賢書苦節四十五年學使邊旌其
門曰貞淑流徽甲午湖北主考閻公桂爲之序孫曾
輩皆聯翩鵲起
儒童藍如菘妻吳佑人次女也年十九歸藍事公姑以
孝聞夫遘危疾知不起泣誓偕亡及夫屬纊即拜辭
舅姑從容自盡闔邑具呈請　旌前令何錫祿表之
曰烈芬獨踐併爲詩以祭之

陳大經妻金氏于歸四載夫歿撫子家驥遊泮子又故
撫孫之艮成立苦節五十餘年
劉榮貴妻黃氏年二十適劉甫四月夫故年七十三卒
苦節五十三年
劉泰來妻吳氏二十適劉二十五夫故苦節巳三十七
年
劉陸鰲妻吳氏年二十適劉二十三夫故越四月產一
子年八十四卒苦節六十一年
劉文蔚妻張氏年十九適劉二十一歲夫逝撫姪祈爲

嗣娶媳吳氏未幾祈又故媳奉孀姑苦守張年八十
九卒吳年今五十有八
生員黃承遠妻項氏年二十歸黃越五載夫故奉翁姑
撫孤子翁病割股以進病痊苦節已四十八年
邱丞楷妻夏氏青年夫故氏上奉孀姑下撫孤子節孝
兼盡
喻　某妻張氏
馬細三妻吳氏
裘張氏年廿二歸袁適三載夫本全外貿而卒撫子朝

陽成立娶妻未幾陽暴卒氏爲立嗣以延宗祧寡媳
嗣孫相依爲命年今八十有七苦節六十餘年嘉慶
戊寅子錫以貞順可風扁額
黃楨妻朱氏二十四歸黃四載夫故苦節五十九年
儒童張人俊原配胡氏生子二朗故俊繼娶耿承翰之
室女年二十一于歸無出二十四俊故家貧舅姑年
邁氏上奉二老下撫兩孤艱難備歷而孝養承顏至
老彌篤內外無間言次子兆甲入邑庠 賢淑
張楝妻吳氏生員吳鴻緒之女于歸未一載夫死氏即

盡節邑侯賈多男旌之曰烈昭閫範
徐蕭氏徐士楷之側室年二十七夫故遺二子光煜甫
六齡家寒苦守撫子入泮苦節已三十四年
程在鵬妻黃氏舉人黃紡胞妹也年二十二夫故撫子
成立苦節已五十三年康熙五十七年邑令張琮旌
其門曰貞風可久
鄭元瑞妻羅氏年二十九夫故遺二子夫弟元英妻夏
氏年二十八英故無子羅以一子繼英時翁年邁子
俱幼二氏同志苦守孝慈兼盡翁年九十餘卒喪葬

盡禮子俱成立羅卒年六十一夏卒年七十
生員袁昭東妻蕭氏年二十夫故遺腹生一子矢志撫
孤奉侍翁姑生養死葬皆如禮苦節已四十年
儒童袁文植妻吳氏年廿二夫歿撫姪承祧苦節已六
十年
儒童耿秉釗聘妻吳氏舉人吳大杬長女也未于歸而
夫歿女年十六聞訃奔喪矢志自守家貧紡績奉事
孀姑生養死葬罔不盡禮守節已四十三年前令孫
旌其門曰貞孝流芳應山尹劉贈額曰高風勁節

監生耿玉妻吳氏邑庠吳自伸女年二十九夫故無子
夫弟秉墀娶庠生吳楚湘女生二子墀又故氏年二
十八妯娌矢志共撫一孤家徒壁立艱苦備嘗玉妻
吳氏守節已三十九年墀妻吳氏守節已三十五年
儒童張檠範妻田氏年二十五而寡矢志苦守勤紡績
以養姑撫嗣成立守節已五十四年
李志林妻秦氏年二十八夫歿撫孤成立苦節已三十
八年
監生陶貢梃妻胡氏年二十九夫歿撫遺腹子永齡刻

成均苦節已三十八年
王華晟妻吳氏媳秦氏
盧國樺妻秦氏
張帝載妻程氏
謝載侯媳張氏
宋文煜妻吳氏
汪能仁妻秦氏
徐士禮妻方氏年二十歸徐甫四月而夫歿氏矢死靡
他撫姪維揚爲嗣娶婦余氏生二女未幾揚亦逝姑

媳共勵冰霜所存破屋數椽瘞兩柩嫁兩孫全憑十
指方氏苦節已五十二年余氏孝養孀姑承歡已二
十四載
夏承起妻張氏年二十餘而寡撫嗣守志苦節已四十
餘年
劉氏生員夏廷舉之幼子承平妻也年十八未于歸而
夫歿聞訃剪髮自誓孝服奔喪欲以死殉舅姑勸而
生之朝夕含哀杜門不出終其身如一日焉
陳詩妻李來坤之女年十七歸陳越七載夫故家貧苦

守撫孤三代壽八十四苦節六十七年
陳必壽妻徐氏監生徐家璉之女年十八歸陳越三載
夫故立嗣士杰殀亡續立嗣孫族鄰贈以節孝延齡
扁額苦節三十六年
陳必茂妻秦氏生員秦光表之女年二十歸陳越八載
夫故撫姪士理士驤爲嗣守節五十一年
陳必名妻秦氏年二十歸陳生子士龍士珍越九年夫
故清操自矢苦節已五十二年
陳作賓妻甘氏年十七歸陳生子玉樹越九年夫故撫

子成立苦節已三十餘年
徐邦安妻徐氏年廿二適徐越兩載夫故遺孤上珍僅
三月教育有成孫作霖入泮卒年八十有五
盧近光妻姚氏年十六于歸越八月夫故撫嗣子衡年
刻成均苦節六十二年孫夔菊庠生
盧國柄妻鄒氏
盧國極妻鍾氏
彭光鑀妻張氏
喬文晳妻高氏

何承烈妻趙氏
路一翥妻趙氏
江文煜妻張氏年二十六夫亡遺一女以夫兄子澤延
爲嗣撫養成立苦節已三十九年
尹啟明妻朱氏二十一孀守上奉孀姑下撫子輝成立
爲邑諸生乾隆三年　旌　輝妻孟氏事姑與祖姑克
盡婦職姑病割股以進獲痊祖姑失明日以舌舐之
而愈先是輝遭母喪以哀毀致疾卒人稱夫婦雙孝
云

尹大乾妻程氏年二十五夫歿奉孀姑撫孤子苦節三
十八年
尹大恒妻孟氏年十九于歸月餘而夫歿紡績養姑姑
年八十餘卒喪葬　禮守節已四十三年
李士釗之妻劉澤來之女年二十七生子處貫甫九月
氏夫隨兄還貿越三載夫故聞訃哀毀矢死靡他夫
兄外貿多不歸嫂又早歿氏勤紡績養舅姑撫孤及
姪皆以一身肩之年今九十六五世同居孫曾繞膝
長孫英列膠庠

袁紹豐妻熊氏年二十五夫故苦節已三十三年
袁紹濂妻黃氏年二十于歸越一年夫故苦節已三十
四年
戴遜三妻張氏年十六歸戴越七年夫歿苦節七十二
年
戴世江妻余氏年十九歸戴越五載夫故苦節六十四
年
戴士選妻梅氏年二十三苦守安貧撫孤紡織自給卒
年八十一

戴之煥妻秦氏年二十七夫故苦節三十四年卒
戴之榮妻張氏年十七歸戴越七年夫故苦節已三十
四年
戴之鍵妻程氏年二十七孀居卒年六十三
監生戴之驁妻王氏年二十四夫故苦節已三十四年
戴朝輿妻孟氏年十九夫亡遺孤僅三月撫之成立孤
又喪撫其孫孫年復不永撫其曾孫三世單傳宗祀
賴以不墜氏之力也卒年七十七
儒童黄德紹妻生員戴昌言之女年二十七夫故撫子

文錦暨外甥蕭學均共燈課讀後文錦列膠庠學均
登辛卯賢書皆氏玉成之也壽九十九歲守節七十
二年
監生黄德高妻鄧氏甫笄德高病篤過門治湯藥未兩
月高故氏勵志苦守奉老姑撫嗣子苦節已六十七
年
邱世瑜妻彭氏家貧姑老勤女紅以佐甘旨曾割股以
痊姑病夫卒於外遺子四以養以教俾成立焉
儒童胡曰瑚妻王氏年二十夫歿撫嗣子近仁教育有

成守節已三十二載近仁庠生
汪萬成妻馬氏年二十一適汪歲餘夫客死聞訃自戕
賴救得免上無翁姑下無子女家徒壁立煢煢苦守
者五十四年卒年七十六其姪媳石氏汪兆平之妻
年二十四歸汪越三年夫故遺孤四月撫育有成以
一孫承萬成宗祀苦節四十八年卒
監生黄植三妻陳氏生員陳鳳池之女于歸甫二載夫
歿撫嗣廷熉娶室李氏生二子未幾熉亦逝李年二
十九與孀姑陳同勤紡績共勵冰霜陳苦節五十年

李苦節三十三年
袁承綬妻阮氏年二十八適袁越六年夫歿家貧養翁
姑以孝撫遺孤大節成立列郡庠孫化龍亦有聲黌
序苦節四十四年
監生王時和妻張氏進士張夢揚女孫年二十歸王越
二載夫故撫孤華炳苦節終其身時和胞弟監生時
平妻黄氏生員黄曰槐胞姉年二十八夫故撫孤華
燿華煜守節已三十一年
湯國正妻桂氏年十九適湯甫一載夫歿遺腹三月生

子縮艮苦節已七十六年
太學生徐鍾玉之妻秦氏于歸四載生子開先而夫歿
矢志柏舟玉弟鍾儒幼聘監生士晃之女未嫁而儒
死女聞訃奔喪亦矢志苦守二氏共撫孤開先成立
皆守節四十年均於乾隆五十六年　旌嘉慶丁丑
余嘗爲節貞合傳
陳之城妻詹氏陂邑生員詹德之女年十七歸陳二十
四夫故撫三子成立孫應運昌運列黌宮苦節四十
八年卒

黃厥壽妻陳氏生員陳之瑩女二十歸黃逾年夫歿遺
孤月餘舅姑年邁夫弟年幼仰事俯育氏以一身當
之無何孤及十齡而殤舅姑繼逝喪葬如禮夫弟生
子擇立承祧苦節三十二年卒年五十二
庠生張雲龍妻周氏監生周大化之女年十九歸張越
五年夫故僅遺一女撫嗣文燮成立苦節已三十年
儒童秦有松妻鄭氏年二十適秦未幾夫故遺二男一
女撫養成立苦節已三十餘年嘉慶丁丑余以生員
汪溆等之請賜以勁節長春匾額

監生張國玉妻程氏岡邑國學程長春女年二十歸張
越七年夫故撫孤之鎧成立苦節五十六年
耿秉秘妻秦氏幼失怙母他適其祖以秘家漸落欲寒
盟氏矢死不二祉窺其志送歸秘事翁姑甚謹生子
文朝而夫歿氏撫孤成立娶媳秦氏生一子普發而
朝又歿媳承姑志亦矢靡他兩世孤孀冰操同勵姑
八十餘年而終媳守節今亦四十餘年
耿文炳妻鄢氏年十八歸耿三載生子普義而夫歿氏
撫成立娶婦熊氏育一孫成玉普義卒熊亦棄世玉

在襁褓氏又撫養成人年今八十餘歲
盧孫嫡妻張氏
趙其盛妻秦氏
鄧文俊妻吳豪之女于歸六日而夫故矢死靡他撫嗣
長源成立幼姪長顯長慶皆賴鞠育進士張錦珩贈
以節德流芳額年七十二卒
生員熊中沅妻王氏年二十九夫故僅遺二女撫嗣光
旭成立苦節五十餘年
祝義智妻徐氏庠生徐翊之妹年二十一適祝越八年

夫歿撫姪履泰成立氏今年五十三苦節已二十四
年
徐秉恒妻秦氏年二十八夫故遺孤二皆幼姑亦年邁
氏仰事俯育備歷艱辛年今七十有三苦節已四十
五年
秦在揚妻李氏年二十五歲夫故苦守三十一五年
張士禮妻劉氏年二十四夫故撫子椿楠俱成立苦節
五十八年
胡守信妻吳氏朝貴之女也年十七歸胡越八載夫歿

僅遺一女撫嗣言理承祧苦節四十八年年今七十
有二
來周氏貢生世運之側室貢生家駒之生母也年十九
歸世運不逮事舅姑大婦王氏年已長氏佐事必恭
未幾生駒越三載夫歿時年二十二從嫡王氏守志
撫孤成立苦節已三十六年
陳宗璜之聘妻吳維龍之女未于歸而夫歿聞訃哀毀
奔喪矢志苦守舅姑憐之名曰如子年五十有八
陳劉氏程氏監生陳紹鰲側室也原聘王氏無子娶劉

氏年二十五歸陳生子必相又娶程氏年二十歸陳
無出未幾夫故嫡王氏繼亡必相僅三歲劉程同勵
冰霜撫孤成立捐職州同劉年今六十有六程年六
十苦節均三十餘年
吳志深妻余氏年二十二夫故承姑遺命以田三斗爲
氏作養生身後之費氏以夫弟艱於子息變田爲夫
弟買妾生子以承宗祧苦節已四十二年
吳氏鄒永熙之妻年二十適鄒未幾夫歿遺三子俱髫
齡撫養成立長子崇書娶吳文載女爲媳于歸後不

一年書故越四月舉一子隨孀姑苦守熙妻吳氏守
節五十四年書妻吳氏守節六十一年
陳氏鄒大有之妻年十九適鄒二十七夫故遺二子俱
幼撫育有成苦節五十一年
王氏鄒永廸之妻年二十九夫故撫一子成立娶媳陳
氏未幾子媳俱亡立嗣孫承祧且好善樂施遇凶歲
必賙卹捐建祖祠二重並撥田七石入祖其苦節固
可風懿行尤可嘉也卒年七十四孀守四十五年
王氏鄒揚若之妻年十九適鄒二十七夫逝苦節已四

十七年
吳玉成妻張氏生員張載鸞之女年二十一夫故遺腹生一子撫育有成苦節四十五年卒年六十六
熊氏貢生劉士極之妻生員熊楚格女也年十八適劉越六年夫故遺腹生子文熤撫育有成娶廣東澄邁知縣黄鳳詔之女爲媳熤年廿八又卒氏率黄媳其勵冰操撫孫德堅德坦成立迄今五十餘年
張氏監生劉士杜之妻儒童張俱明女也年十九歸劉越五載夫故遺腹生子文熤撫育成人娶監生羅夢

賢之女爲媳生德坊德基未幾熤歿羅媳年二十二誓奉孀姑張氏苦節已五十餘年
吳泓妻馮氏年二十適吳越五載夫逝苦節至八十八歲卒乾隆九年　旌
吳維正妻辛氏生員辛之乾女年二十適吳踰年生子持璧未彌月夫故撫孤成立娶媳向氏越三載璧又故遺孤世法方五月氏偕向媳撫育成名年六十而歿向氏守節已三十年
吳維新妻劉氏監生劉琓姊也二十一歸吳越兩載生

子持元而夫歿氏撫成立娶媳趙氏生子長華七月持元又故氏偕媳苦守撫孫成名卒年八十有六
生員吳天健妻王氏年二十二適吳三載夫故孝事衰姑撫養孤子苦節三十六年
生員羅銓妻李氏年二十八夫歿遺孤五齡舅姑衰病氏仰事俯育苦節三十四年康熙四十四年　旌
生員王慜妻張氏夫早喪無子含斂後即閉戶自縊救甦自是移榻姑室姑病五載晨昏侍奉無怠撫從子爲嗣值山水暴發他居皆衝塌氏室獨無恙雍正元

年　旌
盧濂妻鍾氏乾隆三年　旌
生員盧漳妻王氏年十八夫死絶粒自縊以救免撫從子爲嗣復殀又撫從孫乾隆三年　旌
彭貞女許聘張炳龍未嫁而夫死女守貞不字乾隆四年　旌
張貞女舉人張棣女許聘鍾裕仁未嫁壻死女守貞不字乾隆四年　旌
劉文元妻秦氏年十九夫亡奉孀姑撫八月孤成立守

節三十七年乾隆十一年旌

韓張氏巡撫遼東張公濤女明經韓邦舊妻也青年夫卒哀號氣絶以救甦終身苦節巡撫李公棲鳳褒之有云丹血洒重泉巾幗中志同龍比剛腸烘烈日床帷內節凛冰霜

韓吳氏韓學信妻十九歸韓二十夫卒無子矢志柏舟勉事翁姑撫嗣成立無何嗣復故遺幼孫二舅姑年皆九十餘惟勤紡績以養舅姑歿喪葬如禮卒年七十二

韓馮氏儒童韓樸妻也十八于歸廿二而寡孤庭宛甫二歲冰櫱自勵婦道益謹越數載姑逝兩夫弟俱髫齡舅觸境增悲氏撫二季如子無異視逮事繼姑如前姑然舅姑歿哀禮兼盡兩六弟暨孤皆成立

韓聦妻楊氏　韓汪氏

韓琴材妻王氏廿三夫歿遺孤二家赤貧其母弟王某利氏再醮誘至家陰嫁富商魚軒將至氏偵知星夜逃歸值河水泛漲不得渡適有浮木遂抱以濟苦節至九十卒生平從未得一飽云

韓光楚妻吳氏望族女也　韓事翁姑至孝年廿八夫歿婦代子職奉養尤謹翁久病醫藥罔效氏情急刲股以進病得痊數載乃逝苦節終其身

韓文彩妻吳氏年廿七夫故家貧遺孤三皆幼稚撫育有成長尚義娶媳嚴氏生一子義亦故媳奉孀姑冰操共勵氏年八十有三

韓紹世妻程氏及笄于歸舉一男逾年世歿矢志撫孤後姑李卧病數年飲食藥餌必躬親之無少懈卒年八十有三

生員韓端之妻彭氏青年孀守撫孤雲生成立夫同胞兄弟六人皆逝氏與紹濱之妻陳泗濱之妻張妯娌一心矢死靡二彭卒年七十有九

韓如松妻曹氏于歸數月而夫病氏躬親湯藥無少間逾年生子永泰甫二十日夫歿矢志苦守後數歳夫伯元章歿無子伯母張立氏撫子永泰爲嗣孫張卒側室朱性悍氏每曲順之翰詹楊公炳贈以額曰節壽符旌

韓李氏德輝妻十九夫故撫嗣苦守卒年七十二

韓吳氏在溱妻青年孀守撫孤暨小叔成立壽七十八

韓鼎重妻黃氏于歸兩載生子時綸夫故矢志栢舟先是重初妻遺二女氏撫之如所生孤年三十殞婦胡氏亦承氏志守節四十餘年

韓吳氏韓之琯妻年廿一夫故撫孤際春成立年今八十五

韓紹安妻吳氏十九歸韓越三載舉一男夫卒撫孤成立卒年八十四

韓李氏步奎妻廿四夫歿立夫仲兄子晶爲嗣卒年九

十二

生員韓二康妻張氏年廿六夫故撫子庚先成立娶媳胡氏生子之正三齡庚夫婦相繼没氏復撫孤孫有成卒年七十四

韓宋氏韓嘉會妻廿四夫歿自經覺救免事翁姑以孝曾刲股以愈姑疾撫嗣用達成人卒年五十五

韓吳氏成治妻青年孀守撫孤汝楫成立

韓劉氏韓遇之妻年廿一夫故撫孤廷桂成立卒年七十五

韓步高妻吳氏處士吳揚三女十七歸韓事孀姑以孝姑歿鬻奩具爲殯葬未幾夫卒孤又殤氏時年二十惡徒有欲強嫁者事將成氏聞之投繯救獲甦氏夫叔兆元將鳴之官惡黨始懾息後立嗣承祧督課子姪門庭肅然年五十有一

儒童韓華若妻雷氏于歸數月夫殞遺腹生子嗣奕教育有成卒年六十八

韓廷煥妻姚氏歸韓三載育一男一女而夫逝甘貧苦守卒年七十三

儒童韓銘妻杜氏年廿七夫故絶迹母家矢志撫孤成立卒年七十七

韓睦宗妻胡氏年廿五夫故撫嗣夢楠苦節終其身

韓立行妻鍾氏年廿六夫故遺孤觀成觀德矢志苦守三十餘年不歸母家

韓進妻張氏年廿二夫歿家貧于幼舅姑年邁勤紡績以供朝夕苦節終其身

韓應時妻劉氏年廿六夫故遺孤三撫養成立二子先逝姑媳同矢冰操

韓傳妻吳氏進士吳浒姪女年二十三夫故撫孤二苦
節四十餘年
郭氏周煌士之妻邑庠郭雲超之妹也年二十三夫故
遺腹五月生子矢志撫孤先是煌士胞兄有三皆早
逝馬氏楊氏秦氏均青年孀守撫養遺孤成立後諸
姒相繼歿氏亦年近七旬苦節四十餘年矣
生員吳彪妻鍾氏青年孀守矢志撫孤尤喜賙卹卒年
八十六
吳利占妻霍氏年十七歸吳越數年無出勸夫更娶馮

氏生子國棟甫六齡夫歿馮亦亡氏勤儉持家施與
不吝撫孤成人守節五十餘年卒
吳國進妻梁氏事霜姑姑病刲股以進遂愈以孝聞
吳熾妻謝氏年廿八夫故三子幼氏撫育成立畢婚苦
節四十二年孫新鼎太學生
吳繩祖妻韓氏年廿七夫歿撫夫弟子爲嗣苦節五十
四年
吳昌士妻何氏年二十夫故苦節三十七年
吳耀煌妻馬氏夫以嘉慶丁巳禦賊死賊逼擄氏氏乘

間投深糞坑賊不敢近乃去遂矢志苦守有欲奪志
者氏覺奔如意庵乃免
金之堦妻王氏年廿二夫逝撫夫兄庠生之堂子宇鑚
爲嗣入成均娶媳吳氏生一子吳年廿八鑚亦故姑
媳同勵冰操王守節四十六年卒吳守節五十二年
子德澤庠生
江秦氏邑庠秦可風女江澤滄之妻年二十九夫故家
貧遺子女一皆幼翁與繼姑衰年多病氏艱難苦守
生養死葬皆如禮撫孤壽昌成立苦節已三十年

儒童程士元妻張氏年三十夫故撫孤聖傳聖選聖朝
均成立孫占梅增生曾孫立心庠生壽八十四
儒童程懋梁妻徐氏年廿四夫故撫遺腹子宇章成立
孫中亨入泮守節五十餘年
儒童程乃武妻金氏青年孀守撫孤成立娶室未幾而
殁撫遺腹孫成均年八十餘卒乾隆六年旌
儒童程錫鰲妻張氏年二十適程數月夫故撫遺腹子
成立守節五十餘年
何士信妻江氏青年孀守撫二子成立娶妻長媳鍾氏

亦早寡共撫其孫又姪媳秦氏敦安之妻少年而寡
立嗣承祧年踰七十一門之內共勵冰霜
秦秦氏秦遐生之女青年夫故無親可依歸母家承菽
水勤紡績積産數畝半爲舅姑半爲父母祀田入祖
卒年七十三苦節五十一年
儒童汪以德妻鍾氏青年孀守撫夫姪璪爲嗣以節孝
終
儒童汪勲妻吳氏十七于歸八月夫故撫嗣成立娶妻
子婦俱殁撫從姪元臨以延

儒童汪楚璋妻王氏年廿二夫故撫從姪同人爲嗣守
節已六十年
生員汪乾仁妻程氏青年孀守卒年七十八
儒童汪元萃妻江氏十九歸汪八月夫故無子家貧紡
績以養祖姑苦節三十八年
汪之璋妻羅氏青年夫故撫子成立年九十八終
貢生黄文斗妻劉氏年十六適黄三載夫逝矢志苦守
爲夫與夫兄立嗣俱殤後立嗣孫玉律以延夫祀苦
節六十二年

李紹摺妻車氏適李生子光旦甫週夫逝矢志撫孤苦
節三十三年
生員徐上國妻雷氏青年夫故撫孤守節三十餘年
宋文煊妻吳氏
吳志遠妻鄢氏
陳壽元妻張氏
王某妻馬氏
吳之瑛妻楊氏年十七適吳僅數月夫故遺腹生子光
明艱苦備嘗撫子成立苦節五十一年

李如周妻劉氏
艾大禮妻葛氏年廿九夫逝遺二子俱殤立夫弟大矩
子陽春爲嗣生子榮華國學苦節五十五年
陳銘詩妻吳氏二十六夫故撫姪正永爲嗣入成均守
節三十九載卒年六十五
陳中鏞妻韓氏年二十八夫故撫遺孤三教育有成守
節三十年未嘗釋服卒年五十八
陳鴻詔妻黄氏年二十二于歸越五載生一女夫病篤
刲股以救之頓甦逾年夫殁日撫棺痛哭又逾年竟

以嘔血死臨卒泣求舅姑立姪世榮以爲夫嗣

陳新齋妻程氏十九于歸越五載生男女俱殤夫病祈禱願以身代夫歿立姪延庚爲嗣服闋後卽閉戶自經死

陳中鑛妻王氏廿二適陳未幾夫卒矢志撫孤守節三十一年卒

監生陳中鉌妻袁氏于歸後姑患足病日夕扶持無怠年二十八夫歿撫子正溢成名苦節至五十九卒

陳西園妻吳氏青年孀守夫季弟聲達甫週歲撫育成立夫次弟正溥娶室吳氏未幾溥歿氏與吳共矢柏舟氏年五十有九吳年五十有六

韓超漢妻姚氏年二十而寡苦節終身

趙韶光妻方氏庭陽女也年二十適趙越二年生子竣甫兩月而夫歿家貧有欲奪志者氏矢死靡他撫孤成立卒年七十二苦節五十年邑令賈旌其門曰撫孤完節

趙映高妻盧氏生員盧國材之女高染痼疾不能行氏于歸侍湯藥者三年高卒氏欲以身殉念夫七代單傳乃立嗣錫類以承宗祧娶室吳氏生子五類歿姑媳煢煢以養以教至於成立長孫娶盧次孫娶李五孫娶聶均無子早逝諸孫媳尚屬青年同勵苦節三代孤孀一堂聚首皆氏教也諸孫媳年皆六旬氏於乾隆五十三年　旌表

趙大姑監生本隆之女幼受方緒賢聘年二十將卜吉結褵而賢死訃至女水漿不入未幾賢弟亦故女請命於父母曰方氏絶矣女願歸方奉姑立嗣以延一綫郎以衰絰往慟哭幾絶姑勸之始觧族之不肖者覬覦産業立嗣不定搆訟連年女憂憤成疾垂危承

姑命延族戶房至女扶病強起斂袵而拜曰氏所以苟延殘喘者期立嗣耳今若此氏死不瞑目矣滿座泣數下氏没方姓控府而嗣始定噫以一女子而能明大義彼覬産抑獨何心哉

趙載塤妻秦氏二十適趙越六年生子二夫故氏事病姑十餘載姑歿喪葬如禮教子皆成立卒年七十八苦節五十餘年

生員阮時　妻馮氏年二十五夫歿撫子知遠入成均

苦節六十餘年卒年九十四
生員阮理妻周氏年二十七夫逝撫嗣子景升爲諸生
卒年六十四
阮臨遠妻陳氏陂邑舉人陳正炳之姊年廿四夫歿撫
孤方俊成立卒年八十二
阮恭遠妻方氏年廿六夫歿家貧奉孀姑撫遺腹子紡
績度日苦節四十一年
阮方益妻盧氏年廿三夫歿立嗣守節五十餘年
阮方晶妻魏氏年二十一夫故立嗣守節四十九年

阮時御妻梅氏年二十三夫故守節立嗣卒年五十四
阮方均妻張氏年二十二夫故安貧撫孤後子與媳相
繼歿撫二孫成立苦節至八十歲
阮時道妻梅氏青年孀守撫二子長懷遠次湘懷遠娶
室周氏年二十二懷遠卒撫一子長青國學人稱姑
婦雙節梅卒年八十二周卒年七十四湘庠生湘子
蔓桂應祥俱入泮
生員阮定乾妻張氏年二十二夫故撫子方鼎國學卒
年九十三

阮正明妻張氏二十八夫歿遺孤楚平甫十歲苦節自
守勤紡績嚴課讀卒年六十有二
阮貞女中和里阮以鐸女少許聘王在時未嫁而夫客
死女誓不再聘依父母紡績自給年逾六十終
儒童石從釆妻何氏進士何逼孫女年二十二適石二
十九夫歿遺孤天毓六齡撫養成立入成均中年毓
歿復撫幼孫常舉常圻舉例貢生圻年甫弱冠卒妻
王氏年十八能繼祖姑志亦柏舟自矢廿年無間何
氏壽八十四終

石天言妻秦氏二十適石未八年適石家貧苦守卒年
七十二
石天賜妻秦氏年十九適石生子女一子早殀賜卒時
氏年廿九矢志冰霜苦節四十二年
石常佐妻秦氏年二十一適石甫一載夭故遺腹五月
生子得湄仰事俯畜孝慈兼盡守節已三十餘年
石常讓妻李氏年二十適石生子女一夫歿氏年廿九
子女俱殤立伯兄次子爲嗣守節已四十二年
生員石巾玉妻胡氏十九適石越七載夫故撫嗣天相

成立補弟子員孫曾輩皆聯翩蔚起年八十四苦節
五十八年
石中璐妻秦氏年廿四夫歿撫幼孤天朗天祿有成朗
入泮祿亦英俊有聲無何二子相繼歿朗妻程氏遺
一孤祿妻鄭氏遺一女二氏同矢柏舟上事孀姑下
撫孤子秦卒年五十八鄭卒年五十一程苦節已四
十餘年
石進朝妻李氏髫年適石雖經數載而朝有隱疾未成
婚不十年夫歿撫伯兄子爲嗣甘貧苦守卒年七十

四
石大亨妻鄭氏年廿八夫故撫嗣守節卒年七十五
石亞望妻鄭氏年廿一夫故苦節今四十有九
石名曉妻鄒氏年廿三夫故撫孤成立苦節已三十二
年
黃待選妻宋氏年二十六夫逝撫兩幼孤成名
余秉恒妻秦氏年二十八夫故遺孤二家貧養姑撫子
紡績度日苦節已四十五年
監生熊之杰妻宋氏年二十歸舅姑已逝相夫子固

弗如禮無何雄劍西飛夫弟尚幼家事賴以撐擋嘉
慶丁巳賊匪犯境捐錢米集丁壯堵禦夫弟旻罵賊
死旻婦黃氏同厲冰霜以長子天栻爲杰嗣教次子
家棟以詩書學使沈錫宋氏額曰貞節流徽
熊嘉桂妻車氏年二十于歸四載夫故翁姑老病叔亦
髫齡喪葬婚娶氏以一身任之丁巳賊入境捐錢穀
助夫叔之旻集勇堵禦旻死於難巳而叔生三子未
幾叔與其次子三子相繼歿因與弟姒車氏共撫長
子歲瑞成立苦節四十餘年督學使沈顏其額曰冰
蘖堅貞

秦鎬繼室徐氏年十八而寡撫夫前妻王氏二孤成立
苦節五十年知州熊曾爲之贊
生員秦時妻王氏年廿二夫故遺孤國鈐苦節撫守壽
八十一
秦國鉉妻王氏年十八適秦值姑病篤割股以愈不年
終而氏歿邑令表以額曰貞孝格天學師舒爲之贊
生員秦錫恩妻梅氏在家即以孝聞適秦奉繼姑恪執
婦道青年孀守教孤光成名享年六十日六

儒童秦錫義妻耿氏年廿五夫故矢志撫孤享年七十
其子承洵妻官氏年廿一而寡克承姑訓撫子成立
卒年五十八孫光瓛妻丁氏年三十而瓛卒遺孤週
歲苦節自守一門三世清操族戚重之
秦錫文妻六戸秦氏年二十七而寡孝事翁姑姑病刲
股以救撫子成立卒年四十八
秦淑妻吳氏青年孀守撫夫兄子新承為嗣苦節至八
十有四
秦之錦妻盧氏年三十孀守七十八卒

秦達天妻張氏年廿九孀守苦節四十四年
秦永茂妻張氏貢生張發東之姊年廿六孀守歷事王
張馬三姑皆以孝稱壽八十有三
儒童程應泰妻陳氏年廿九夫故撫姑廷櫰廷柘成立
壽九十歲
秦法妻吳氏年廿六夫歿守節至八十三卒子二兆松
兆柏柏妻李氏亦年廿六而寡苦節三十六年
秦永昌妻余氏年三十而寡撫孤新柏成立壽九十三
秦永濟妻李氏年十七歸秦甫十八日夫歿姑早逝祖
姑年八十館晨昏侍奉左右不離撫嗣秉棟如己出
苦節五十七年
儒童秦心國妻李氏年三十而寡矢志撫孤卒年六十
一
儒童秦廷應妻周氏年廿九孀守苦節三十年
秦秉謨妻楊氏年廿四夫歿撫嗣光灼成立苦節已三
十六年
秦廷笏妻周氏年廿五夫故甘貧苦守已三十六年
秦秉純妻胡氏年十九夫故撫子二十一歲而歿清操

益厲苦節已四十二年
秦廷枝聘妻李氏年十六聞夫故奔喪矢志貞守年八
十卒
秦林妻周氏年十八夫故撫孤朝元成立苦節五十年
監生秦大格妻單氏年二十而寡撫嗣光黼亦早世媳
姚氏年二十九奉孀姑訓孤子克承姑志單年六十
有八
秦新尉妻六戸秦氏二十九夫故撫嗣光儀苦節四十
五年

秦樹綱妻高氏年廿二而寡撫子旭升成立苦節三十
五年
儒童秦鳳翽妻黄氏年廿八夫故撫子光乙讀書有成
娶媳黄氏光乙歿媳亦矢志撫孤克承姑訓
秦人蘭妻熊氏年二十八夫故苦節至七十二歲終
秦薪綸妻楊氏年二十四夫故撫嗣熙再成立年八十
終
秦新玉妻向氏年三十夫故苦節四十年
秦思勝妻阮氏年廿八夫故撫嗣載萬苦節四十六年

儒童秦輝鄂聘妻戴氏輝鄂病劇不能言翁姑屢辭婚
氏弗肯年二十五歸秦侍夫湯藥甫一月而夫歿氏
誓以身殉翁姑勸諭乃止後隨姑之翁任二十餘年
翁解組環堵蕭然氏勤紡績以供甘旨立夫弟光楚
子俊楷爲嗣未幾翁姑繼歿叔娣偕亡氏典奩以營
喪葬推食以育諸雛備嘗艱苦嘉慶甲子年　旌壽
六十有九
秦必舉妻汪氏年廿七而寡苦節三十一年
秦誠鴻妻丁氏年廿七而寡苦節五十年

秦華揚妻李氏年廿五而寡苦節三十二年
秦載皐妻齊氏年廿四而寡撫嗣鈞吉苦節三十二年
秦載瑝妻傅氏年廿三而寡撫嗣鈞緻苦節三十一年
秦載堂妻張氏年廿五而寡撫嗣鈞芴苦節五十二年
秦載容妻劉氏年廿九而寡撫孤鈞望苦節三十五年
生員秦蘭妻熊氏生員熊奠楚之女年廿九夫歿撫孤
涵漢苦節已三十五年
秦盛清妻武氏年廿一夫故苦節四十四年
秦茂亭妻周氏青年孀守苦節三十四年

秦樹元妻魏氏年廿一夫故苦節四十二年
秦應貞妻馮氏年廿二夫故苦節已五十年
秦永川妻楊氏年廿七夫故苦節至七十六歲終
秦之璋妻江氏青年孀守苦節五十三年
儒童王光衡妻六尸秦氏青年夫故遺二子二女甘貧
自守撫養成立苦節四十七年
王玉穀妻張氏年廿一而寡撫從子爲嗣孝事翁姑翁
歿喪葬盡禮恒賙邺貧苦守節已三十年
王光洛妻丁氏年廿七而寡遺子女一事八十老翁秦

養無缺守節已三十八年

王光洛之女許字耿秉直年十五直故女誓不再適荆釵裙布足不出閫年今四十有六

陳貞女王爲士聘妻也少許字未適士外出久不歸有勸嫁者以死自誓後亦無敢言者惟破屋數椽機杼一乘日紡織以自給年八十餘以處女終

王明璐妻鍾氏孝廉鍾其鐸女年十九夫故屢欲以身殉家人護救免撫孤應時入郡庠時流賊入境避難五雲山以短刀自隨後值歲祲輿媳恒減食煮粥以

濟壽八十邑令賈旌之曰節孝長春孫華卓曾孫風熾　恩貢生

王利時妻羅氏年十七歸王甫八月夫故姑江氏多疾侍湯藥因憐姑疾篤潛刲股以進是夜姑夢角巾皂服者自稱張姓前賀曰汝厄解矣汝孝婦力也姑果愈後以劬勞致疾卒年五十二苦節三十餘年

王華璧妻鍾氏邑庠李偉之女也年二十歸王生子風融未及齔而夫見背氏勺水不入者累日姑江氏撫融而泣乃強起勉襄其事養姑甘旨無缺而藜藿自充撫孤不少姑息夫兄子風雅久失恃撫養如已子後兩人皆蔚爲人望丕振家聲氏之力也苦節六十年

楊氏王顯賜妻也賜年十九夭目不瞑父母撫之仍不瞑氏抱半歲兒哭曰所不能事舅姑撫孤兒者無以見君於地下夫乃瞑家貧食不繼乃鬻嫁衣以養公姑教孤子苦節四十餘年

王顯志妻曾氏博士恕先之女甫笄歸王未幾夫歿矢志苦守撫夫兄子時鏡明薪爲嗣年六十族議請

旌氏謂其子曰未死餘生止期無愧於爾父耳豈藉以邀榮寵乎事乃寢次媳江氏年十六歸明薪甫七月薪卒遺腹生子化亦矢志奉孀姑撫孤子姑歿栖止一樓雖家人罕見其面年九十終

王明珠妻汪氏年二十二夫歿遺孤律時甫週歲撫養成立孫華文入太學苦節四十六年

王明典妻黄氏年二十一夫故撫孤成立苦節五十餘年

王風太妻郭氏農家女也歸王四年夫歿氏時年廿三

貧不能舉火父母欲奪其志不從後給以母病迫使歸省實强嫁之甫出門即有數人舁之走氏力不敵至其家詬罵百端欲自殺某義之乃送還自是足不踰閾順事翁姑始終不懈族人矜其志歲給祀田穀養之終其身年六十五卒苦節四十餘年

生員王侯弼妻劉氏年廿一夫故家貧無子立夫堂弟子爲嗣勤紡績以養姑姑歿喪葬盡禮苦節五十年

儒童王時億妻盧氏青年孀守孝事孀姑撫嗣華早成立苦節六十餘年

庠生江彭年妻東光知縣孟應瑄之女年二十二夫歿苦節撫孤乾隆四年　旌

胡孟氏荆州府學司訓之春女適麻邑舉人胡鑛年二十鑛歿苦節自守撫遺腹子奕鴻遊泮

孟張氏監生道漢妻青年孀守苦節終身

孟正樾妻劉氏年廿五夫歿遺腹生子不育即以身殉嘔血卒

孟大連妻李氏永青之女年二十于歸僅匝月而夫歿氏水漿不入口日撫棺痛哭七滿後不脫衰絰自經死

孟五習妻楊氏青年而寡苦志撫孤成立娶室生孫無何子與孫相繼歿家貧織紝度日卒年八十三

孟元長妻周氏年二十夫歿家徒壁立苦節終身

孟之景繼妻楊氏青年而寡家貧撫孤道揑道援成立苦節五十四年

孟道彝女年十二刲股以愈母病後適陸以孝稱

孟謙益妻楊氏貢生源曾之母夫歿翁老子女皆幼仰事俯育孝慈兼盡終身不御鉛華足不出戶外年八十猶勤儉持家不衰

生員孟道中妻耿氏生員耿昭弁之女年二十歸孟越二載夫故撫子正極成立苦節終身

江昌寶妻耿氏青年夫故撫孤鳴鶴苦節三十餘年

江堂英妻楊氏廿二適江逾年舉一子甫五月夫逝矢志撫孤苦節三十餘年

江文炳妻劉氏夫館於襄陽以嘉慶丁巳教匪滋擾死於賊氏年廿七矢志不二立嗣肇啟娶媳生二孫撫育有成

儒童陳季蕃妻吳氏吳伯鏜之女未于歸而夫故氏年

十三誓不另字衰絰奔喪苦節六十六歲卒
李氏李百釗之女字蔡承祿爲妻祿隨父遠貿故氏年二十七依父矢志守貞卒年七十六
周劉氏周川才妻監生劉家柱之姊年十二適周廿三夫歿苦節四十餘年
江鳳翥妻韓氏進士韓庚寅孫女年二十七孀守撫孤澤瀚成立娶室生子昌璧璧年二十五卒妻鍾氏亦苦節三十一年
江雪樵妻程氏青年孀守苦節五十餘年

江鳳翔妻彭氏進士彭之華女年二十五夫故苦節三十餘年
江澤益妻鍾氏青年孀守苦節三十餘年
江奕思妻張氏太史張石虹姪女年二十適江越二載生子卓庵而夫歿撫孤成立娶媳耿氏年十九而寡立嗣承祧姑媳各苦節四十餘年卒
江廬氏庠生江遠繼室也年二十九夫故遺二子一女及前室一子二女均幼穉氏撫育有成所生次子士昌入泮苦節四十餘年卒

儒童江世靖妻盧氏年二十六夫故家貧遺孤二苦守五十餘年而終
鍾貞女許字江塹未于歸而塹夭矢志守貞父母將另聘女聞之閉戶自經覺救免嘔血數升月餘而卒囑以同穴江遂迎葬
儒童江昌梓年十八患毒疽聘妻鍾氏請於父母自詣侍疾疽潰腥穢難近氏安之逾年夫歿氏年方二十矢死不二立夫兄次子以延夫祀苦節終其身
程存信妻孟氏謙益之姊歸程數年夫卒遺孤方襁褓

家貧翁姑年邁生養死葬皆如禮孤將冠而殀立姪以延宗祧
孟董氏幼許字庠生孟道新之子正音音喑啞新議廢婚氏父許諾時氏年方總角聞之欲自刎乃止後歸音生子女數人音喑而戾時加箠楚氏曲承之終身無怨言音先逝二子亦殀氏茹苦至九十而終
孟希成妻尹氏于歸未久成即遠貿氏孝養舅姑甘旨無缺舅姑相繼歿脫簪珥以營殯葬罔有無賴僕窺氏獨居欲挑之凜不敢犯後成歸目已瞽氏左右扶

持不少懈年八十餘卒囑與夫同葬

孟尚賢妻程氏年三十四而夫歿遺子女四苦守成人婚嫁俱畢乾隆乙巳大飢鬻奩以濟餓者孫春柳中嘉慶辛巳副車咸以爲清德之報云

儒童孟道誠妻程氏青年夫故苦志自守撫孤正篚正篚成立入成均諸孫若對時芳鄰皆蜚聲黌序乾隆壬辰歲週花甲邑令張贈以氷雪凝輝額長媳黃氏正篚之妻至孝性成曾割股以療姑病長孫媳尹氏未于歸夫大受病篤願歸夫家侍湯藥夫歿苦節自

守立嗣承祧年届七旬諸孫繞膝有祖姑風焉

張德恒妻鍾氏

秦文寶妻王氏

夏振國妻成氏夫外貿卒氏年廿三矢志撫孤苦節三十餘年

江交文妻吳氏廿二夫歿立嗣承祧年踰八袠

儒童江鳳騰妻李氏廿四夫歿撫嗣華國成立苦節五十餘年

江澤耀妻張氏年廿五夫外貿故苦節已三十餘年

江昌大妻葉氏事姑至孝後年四十餘先後舉二子人以爲孝感云

江貞女六姑澤懷之女許字盧端鐸未歸而夫歿女矢志自守端弟訓鐸妻江氏庠生澤春女生一子學江訓鐸故氏矢死靡他端與鐸皆澤春甥母早世貧無可依寄食於舅故二女仍居母家一貞一節共撫一孤可以爲閨壼式矣

程氏適江行七生子甫數月而夫逝被搶嫁氏抱子哀號披髮觸額流血滿面乃免於難仍歸江未幾子殤

氏亦嘔血死聞者傷之

王士冕妻劉氏年廿二夫故立嗣承祧苦節四十二年

王邦政妻陳氏監生陳治書女年十九歸王未二載夫故撫姪光緒爲嗣無何緒又歿媳張氏年二十亦矢家霜克承姑志立嗣玉珂陳苦節五十九年張苦節四十一年

王承儒妻康氏年廿九而寡家貧苦守撫嗣成名

庠生吳耀祖妻韓氏年二十一夫逝矢志柏舟撫孤成立

魏氏明大中丞魏公韓之女適生員盧纁早歿遺二孤漢滉俱幼氏年方二十二重以姑命撫二孤成立諸孫繞膝不歸寧者四十年署岐亭司馬馬公煥贈以苦節和熊額

生員王顯治妻吳氏年二十四而寡矢志撫孤成立事姑至孝又還其奩田爲父母春秋祭掃歲歉則甘食薄粥以賑窮餓者苦節以終

黃乾貞妻熊氏年廿二夫歿撫子女成人舅姑歿鬻釵珥以營殯葬苦節終其身

胡獻臣妻阮氏年十六歸胡生子二長六歲次四歲夫歿氏年方廿四忍死以養衰姑撫孤子後氏病篤長子之妾割股以進卒莫能愈貳守楊公會旌之

儒童吳瑛妻張氏年二十五夫故矢志撫孤成立守節五十一年

盧淳妻梅氏年二十八夫故苦節四十六年

盧輝臣妻王氏年二十六夫故苦節三十五年

盧履元妻葉氏年二十八夫故遺腹生子位東苦撫成立守節五十二年

盧多年妻黃氏年二十七夫故苦節三十餘年

盧士德妻甘氏年二十八夫故撫嗣汝林成立苦節三十六年

盧從文妻洪氏年二十九夫故苦節三十餘年

盧言思妻黃氏年二十一夫故撫姪爲嗣夫堂兄生員兆豐教訓最嚴氏畧無姑息至于成立苦節三十一年

盧理萬妻李氏年二十夫故撫嗣成立苦節三十六年

張斅淳妻秦氏未于歸夫故望門守節姑病割股齋素

三年卒年三十一歲

秦在墀妻耿氏年廿五夫故氏即自縊救得甦及夫葬日竟服毒死乾隆十九年旌

監生秦舜煌妻王氏年廿五夫故撫孤有寧有珖成立完娶無何子相繼歿寧妻張氏珖妻吳氏均青年矢志姑媳煢煢苦守俱四十餘年而卒

秦汝平妻張氏夫兩兄與夫相繼歿家徒壁立兩姒不能守姑老子幼氏青年獨矢柏舟勤紡績奉姑撫子乾隆乙巳旱斗米千錢氏變奩易粟以奉姑膳姑病

足疾朝夕扶持及姑卒喪葬如禮苦節二十五年而卒今子孫蕃盛咸以爲節孝之報

儒童秦泉妻張氏中書舍人棣公之女孫也年二十適秦事姑至孝閲六年夫故矢志苦守遺孤德東德樹教養有成皆入泮守節三十餘年

秦有國妻馮氏年二十七夫故遺四子一女俱幼氏勤紡績以養姑撫子成立夢元輔國皆入泮守節三十餘年

秦源妻程氏年二十六夫故奉姑撫子成立畢婚無何

子又故與媳程氏共撫弱孫苦節四十年

秦德良妻徐氏年二十七夫故家貧勤紡績以養舅姑撫夫弟之子以承夫祀苦節三十餘年

秦德和妻羅氏年十九適秦七日而夫病故舅歿姑存堂伯欲強嫁之氏聞而自縊覺救免復投水救得甦伯念遂止後立嗣承祧苦節三十餘年

秦厚錫妻楊氏年二十六夫故撫孤成立苦節五十餘年

秦厚坤妻周氏年二十八夫故無子氏自經以救免後立夫兄子爲嗣子孫蕃衍目覩曾孫守節已四十餘年

秦有瑚妻吳氏年二十二夫故撫孤成立苦節三十二年

秦德芳妻周氏年二十一夫故養姑撫子苦節三十六年

秦在雅妻耿氏年二十六夫故撫孤成立苦節三十六年

秦華國妻吳氏年二十四夫故家貧子幼挑菜度活遂

節省墓以衣裹土培翁姑與夫墳苦節五十年而卒

秦在兹妻楊氏年二十九夫故撫孤成立苦節五十二年

秦德明妻耿氏年二十八夫故撫子成立苦節三十八年

秦有質妻韓氏年十九夫故立嗣承祧守節四十一年

秦有惟妻韓氏年二十八夫故撫子成立守節三十二年

秦有樂妻謝氏年二十七夫故撫子成立守節三十一

年
盧希堦妻趙氏年二十九夫故遺腹生子家鈺撫守成
立苦節已三十一年
盧纘祖妻胡氏年二十六夫故苦節已三十六年
盧學山妻王氏年二十七夫故撫子思禮成立苦節已
三十二年
邱承華妻葉氏年二十二夫故撫嗣鼎和成立入泮苦
節已三十年邱本盧姓
周遠鼢妻鍾氏青年夫歿矢志苦節四十餘年

生員程文試妻曹氏年廿四夫故矢志自守立夫弟貢
生文煦之長子鳳達爲嗣入太學年七十終苦節四
十餘年
程國寶妻唐氏歸程五載而夫歿矢志撫孤苦節已二
十餘年
袁士榭妻韓氏舉人韓致中之姊年十七適袁越五載
夫歿撫嗣成立娶媳涂氏無何嗣亦故遺一孫姑媳
相依煢煢共守韓年七十餘歲涂苦節亦已二十餘
年

備直鄭邦治妻石氏年二十夫故家貧無嗣苦節三十
二年卒
盧國梼妻吴氏年二十一夫故矢志自守曲盡婦道公
姑憐之爲立季房子德煜爲嗣公姑歿遺産豊厚兩
叔擬三分之氏曰未亡人但得夫梼庄長孫田足矣
何以多爲妥布衣淡食日勤紡績家計亦漸裕遷居
梼庄後煜本生父歿子殀家中落氏迓煜生母同居
命煜婦姑之以孫孫之和睦至老無間守節四十餘
年卒子德煜孫守先俱國學

生員盧國杖繼室金氏年廿四夫故立姪德衡爲嗣守
節四十年卒
孝廉盧國彬妻江氏年二十歸盧循循婦道夫素羸弱
十七登賢書三試春官不第以攻苦致疾卒遺孤甫
三月氏飲冰茹蘗姑吴絶憐之姑通曉書史氏女紅
暇輒携孤就問古人事孤之早歲成名毋教多也翁
壽八十三姑九十三氏以婦兼子奉甘旨者垂三十
年生養死葬兩無遺恨子宗彦庠生孫鴻舉庠生鴻
遠舉人曾孫鈞庠生鑑庠生

盧國樟妻秦氏于歸後孝事舅姑和睦姊姒夫有夙疾
氏奉湯藥惟謹夫歿遺子女各一氏年未三十慟不
欲生姑慰諭之乃強起自是含淚紡績足不踰閫家
中落勤苦儉約男婚女嫁皆如禮年五十卒子熿孫
縉雲降服孫繪雲增生
石天江妻汪氏嘗刲股以愈姑病後生子常炳左股有
刀瘢痕孫得珠娶媳劉氏三載珠故撫嗣苦守年今
五十有三
韓輔世妻王氏年廿二夫故撫遺孤鳳德成立娶媳方

氏年廿七方氏亦寡復矢志撫孤目擊孫逢伯入泮
王氏卒年七十五方氏卒年七十三
江澤祥妻彭氏
董方中妻盧氏
儒童江澤燧妻秦氏
生員王華科妻黃氏
吳勝周妻虞氏年廿四夫故無子守節至七十一歲終
附貢張光甲繼室劉氏年二十夫逝姑老目瞽孝養不
衰立姪庭植爲嗣矢志三十一年

周如鵠妻蔡氏年十九適周月餘夫卒撫嗣成立苦節
四十一年
詹人錦妻顧氏年廿七夫故遺孤三家貧矢志苦守撫
子成立苦節已四十七年
方鳳藻妻王氏年廿一夫故遺孤泳焯甫數月誓以死
殉家人防之得免辛勤紡績撫孤成立列成均諸孫
繞膝苦節已四十四年
彭士棟妻鄢氏年二十二夫故遺子尚太僅一齡氏矢
志柏舟翁姑年逾八十生養死葬皆如禮撫夫弟與

舌耕
子成立苦節四十年
雷士淮妻張氏年十七適雷年餘夫故矢志柏舟撫姪
爲嗣苦節五十八載
王炳鳳妻江氏年二十二夫故撫孤成立苦節已六十
一年
李克行妻陳氏結褵五年而夫故姑老子幼氏矢志柏
舟仰事俯育兩無遺恨苦節終其身
趙然會妻陳氏年二十五夫故遺孤數月貧無立錐氏
茹蘖飲冰紡織度日撫子兆魁成立苦節三十五年

終
劉光灼妻李氏年二十五夫故撫孤教武歲立事翁姑
以孝苦節巳三十一年
蕭之屛之翰庠生蓡槐子也屛妻方氏甫生子而歿翰
娶劉氏亦以勤學早亡二氏青年孀守共勵冰操孝
事衰姑同撫孤成立並皆苦節四十餘年
尹大訓妻張氏青年孀守孝事衰姑撫子成立完娶苦
節三十五年
吳際春妻劉氏年二十適吳數載夫故氏矢以身殉皆
賴救得免迨殯葬畢守者稍懈卒以剪刀自刺其心
而死

吳大謙妻韓氏年二十三夫故無子家貧矢志苦守立
夫弟子爲嗣事翁姑以孝卒年七十六
儒童吳大樹妻戴氏青年孀守立夫兄子東曦爲嗣成
立遊泮苦節四十餘年
張炳瑞妻彭氏年廿六夫故矢志苦守撫子成立孫錦
瑶妻彭氏錦儷妻杜氏均青年孀守同矢柏舟
張炳獻妻郭氏青年夫故苦節四十餘年

來成球妻程氏年二十五夫故撫子如川成立苦節五
十餘年
金宇煇妻董氏年廿一夫故遺腹生男家貧苦守卒年
五十八
金清泰妻吳氏年廿三夫故苦節三十三年
謝世權妻劉氏年二十適謝八月夫故撫遺腹子成立
現年八十有一
監生謝映春妻劉氏年廿四夫故無子撫猶子如巳出
事翁姑以孝聞里黨咸嘉之

車行坦妻李氏年十九于歸廿五夫故矢志柏舟撫子
中桂得雋成立入成均桂妻劉氏生三子二十三歲
而寡雋妻李氏二十二歲而寡無子以劉氏一子爲
嗣姑媳煢煢相依李苦節五十七年兩媳俱苦節三
十餘年
黃道五妻周氏年二十六夫故撫子成名卒年七十六
金清濂妻張氏年二十三夫故無子立嗣嗣亦故家無
擔石志凜冰霜卒年四十五
張錫勇妻李氏年廿二夫故無子撫猶子爲嗣苦節六

十年
武士鵬妻馮氏年二十一夫故撫遺腹子文謨入泮壽
節四十六年學使王給砥節懷清額孫鳳樓庠生
監生盧德煥妻鄒氏年二十一夫故撫孤封成立捐職
從九苦節三十一年
盧德燿妻吳氏年二十四夫故撫孤坦亞坦入泮苦節
三十六年
武士宏妻李氏年廿三夫故撫姪爲賓爲嗣守節四十
六年

阮方坤妻周氏年廿四夫故撫子祥徵成立生孫蔡元
捐職理問守節已四十五年
熊席鼎妻顏氏嘉慶二年春教匪入境焚掠氏閉方自
縊於嘉慶八年　旌崇祀節烈
陳玉順妻熊氏年廿五夫故撫孤金重金台成立苦節
已四十餘年
監生潘應宗妻周氏年廿二夫故撫孤公試榮瓊成立
瓊入成均
潘應仕妻劉氏青年夫故撫孤榮瑚成立

劉同義妻張氏年廿五夫故撫孤峯入泮苦節已五十
一年
宋文照妻柳氏二十七夫故撫孤成立生孫守節三十
八年
宋文熙妻黄氏二十五夫故撫孤成立苦節三十五年
李逢春妻雷氏二十四夫故撫孤賓利成立苦節三十
八年
戴之光妻趙氏年二十八夫故苦節五十六年
戴堯璋妻劉氏年廿八夫故苦節五十五年

黄模妻楊氏廿四夫故苦節三十五年嗣子夔龍之媳
秦氏二十八歲而寡撫嗣玉章如已出卒年七十三
儒童劉大禮妻張氏于歸二載夫故遺孤週歲矢志苦
守成立娶媳生孫年今七十有五
石常塤妻鄭氏年十八適石越十年夫故撫子成立子
故撫孫苦節六十二年
張四姑年十九適盧遺腹生子善針黹人皆以巧四姑
稱之深居斗室足不踰閾未幾男又夭遂以哀死人
咸惜焉

監生王士晃妻周氏年二十于歸夫故無子撫胞侄夔柏爲嗣女二教以孝經長聘徐鍾儒儒故女守貞蒙建坊　旌表又撫無母外甥陳女成人時人賢之苦節五十餘年壽終孫四克岐克儉克勤克巳

吳徐氏東行會人適吳生二子而寡乾隆乙巳歲奇荒婦携二子日行乞於道有謀奴而賣之者婦正色抗辭莫敢奪後隨其子佃於河南値教匪亂將殺之母子争死賊憐而釋之又十餘年乃卒

王阮氏東行會人適王生子三月而寡値乙巳歲荒親

鄰欲嫁之莫能奪乃逐之寄居破屋晝乞杯糧以食其子採草根木皮以自食無何夫兄長姒皆死遺二孤一啞一頑婦又撫之苦節三十九年子姪皆成立壽七十而卒

余相秦妻徐氏年二十七夫故撫子達士達成成立苦節三十餘年

盧汝坎妻高氏年十八適盧越二載夫故撫嗣鏔成立苦節五十餘年

余宏緒妻彭氏孝順勤儉夫亡守志撫遺腹子龍成立苦節三十年

盧兆珍妻王氏

鍾希士妻吳氏

劉成達母馬氏

劉映書母　氏

蕭引鳳妻馬氏

孝婦盧華年妻鍾氏

盧采薇妻何氏

盧文化妻趙氏

周金綸妻程氏

張炳猷妻郭氏

陳某妻馬氏

陶文祥妻盧氏

喻士榮妻鄭氏

秦心鳳妻王氏

陶國楷妻吳氏

吳志才妻韓氏

吳承暉妻張氏

吳大仁妻秦氏
汪勲妻鍾氏
盧淇妻王氏
汪璪妻王氏
鍾澄妻張氏
俞二妻閔氏
彭鸞其妻盧氏
戴兆舜女二姑 孝女也適太學盧國榮
吳韻賢妻何氏

戴履壽妻何氏
孝婦盧國材妻吳氏子婦盧鰲妻秦氏
秦舜黄妻王氏
謝某妻張氏
周志恭妻盧氏
夏德賓妻曾氏
陳文試妻曹氏
吳際會妻陳氏
方篆妻戴氏

陳中韓妻吳氏
吳齊生妻韓氏
韓學信妻吳氏
秦永濟妻李氏
馬炎妻劉氏
周世能妻汪氏
余士傑妻周氏
戴某妻張氏
吳業貞妻黄氏

吳大德妻韓氏
秦承海妻官氏
盧之瑛妻程氏妾張氏
陶應泗妻林氏
陶國樞妻梁氏
李大泗妻宋氏
胡美翰妻杜氏
陳光朝妻熊氏
黄某妻王氏

王熙侯妻曾氏
吳威鳳妻張氏
陳如周妻劉氏
徐國有妻吳氏
喻大璉妻張氏
吳鐀妻張氏
吳文占妻邱氏
吳文明妻方氏
吳蘭妻曾氏

吳正方妻錢氏
吳莊妻黃氏
吳廷樞妻曾氏
吳道南妻張氏
彭豹其妻盧氏
伍煥彩妻盧氏
汪洪弼妻郭氏
徐瑞太妻金氏
彭二妻耿氏

葉八妻楊氏
李廷甫妻盧氏
程景妻陳氏
詹廷選妻盧氏
夏鴻基妻袁氏
盧國楹妻吳氏
吳遵路妻李氏
王曰校妻吳氏
吳大綱妻范氏

秦在妻曹氏
李周棟妻周氏
詹用九妻陳氏
周萬彩妻詹氏
詹聲宏妻洪氏
鍾農章妻袁氏
徐之綱妻秦氏
秦文錦妻吳氏
孝婦盧勝材妻吳氏

喻大妻張氏
徐某妻王氏　徐玉妻某氏
金名望妻曹氏
王在時妻阮氏
夏廷佐妻鄭氏年二十七夫故立嗣苦節三十四年
周家睦妻黄氏
秦在婢妻趙氏　秦某妻陶氏
彭啓錢妻盧氏
劉文元妻秦氏

監生劉紹玉妻王氏青年孀守撫孤苦節三十七年
盧經聘妻彭氏
周四妻陳氏
張之孚妻楊氏
張啓席妻劉氏
鍾錫類妻江氏　張輝漢妻劉氏　辛士倫妻曾氏
鍾樞母江氏　余承俊妻劉氏　張瓆瑶妻秦氏
鍾華表妻江氏　余義太媳李氏　李希白妻袁氏
鍾裕福妻單氏　余啟太妻成氏　李顯華妻王氏

鍾慎俊妻戴氏　柯有坤妻黄氏　李茂盛妻吴氏
鍾大灩妻江氏　柯承業妻袁氏　徐瑞麟妻吴氏
鍾裕塤妻康氏　柯聲明妻吴氏　袁一鳴妻胡氏
鍾慎燦妻方氏　姚正發妻秦氏　袁其名妻王氏
鍾植妻張氏　曹乾元妻張氏　陳吴氏

閨範終

新纂閨範

按婦女德行其類不一首孝次賢淑次節次烈次貞而舊志不分統列閨範仍之今就新報者分類編入以清眉目而便尋覽焉

新纂孝婦

孝爲百行之原天性所繫斯人皆當隨分自盡第婦女匿處閨閫尋常出入道德不嫻責之以孝嗚呼難矣然亦有至性過人率意行之初不言孝而自非庸俗女流所可及者閭里傳播有美必彰亦司土之責

也

盧氏生員胡道元妻姑病篤氏割股飼姑病全愈

羅氏周玉烘妻姑病氏晝夜奉養病篤醫不施藥割左股進飲病即愈越三年姑復病割右股以進姑不食曰我非不食但作嘔耳氏慟哭三月日飲米湯一盂姑殁水漿不入口者數日翁聞命妯娌慰之曰姑既卒毋重加翁憂氏奉命復飲米湯其餘孝行類是

趙氏高秀中妻年十八夫病割股以進食之立愈

彭氏陳德莘妻兄弟五人氏歸後遷居毋所謂翁姑年老各家移養艱難遂留家服事無倦色及姑病卧不起氏勤調治質釵釧助劑藥病篤焚香割股救之姑病愈聞而泣氏終不言惜年未四十卒

萬氏程鳳翥妻年二十四苦節孝事翁姑姑病醫藥不效割救之姑遂起氏現年七十

孟氏張利見妻性至孝姑病侍奉衣不解帶旋夫亦病氏計廹割股分進姑與夫皆愈

何氏生員張光甲妻姑病禱天割股烹以進姑立愈里人稱之

涂氏李之驤妻性至孝姑病侍湯藥不效丙子對月焚香割股進之不數日病愈課子勤讀目擊孫文斗入泮

孟氏李廷耀妻年二十餘夫故與寡嫂張氏同居勤苦如一姑秦氏病醫藥罔效氏割股煎飲血濺肢體姑病愈並延年好施與捐修包家冲李家畈石橋多費弗惜子士理承志不怠卒年七十四孫映庚映斗俱監生

孟氏周如珍妻在毋家時嘗割股救親于歸後事公姑

孝遠近無不仰其懿行年七十餘卒

金氏庠生夏士俊繼妻陂邑翰林院侍講學士金國均女年十八夫故孝事嗣姑姑病兩次割股和湯藥以進撫嗣成立越三載姑没氏亦不食卒

徐氏宋錫恩妻妯娌四分居後氏獨奉養衰姑中年夫故饔飧不繼氏親覓食以養風雨寒暑數十年不懈姑殁募棺木以塟孝行洵可嘉也

黄氏儒童車伯模妻年二十夫故家極貧紡績以奉姑膳苦節三十餘年

劉氏儒士張光復妻年二十六夫故家無長物仰遵姑命撫守至老不衰卒年六十餘

馬氏張正焯妻年二十三夫故家亦貧鉢化奉姑苦節三十年現年五十三

孟氏張大儒妻適張未逾年夫故撫遺子應華孝養翁姑藉織車以奉之學憲給節孝揚徽額卒年六十

彭袁氏年二十四適彭二十六歲生一女夫故家貧不能立嗣矢不他適母女相依紡績度日孝養翁姑代夫供子職女及笄于歸吳姓氏苦節四十六年至七十二歲無疾逝女身任殯塟不累親族賢母孝女鄉里並稱前學憲手書松筠表節旌之

盧氏戴正基妻性柔順善事翁姑姑病醫藥罔效割股和藥以進姑得愈越數載夫病延醫不效氏又割股救夫亦得痊

李氏吳東旻妻年十八歸吳未半載夫故誓以身殉舅姑泣諭之乃止矢志守節立夫弟東杲子爲嗣後姑病兩次割股以進姑皆愈並延壽二十六載姑殁氏現年七十有餘咸豐十年旌表賜有節孝可風額匾

子雅南庠生孫中玉業儒

李氏監生鄧維楚妻幼慧知書性和順姑吳氏老患痢劇夜禱竈神封左股和湯藥以進是夕夢神增姑算七載病愈果如數子臺鵬舉孫開第俱列黌宮

鄧闕氏農婦也姑早没舅鴻棨老病卧床十餘年夫作苦田間凡翁起居服食悉氏一身經理毫無怨懟舅没喪葬禮合鄉里稱之

栁氏劉德新妻精女紅尤好讀書年廿六夫故事姑曲盡孝養姑病篤剪股寸許烹進之延壽三載苦節四

十一年內翰劉燁聞於　朝旌表建坊氏聞報泣下
囑孫繼勳於歿後務取篋中血痕衣與一剪納棺中
家人問故不應强詰之始知有割股事祖視之瘡痕
猶在

秦氏王鳳雅妻于歸一月歸寗母家母病篤氏刲股以
進母疾得瘳厥後孝事姑婷無違夫子卒年八十二

劉氏劉之杞妻年廿八夫故事姑孝姑病篤割股烹以
進遂愈撫一子現年六十七

袁氏鄒正業妻年廿二夫故撫子一怡養舅姑適姑老
病不起氏割股救之卒不愈族戚咸稱其孝

程氏余立元妻遁事祖姑極孝咸豐辛酉三月賊竄尹
家河時祖姑病亟氏扶持不忍避賊至投水死

張氏庠生阮恩顧妻其姑患目疾出血垂危醫藥莫治
氏割股投湯以奉食後血止目漸明至老不昏亦孝感也

劉氏舉人阮熙仁妻其翁豫階患氣格幾不治氏刲股
和藥進飲翁病愈三年而後逝

楊氏庠生阮恩晋妻事舅姑順意承志姑病彌留氏割
股以進侍奉湯藥晝夜不倦人稱其孝

劉氏石公順妻姑戴氏抱疾甚篤醫勿效氏割股救之
姑病隨愈

留氏劉天綱妻姑梅氏病劇氏割股療之姑疾遂愈

何氏李學清妻年十餘齡歸李事姑得歡心後數年夫
病亟姑憂泣甚恐難治氏焚香割股療之即愈教子
謹嚴持家節儉子孫蕃衍卒七十八

按肢體受之父母不敢毀傷盡孝不在割股恐其
戕生以傷親也然一念之誠亦足感天地而泣鬼
神故愚夫婦往往有行之而親疾立愈者事雖愚
而心實可憫也故備錄之

孝女婦

袁氏馬純信妻姑詹氏病醫藥罔效袁氏割股和藥進姑尋愈越數載純信疾作其子有功亦割股以療後有功妻張氏病劇張長女歸視又割股救之病若失三代至孝人共稱焉

靖氏附監張錦城妻岡邑名門女也舉止端莊釵帬樸素無寒暑必整潔姑早逝奉養老翁無鈌禮家漸窘夫遠舘輒私典簪服以供菽水翁殊不知既聞其無禦寒衣命減供氏卒奉之如常年七十二終餘詳儒林錦城傳

何氏庠生張光甲妻孝事翁姑姑病叩神割股療之病旋愈併增筭知爲至孝所感云

孟氏張利見妻孝事翁姑朔望默叩家神願減巳年以益親筭忽姑夢竈神告云汝年五十當卒賴汝媳頋禱加紀以汝子代之夢醒向氏泣述踰時利見病氏懼夫卒累母割股療治夫病亦愈

張氏曹功義妻適曹時貧甚翁姑俱善病氏去服餙操井臼侍藥餌奉養無違日勤女紅以佐甘旨後夫得

舉孝廉皆氏贊助之力云

張氏余應棟妻溫惠淑慎孝事翁姑身任勤勞翁姑病憂形於色延醫藥禱神明責巳有過願減筭以益親壽病尋愈數十年孝養無間言

曾氏曹萬有妻姑歿翁年八十餘卧病者六年氏奉甘旨調湯藥澣濯汚穢衣服歷久無怨言

唐氏戴學能妻能逮貿翁老多病輒汚衣氏奉膳澣濯惟謹十餘年不懈無何夫目瞽氏以十指存活無怨言晚年舉一子人謂孝行所致

袁氏張新第妻聞訓夙嫻長適張事舅姑盡禮紡織以助日用姑病盡心藥餌無少怠勸夫苦讀家事悉以身任其於貧苦者尤多周恤族人德之子桂庭業儒

楊氏曹崇善妻性慧婉夙嫻姆訓及于歸翁巳歿氏事姑色養倍至每朔望向竈前禱神以增姑壽捐貲修橋路且樂濟飢寒現年七十

明氏庠生王淼妻性至孝事翁姑盡禮咸豐粵匪距城舉家避山谷中哀姑年過八旬艱步履氏負以逃走見者肅然

袁氏庠生劉斌妻貢生克純第四子媳也事翁姑以孝聞姑徐氏病醫罔效氏割股調湯以進病即愈家人未之知也逾日其夫見兩股傷痕問之以實告一家欽服縣憲聞之親至其家大加旌奬氏卒年二十八

孟氏曹志義妻幼嫺內則長適夫家姑歿翁衰老氏奉養惟謹夫抱病四十餘年延醫調治曲意服事無怨言子一耀彩

張氏盧學漣妻姑孀居氏奉之甚孝姑病家極貧無力延醫氏割股和藥以進病立愈氏晚年病危子立夫

亦割股愈之人稱一家至孝

馬氏李承啓妻翁姑病時啓外出氏日侍湯藥不驗因割股和羹進之病立愈啓亦有割股療親事夫婦皆以孝稱

甘氏孟炳南妻性淑善相夫以禮夫病醫藥罔效氏焚香祝天剜股烹湯以進病尋愈後夫卒撫子成立教養有方

金氏太學黃梅甲妻未于歸前值母病侍湯藥不倦父嘗與人有雀角爭人憤不平縛其父勢欲傾之女往救據理陳詞其人怗服即釋之後歸黃事舅姑亦以孝聞現年七十餘夫婦齊眉子孫林立

孟一女年十齡隨父道舜宦遊雲南昆明縣母氏張病篤女割股療治昆明令賦詩云弱質稀聞彤管揚深閨孝行越尋常肌膚可毀哀慈母截髮何傷學梵王結願剜身臨橋井甘心夷股試魚腸緹縈救父猶難比至性應留百代芳

李女監生華潤之長女甫二齡母氏徐病歿稍長事繼母方以孝聞方亦撫如已出方病劇每咳吐血盈盆

女夜半焚香默禱割左股和羹以進病遂愈其歸光邑王姓也亦克執婦道王之稱賢婦者必推焉

烈女 烈婦附

吳氏潘紹國妻同治年遇賊怒詈被害時年二十三

熊氏潘紹栢妻同治年遇賊逼近投水死時年十九

趙氏劉開基妻同治年賊猝至携子奇裕逃匿被執子無恙氏至張家砦門首塘赴水死

胡氏戴正明之配也初議婚未諧及長歸戴合巹數月前議婚家以勢奪之氏以死誓云生是戴家人死作戴家鬼寧死滅其身不願生不從以剪自刺死踰七日顏色如生時年二十一歲

生員熊飛翥之長女幼字職員涂輝藻之次子光前前染惡疾涂父母憐女囑另婚女誓死不可迫已訂歸期未果而卒臨危時猶泣語其母曰願得附葬涂姓之墓而甘心焉

李氏秦再晉妻同治年七月氏遇髮逆於城北恐被汚抱子投水死時年二十八

張氏儒士張瑞彬妻同治年捻逆猝至赴水死時年二十四

陳氏監生向開林妻同治年避難黃陂爲賊所掠經塘畔躍入死時年二十一

吳氏謝象忠妻同治年捻逆至氏抱女扶姑逃匿猝遇賊以女交姑曰母老可無虞媳懼難免遂投水死時年二十二

蕭氏謝萬義之妻同治年捻逆逼近投水而死時年四十

江氏盧立愼妻姑孀居氏孝事之同治年賊猝至氏隨姑隱匿賊搜得之欲携氏走氏曰姑未餐賊俟之飯後又强携氏走至塘邊氏赴水死姑甚痛每外坐泣之忽雨甚覺氏牽之入室每食必飽如醉如夢人以爲氏靈所致云

王氏盧潤妻王氏盧添妻爲堂姊妹於盧爲親娣姒同治年五月十三賊猝至各遣子散同赴水死三日後家人往殮之顏色如生人以爲義烈雙婦

袁氏舉人張輔臣姪婦夫歿撫孤幾十載同治年捻逆至氏携孤逃賊逼近置孤赴水死同時死者更有鄰村張普祥妻張氏也

江全姑儒童程立綸聘妻監生江傑之女也年十八方

納吉綸遽殁女矢志從一泣告父母變服詣程事孀
姑執婦禮足不履中庭迨終夫制病不願醫不食而
卒族戚爲之請
旌同治十一年二月奉　旨建坊立祠
王女松陽令盧縄慈聘妻也幼聰慧每讀孝經內則諸
篇嘗曰想古人理亂生死皆足樂也明末隨母樊避
亂陽邏磯聞府城陷母投江死女亦赴江時年十七
鄭氏戴縄武妻同年治遇賊不屈投水殉節時年四十
秦女楊之鳳聘妻也鳳殁女聞之飲泣不食父欲他字

女以死自誓潛至楊家守貞六十餘年卒
王女名登第幼字程年十九同治甲子捻逆猝至携弱
弟且泣且奔賊偪近謂弟曰事急矣吾無生理弟速
逃或可免言畢揮釵塘埂投水死賊退後家人往收
顏色如生蓋死時已七日也
劉鍾氏同治年避捻逆至太平橋遇賊投水死
詹女儒童石秉樑聘妻也年二十聞夫訃誓死靡它赴
夫家守貞歷三十餘年光緒五年御史黃摅寶奏聞奉
旨飭部旌表准予建坊現年五十五撫嗣子理涵夫弟

葆純之長子也
金弟吳田富女也同治三年隨母避髮匪至小金山賊
逼近從容辭母投水死時年十六
英第監生吳家珍女年十五同治三年隨母避髮逆逃
陂邑紅蓋山賊逼近從容辭母投水死
全弟吳世元女年十六同治三年隨母避髮逆金家榨
賊逼近投水死
姜氏周世樟妻年二十三同治三年粤匪入境氏抱女
避難賊逼近置女於地赴水死

吳氏周六一妻年二十八夫故無子守節同治初捻逆
至與其幼女仝投水死
陳氏何溱妻賦性貞靜青年夫故家無立錐伯氏欲奪
其志遂剪髮自矢避居戚屬傭工伯志猶未休也私
謀之氏兄誆氏歸省使無賴子横截中途至徐宅錮
守之氏晝夜號泣乘老媼睡熟緣梯升屋墜地昏而
復甦昧爽徐某尋至急投水不遂哭愈慘有村婦勸
姑寬之旋母族兄靈伯携子訪至告以情訴之站司
杜公乃獲兇具詳上司賜銀六兩文牌一面旌表補遺

新纂賢淑

婦女鮮讀詩書其賢德原本性生攷前志所載允協時論茲續報寥寥大率非卓著閫儀足爲内則者不入故另分一類以傳之

蔡氏王侯俊妻以賢淑聞事上使下各得歡心賑乏濟貧頌德者徧宗族鄉里治家嚴肅有禮法子姪孫曾輩省問譬履未整不見年九十終子孫見侯俊傳

孫氏江顯文妻貧極以紡績佐夫讀夫逝事姑訓子各得其宜姪幼無依撫恤教誨鄰里咸稱頌焉年九十

餘終

陳氏優庠生吳文奎妻性淑慎孝事翁姑夫應科試値隆冬翁病氏侍湯藥進飲食日夜親身不懈翁卒夫未歸氏痛理殯殮盡心無悔姑衰老夫遠館氏生養死葬亦如事翁憐恤貧苦多所周濟夫先逝偕夫弟媳應氏勤積累家致素封時家口衆氏調和内外六十餘年無議分居者教子業烜端委力學成名壽八十三終孫曾林立無白丁詳其夫儒林傳

董氏儒士江士清妻甫歸江姑病侍湯藥兩載餘無倦色夫年逾七十猶相敬如賓家務出匱之至豐亨鄉里貧者賙之與嫂分居任取携不較壽一百歲卒學憲給錦張玉飲額子二玉成玉良俱監生

劉琇瑩楊步奇妻幼慧知書于歸未久夫故事姑孝撫遺子成立析箸後課讀尤嚴好排解每歲除以升斗分鄰里糶穀必減價遠方流徙者餽贈有差並廣施藥物助建魁樓同治二年儒學給砥節懷清額

包氏生員李杜副室年二十七夫故撫孤守志佐事人婦藍蔡氏夫昆弟三子姪七同居五世内外和睦延

師課讀必親治館餐年八十歿子夢斗列成均孫濬司訓曾孫長華玉明經次和盛從九加六品銜元孫友蘭庠生杜兩世獨傳孫曾近已蕃衍矣

吳氏庠生陳炳燦妻年廿二于歸事孀姑孝相夫子勤待妯娌和教子尤慈嚴有法子四長常副車次鳳翥司馬官山左有治行三四皆補弟子員年七十三卒封宜人

曹氏張廷鳳妻聰慧淑慎體夫志善事翁姑甘旨無缺勉力操作夫兄弟析居内助成家姑逝養聾翁愈謹

延師課子款待豐潔能和族黨每佳節子姪拜賀信
口酬答語皆吉祥壽七十八終餘詳善行廷鳳傳
阮氏劉楚峰妻性貞淑通文藝姑早逝事翁數十年以
孝聞夫疾廢冠帶飲食躬代無違勤紡績機燈課子
有鍾郝風每逢賓至款宴異常歉年施粥救飢族黨
尤多賙恤壽七十八終季子瑞麟庠生
楊氏董次敬妻柔順寬和孝事公姑待人慈惠鄉里稱
之卒年七十八子孫多發達焉
杜氏何爲勤妻賦性幽貞持家勤儉待人忠厚教子慈

嚴並濟懿行無算享壽一百零一歲卒時身猶康健
家貧不能請旌惜哉
李氏吳璧華妻夫有廢疾服侍無懈家壁立紡績營生
閨門肅靜有蕭郝風卒年六十一子佩琳佩琨俱太
學生
宋氏上舍吳秋岩元配生員宋治亭次女幼嫻內則寡
言笑肅閨範事繼姑至孝姑病筋骨難起氏親湯藥
數年不懈姑性嚴索不時菓食遍覓以博姑歡勤儉
治家慈惠逮下人皆稱賢淑焉歲大飢家稍裕見孤

嫠貧窘無論族戚里黨悉賙給之並施湯藥救疾苦
不幸早逝生子二言昌道昌皆入泮學師黎聘庵贈
有宋淑媛傳
金氏庠生張鳴鑾妻訓導雲錦之嫡母也溫恭淑慎生
平無疾言厲色相夫子以禮見貧乏者時周恤之生
子不育勸夫立側室生三子飲食教誨始終不怠年
七十一卒例贈孺人
宋氏監生涂觀禮妻生而淑慎長嫻姆訓事孀姑盡孝
相夫子無違家雖豐躬親中饋勤而且儉內外肅然

每歲伏臘時必分米粟量給鄰里中貧乏者數十年
不輟人皆仰其德夫逝後以母兼父慈嚴並濟延師
課子豐膳備加子四名列成均聲蜚黌序皆賴母之
教也年七十二終餘詳善行涂觀禮傳
蔡氏監生李夢斗繼妻幼受讀嫻內則及笄適李事孀
姑執婦道常得歡心氏夫孤立與長季兩房仝爨氏
和妯娌雍睦一堂同居五世氏無出撫夫原聘梅氏
子溶愛如已出篝燈伴讀口講殷勤子得成名歿年
五十八歲

龔氏孝廉張家俊之正室性温厚順事翁姑和夫無違勤以持家處鄰里終身無詬誶語躬樸實不染浮華一布衣淡食欣如也待夫副室藍氏如姊子三長新奎能文未遇次雨春增貢生三蔚春業儒藍氏生鐸春錫春氏愛如已出藍深敬禮之卒年七十以夫職例封孺人

楊氏監生張文繭妻性仁慈嗣姑老曲意事奉最得歡心相夫成家支持內外不辭勞瘁人有不幸事談及輒流涕嗚咽自奉薄款客必豐憐恤貧乏施與不吝

卒年五十餘子二長曉春太學生次貢生朗春出繼

沈氏何玉秀妻笄年歸何事翁姑以孝聞佐夫勤儉漸致豐裕僅生一女爲禋祀計勸夫納次室王氏早晚焚香禱神未幾王生子四撫養殷勤愛逾已出夫歿王氏年二十九亦佐理有法謹遵夫志延師訓子課讀維嚴長子聿修府經次鳳標就武三肇修業儒四殿標業儒

余氏閔承楏妻夫貿陝氏隨侍與安恪盡婦道能得堂上歡未幾翁姑逝勸夫回籍不果夫尋病故氏携幼子舟載舅姑及夫靈柩歸晝夜身不離棺既入里塋祭盡禮撫孤成立恢擴田園生平喜施與周貧乏毫無吝惜卒年五十四

王氏按經余開縉妻事翁姑以孝著相夫稱賢助伯姒張季娣徐皆孀居一堂和睦無閒僅生一女勸夫納副室無出又勸納一次室生子五女二愛如已出悉撫成人以長子嗣伯姒次子嗣季娣餘爲已子三房宗祀皆延孫子林立年七十八終餘詳善行余開縉傳

秦氏舉人吳世楷妻年未笄翁姑抱病欲一見爲慰氏奉命于歸侍湯藥進甘旨悉得堂上歡病因愈終身孝養不懈相夫子温和勤儉摒擋一切家事夫得勤學成名課徒遠館皆由內助之賢樂賙貧濟困推解不吝生平無疾言厲色待下尤慈生子六女四諸子列成均入黌宮俱相友愛悉母教也四子星煒在省辦理廣額尤爲出力襄成其事餘詳世楷儒林傳

吳氏監生王一道妻性温厚至孝翁病氏執婦道侍養倍至翁歿越數載姑亦病臥不起床二十餘年氏跪

進湯藥始終不怠尤喜施與見貧苦常推解以濟有外忿悉勸解之卒年七十餘子三文彬心錦皆監生孫四崇戴崇岱俱監生崇龍崇虎皆庠生曾孫敬瑭敬琳敬琅皆監生

張氏例贈文林郎盧佐妻夫早歿氏孀居動遵禮法尺寸不踰訓示義方門庭整肅綽有大家風範年八旬遭荒亂家計日薄菽水常歡子庠彦學溥立身行已見重士林次孫方丁卯登賢書

詹氏生員王應達妻性和厚至孝翁性嚴奉養惟謹事

老姑曲意承順色養倍至教子有方機燈課讀不懈延師禮意終始殷勤家非素豐不惜推解卒年七十餘子二長許萬庠生次程萬以縣首入泮孫十餘大賓大治庠生曾孫輩二十有奇玄孫蕃衍

張氏詹聞淮妻慈慎儉勤尤喜施捨見飢寒者即推食解衣給之寒夜自縫製忍凍餓不怨性惡華飾家人衣履不許效時治家嚴正丁口六十餘人畏敬不敢少懈年九十餘猶手女工壽至百歲無疾而逝至今鄉族稱道不衰子孫詳善行詹聞淮傳

詹氏生員王璧峰妻增生詹尚德之女幼習母儀嫻內則性幽靜孝事翁姑衰老時尤奉養惟謹夫性嗜學曲意順承夫弟以縣首入泮猶內助之生平無妄言素所講者皆忠孝事閨門整肅足不輕出於閫其制行大抵類此壽七十八無疾終餘詳璧峰儒林傳

董氏孝廉黃淩池之母也淑慎溫和生平無疾言厲色事翁姑以孝待妯娌以寬相夫子理家務克勤克儉敬而且和訓子息以古閨範教之繼母高氏撫二嗣如已出均稱賢淑今兩媳秦氏吳氏克嗣嶶音皆由

懿訓董年五十餘卒例封孺人餘詳善行黃德龍傳

李氏監生徐登詔妻幼嫻內則適徐後百丁合箸氏佐夫理家務閫範秩然孝翁姑和娣姒拯窮恤貧無吝色洎夫逝以母兼父延師教子惟嚴長子珠聯廩生仲叔季俱入太學事母均以孝聞

梅氏訓導李溶妻性溫厚年十七于歸逮事祖姑監舅姑曲盡孝道悉得歡心喜濟困族里貧者時賙卹之操家勤儉手不停梭暑月常披濕巾因久中風疾歿時年四十三至今人稱其賢子二孫五見閫範包氏傳

張氏董次攸妻事舅姑以孝相夫子有禮和睦妯娌勤儉持家姑逝翁老且瞽十餘年親奉甘旨無少懈毋族有貧苦者隨時周急至鄰里飢寒每解衣推食以濟之撫子文潤延師課讀禮意殷勤其子名入國學屡試棘闈皆資毋教壽至八十二終

張氏薛國奉妻孝事翁姑佐夫治家辛勤節儉姑歿翁老病數年飲食湯藥必親奉之鄉鄰有窮困告乏者私爲賙濟年七十卒子早故幼媳孀居廿餘年遺孫撫之成人

劉氏監生吳朝選祖毋現年九十九歲生平淑慎溫恭訓子課孫皆有禮法族里咸尊重焉 附壽婦

陳氏生員王敬璋妻性淑慎以孝聞及于歸事翁姑奉養倍至和妯娌無間言勗夫讀書殷勤惟謹持家勤儉延賓客酒食豐潔禮意加隆生平無疾言厲色見貧苦者每推解濟之卒年四十四子勝賓棠儒

施氏蔡世榮繼配也幼嫺内則及長歸蔡相夫子無違持家整肅有條馭奴僕以寬待戚誼族黨咸以恩禮相接内外無閒言終身僅遺一女先是夫元配胡氏生一子即逝旋娶蕭氏生子女各一氏撫愛教養均如已出娣姒相得數十載如一日焉卒年六十長子槐逵廪生次子桐逵監生

阮氏庠生袁時逵妻廿年適袁孝事翁姑調和妯娌勤儉起家勸夫周恤貧乏婦德懿行族里欽之子三長必桂監生次輝楚三輝鼎均文庠孫肇基武庠肇太監生太子步瀛武亞元太孫殿傳武舉現任京山戎部即補守備府

王氏太學生程鳳儀元配性仁慈事翁姑以孝著勤儉

持家力致饒裕撫養姪女如已出嫁貲極厚氏無出勸夫納副室蔡氏亦助理有法生一子耀典撫育成人娶媳李氏奉養慇懃不幸早逝復娶媳王氏亦肅閨範氏年七十歲卒子耀典孫禮隆詳善行程鳳儀傳

劉氏監生石華堂繼配也淑慎溫恭生平無疾言厲色相夫子有禮待下尤慈賙貧濟困推解不吝人稱賢淑焉劉年七十餘卒子調玉葆輝詳善行石華堂傳

新纂賢淑

耿氏江永言妻事翁姑順意旨姑歿翁病劇委頓於床奉湯藥浣衣垢皆氏身經理之歷六載無怨言翁故夫病延醫不效氏割股救之病愈數日旋發不起其喪葬悉盡禮焉現年五十八

張氏楊崇福妻性淑慎相夫積善有以橫逆加者氏輒勸夫忍讓族弟大勉妻張氏孤老無依時賙䘏之毫無德色張卒衣衾悉氏料理卒年七十八子亦好善孫鳳文鳳樓業儒

鄭氏孟立大妻嫺內則事舅姑至孝嘗歲暮大雪有不火者給以柴米人賴以活生平無訴誶聲夫或與人爭必婉言勸止子三行惠行榮行讓

江氏監生張錦春妻素慎閨訓事孀姑奉養悉至尤樂周貧困光緒三四年連荒族多危殆氏時以升斗給之子四世煥世洪世増世炘

何氏李輝友妻職員文輝孫女也孝翁姑和妯娌以勤儉佐夫中年夫染病紡織購藥餌調治數年不怠夫歿遺孤宗達未幾夫兄嫂亦歿僅遺二姪一女氏撫之教養兼施俾得婚嫁族里莫不稱賢焉現年九十

張氏曾德遠妻相夫理家務有法訓子媳務耕讀勤紡績內外秩然現年九十八子五孫十五

談氏熊熾宣妻性淑婉于歸三日姑病晝夜侍湯藥毫無倦容月餘姑卒事老翁以孝著遇貧苦盡情周恤有萬某貧不能娶贈以婢俾延嗣續最重讀書子弟飛負笈從師歸省時課其勤惰膏火不足以紡績佐之飛塾友過訪厚款之厨必親躬不辭其瘁卒年六十四子四長飛舉人三煥車從九

王氏鄒汝霖妻幼習女箴長嫺婦道順翁姑和悌姒一室怡然相夫子摒擋家務惟謹家素封自處恒儉鄉里匱乏者輒佽助之無吝色兩媳余氏熊氏亦著閫範皆懿訓所致也

戴氏州同余開運妻性淑慎孝翁姑和妯娌相夫子摒擋家務井井有條喜施濟貧女丐婦賴以全活者甚多訓子女慈而嚴俾各成立子四長在藻庠生

余氏訓導吳言昌妻幽閒貞靜逮事繼姑以孝聞昌嘗經理邑中公務家政皆氏經理焉和睦娣姒寬待僕

婣戚里中有貧乏者輙出積粟周濟之且戒勿頌德云卒年七十一子四長芳春積學早逝芳澤芳烈俱貢生芳藝庠生孫行健廩生孫曾均業儒

蕭氏職員黃登雲妻事後姑最得歡心相夫理家務不辭勞瘁待子媳寬嚴交濟門庭整肅綽有大家風長子開朗保守備銜以都閫用次顯祖庠生皆母教也

徐氏孟光初妻聰慧淑善姑早逝事翁孝尤喜周貧苦歲歉時族中多不舉火輙以錢米給之有逃民十數人身無敗絮與以衣食適彼婦有臨產者艱苦幾絕

氏多方救之母子全活性喜書延師教子始終不懈年四十五卒

楊氏張廷棟妻性温惠孝事翁姑夫兄廷堯病故子一旋故遺一孫家窘甚嫂氏余不慧氏時顧恤之未幾嫂亦故遂將其孫收養視如巳孫并爲之娶今巳有嗣氏年八十無疾終餘詳隱逸廷棟傳

劉氏孟謙高妻性幽閒事姑至孝初適孟見姑寒甚卽以嫁衣奉之絕無吝意曲意承歡數十年如一日里中貧乏者悉周恤之壽九十餘

周氏職員蔡廷庸妻賦性淑慎敬翁姑和妯娌佐夫治家內外整肅生平無疾言厲色子姪輩見之皆起敬凡飲食衣服有餘輙周戚里之貧乏者現年七十四餘詳善行廷庸傳

余氏貢生鄒恒彥妻幼嫻女誡事姑嫜孝待妯娌和撫子媳慈遇貧女丐婦則施衣食故鄉里共稱焉

吳氏劉容妻幼嫻母訓貞靜幽閒于歸後事翁姑最孝與夫相敬如賓現年九十子三季青照庠生

趙氏太學程楚璜妻嫻內則執婦道姑善病不能卧氏

以身扶持累年不怠遇有爭競事必勸夫排解乃巳夫精醫術有求請者輙施藥濟人全活無算卒年六十六子三立謙立諾俱監生早逝崇高監生長孫本灼業儒

周氏庠生張德新妻性賢淑孝翁姑和妯娌待子姪人無間言氏母家貧養葬悉身任之而夫亦視猶巳母戚里皆稱道焉卒年六十餘子三女二長監生

周氏監生程步明妻性温惠知大義得舅姑歡育子三夫故遺腹子一庶出也氏愛之逾巳子里有凍餒者

時給衣食並戒勿言有遠方某流落鄉間丐且病氏延醫施藥愈後給路費得歸氏好讀書長子漸遠擇師從遊不吝費現年六十七餘詳善行步明傳

蔡氏監生陶封揚妻于歸後姑卒事翁以孝稱喜濟貧窮里有不舉火者使奴婢饋見乞丐則厚待之卒時有丐者哭曰母活我久今殂是天絕我生路也卒年六十八子一德鎔監生孫兆熊庠生

鄭氏庠生程月溪妻性淑慎善事翁姑相夫子有禮翁先歿姑病奉湯藥進飲食毫無倦容至奴僕尤厚待

之現年六十九子三長以千總用次三均職員

張氏庠生劉青烺妻幼失恃長適劉孝孀姑勖夫力學頤以家事自任和妯娌慈子姪一室怡然氏卒族黨皆嘆息之子華鑑

劉氏貢生熊錫魁妻孝翁姑和妯娌愛子姪延師課讀館餐必豐長子起渭廩貢即選訓導次貢生三起璜庠生早逝媳孀守愛如己女四業儒

張氏監生黃大成妻性溫厚德幽閒事翁姑待子媳孝慈兼盡生平言笑不苟閨闥之內肅然于逝祖增生

李氏戴學仁妻家無錐氏勤紡織善事姑色養兼至相夫子以禮不聞有詬誶云

熊氏縣丞銜涂輝藻妻性仁慈好施與凡修橋補路者必厚捐之丐婦則施衣食不吝子二光傑貢生

趙氏太學程身桂妻淑慎幽閒孀姑善病侍湯藥日久不怠里有貧乏時給衣食歲終尤厚卹之堂叔翁某老無依供養二十餘年殯葬從厚皆氏力也卒年七十八餘詳善行身桂傳

朱氏文童劉書朗妻事翁姑孝閒順夫子和妯娌恤孤

寡始終無間年六十七卒子榮章幼讀

熊氏監生祝德先妻好施與處己儉豐以待人子媳十二孫二十餘支內外家政秩然

韓氏太學方以矩妻事舅姑以孝處娣姒以和教子姪以慈接族戚以禮推解濟貧難以枚舉其夫善結納往來無俗客氏主中饋井井有條人皆稱賢內助云子二長厚亨監生朋來增生

王氏戴崇善妻孝舅姑相夫子克全婦道夫疾氏伺飲食進湯藥十餘年無倦容至其支門戶待鄉里人共

稱之

鍾氏李之槐妻于歸甫三載槐隨父盤九就館西蜀未返氏撐持門戸井臼自操撫嗣孫樹滋入成均每暗藏谷至伏臘節分給鄰里之貧者卒年八十有三遺囑耕讀勿墜曾孫二長職員

涂氏黄錫祿妻性淑愼相夫理家政克勤克儉家素封自奉薄延賓客禮意加隆且性嗜書延師課子始終殷勤鄉里有困乏者輒周濟之現年七十一

陳氏程步和繼室也素嫺内則事姑盡禮元配遺孤國

衡甫二歲氏愛逾已出村有貧者病劇輒出貲俾醫之遇急難事多方救解不惜費子二國瑞譜南業儒卒年四十二贈孺人

夏氏庠生戴青蓮妻性温厚順翁姑和妯娌人無間言好詩書延師課子時隆禮意遠近讀書者至不惜精膳且理厨必親卒年六十七子四長秀蘭貢生次心灼屢援前茅三心芝廪生季延蘭監生孫均業儒

閔氏貢生方代楹妻性貞静相夫有禮治家有法年三十餘夫故氏摒擋家務延師課子禮意甚厚生平好施舍鄰里借貸不索償猶周其困乏卒年七十子春熙庠生春融監生

蕭氏李國才妻助夫行善不吝費現年百歲洵壽母也媳熊氏事姑孝終身不倦姑媳之賢鄉里咸嘖嘖不置

方氏附貢石經藻妻佐夫起家勤以持已寛以逮下中年夫故子葆純纔三歲撫養成立延師課讀館餐豐潔歷久不衰見貧困輒周濟遇公事皆樂輸現年七十五長媳詹氏望門守節奉　旨建坊子葆純待詔

璩氏總兵李大漢妻性温和全婦道夫陣亡持家務人無間言

張氏盧體元妻奉翁姑和妯娌撫孤緘三教養並施每當紡績助讀時輒夜分不寐蓋母道也兼父道焉

錢氏吳國名妻夫早逝矢志事繼姑能得歡心姑寢疾侍湯藥五月餘無倦容歿後喪葬盡禮教子慈而嚴於續火課讀時殷殷勖勉一切家事獨摒擋之子得成名資母教也現年六十餘子二長文焰庠生

陳氏庠生王道偉妻夫歿遺子女各一氏事姑孝姑歿後持家政必遵禮法訓子女寛嚴並用悉撫成人現

年六十五子保衡庠生

吳氏太學邱鴻運妻年二十于歸事姑婞曲得歡心兼和娣姒閨門之內藹如也夫宿染痨疾藥餌調攝二十餘年無倦容夫卒遺子三歲撫養有成至恕婢僕濟貧窮尤人言無間

魏氏太學余榮琳妻性淑愼于歸孝翁姑和妯娌夫故家中落克自省約續償夫債子甫就學延師課讀常戒曰兒輩不得爲富家子當不失爲儒家子乃祖曾捐合邑府院試卷費士多賴之母亦後裔蔭也長子

澤潤入泮次業儒

秦氏耿文炳妻家寒素以紡織助夫日食無怨言事翁姑以孝著治家整肅有法旋夫卒撫孤于四教之以正現年八十一餘詳孝友文炳傳

談氏儒士劉天印妻適劉五年夫故與夫兄拆爨時深明大義撫子德培成立娶媳黃氏孫一旋子媳俱亡孫玉森僅三歲撫育成立援例入成均氏年五十三卒

閔氏黃來東繼妻適黃時夫元配遺子一女二氏撫之愛如已出越數年夫卒摒擋家政有法子女俱成立焉享年六十七

陳氏蕭元魁妻嫻內則長歸蕭相夫治家不辭勞瘁性嗜書長子廷瑞學成名立母教尤嚴更喜施與每年終輒以錢米衣食給鄰里之困乏者享年七十三長庠生次三均監生

劉氏彭道燕妻幼凜母訓于歸後孝翁姑和娣姒以勤儉相夫中年夫故家貧氏紡織度日撫孤二教養成立戚黨以賢稱焉現年六十

顏氏熊廷儒妻持家勤儉教子寬嚴交濟孝事翁姑調和妯娌鄰里頌之卒年七十餘長子徵渭監生次宗繹貢生

鄒氏貢生鄭作澍妻事翁姑以孝聞生平無疾言遽色婢女僕婦有小過不忍撻悉寬容之且施米以濟貧乏修橋以便行旅人尤服其有厚德焉

李曹氏將軍李大勝妻夫寗夏陣亡李遺腹生一女奉　旨扶櫬歸里家務共摒擋之其處巳待人有丈夫概以夫弟大全子業恒爲嗣世襲騎都尉延師課讀禮意

殷勤家庭和睦人無間言

張氏職員王朝爵妻幼聰慧于歸後善事舅姑佐夫持家有法教子嚴每於紡織時殷勤課讀現年七十四子恩潤監生恩詔庠生

黃氏廩生伍軍書妻溫和淑慎事翁姑克得歡心性嗜書其夫苦心孤詣氏兼以紡績佐讀夫歿後延師訓子課讀維嚴至潤寡恤孤尤不少吝

何氏張瑞雲元配和厚慈惠事翁姑孝養倍至奴僕無不待以恩於里之貧苦者輒散貲以濟卒時感泣者

衆繼配王氏佐夫創業惟勤尤喜施與道光咸豐間奇荒周之全活甚衆

葉氏孟謙祥妻性溫和相夫創業雖家積甚厚勤於紡織至老不倦常戒子輩以勤儉爲本凡鄉里有貧困者推食解衣周恤甚衆年六十餘歿

楊氏張大義妻幽閒貞靜事舅姑色養備至待人和厚數十年無訢厲聲教子訓孫紡績度日稍有餘貲分給鰥寡族中頌之

吳氏職員曾順先妻溫柔和順無違夫子待人無惡言厲色尤好施與咸里中貧窘者悉周邺之人稱賢淑焉

薛氏貢生張應象妻嫻習閨訓工書畫好讀烈女傳長適張事舅姑至孝延師課子二十餘年殷勤無間子舘歸課之維嚴

劉氏太學孟朝礪妻孝舅姑和妯娌相夫稱賢助待下能慈見貧苦尤不惜推解年五十卒

余氏曹萬太妻幼聰慧知書長適曹孝翁姑和娣姒家甚貧子從師肄業日勤紡績以助膏火逮歸省時尤

機燈課讀有鍾郝風

林氏余邦俊妻淑慎溫和相夫理家務不辭勞瘁生平無妄言教子嚴慈交濟訓子媳日以閫範示之與夫俱年高九十

林氏張大復妻性仁慈持家勤儉鄰里貧乏時賙恤之遇遠方流徙者尤多餽贈人皆稱其賢焉

雷氏孟正英之元配貞靜少言事舅姑曲盡孝道旋病歿繼配萬氏事親亦如雷撫幼子勞愛倍至鄉里咸稱賢聲濟美云

袁氏余達雅妻翁早逝事孀姑已養備至曲得歡心後
夫故相繼殁獨守氷操三十餘年子繼清監生
余氏張大忠妻于歸夫早逝子甫三歲依兄嫂同居紡
織自勤待姪輩視逾已子處隣里終身無詬誶語至
賑濟貧窮能始終不倦云
闞氏曾正海妻性和婉治家有禮法見貧苦者輒周之
毫無德色訓子慈嚴並濟卒年七十子道中監生
張氏黃作聖妻家貧事翁姑饈膳必馨潔相夫子傳家
忠厚聞族黨有不幸事輒流涕見孤寡者量力拯䘏

王氏葉朝闕妻相夫以勤儉起家中年夫病服侍維殷
夫故摒擋家政內外秩然遺孤二教養成立長明德
苦讀致疾殁其妻秦氏撫子女各一勵志守節里黨
頌之
祁氏陳東顯妻性淑慎勤女紅中年夫故家貧賴十指
存活撫孤作模作霖教養成立卒年七十餘
何氏王幼聰妻幼嫻姆訓勤女紅及長適王善事翁姑和
娣姒躬操杵臼助夫勤儉持家絕不推諉年四十餘卒
族戚悼之子一學成

新纂節孝

節守前志所載已夥近又多歷年所續舉紛紛良由
性稟竹松心堅金石得之富家難得之貧戶尤難其
孝慈兼盡於節中者則更難今就訪聞者逐一編入
以備輶軒之採焉
黃氏張行健妻年二十四夫故撫子天成成人殁年七
十八天成亦没妻黃氏年二十五苦節撫子孝事長
姑始終不懈殁年七十二蓋一門雙節云
張氏儒士吳盛蘭妻年二十適吳閱八年蘭以勤學遘

疾殁氏奉繼姑撫遺孤未一歲孤亦殤終身縞素前
學使給有冰節松操額殁年七十二立夫弟次子庠
生道昌爲嗣孫芳麟芳鳳均職員芳麒芳驥俱業儒
張氏余開緒妻年二十八夫故子亦殤立夫弟之子榮
瑭爲嗣孝翁姑睦妯娌守節五十三年殁道光八年
學使王給節孝可風額
張氏熊光陛妻年二十四夫故逮事舅姑以孝著立文
鑑爲嗣勉之勤學列成均没年六十七
徐氏張元魁妻年二十八夫故苦節五十七年殁

蕭氏張元禮妻年二十八夫故苦節現年五十二
趙氏張元績妻年二十二夫故苦守現年六十三
瞿氏閔之顯妻年十八夫故苦節四十一年歿
高氏閔潤號妻年二十九夫故苦節五十二年歿
陳氏高維迴妻年二十七夫故苦節二十五年歿
石氏黃明禮妻年二十二夫故苦節二十九年
趙氏黃宗海妻年二十三夫故苦節三十年
秦氏趙元旌妻年二十九夫故守節四十一年
吳氏張永祿妻年二十四夫故苦節五十餘年

吳氏李宗成妻年廿八夫歿子爲潮爲海守志撫孤孝翁姑勤女紅興家業壽踰古稀卒潮娶吳氏生子學清甫週歲潮故氏年二十四繼姑志矢孀節延師課子名列諸生清妻何氏五歲適李郎以孝稱夫病危刲股雜藥進病得痊生子四得孫五炳灼炳煦炳烜國學炳奎明經炳文府經歷學師贈以孀星並耀額
戴氏辛慕光妻年二十夫故矢志撫孤壽七十八卒咸豐十年撫胡憲旌以冰霜世德匾
王氏辛學賢妻年二十夫故苦節四十餘年胡撫台以松柏盟心旌之
喻氏張全喜妻年二十四夫歿撫立夫宗姪天祥爲嗣苦節至七十六歲終
程氏張廷格妻二十四歲夫歿貧苦勵志撫二子故繼撫二孫又故苦節五十五年
程氏張文錦妻二十二歲夫歿誓以死守孝事老姑張氏丁零孤苦內外兼治入無閒言宗祀無主勸姑立夫堂弟文繭承守以撫嗣生平規行矩步不輕出閭親戚來往罕見其面卒年三十有五繼嗣朗春貢生

劉氏張廷模妻二十八歲夫歿家貧苦守勤儉自持撫子德明成立卒年六十有四
葉氏張御龍妻二十三歲夫歿子與媳繼亡勤苦自守外耕內織謹遵女誡夫祀無託當官立孫新進入不能奪卒年七十餘
楊氏董其鈺妻二十八歲夫故撫嗣成立守節三十六年
涂氏董煥章妻二十一歲夫故事姑孝撫嗣成立苦節三十三年

彭氏余德謙妻夫病四年曲意調護二十四歲夫故孝事翁姑暨太姑終始不懈子二訓誨成人苦節三十六年

方氏孟大隆妻二十三歲夫故事公姑孝藜藿自甘苦節五十九年

程氏余春華妻二十六歲夫故孝事繼姑子三長刻志詩書現年七十有二苦節四十七年

彭氏余達明妻二十三歲夫故孝事公姑紡績辛勤撫夫兄次子成立孫八延師課讀里人重之苦節五十

五年

汪氏彭秉亮妻夫讀致疾盡心調理二十四歲夫故孝養公姑撫子若思成立壽八旬宗姪進士汪潤贈慈竹秋高匾額壽九十餘歲終

金氏太學生陳玉潤妻二十歲夫得瘵疾侍奉湯藥不倦越六載夫故子三歲嚴教訓翁姑喜其樸誠委以家事不辭守節四十五年

應氏　誥封登仕郎吳大鏞妻二十一歲夫讀成疾進藥不怠二十七歲夫故撫遺孤孝姑嫜和娣姒人稱賢淑以子業熠翰林院待詔銜　誥封八品孺人孫克均府經銜遐撫胡贈清節芳型匾額終年七十七

何氏陳文選妻年二十四夫故子德謨甫一歲翁姑存夫無兄弟家貧氏紡績度日苦節五十一年

盧氏江明哲妻年二十七夫故家貧撫孤事姑孝後姑衰痺瘓不起氏服侍衣不解帶者數年卒年六十有九

鍾氏江明庸妻年二十九夫故奉姑以孝聞姑歿後撫孤成立現年六十六

鍾氏江昌發妻年二十九夫故有欲奪其志者截髮撤拜姑苦紡績撫二孤成立現年七十

王氏江廷貴妻年二十餘夫故家貧甚翁年七十一孤子甫二齡氏奉衰翁撫遺孤苦節五十年

李氏生員王崇虎妻年二十夫故苦節四十年猶及撫孫攻讀繼續芸香

夏氏吳爾愷妻年二十四夫故勤紡績孝翁姑撫子成立現年五十二

周氏監生吳爾悌妻年二十[illegible]夫故事翁姑孝嚴訓子

孫現年五十餘
李氏吳爾富妻年二十九夫故家貧無嗣苦節二十五年現年五十四
韓氏附生方文煥文灼監生永德永成之母年二十九夫故身任家事歿年八十一懿行載家乘孫代昭代宣皆監生
江氏夏廷顯妻年二十五子國璋僅三齡顯病亟氏誓以身殉顯曰死易耳是呱呱者安託旣歿撫子成立課孫先後入泮氏歿年七十一學使王公賜節孝揚

徽額曾孫秀芝掄生映書附生
韓氏生員方文煥妻年二十九夫故治家勤儉訓子義方現年六十二
劉氏王崇元妻年二十九夫故家寒無嗣紡績養姑不倦撫夫姪成立苦節三十四年
陳氏劉祥先母年二十二夫故苦節四十年現年六十二子孫皆成立
周氏張文春妻年二十三夫故撫夫兄文選次子新第爲嗣現年六十七

鍾氏江昌璧妻年二十四夫故遺孤僅七十餘日矢志撫守孝奉舅姑與人諸事忍讓苦節五十餘年中丞胡文忠給巾幗完人額孫一心庠生一誠太學生
王氏江昌年妻年一十九夫故撫孤成人杜門不出苦節三十餘年
黃氏陳正清妻年十七適陳事孀姑孝生子一二十六歲夫故子亦殤立夫兄子爲嗣勤課讀厥後孫曾繞膝卒年八十四
張氏江錦輝妻年二十六夫故時姑老遺孤一歲氏奉

姑撫子苦節三十年歿
陳氏吳言愼妻年二十九夫故撫姪監生芳矩爲嗣守節二十九年現年五十八
袁氏黃德進妻年二十二夫故撫孤成立事舅姑以孝聞苦節五十七年壽終七十九
鄭氏監生熊錫韶妻年二十三夫故氏哀痛廢寢食守靈經年不設榻不解帶姑老奉養惟謹撫前戴氏子如已出長業盛次業廣耕讀傳家現年五十有五
陳氏監生王文彬妻年二十三夫故苦節撫孤子崇龍

庠生孫敬琨監生卒年八十一

熊氏李駿妻年二十五夫故水漿不入口者數日姑哀慰之强起踰數月遺腹生一女以針黹所入苦爲撫育翁姑憐其志立長房次子玉爲嗣教養如已出中咸豐戊午科副車孫樹榮以院首入泮氏現年七十餘

孫氏黃時清妻年二十七夫故撫孤子金富有成娶媳張氏數年子又故媳年二十八繼姑志矢節守孫氏現年七十三張氏現年五十餘

吳氏童生秦光斗妻年十八歸秦生子四二十六歲夫故姑患乳岩疾湯藥飲食調治十餘載不懈延師教子次第成家現年六十二

鍾氏儒士吳爾恂妻年二十八夫故孝養翁姑撫子讀父書苦節二十八年現年五十六

徐氏生員樊金榜妻年二十八夫故事姑盡孝撫猶子攻讀現年五十四

秦氏汪玉恬家子學槐妻年十九夫故隨侍翁姑宦京邸世盡婦道翁姑歿喪葬合禮持家矢勤儉撫堂兄子運隆爲嗣教養兼至現年五十

王氏來光笏妻年二十六夫故撫子必均成立娶媳劉氏九月均亦故劉立堂姪克岐爲嗣時劉年二十一與孀姑紡績苦守王歿年七十一劉現年五十二

聶氏來光揚妻年十九夫故撫姪必登爲嗣家貧甚勤儉勵志游至小康歿年六十七

戴氏五世節孝咸豐十一年由學申詳太府准建坊入祠賜五世幽光額　胡氏監生戴維弼妻生二子二女年二十七夫故肅家規賙貧乏獨力堅守衣食以

充卒年七十三　毛氏維弼長子秉明妻生一子一女年二十三夫故事孀姑以孝聞卒年七十九　吳氏維弼孫監生茂榮妻生三子二女年二十九夫故日録古節孝事訓誡族黨人稱巾幗先生平生尤好施與年八十一歿子貢楠孫汝亨俱庠生　徐氏維弼曾孫之給妻年二十四夫故遵伯姑吳氏訓明大義撫子慈而嚴勤紡績現年六十六子二崇憲崇烈俱監生　葉氏維弼元孫士典妻年二十夫故苦節三十五年　阮氏維弼元孫監生士謨妻年二十夫

故撫一子現年五十二　戴二姑維弼元孫女適黃
岡周錫綸未期年夫故家素貧喪畢撫一子歸母族
與嫂葉氏阮相依倚現年五十四
夏氏佾生吳煦妻年二十六夫故孝事哀翁煦無兄弟
氏勸翁續娶生子翁歿弟僅一歲撫之成人嫁二女
苦節三十一年歿年五十七咸豐十年大府給巾幗
完人額
余氏程華典妻年二十一夫故遺一女氏歷事三姑曲
盡婦道夫弟佩珠甫周歲躬撫養出積金捐太學生

以姪禮崇爲嗣守節四十五年蒙旌建坊
童氏吳佑厚妻年二十夫故禋祀已絶翁受萬年五十
餘病瞽氏勸翁納妾李氏期年生子佑富越數年李
氏與翁相繼歿富方六歲氏薄田數斗紡績度月撫
之成人富以母事之現年六十六
劉氏生員王登化妻年二十九夫故子二齡氏孝事姑
孀紡績撫孤苦守六十餘年至九十三歲歿
徐氏夏景春妻年二十七夫故事翁姑盡職撫三歲姪
其玉爲嗣訓誨成人擇配育孫守節四十一年現年

六十八
聶氏吳大煦妻年十八因夫病請覘疾即歸吳數月夫
故遺腹生一女苦節四十餘年歿族娍憫之立夫弟
之子庠生鳴賔爲嗣
張氏蕭之壁妻年二十八夫故撫孤可先娶婦鄭氏生
孫光楷鄭年三十先亦故姑媳同勵冰操張年六十
七歿鄭年七十四歿
石氏吳寶珠妻年二十一夫故苦節終其身夫弟太學
生寶善亦故弟婦方氏以子桂森兼承珠嗣方氏現

年七十六同治元年請旌大府給一門雙節額
陳氏李中麟妻年十八于歸逮事舅姑盡孝二十六歲
夫故遺子一女二教養兼盡現年五十八咸豐十年
請旌子和鼎職員
程氏王理陽妻年十九適王孝翁姑勤紡績二十九歲
夫故一女適李年餘亦故撫外孫延師課讀氏現年
六十五
秦氏周之鎬妻年二十八夫故孝翁姑和娣姒撫子成
立苦節三十二年歿子登瀛力學早世婦楊氏年二

十七無嗣苦節三十六年歿

張氏李裕仁妻幼失恃事後母以孝聞年二十六夫故家貧甚日勤紡績課子讀書歿年六十三前撫院胡賜有額子艷春歲貢生

陶氏梅德讃妻年二十二夫故夫無兄弟父母痛幾死氏泣曰禋祀絶矣公姑旣不欲生氏何惜一死感族勸觧之囑翁納妾無出數年翁姑與妾相繼歿氏喪塟盡禮撫夫堂弟之次子爲嗣現年六十四前撫院胡給巾幗完人額

耿氏何之堂妻年十九夫故擡機寢室中以紡績養舅姑撫孤成立歿年六十九

秦氏廩生蔡懷遠妻年二十適蔡事繼姑孝夫就塾京都六載病歸逾兩載歿氏不欲生姑以氏有孕泣勸乃免越五月産一女氏啼哭成瘵病擬立夫弟之子爲嗣現年六十二

秦氏吴持法妻年二十八夫故哀慟幾絶賴諸姒救甦撫立猶子如親生歿年六十三邑人廣文張葆醕作傳表之

葉氏吴玉彩妻年二十九夫故上奉本生公姑下撫猶子苦節五十二年縣令許旌以仉淑遺徽額邑人廣文張承庥紀有傳

王氏馮慶信妻年二十五夫故撫孤守節三十六年前撫院胡給冰霜清操額

陳氏馮賢賓妻年二十一夫故撫孤成立教以義方現年五十一

尹氏庠生陳曦妻年十九適陳夫巳病親湯藥三年如一日夫故立姪宏澤爲嗣氏節哀撫孤奄奄成疾越

數載歿

秦氏監生涂士琳妻年二十四夫故翁姑抱風疾數年奉事罔懈撫嗣成立歿年七十二子觀禮監生

宋氏儒士涂觀瀾妻年二十四夫故生遺腹子錦屏孝事翁姑撫子成立授室得孫子又故媳余氏繼姑志同勵冰操孫光遠光第皆太學生宋現年八十守節巳五十六年余守節二十餘年

劉氏周如炬妻年二十夫故事姑盡孝撫嗣成立歿年八十一

江氏周如昌妻年二十四夫故紡績事姑撫嗣承祧歿
年六十二
李氏程龍選妻年二十六夫故撫二子成立孫世雄入
泮苦節五十四年歿
廖氏程鵬太妻年十九夫故遺腹生一女孝事翁姑撫
嗣子德坤成立苦節三十一年
蔡氏程鵬翥妻年二十七夫故家貧紡績撫孤成人苦
節四十年
蕭氏職員程世達妻年二十六夫故撫二子德忠德惠

延師課讀教養成立苦節三十九年
羅氏程廸貞妻年二十六夫故撫二子德瑞德琳成立
苦節四十二年
佘氏楊春妻年二十五夫故家甚貧侍養衰翁撫弱息
族黨無閒言現年六十六
黃氏秦厚溥妻年二十九夫故遺二子家貧養以女工
翁歿長子尋殤零丁孤苦撫幼成立現年六十一
姚氏李貴元妻幼歸翁姑撫養夫有廢疾身不滿三尺
公姑及父母勸之他適女泣曰媳家貧如洗一身累

翁姑久矣今公姑年邁夫廢疾媳若去將誰倚遂以
紝績爲養年二十七夫故哀毀三年歿
熊氏劉國昆妻年二十夫故奉姑撫孤食貧苦守現年
五十六
李氏夏德涵妻事孀姑至孝年二十三夫故苦節撫孤
歿年四十六
張氏夏錫倫妻年二十九夫故撫嗣苦守歿年五十二
張氏庠生盧鑑妻年二十二夫以勤學致疾故撫嗣苦
守歿年五十二

張氏盧翼之妻年二十八夫故苦守撫嗣歿年五十一
陳氏盧存恕妻年二十八夫故撫孤成立苦節三十餘
載現年六十七
黃氏盧獻廷妻年二十三夫故家貧苦守撫孤成立歿
年八十六
吳氏阮太安妻夫有疾氏孝事衰翁婦代子職翁歿治
喪盡禮年二十九夫故逾月生遺腹子撫孤成立苦
節二十六年
汪姜氏年十八適汪十月夫故翁姑在堂夫疾亟時屬

以後事奉事四十餘年得其歡心撫子光祖成立歿
年九十六
徐氏汪保中妻年二十六夫故家極貧有欲奪其志者
氏截髮自矢撫四幼子成立苦節四十餘年
李氏程洪獻妻年二十八夫故子夭祀方二齡教養兼
至娶媳方氏年二十四夫故無子立嗣子茂學事姑
孝鞠子慈勤儉起家人稱克嗣徽音
趙張氏年二十六夫故苦節撫子歷三十載媳來氏年
二十三夫故共撫遺孤成立孫媳來氏年二十二夫

又故遺腹生子引之監生氏課責綦嚴家規整肅日
擊多孫年八十邑令劉給匾額學師呂製序壽之
高氏汪華昇妻年二十八夫故守制撫孤現年七十九
子之明年二十二病故媳秦氏生一子姑媳撫孫成
人媳現年五十五
孟氏李有洛妻僅生一女十九歲夫故撫立夫弟次子
爲嗣現年五十歲
周氏李承駒妻年二十夫故撫孤成人年八十卒
劉氏辛慕星妻年二十四夫故苦節終身

石氏辛慕斗妻年二十四夫歿苦節終身
鍾氏李之槐妻年二十槐遠貿不歸苦節八十一歲終
劉氏毛志章妻年十九夫卒矢志撫孤家貧勤紡績採
野蔬食歲飢佐以草根年七十餘終撫憲胡贈有清
節芳型額
張氏劉正順妻年十八夫故生一遺腹子夭以夫兄子
鼎元爲嗣事姑孝苦節四十二年卒
陳氏胡之棟妻年二十九夫故遺孤甫十月氏苦守撫
孤現年六十一

李氏劉傳名妻道光四年歸劉三載夫病故遺一女矢
志苦守上憲給有清節芳型額
陳氏江三勝妻年二十時夫家貧出外無踪有勸氏歿
適者氏不允父兄尋其夫歸生一女夫旋故矢志不
他現年五十二
吳氏胡志栗妻年十七歸胡甫八月夫故矢志孀守撫
嗣子作楫承祧楫年三十亦故媳季氏年二十九與
姑同志撫孤成立吳卒年九十二季卒年七十五孫
鳳琯庠生

胡氏武習章妻年二十六夫故矢志苦守撫胞姪光輔
成立孫輩今蕃衍矣守節數十年
熊氏李宗溶妻明經熊錫亨女幼嫻內則適李三年夫
逝撫猶子成立苦節三十四年
王氏庠生李傑妻年二十三夫故孝事姑晨夕依左右
撫子成立尤教基嚴苦節六十一年歿
秦氏周宏逵妻年二十三夫故茹苦守節現年五十二
吳氏羅宗翰妻年二十三夫逝無嗣苦節七十四歲歿
李氏羅邦鈔妻年二十九夫故苦守現年六十

馮氏羅邦芹妻年二十八夫故守節現年五十七
耿氏庠生董思敏妻年二十七夫故守節至八十四歲
歿
葉氏董受祿妻年二十五夫故孀守至七十四歲歿子
朝貴又早故媳周氏自二十九歲守節現年六十三
陳氏李之烝妻年二十六夫故撫子成人孝奉翁姑現
年六十八
秦氏李必麒妻年二十四夫故撫子成鈞現年五十一
李氏生員周光煒妻二十六歲夫故撫子成名現年五
十九
單氏李之朊妻二十三歲夫故撫子成立年七十九終
阮氏耿秉錫妻年二十八夫故僅一女事孀姑曲盡婦
道撫堂姪文烺爲嗣娶媳早卒慈撫三孫年八十及
見曾元四世而卒子婿庠生汪金題輓聯有青春枯
淚眼白髮老貞心之句
陳氏石常載妻二十八歲夫故清貧撫孤操行不眨現
年六十五子楚珩善承母志歷辦軍務躬刻苦所得
薪水資多供母膳珩以勞績保舉從九並藍翎

王氏貢生陳德詰妻二十二歲夫故刻苦勵節夫弟德
謨妻王氏年十九適陳月餘而寡性亦貞一之死靡
他共撫夫兄子宏勳爲嗣蓋一門雙節云
周氏熊克昶妻靜一端莊于歸數載生子女各一年二
十五夫故悲慟不欲生念家事無託兼內外重任含
哀守節歷盡艱辛事翁姑生養殯葬盡禮苦節三十
餘年
熊氏戴爲官妻性聰慧聞父教諸兄弟讀旁聽自了悟
尤喜聞節烈諸書于歸數載夫故子僅三齡越兩月

又誕遺腹子氏耐貧撫二子賴十指工常乘月紡績
待旦故婦功倍於人守婦儀足不踰閾者二十餘年
次子禮庠生
張氏黃安慶妻年十九夫故守節三十餘年孝翁姑勤
紡績撫夫胞兄子爲嗣晉中丞旌以矢志冰霜額現
年五十五
趙氏陳獻瑞妻年二十二夫故矢志孀守歿年八十五
詹氏庠生劉永年妻二十六歲夫故事姑孝教子有成
歿年七十三

陳氏周元起妻年二十八夫故矢志撫嗣歿年七十二
王氏董炳第妻年二十三夫故守節至六十一歲卒
王氏阮太來妻年二十二夫故苦守現年六十
羅氏葉有容妻年二十八夫故守節至八十一歲歿
張氏葉艮勛妻年二十九夫故守節現年八十五
李氏葉尙志妻年二十八夫故苦守現年六十八
馮氏葉士明妻年二十四夫故守節至八十四歲歿
葉氏陳開保妻年二十八夫故守節現年七十四
李氏唐官太妻年二十七夫故守節現年五十四

周氏唐正安妻年二十六夫故守節現年五十二
周氏葉名桂妻年二十八夫故苦守現年七十一
劉氏徐在儒妻年二十四夫故守節現年六十
劉氏葉士英妻年二十八夫故守志現年六十
蔡氏張萬朝妻年二十八夫故撫孤守節現年七十七
李氏張春柳妻年二十四夫故撫孤苦守現年六十二
張氏劉三顧妻年十九夫故事姑撫嗣歿年七十
顧氏張士彥妻年二十三夫故守節現年七十
何氏張栢青妻年二十二夫故茹苦守志歿年七十五

吳氏張士灼妻年二十夫故守節現年七十
李氏王幼康妻年二十六夫故守節四十餘年
周氏彭新榜妻年十九夫故守節四十八年
吳氏何學海妻年二十七夫故苦守八十歲終
辛氏李大剏妻年二十八夫故撫孤元春成人現年六
十一苦節三十三年
李氏愚民楊崇恭妻及笄適楊夫癡患廢疾汚衣被浣
洗不怨年二十六夫故苦守撫嗣歿年八十六
胡氏楊家麒妻年二十二夫故孝姑嫜撫遺孤夭折苦

志自守積田畝交姪以綿禋祀没年九十三
孟氏徐光灼妻年十九夫故撫孤成立苦節四十餘年
帥氏徐澤瀚妻年二十二夫故撫孤成人守節三十餘年
劉氏生員汪昌慰妻年二十夫故撫孤成立勤儉持家
八稱閫範苦節五十餘年共甥工部郎中汪潤代爲
請旌未及而卒
李氏尹創敏妻年二十夫故矢志苦守孝孀姑訓嗣子
卒年三十三姑事已載前志胡中丞給節孝流徽額
汪氏尹開英妻年二十五夫故孝衰姑嚴律巳慈御下

胡中丞給額旌之苦節五十五年
李氏戴之綱妻年二十四夫故遺孤士法氏事姑訓子
勤苦自勵現年五十九
戴氏劉克明妻及笄時夫有惡疾夫家知其難愈婚期
雖訂暗囑女家勿納氏曰命耳親收帖于歸半載夫
故誓守制遺一子杜門不出紡績營生現年五十九
王氏劉世潢妻年十七夫故無出守制撫姪爲嗣里人
重其清潔現年五十餘
盧氏吳超倫妻年二十九夫故苦守孝翁姑持家教子

皆有法卒年六十餘
劉氏盧映貴妻婚數月夫故家貧苦守有勸改適者厲
色拒之紡績覓食終身無怨卒年六十五
程氏庠生徐開第妻年二十一夫故守節七十八歲卒
李氏徐開勳妻年二十二夫故守節八十一歲卒
馮氏徐開杰妻年二十六夫故守節七十九歲卒
高氏徐兆英妻年二十夫故守節八十六歲卒
趙氏徐志屺妻年二十四夫故守節九十六歲終
李氏徐志誠妻年二十五夫故守節八十八歲終

李氏徐宗儀妻年二十一夫故守節九十二歲終
陳氏徐開賢妻年二十七夫故守節七十七歲卒
陳氏徐朝海妻年十九夫故守節八十七歲卒
熊氏庠生秦蘭妻年二十三夫故守節八十三歲終
周氏李獻文妻年二十八夫故苦節九十終
秦氏孫仲富妻年二十七夫故守節七十八歲卒
胡氏徐緒煥妻年二十夫故守節八十九歲終
黃氏孟兆嶷妻年三十夫故家窘禮法自守撫四子和
凡晝荻族里欽焉現年七十七

王氏生員韓國華妻年二十四夫故矢志孀守現年五
十四胡中丞給有節孝流芳額
黄氏孟太緒妻温和淑慎適孟姑没翁老家貧勤女紅
事翁謹越數年夫故翁年六十無嗣勸娶後姑劉氏
生二子未幾翁姑繼逝氏喪葬盡禮撫幼弟成人立
長子謙本爲嗣卒年七十五
汪氏彭華鴻妻敬翁姑和妯娌善相夫子年二十一夫
故撫遺孤緒艮娶媳楊氏艮年二十餘亦故遺二孫
一女共撫成立汪現年七十九楊現年六十

黎氏彭華會妻于歸後孝翁姑相夫子接伯叔娣姒有
禮夫病經年盡心調理夫卒遺二子一女矢志苦守
子皆成立現年六十三
喻氏儒士張講妻夫早世孀居五十餘年寡言笑甘淡
泊非翁姑命不輕出閫現年七十餘子楚士庠生
楊氏張應璣妻年二十七夫苦讀病故姑老子幼勤事
奉嚴族訓苦節四十餘年
孟氏余環生妻年二十三夫故紡績養翁姑苦節三十
餘年

薛氏張應璉繼室年二十四夫故撫遺孤苦節四十年
來氏蕭光貴妻年二十五夫故憂苦累年至三十二歲
自縊全節家廟懸節孝可風額
徐氏詹兆行妻年二十六夫故事翁姑和妯娌撫孤成
立現年八十三
劉氏庠生詹聞碩妻年二十五夫故無子立人杰爲嗣
事舅姑承顔怡志年至七十上憲賜柏舟堅操額
劉氏儒童詹聞奎妻年二十四夫故事公姑撫遺子孝
慈兼盡苦節五十餘年子大魁庠生

朱氏儒童謝履謙妻年二十八夫故苦節四十三年
張氏監生石有璜妻年二十五夫故教養前子如已出
守節三十一年胡中丞給松筠柏節額
李氏謝雲燦妻年二十八夫故撫孤成立學憲給節孝
可風額殁年七十四
余氏張之琯妻年二十三夫故守節撫孤胡中丞給清
節芳型額現年六十三
程氏謝聯恩妻年二十一夫故撫姪爲嗣胡中丞賜節
孝揚徽額現年六十

李氏石忠法妻年二十七夫故撫嗣成立胡中丞給心
昭白日額歿年六十九
王氏儒童黄登意妻年二十二夫故孝事姑撫孤苦節
三十餘年
劉氏儒童車開仕妻年十九夫故遺腹生一女朝夕奉
姑不怠現年六十餘
吳氏儒童車開榮妻年二十二夫故立夫弟子兆基爲
嗣苦節四十餘年
劉氏車世宇妻年二十五夫故遺一女一子家貧甚紡

績度日撫孤成立苦節六十五年
武氏馮奇賢妻適馮八年生二子夫故孝姑撫子苦節
四十五年
陳氏劉自清妻十九歲于歸半月夫故家貧苦節立三
房之子爲嗣現年六十四
聶氏張永盛妻年二十七夫故家貧苦守撫一子一女
現年五十一
黄氏監生熊光潤妻年二十六夫故矢志事姑立夫弟
子爲嗣現年五十三

程氏文童吳立志妻年十九夫故生一子撫孤守義孤
年十二又亡氏憂傷成疾歿年四十九族戚立夫堂
兄子行小爲嗣
周氏儒士鍾正坮妻年二十八夫故孝衰姑和娣姒撫
孤成立苦節五十餘年胡中丞給操勵松筠額孫林
庠生
程氏吳本性妻年二十五夫故苦節四十四年胡中丞
給節孝可風額
蕭氏童生吳立忠妻年十九夫故立夫兄府經鵬翼子

爲嗣苦節三十二年
潘氏童生吳立政妻年二十一夫故苦節三十一年
蕭氏吳崇本妻年二十四夫故苦節四十二年
王氏張篠劭妻年二十夫故撫侄敬發爲嗣現年五十
十四
楊氏孟五習妻年十八夫故苦節撫孤舉一孫晚年子
與孫繼卒織紝度日歿年八十三
周氏孟元長妻年二十夫卒子未週歲苦守越數載子
殀苦節六十一年

韓氏庠生孟祇謙妻年二十六夫攻讀病故撫遺女恪遵禮訓氏苦節逾八年卒立嗣子前光

王氏孟大謨妻年二十九夫故子幼家貧守制胡中丞給松筠柏節額現年六十八

吳氏孟裕謙妻同知吳性誠孫女歸孟舉二子年二十七夫故敬哀姑守節三十餘年蒙旌巾幗完人額

彭氏孟葆謙妻年二十二生一女夫故飲冰茹蘗矢志堅守現年五十六

吳氏上庠生馬子榮之妻事姑鍾氏曲盡孝道姑嘗病

劇氏於暗地焚香祝天願以身代年餘不怠姑病愈廣行陰騭事尤喜施與鄰貧乏多饋其德夫殁時年二十五歲撫孤子錦遠承兩房禋祀苦節四十有四年鄉里無間言

陳氏庠生秦載嶽妻年二十九夫故奉翁姑孝撫姪爲嗣子媳繼没遺一孫撫恤尤周苦節五十年

姚氏道庠大使秦光黼妻年二十九夫故氏以身殉姑勸乃止奉姑孝姑卒殯葬盡禮尤識書凡忠孝節義傳輒記誦以訓其子卒年六十八子載瀛庠生

余氏薛斯本妻年二十九夫故守節四十五年族黨請旌蒙給勁節扶松額

王氏監生劉紹玉妻年二十三夫故守節六十七年終子媳后氏年二十九夫故守節四十五年壽終七十五咸豐十一年胡中丞給兩世清操額

陳氏陳克新妻夫勤學致病氏侍湯藥不怠夫故氏年二十八子三女二撫養成立守節三十餘年卒季媳尹氏監生德泉妻于歸五載夫故繼姑志撫嗣苦節兩世幽光族黨欽之

彭氏布經銜陳德輝妻年二十七夫故遺一女茹荼封髮苦節三十年事姑撫孤孝慈克盡人無間言

袁氏馬開榜妻年二十八夫故子僅週歲家貧苦孝孀姑始終如一現年五十八

王氏儒童王幼魁妻年二十于歸夫病侍湯藥數年夫故屏膏珥非省覲翁姑足不踰寢門氏無出臨終囑以夫弟子學典承嗣典以府首入學胡中丞俞學憲賜額請旌

涂氏江通泉妻年二十七夫故紡績事姑撫二子一女

親見孫曾林立卒年八十二

耿氏儒童胡炎遐妻年二十二夫故事姑孝撫孤子基倫入太學生王學憲旌節孝可風額

柳氏張大木妻公姑早逝撫夫幼弟年二十餘夫故遺孤七齡撫之成立子入國學孫列黌宮年八十猶勤紡績焉

程氏沈春楊妻年二十六夫故撫子監生玉昌玉盛皆克敦行苦守年六十卒

張氏儒士程錫鰲妻年二十三夫故孝舅姑撫遺孤卒年八十子森馥孫延璜皆監生以醫濟世

王氏儒童程化龍妻年二十六夫故苦節胡中丞給節孝可風額

吳氏儒童王道漢妻孝舅姑年二十四夫故撫侄監生景星爲嗣

方氏張潤身妻年二十四夫故事舅姑孝教子嚴子玉森玉輝俱監生孫曾林立現年八十四

吳氏胡永基妻年二十五夫故孝翁姑撫二子成立年七十六卒

黎氏監生陳應春妻年二十八夫故欲身殉姑以奉老撫孤勸之乃止姑病願以身代延師課子能繼父志苦節三十餘年

聶氏方崇善妻年二十一夫故立侄緒鈇爲嗣苦節五十二年卒

潘氏方代先妻年二十九夫故遺孤數月矢志撫養苦節四十八卒

鄭氏方重德妻年二十九夫故苦撫遺孤教養兼至現年五十一

熊氏周光斗妻年二十九夫故遺一女立胞姪爲嗣苦節四十餘年

金氏曾之榮妻年二十四夫故子又故撫孫成立苦節六十年

聶氏楊三和妻年二十四夫故撫二子成立苦節六十四年

王氏李斯文妻年二十九夫故子三訓誨有成享年七十五

吳氏高立恒妻年二十四夫故孝事舅姑撫猶子宗志爲嗣現年五十五

王氏陳友貴妻年二十四夫故孤生月餘勤紡績撫之
苦節五十一年
張氏陳錦春妻年二十六夫故飲冰茹蘗撫孤成立苦
節四十三年
秦氏陳秀璋妻年二十七夫故苦節撫孤現年七十五
陳氏高序獻妻年二十一夫故撫立猶子苦節五十六年
黄氏高鳳朝妻年二十四夫故撫子成人苦節五十八年
陳氏高正芴妻年二十六夫故苦志撫孤現年五十六
鄭氏魏大勇妻年二十四夫故立侄爲嗣苦節四十年

李氏魏顯烈妻年二十六夫故撫孤成立苦節四十年
趙氏蔡志魁妻年二十六夫故立侄爲嗣苦節三十八年
鍾氏儒童某塹妻年二十三夫故奉姑膳藉繅車以給
苦節三十餘年
劉氏董其銀妻年二十三夫故勤苦度日守節至今四
十七年
閔氏伍大順妻年二十八夫故守節五十六年卒
江氏吳德杰妻年二十夫故立侄庠生紹華爲嗣現年
五十八

王氏夏振秀妻年二十七守節撫孤現年六十一
阮氏夏振柱妻年二十八守節撫嗣成立而卒
彭氏夏振金妻年二十五守節撫孤成立而卒
周氏夏振貴妻年二十九守節撫孤成立現年七十一
李氏夏德章妻年二十四守節現年五十餘
錢氏黄天明妻年二十一夫故撫孤子鳳彩監生苦節
五十餘年
周氏儒士袁觀斗妻年二十三夫故苦節撫孤孤亦早
故媳詹氏克繼姑志三十餘年不懈周現年八十詹

現五十餘
吳氏袁定豪妻年二十四夫故撫兩孤成立苦節四十
餘年
包氏李永森妻年二十七夫故孝嬬姑教耕讀守節三
十七年
秦氏儒童黄維垣妻年二十二夫故氏以死誓翁姑曰
代夫養親重於身殉氏泣受命承歡養志姑歿殯塟
盡禮年五十卒蒙旌典子登瀛縣丞銜
黄氏黄登岍妻年二十四夫故生一女撫侄爲嗣苦節

至今三十年

劉氏黃維藩妻年二十五夫故養親訓子孝慈兼盡年五十八無疾終

徐氏董漢文妻年二十六夫故孝公姑撫子成立現年五十餘

金氏楊承科妻年二十一夫故撫子枝讀書成立卒年五十六

董李氏年二十一夫故孝舅姑撫夫兄子爲嗣課侄賢鎔讀書入泮夫名基瑞

董劉氏年二十六夫故孝姑苦節卒年六十三夫名基福

梁氏王道金妻年二十三夫故孝衰翁晚年四肢痺痿卧床數年氏服事不倦子明福肄業有成現年五十二

潘氏王嘉猷妻年二十七夫故子幼家貧紡績度日苦節四十年卒

王氏方以順妻年二十五夫故苦節五十五年子二長厚福早逝媳熊氏能繼姑志苦守不二次厚澤監生

張氏方以信妻年二十三夫故守節內外無間言現年六十一

孟氏吳開甲妻年二十夫故撫猶子如己子事公姑孝現年五十餘

阮氏李懷寶妻年十九夫故立堂兄子爲嗣苦節四十五年

周氏李天爵妻年二十生一子月餘夫故撫孤承祧苦節四十二年

秦氏胡大基妻年二十四夫故苦節五十年

李氏胡大猷妻年二十六夫故苦節五十年

戴氏胡大坤妻年二十三夫故苦節三十八年

吳氏胡大觀妻年二十八夫故守節四十六年

李氏胡道貴妻年二十二夫故撫子成林守節卌三年

趙氏徐光掞妻事姑孝後姑老夫逝氏年二十守制不二教子義方卒年八十七

程氏李開春妻年二十九夫故孝公姑和娣姒撫侄氏字仕郎承休爲嗣現年七十

李氏儒童熊謨洲妻年二十四夫故苦節六十一年

林氏儒童熊謨洸妻年二十二夫故苦節六十餘年

胡氏儒童熊鳳岡妻年二十五夫故苦節五十七年
車氏儒童熊天健妻年二十三夫故苦節六十二年
彭氏薛元勳妻年二十六夫故遺二子一女氏孝養公姑慈訓兒女現五十餘年
趙氏儒士韓廷藻妻年二十四夫故事公姑孝撫夫兄子庠生文中爲嗣凡讀詩書理家務悉資賴焉苦節三十七年卒孫繼序業儒
熊氏儒童華文煥妻年二十三夫故守節至今六十一年
熊氏儒童閔鳳哲妻年二十三夫故守節至今四十年

戴氏儒士王克勤妻年二十二夫故撫孤成立卒年七十七
阮氏盧東海妻年二十六夫故苦節撫二子成立現年六十
彭氏毛光炬妻年二十五夫故苦節立夫兄子齡爲嗣現年五十餘
姚氏葉永春妻年二十六夫故撫孤成立現年七十
胡氏儒士鍾正埏妻年二十五夫故撫侄端崇爲嗣卒年五十八

耿氏熊之勝妻年二十夫故事衰翁孝撫孤先發生三子肇萬肇芳肇蘭芳卒妻秦氏年二十五遺孤中鉞秦慮鉞形單又立夫兄子鍰夫弟子錦爲佽助冰節五十六年耿氏卒年八十七目覩五世同居孫肇基貢生肇先庠生肇紀監生
江氏戴道進妻年二十六夫故撫嗣德新亦故媳徐氏二十年苦節撫孫家壽江卒年六十八
涂氏徐光翰妻年二十六夫故撫孤成立年九十終曾孫卓成元孫譽麟俱廩生

方氏徐德善妻年二十一夫故撫孤成立卒年三十九
鄭氏黃德懋妻年二十五夫故撫嗣成立卒年五十八
趙氏黃文燮妻年二十夫故撫嗣成立卒年七十
趙氏孟光灼妻年二十六夫故苦節撫孤現年六十七
洪氏劉映祥妻年十八夫故無出家貧守節孝公姑撫後嗣現年五十九
劉氏劉顯華妻年二十三夫故苦節四十一年卒
楊氏劉天煥妻年二十六夫故苦節堅貞現年六十六
劉氏李玉彬妻年二十二夫故矢志苦節現年六十一

楊氏劉天倫妻年二十三夫故節孝兼盡現年五十六
葉氏徐大福妻年二十一生一子夫故家貧極苦守數
年子又卒矢志不回卒年七十四
鍾氏吳業華妻年二十五夫故撫孤成立卒年六十七
吳氏生員陳兆葵妻舉人吳勛衡胞妹年二十八夫故
性至孝姑病晝夜侍湯藥不倦現年七十子二德音
庠生次紀業儒
華氏黄成章妻年二十四夫故守節至今四十六年
李氏黄時行妻年二十二夫故守節至今四十年

李氏黄時仁妻年二十四夫故守節至今三十四年
周氏黄厚爵妻年二十五夫故守節至今三十五年
張氏周世援妻年二十餘夫故撫嗣鴻文守節三十餘年
黄氏涂世玉妻年二十九夫故撫嗣安宗守節四十年
劉氏彭昌琦妻年二十八夫故安貧守節鄉黨稱頌現
年六十八
袁氏葉代忠妻年二十六夫故性淑慎清潔自守卒年
七十八
劉氏葉代福妻年二十六夫故無出德性閒靜勤勞自
矢卒年六十六
單氏錢人朗妻年二十九夫故守義完節撫孤教以義
方現年六十餘
黄氏熊文燧妻年二十一夫故苦守全節現年五十餘
張氏熊茂春妻年二十一夫故撫孤楚書成立卒年七
十四
陳氏熊欽典妻年二十三夫故撫侄成森爲嗣現年五
十四
張氏儒童趙承寶妻年二十二夫故立堂侄炳金爲嗣

貧無立錐紡績度日苦節二十餘年卒
甘氏趙載傑妻年二十三夫故撫孤錫仁爲嗣苦節六
十年
阮氏儒童趙會溶妻孟氏趙會漳妻溶漳俱早逝孟氏
氏苦節十餘年卒阮氏礪節全操四十餘年立夫弟
會潢之子爲嗣捐入國學
張氏李元貴妻年二十六夫故撫遺孤二守節四十年
甘氏趙永乾妻年二十夫故貧無立錐苦節四十三年卒
曹氏甘國賓妻年二十夫故撫一遺孤延師課讀守節

五十餘年卒
趙氏甘謨喜妻年二十九夫故遺孤僅四歲飲食教誨
苦節三十四年
傅氏甘汝湘妻年二十夫故撫侄謨遠承繼兩房慈嚴
並用守節五十七年卒
汪氏儒童趙錫瑶妻年二十五夫故無嗣出紡績餘資
勸翁復娶生子女各一守節三十八年卒
劉氏舉人王南杰妻年二十八夫故苦節五十餘年子
殿選監生

尹氏王侯休妻年二十三夫故撫遺孤教養有法卒年
六十三子家瑞貢生孫學源監生
楊氏王道文妻事公姑孝年二十五夫故矢志撫孤越
數載子侯休故遺孫一氏抑鬱十餘載節全壽終
張氏監生劉琪愷妻年二十九夫故孝公姑撫子延師
課讀現年六十七子鳳翼鳳翥俱監生幼子青焜庠
生
劉氏李明良妻年二十三夫故勤苦自守至三十二年
彭氏劉德仁妻年二十七夫故紡績營生苦節六十五年

洪氏王志魁妻青年夫故矢志守節現年六十八
梅氏徐光駒妻年廿八夫故撫孤守節三十餘年
方氏吳文發妻年廿二夫故守節撫孤現年八十二
周氏阮微堂妻年廿七夫故遺孤太鰲撫養成立娶媳
劉氏年廿二鰲故遺腹生子永懷奉孀姑撫孤子艱
苦共嘗周現年七十一劉現年五十一
袁氏姚開明妻年廿八夫故遺子光全七歲家貧苦守
撫孤成立現年五十餘
劉氏儒童尹光祖妻年廿七夫故矢志孀守孝事舅姑

撫孤讀書慈嚴並濟年七十四卒子經緯庠生
陶熊氏年廿九夫故撫子元彬娶媳李氏年廿七彬亦
故两世共勵清操同撫遺孫紹榜熊現年七十五李
現年五十餘
李氏熊玉珊妻年廿八夫故苦節現年六十三
徐氏黄金龍妻年廿七夫故守節現年六十五
黄氏儒童熊之忠妻年廿一夫故事姑盡孝撫夫兄子
爲嗣守節終身
張氏吳業喜妻年廿一夫故遺孤數月撫養成立現年

六十五
詹氏彭銘心妻年廿餘夫故家貧誓守撫孤成人不幸
孤於同治四年禦賊被害氏現年七十餘
彭氏監生吳後裕妻年十九夫故孝事公姑苦節終身
鄭氏吳宗訓妻年二十夫故事姑盡孝苦節終身
王氏監生王應理妻年二十夫故撫子成立卒年七十
鄭氏胡澤普妻年十九于歸月餘夫故撫侄爲嗣守節
終身子炳焞監生
劉氏閔益貴妻青年夫故撫二子世楷世模成立夫弟

與弟媳早逝遺一女撫如已出年七十二卒
張氏趙永世妻年廿九夫逝家貧紡績養姑撫孤成立
守節五十年
徐氏趙珊和妻年十八和病刲股療之不愈夫故遺一
子家貧甚有逼改嫁者氏自縊得救乃甦守節以終
袁氏趙錫金妻年廿三夫故撫孫成立苦節終身
周氏趙永拔妻年廿五夫故撫孤成人守節三十五年
劉氏馮士達妻年廿九而寡家貧勵志苦節終身
秦氏韓步墀妻年廿八夫故撫子譜成成立不幸殉難氏苦節現年八十五歲

黃安縣志卷之九

知黃安縣事 陳瑞瀾 主輯

節孝

劉氏胡源照之妻笄年適胡奉翁姑相夫盡愛盡敬無一
間言氏念餘夫故守志撫姪人服其節並服其德焉
現年五十二
李氏秦鈞詔妻年二十八夫故立胞侄涵華爲嗣苦節
三十二年
熊氏陶紹安妻年二十三夫故子一孝翁姑和妯娌適

數年子亦亡撫侄華時爲子苦節四十五年
余氏陶華英妻年二十四夫故子二撫育有成苦節四
十二年
熊氏陶華昇妻年二十七夫故家貧遺孤二俱幼以紡
績營生苦節四十餘年
陶氏劉三春妻年十七歸劉逾年夫故遺孤數月撫之
成立苦節四十餘年
李氏陶清才妻年二十夫故苦節三十五年
秦氏汪義和妻年二十二夫故孝翁姑撫孤成立苦節

三十四年

熊氏羅煥德妻年二十六夫故撫孤成立未幾孤亦亡復撫孫苦節五十年

李氏生員鄒文奎妻年二十于歸僅八月夫故苦節四十餘年

郭氏耿普隆妻于歸後夫早卒氏撫孤成立苦節四十餘年

周氏耿普葵妻年二十二夫故遺子女各一家貧甚矢志靡他苦節三十年

鄭氏鄢太禎妻年二十一夫故撫孤成立苦節三十八年

秦氏張履祥妻年二十六夫故孝孀姑撫二孤俱成立長列成均現年六十三

李氏文童秦鈞治妻于歸數載夫故撫侄涵華爲子苦節四十年

雷氏孟立仁妻年二十六夫故守節現年五十一

李氏孟立國妻年二十五夫故苦節三十年

彭氏增生熊克榛妻年二十二夫故守節三十年

孟氏熊煇妻年二十七夫故守節三十年

胡氏韓賢志妻青年守節家最貧紡織自給撫遺孤成立現年六十一

周氏馬得良妻于歸數年夫故遺孤一亦早逝撫孫三俱成立苦節可風現年七十八

黃氏陶國榮妻年二十六夫故撫孤成立苦節六十餘年

熊氏陶紹進妻年二十三夫故撫遺孤越數年而孤亦夭辛苦萬狀族憐之立堂侄華清爲嗣現年六十五

戴氏文童汪瑞蘭妻年十八歸汪僅七月夫故遺孤一氏上事翁姑以孝稱守節撫孤現年五十九

萬氏黎本發妻于歸後夫早逝氏安貧守節孝事翁姑撫孤成立今抱孫矣現年六十八

黃氏太學樊安本妻同治年本督勇禦賊陣亡氏青年矢志家貧甚事姑撫子女毫無怨言現年五十

蕭氏萬紹富妻夫早卒青年守節撫夫弟紹貴子爲嗣現年六十

張氏江昌煦妻夫早故氏矢志撫孤今子孫蕃衍現年

七十四
盧氏劉長元妻于歸二載姑病割股和藥以進病立愈年二十四夫故遺孤一旋夭以姪孫承祧守節四十五年
盧氏監生彭學洲妻年二十五夫故事親孝撫孤成立現年五十六
彭氏儒士張錦樹妻年二十三夫故苦節撫孤成立現年六十九
鄭氏儒童張錦映妻年二十五夫故苦節三十七年

王氏儒童張廣森妻年二十一夫故苦節三十年
夏氏張濟成妻年二十四夫故守節現年五十
鍾氏張憲純妻年二十夫故家極貧子早逝事姑撫孫以紡績自給苦節至九十終
周氏監生張廷楨妻年十九夫故苦節撫孤卒年三十
劉氏儒童張樹苹妻年二十八夫故苦節撫孤成立現年五十
李氏何元成妻年三十夫故苦節三十三年
黄氏儒士夏德瀚妻年二十一夫故遺孤週歲氏事親孝撫孤成立旋孤亡復與媳撫孫教養勤勞現年五十二
趙氏江載籍妻年二十二夫故苦節三十四年
姚氏鍾之烈妻年二十二夫故撫姪端瑞端英爲子其娣姒胡氏年二十一夫故遺腹生子金妯娌同心守節上事翁姑下撫弱子鄉里稱之房縣教諭張題有大節雙輝匾額姚卒年八十四胡卒年七十八
張氏鍾紹洛妻于歸數月夫故孝孀姑撫遺腹子成立今抱孫矣現年五十六

劉氏儒童江通仁妻年二十四夫故僅遺二女氏事繼姑以孝聞家貧紡績佐食教二女能盡婦道苦節三十二年
胡氏劉應遠妻年二十五夫故矢志撫孤家僅田半畝氏辛苦萬狀卒不忍鬻先人薄產年七十終
辛氏葉銘玉妻性賢淑孝舅姑敬夫子鄉里稱之年二十二夫故遺子一矢志苦節三十餘年撫孤成立今抱孫矣
江氏謝象法妻年二十七夫故遺孤僅週歲家貧親黨

憐之勸再醮氏以死自誓苦節十五年卒

蔡氏職貝袁昌錫妻年十八于歸僅八月夫故家極貧事翁姑以紡績供養撫嗣子成立苦節數十年

喻氏蔡長安妻年十九夫故矢志守節奉翁姑勤紡織艱苦備嘗現年五十

劉氏儒童熊致泰妻年二十夫故無嗣夫弟旋卒亦無嗣與娣姒謝氏同心矢節奉翁姑理家政內外秩然越十載謝氏與翁姑亦相繼歿氏獨支門戶無怨言族戚憐之以堂姪賢相為嗣兼承兩祧前給事胡公毓筠請旌立坊已蒙

恩允氏年五十七

吳氏儒士孟光栩妻年十七于歸閱三載夫故遺二子翌立端立氏事姑孝教子慈苦節持家現年五十

吳氏儒士孟承謙妻年十九于歸越二月夫故氏哀憤不食嘔血數月而卒

張氏孟光祿妻年二十二于歸閱三載夫故遺二子立洪立廣氏勵節撫孤慈嚴交濟且治家有法人咸以賢母稱之現年七十歲

線氏黨啟太妻年十七于歸閱六年夫故矢志靡他撫嗣子紹武孫二學謙以方技名維英從征粵匪陣亡氏年七十六卒

武氏王見元妻年二十七夫故家貧勤紡織撫夫兄弟三子為嗣教養成立苦節自甘現年五十九

鍾氏袁祥興妻年十九于歸越三載夫故遺一女立夫兄次子啟道為嗣矢志守節現年五十有奇

戴氏太學生李中炳妻年二十七歲夫故遺孤一撫養教訓毋忝父道志節凜然現年五十有九

鍾氏儒士戴崇濂妻年二十于歸夫督勇禦賊陣亡年二十四無子撫夫兄次子文銓為嗣成立入泮皆氏教養之力也苦節三十三年

張氏余壽萬妻年二十八夫故撫孤成立苦節自持卒年八十餘

袁氏余士俊妻年二十八夫故勤勞持家撫孤成立卒年六十一

鄒氏程立浦妻年二十六夫故僅生一女孝養舅姑不懈勤紡績以供甘旨苦節終身

劉氏曹功成妻年二十五夫故遺孤子教訓成立紡績
不懈家漸豐苦節四十八年無疾終
李氏余文龍妻年二十八夫故矢志撫孤氷霜自守現
年七十有三
王氏府經歷何聿修生母也性温惠事上敬御下寬生
平不輕喜怒年二十九夫卒子四俱髫齡教養成立名
列膠庠現年六十有二以子 封安人餘詳前志賢
淑沈氏傳
祝氏陶紹景妻年二十八夫故撫孤華艾成立娶媳段

氏旋艾亦故段時年二十五也姑媳矢志苦節祝至
六旬卒段撫孤成立兩世守節識者憐焉
張氏陶建坤妻年二十八夫故以姪德安為嗣旋安亦
没氏附業入祖以作祀先費並遍立先祖墓焉卒年
八十
秦氏儒士余榮琠妻年二十四夫故家貧勤紡績供奉
老姑撫二子道福道祥俱成立長業儒氏現年五十
九
江氏儒士李心澈妻年十九于歸不數年夫染疾甚危

氏奉湯藥不少懈夫旋卒氏時年二十六也憂慮成
病未二年亦亡
程氏詹文開妻年二十四夫故姑早卒氏孝事翁苦節
安貧現年六十四
徐氏詹文發妻年二十六夫故撫二子成立苦節三十
年
石氏羅新照妻年二十二夫故守節四十四年
龔氏程惟杰妻年十九于歸越三載夫故遺二子立勲
立貞氏矢志撫之皆成立現年五十三

余氏彭興舉妻年二十八夫故家貧紡績度日撫孤成
立卒年八十二
何氏詹世太妻年二十六夫故家貧勤紡績孝翁姑撫
孤成立勵節終身
趙氏楊先銘妻夙嫻閨訓年十九于歸逾二載夫故氏
誓以身殉翁姑勸之強而起足不出閨言不露齒者
三十餘年孝道久而愈摯宗族憐之撫姪紹濟為嗣
現年五十六
曾氏石甫全妻年二十九夫故撫孤成立苦節三十七

年卒子常坤太學生孫潤金貢生

馮氏伍全萬妻年二十一夫故矢志撫遺腹子長與成立苦節五十餘年

余氏程映春妻年二十九夫故事姑孝撫三子俱成立苦節四十年

車氏黃大矩妻性賢淑得翁姑歡年二十四夫故撫遺腹子光祖教養並施待妯娌推誠相與家庭和睦無間言遠近咸服其節並服其德焉現年六十

來氏儒士王學連妻年二十六夫故撫孤成立苦節五

十年

潘氏儒士王學瑚妻年二十二夫故遺腹子數月亡撫猶子瑞蘭視逾已出苦節五十年

管氏庠生王肇基繼室也年三十夫故撫孤成立苦節五十二年子金相業儒

皮氏李大業妻性聰慧知書年二十八夫殉亂遺腹生子氏事姑孝姑有疾日禱於神即愈家貧紡績營生苦節撫孤現年五十七

尹氏孟行端妻年十八于歸夫病氏衣不解帶調養殷

勤旋夫故無嗣立姪滋秀家貧甚氏紡績度日勵節撫嗣子現年六十

胡氏儒童石珠妻胡美秀女二十于歸奉翁姑相夫子盡愛盡敬無一間言二十四夫故生子廷燕尚未及週氏痛夫無兄弟家貧親老孤子無依志矢柏舟善全婦道逺翁姑繼歿殯葬得宜教子成人不減柳丸歐荻守節四十五年卒孫五曾孫二均俊秀族隣稱節孝之報焉咸豐　年嘗　胡中丞咨請　旌表

黎氏儒士張道生之妻翰林院庶吉士陂邑黎爽女孫

十九于歸二十夫故守節三十年卒

鄧氏太學韓輝藻妻年二十六夫故撫孤成立苦節三十一年

徐趙氏于歸後孝事舅姑不數年舅姑相繼歿氏佐夫治家親操杵臼閱七年夫亦故氏矢志撫孤延師教子禮意殷勤鄉里尊之至七旬共贈以匾額後享年八十七孫錦春業儒

雷氏李清太妻年二十二夫故矢志撫孤苦節四十三年

伍氏李萬國妻年二十四夫故矢志守節現年五十四
趙氏監生程步廷妻年十九于歸越五年夫歿泣血喪明撫夫兄煥新子立綸爲嗣未幾綸殂與聘媳江全姑苦節以終卒年七十
彭氏布經歷程書忠妻西蜀名門女也幼識書明大義忠貿是地遂納采焉年二十于歸越三年忠旋里病故氏聞訃不欲生繼思夫有大事未了自蜀泣歸撫夫弟常外子本祥爲嗣飲食教誨逾已出待小姑委曲玉成厚奩嫁之無何本祥歿氏號慟欲自盡者三因

二孫登瀛崑瀛皆在襁褓勉與孀媳阮氏苦節撫孫現年五十有五
吳氏儒士程立顯妻年二十二夫故矢志靡他翁目瞽病篤親侍湯藥不懈翁歿事繼姑無間言撫夫弟立鏞子本松爲嗣愛如已出勉之讀書現已成立苦節四十二年
祝氏董賢怡妻年二十一夫故遺孤甫周歲氏紡績自給事翁姑盡禮教子讀書不惜費現年五十三
董氏張純輝妻年二十四夫歿撫姪懋典爲嗣家貧操作孝事姑卒年四十九
柯氏陳高興妻年二十八夫故撫子春雷成立現年八十
吳氏陳高升妻年二十七夫故撫子春宜先隆現年八十一
程氏陳長青妻年二十九夫故矢志事姑隣里稱孝子四俱列成均卒年七十八
萬氏黃之煒妻年二十夫故以長兄子爲嗣撫成之至今曾孫林立
徐氏文童吳芳春妻年二十二歸吳四年生子一名行

健甫八十日夫故氏矢志撫孤事翁姑孝待妯娌和杵臼外惟訓子讀書健英年入泮旋食餼少慰母心氏現年五十九孫三均幼讀
李氏儒士吳介士妻性淑慎年二十九夫故家貧苦節事姑撫子孝慈兼盡現年七十五
秦氏監生何恢瑾妻年三十夫故勵志守節勤紡績撫孤先欽成立現年六十
袁氏儒士戴崇仁妻年十八于歸甫二年育子一夫故家貧以紡績營生撫孤成立現年五十

戴氏儒士張學炯妻年二十八夫故苦節三十一年

李氏庠生戴蓮炬妻年三十夫故苦節三十四年

余氏王正高妻青年夫故撫孤成立苦節三十餘年

戴氏儒士盧嵩年妻年二十于歸舉一子夫歿事親撫孤倍極艱苦以節終

盧氏陳義和妻年十七適陳六載夫歿遺孤三家極貧或勸改適怒斥之惟紡績度日苦節四十年

王氏盧金和妻年二十五夫故遺二子家貧氏撫之成立苦節三十二年

陳氏徐之壽妻孝事公姑青年夫故苦節三十二年

江氏庠生盧顯烈妻年二十八夫故矢志撫孤苦節四十七年

曾氏盧金玉妻年二十九夫故撫孤遠鴻成立苦節四十八年

李氏監生盧遠魁妻年十八于歸事舅姑孝二十二歲夫故氏悲慟屢絕舅姑以撫孤大義勸之始強從年五十四以苦節終

洪氏盧開明妻年二十于歸逾年夫故家貧勵節有勸改適者怒斥之爲夫立後人稱苦節

李氏儒士盧叔明妻性温厚夫病數載日夜侍湯藥無怨言舉三子不育夫歿悲哀成疾將不起使人遍告族戚爲夫立嗣得嗣書溘然而逝

王氏尙永厚妻年二十五夫故家貧守節撫孤有成現年六十五

趙氏儒士熊映書妻年二十六夫故孝翁姑撫嗣子致和成立持家勤儉尤喜施濟現年六十

胡氏儒士張士鐸妻年十九夫歿撫嗣子棟成立孝翁

姑和妯娌愛子姪濟貧乏鄉黨咸敬重之卒年七十九孫宗林廩生宗文宗藻宗翰俱業儒

吳氏儒士韓廷椿妻年二十三夫歿撫孤成立娶妻生子旋孫歿又撫孫成立今已見重孫矣現年八十七

劉氏程本俊妻適程二載夫歿矢志撫孤現年六十

秦氏汪金樂妻年二十六夫歿遺一子心瀫能文逾數年子亦亡撫姪孫爲嗣苦節三十餘年

童氏金輝鼎妻年二十四夫故日勤紡織孝事翁姑撫孤成室孫甫四歲失恃氏飲食教誨艱苦備嘗凡夫

素習書文法帖珍守不失現年七十八
常氏儒士阮維城妻年二十三于歸三載夫故事奉翁
姑盡禮撫孤成立現年六十三光緒元年
旌表節孝雙全准建坊入祠永垂千古
余氏秦光崑妻年二十二于歸七年夫故家貧氏勤紡
織事奉翁姑喪葬如禮一子一孫教養兼至現年七
十一
陳氏秦厚濂妻年二十六夫遇賊害無子撫夫兄四子
必鳳爲嗣娶媳熊氏二十八鳳亦卒子二俱幼氏與

媳勤勞教養守節三十一年
秦氏周玉烜妻年十九于歸烜素抱疾家貧氏鬻奩延
醫藥治供養翁姑無怨言年二十八夫故氏不欲生
家人以姑老孤子無依勸止有潛誘他適者氏聞涕
淚曰生爲周家婦死爲周家鬼言畢嘔血數升尋病
篤不一年卒
袁氏耿良鈞妻年十九于歸三月夫歿哀慟欲絶強起
執服成禮矢志栢舟躬自省約足不出戸非母族兄
弟不妄交言守節三十餘年

王氏余大愷妻年二十八夫故甫一月遺腹生子艱苦
備嘗紡績度日撫孤成立守節三十二年
黄氏吳仲謨妻年二十六夫故遺腹生子有欲奪其志
者氏以死誓猶恐不免乃携子居母家撫育完娶始
歸卒年八十二
金氏吳鎮妻年二十二夫故撫孤成立苦節終身
錢氏何祥琦妻年二十二夫故遺腹生子孝翁姑和妯
娌教子成立苦節三十六年
黄氏儒童錢光鈺妻年十八夫故遺一子教養成立苦

節三十二年
吳氏陳富珍妻年二十六夫故教子成立苦節五十年
潘氏黄登純妻年二十五夫故遺二子苦節撫孤未幾
夫兄登儒故嫂宋氏亦苦節自誓立潘次子爲嗣兩
相依倚延師課子恭敬不衰人稱一門雙節現潘年
五十二宋現年五十四
監生吳國梁妻張氏年二十六夫故撫嗣成立苦節終
身
徐氏吳登榮妻年二十一夫故子方數月氏矢志撫孤

成立現年五十餘
顏氏阮太安妻年二十餘夫故守節茹苦含辛現年五十四
王氏阮方燧妻年二十二夫故苦節三十餘年
陳氏佾生霍元艮妻年二十九夫故撫子四苦節四十餘年
袁氏杜作舟妻年二十五夫故撫子二苦節三十四年
章氏張繼芝妻年十九夫病故苦節三十四年
胡氏張士鑑妻年二十八夫故撫子二苦節五十餘年

秦戴氏耿成玉珏兄弟妻也秦年二十八夫故遺子艮達戴年二十四夫故遺子瑞廷均以栢舟矢志事衰姑姑病爭奉湯藥撫二子成立瑞廷入泮艮達屢拔前茅秦現年六十一戴現年五十九一門雙節里黨賢之
雷氏蕭士貴妻年二十一夫故僅一女撫侄成立事姑孝現年五十二
詹氏吳佑麟妻孝翁姑相夫以禮夫染疾禱神願以身代奉湯藥經年不懈夫旋没殯葬盡禮日夜涕泣水漿不入而卒年三十七

劉氏詹紹舜妻年二十三夫故遺子女各一勤紡織自奉薄款客必豐教子慈嚴有法苦節四十四年
韓氏胡大雄妻年二十三夫故遺一子殤嗣侄鳳艮亦殤繼撫侄鳳先巳成立苦節六十二年
吳氏胡宗泰妻年二十五夫故撫孤二鳳高鳳琪皆成立苦節四十餘年
吳氏胡兆桂妻年二十三夫故撫侄爲嗣苦節三十年
張氏吳佑祥妻年二十六夫故僅一女卒女伴夫靈側終歲不出門戶惟紡績度日苦節三十年
劉氏劉禮元妻于歸一月夫故氏年十八立志守節事

公姑以孝聞撫姪樂銘爲子現年五十七
戴氏葉開文妻家徒壁立氏女紅自給年二十夫歿客旅命子尋夫體歸葬苦節三十二年
高氏吳成林妻年二十四夫故無子撫胞兄之長子爲嗣苦節四十六年卒
黄氏文童張漁妻年二十八夫故撫遺孤成立苦節三十五年
杜氏文童張士鈺妻夫故氏年二十四撫兄次子爲嗣

苦節三十八年
吳氏儒士張兆杞妻年三十夫故苦節四十三年卒子二蘐國庠生
杜氏儒士吳承文妻年三十夫故撫兄子爲嗣苦節四十七年卒
袁氏文童胡錦棟妻年二十五夫故撫二子事孀姑家貧無怨言現年五十有五
謝氏曾秉權妻年二十四夫故遺孤殤窮苦自勵夫弟宏勳憐之以子永臨爲嗣卒年七十六

謝氏盧紹玨妻年二十夫故家貧勵節撫孤成立現年七十二
盧氏劉國城妻年二十九夫故撫孤二成立現年五十九
阮氏盧登遠妻年十九于歸舉子不育夫尋歿矢志守節撫猶子立宗爲嗣卒年四十八
楊氏秦再墀妻年二十夫故遺一子守節撫孤現年七十二
戴氏劉栻妻年二十夫故撫侄爲嗣現年五十

張氏劉克久妻青年夫故撫侄爲嗣現年五十
錢氏曾傳裕妻年二十五夫故守節四十二年卒年六十七子二紀昭耽員紀明監生
周氏熊兆泮妻年二十六夫故守貞撫孤摒擋家事嘗施藥數十年全活者無算卒年六十二子燦繹邑庠
陳氏馮際春妻青年夫故守節三十一年子體乾
楊氏袁成煥繼妻年二十六夫故子女各一苦守四十二年現年六十八
張氏陳如桂妻年二十八夫故遺子二守節數十年現年七十二

吳氏劉德宏妻年二十一夫故苦節三十餘年
周氏曾傳俊妻年二十夫故苦節三十二年
吳氏周清太妻年二十八夫故守節四十八年終
王氏儒童胡開源妻年二十矢志栢舟撫兄子鼎緒爲嗣未幾嗣子故氏隱抱痛復婉嚮姑心每值冬寒必先溫而後扶姑就寢歷久無倦容現年五十二
阮氏監生王明福妻年十九夫歿撫兄復太子立珩爲嗣視如已出姑因哭子喪明氏事心倍謹常於夜靜

時焚香祝天泣求老姑目愈閱三十年姑果雙目復明現年九十一 阮氏現年五十

甘氏高維壽妻年二十二夫故苦節自甘現年七十二

趙氏閔文先妻于歸四年夫故守節撫孤子問禮問壽均成立孫玉麒監生曾孫光奎附貢

張氏閔清在妻年二十六夫故家徒壁立玉潔氷清苦節三十餘年

趙氏張黃興妻年二十九夫故遺一女閨訓嚴謹事姑孝接下慈撫夫侄宇枉爲嗣聰穎善讀氏愛如已出

枉亦克盡孝道迄今守節三十四年族黨均敬之

秦氏秦必元妻年二十八夫故撫孤女一閨訓謹嚴守節至今年五十九立夫弟次子昌貴爲嗣

劉氏蔡世洵之繼配也年三十夫故子三俱幼家無擔石氏勤紡績撫諸孤皆教以正三子漸次成立經紀婚娶稍振家聲族里咸稱氏之德云卒年六十九

胡氏太學生王起朝妻年十九于歸性和婉孝事翁姑夫病數月衣不解帶閱九載夫歿子女各一撫養成立守節二十一年卒

李氏生員江忠敬妻年二十八夫故事姑至孝訓子勤儉苦節終身

江氏秦與九妻年二十九夫故勵苦節事孀姑上司以一門雙節旌之

江氏儒士王俟廸妻年二十六夫故事姑訓子苦節終身

耿氏蔡巨川妻嫺靜寡言不喜緣飾舉四子一女夫故氏年二十六家徒四壁諸孤穉齒親族咸以爲憂而氏處之無異志紡績日勤辛苦萬狀卒撫其子女成

立婚嫁畢而氏已老家計亦稍充裕焉

卯氏秦鈞敘妻年三十夫故遺子僅二歲氏奉孀姑撫孤子慈孝兩全現年六十九

鄢氏秦鈞國妻年二十于歸四越月夫故矢志勵節現年五十有二

張氏秦再賢妻年二十六夫故遺一子僅二歲氏苦節撫孤日勤紡績現年六十有七

汪氏王瀹瑜妻年二十夫故甘心守節現年五十

楊氏張永志妻咸豐十一年志被賊擄未還氏撫子與

國苦節三十年
殷氏林常樂妻年二十三夫故苦節孝翁姑勤紡織撫孤向榮成立現年五十有八
夏氏李正鵬妻年二十五夫故事翁姑孝撫孤子慈苦節二十五年邑侯諸賜賢淑流芳額
陳氏儒童吳行瑄妻于歸時夫抱病由意調獲三載無怨言夫故年二十一無出苦節自勵孝事孀姑撫夫弟毓藻子惟鑫爲嗣現年五十一
程氏佾生吳立勳妻年二十七夫故遺一子二女未幾

子夭撫夫弟鵬雲子行禮爲嗣禮妻蕭氏年十九禮亦故遺腹生子惟炳聰穎能文早逝姑媳氷霜同勵族戚憫之程年八十有一蕭年五十有二
趙氏吳立昭妻年二十三夫被匪擄遺子三家壁立有欲奪其志者氏死拒之紡織撫孤現年五十三
高氏吳本太妻年二十四夫故遺一子立旺家貧甚氏紡績度日撫孤成立現年七十八
方氏蕭作瑞妻年二十九夫故撫孤晏春讀書慈嚴並濟氏卒年六十八春府首入泮

黄氏王侯臺妻年二十餘夫故矢志撫遺孤二同母兄弟逼改醮氏剪髮自誓遂不敢犯卒年四十三
鄒氏王幼達妻青年夫故家貧苦節撫孤學鈺成立
熊氏貢生鄒恒貞妻事孀姑惟謹深得歡心姑卒相夫喪葬盡禮又數年夫卒慟不欲生念遺孤未能成立轉貽地下遂獨支門戶不以瑣屑防子讀尤好善見貧困輒周濟之城北河渡口數被水冲捐貲屢修不少吝遠近以賢稱子康庠生
蔡氏周玉俊妻年二十歸俊家貧氏安之與諸妯同事

衰姑獨得歡心年二十六夫卒苦節幾三十年子二承地承坪
金氏儒童阮釗妻竹谿縣教諭光煦女年十八夫故守節十五年卒
吳氏儒童阮太安妻節畧載前志於光緒元年請 旌
秦氏儒士汪學槐妻年十九夫故守節四十五年光緒元年請 旌
陳氏秦再岳妻年二十七夫故守節六十餘年光緒元年 旌節畧載前志現年八十有七

單氏監生綦大格妻年十九夫故守節五十年于光緒元年　旌節畧載前志
方氏武生阮方策妻年十七夫故守節三十八年
胡氏儒童張錫綉妻年二十四夫故守節四十三年
姚氏庫大使綦光黼之妻光緒元年　旌節畧載前志
張氏儒童陳用儀妻年二十三夫故守節三十年
吳氏王幼懷妻年三十夫故貧無立錐依母家撫孤成立今八十七歲長子學鼇習儒業尤精岐黃皆母教也

王氏江昌妻年二十九夫故撫孤子明珠太元成立咸豐元年率勇攻賊屢建功府憲保舉給五品銜氏苦節八十三歲
汪氏監生石佑靈妻年二十三夫故遺孤甫二歲氏事翁姑以孝聞撫孤成立苦節數十年
鄢氏石佑河繼配也年二十三夫故事翁姑以孝聞元配梁遺子二氏撫之逾已出苦節三十餘年
黃氏文童高立藻妻青年勵節苦節四十餘年現年七十

戴氏文童汪玉華妻年十八歸汪凡事謹遵姑訓歷九年夫卒氏事姑備極孝養子四女一撫之皆成苦節三十一年
王氏儒童方春煦妻年二十夫故遺腹生子氏矢志撫孤成立守節四十年子映壁庠生
李氏周玉和妻年二十一夫故　張氏周爲鼎妻年二十五夫故　田氏太學周金銘妻年二十五夫故李張無嗣田撫子成立人稱一門三節云
汪氏趙海珊妻年三十夫故撫孫成立守節四十餘年

蔡氏趙錫文妻年三十夫故苦節三十餘年
車氏監生趙觀海妻年三十夫故守節四十八年立夫弟監生觀學次子鶴堂爲嗣
李氏儒童趙承方妻年二十夫故守節三十年撫子瑞霖成立
吳氏趙載瑾妻年三十夫故守節四十年撫子成立
李氏俛應國妻年三十夫故守節三十餘年撫子成立
梅氏監生吳修德妻年二十夫故氏事姑能孝訓子有方守節三十一年男德箎業儒

王氏監生吳德揚年二十八夫故氏守節三十年子紹楷孫四

熊氏童生張立紀繼妻年二十八夫故善事舅姑遺一子玉峯身列成均不幸物故撫孫亦如撫子現年八旬曾孫三

吳氏王家國妻年二十四夫故撫孤子涵盛現年六十九

張氏趙錫坦妻夫故善事翁姑篝燈夜績訓子成立守節四十餘年子永有職員

顏氏李學舉妻年二十六夫卒撫孤成立苦節五十餘年

吳氏儒童戴為寶繼妻年二十歸戴凡事一禀姑訓撫前女如己出歷九年生二子一女而夫卒氏事衰姑備極色養訓子女皆成立現年六十四

張氏儒士陳光興妻年二十歸陳踰年夫故矢志撫孤苦節三十年卒

陳氏邑庠王道偉妻夫歿遺子女各一氏節勵堅貞事姑孝姑没後主持家政必遵禮法訓子慈而嚴訓女以貞靜為先現年六十五子保衡庠生

張氏庠生江永昇妻年二十六夫故其姑亦孀守士人贈聯曰兩世尊卑雙節婦一門先後二賢媛氏現年六十三子家俊克讀父書

鍾氏江永玖妻年及笄于歸生一女夫故撫夫兄子慶雲承祧視猶已出雲曲體親心供甘旨氏現年五十九子業儒

鍾氏江明智妻年二十三夫故撫孤昇成

張氏董德正妻年二十六夫故守節三十三年

熊氏詹道金妻年二十七夫故家貧撫子廣濟廣旋故遺孫三殷勤教養漸近成人現年七十有四

李氏耿成務妻年二十二夫故僅一女撫夫弟子艮玉為嗣家貧事舅姑深得歡心現年五十三

王氏王學江妻年二十夫故撫孤成立苦節三十年

張氏秦必銑妻年二十六夫故女一無嗣立夫兄子昌瑞為嗣現年五十七

王氏陳光斗妻年二十一夫故苦節五十六年胡中丞給有夜雨青燈額

潘氏儒士李廷芴妻年二十四夫故矢志守節孝事翁姑撫子女各一教養兼盡子名光禧女適袁育二子夫早逝亦繼志守節馬氏現年五十七光緒六年翰林院劉請　旨旌表

王氏李維明妻年二十于歸越三載夫故遺一子紡織營生撫孤成立苦節三十餘年

張氏王錫朋妻年三十夫故守節三十二年

黃氏處士龔傳文妻庠生家璜之母年二十九夫故璜尙襁褓舅姑在堂親奉甞湯喪葬如禮旋遭兵燹三

遷教子前於咸豐庚申蒙胡中丞咨部　旌賜匾額

羅氏祁開朗妻年二十夫故苦節三十六年年六十四卒

毛氏趙載望妻年三十夫故子春陣前被賊擄去撫姪成立苦節三十二年

楊氏吳南陵妻青年夫故撫子二長克呂國學次克鼎嗣三房登典苦節三十餘年

汪氏高士奎妻青年夫故家貧育孤子慈嚴交濟冰節三十餘年

秦氏劉華文妻年二十一夫故事姑嫜以孝撫夫弟華章子爲嗣苦節三年故

楊氏盧言成妻年二十餘夫故撫孤光宗現年五十三

徐氏戴德馨妻年十七于歸逾二年夫故遺一子氏清節自持撫遺成立現年四十八歲

余氏余秉文妻年二十于歸孝姑嫜和娣姒閨門之內藹如也運抱疾侍湯藥數年無倦容運卒氏年二十九遺一子三歲飲食教誨無少縱恕婢僕恤親隣里黨猶樂稱之現年六十有五

吳氏邱必徽妻年二十四夫故遺週歲子矢志撫孤苦節四十三年

陳氏李之杰妻青年夫故苦節四十九年卒

陶氏儒士吳履常妻年二十五夫故遺孤二撫育有成娶媳李氏吳氏旋子媳相繼歿撫孫與祖成立氏現年七十有八

車氏熊天健妻年二十六夫故苦節六十五年邑主事汪贈有暉永諼庭額

黃氏熊文朝妻年二十八夫故苦節五十五年卒

黎氏儒士李永善妻年二十夫故撫孤成立苦節四十
八年卒
梁氏王家瑞妻年二十七夫故守節撫孤旋孤歿以姪
新志爲嗣現年六十
胡氏江永徵妻年二十于歸閱二年夫故苦節三十年
胡氏江永樂妻年十九于歸閱一年夫故苦節四十二
年
蕭氏楊明元之妻元故氏年二十二食貧守節矢志柏
舟撫孤成立現年七十

馬氏張鳳藻妻年二十七夫故遺一女方週歲誓以死
殉姑老泣曰汝若死吾命休矣馬懼强收血淚矢志
堅貞屏棄服飾簪珥苦節三十餘年紡績供養事姑
孝逾嘗昔胞兄必熯必焜議立子以繼其祀
江氏張艮輔妻年二十八夫故氏撫孤子不輕出閨門
雖家困至食糠粃毫不言苦現年七十餘子世盛世
能皆克成立
黃氏程天榜妻年十八于歸月餘夫遠貿二十餘年音
信渺然後傳聞夫故氏獨守清操心堅鐵石家計貧
苦毫無悔心苦節三十餘年
余氏程廣成妻年二十七夫故翁早逝事姑孝養無間
撫子勞愛兼盡子得成立現年五十八
袁氏張新永妻年二十八夫故氏志堅鐵石事親教子
克盡孝慈子桂榮太學生
徐氏余正高妻年二十夫故無子哀痛無已誓以死殉
翁姑聞之廹救得不死伴嫂紡織度日
苦節終身
劉氏儒士張光復妻年二十六夫故苦節事翁姑至孝

勤紡織操井臼供職晏然卒年六十八
陳氏孟光顯妻年二十六夫故氏撫孤成立敬事兄嫂
如事舅姑年三十七病終
張氏黃敵本妻年二十八夫故性温良事舅姑勤謹孝
道克遵苦節三十餘年
孟氏曹繼杞妻年二十二夫故誓以死殉因有遺腹翁
姑止之强收血淚閱三月産男世寬氏撫成立現年
五十六歲
黃氏李利賓妻年二十四夫卒年七十八

張氏趙起堂妻年二十六夫故卒年七十八
高氏方敬樟妻年二十九夫故遺兩子一週歲一遺腹氏苦節撫孤孝翁姑和娣姒人無間言現年五十餘歲
余氏儒士方世勲妻年二十九夫故矢志勵節撫孤子佑崑迄於成立入成均娶妻王氏育子四而佑崑棄世時王氏年甫三十奉孀姑撫孤子長琭舉孝廉其餘兩國子生一業儒皆氏教養之善也兩世清節同治丙寅請　旌

劉氏文童武習策妻年二十二于歸半載夫故氏誓以身殉姑勸諭之乃孝事翁姑撫姪爲嗣苦節三十八年
武氏王金發妻年二十四夫故遺孤子天祥撫養成立苦節三十五年
高氏詹汝綸妻夫故氏年二十六苦節三十一年
李氏劉世選妻夫故氏年二十一苦節三十五年
張氏劉世湘妻夫故氏年二十苦節三十一年
熊氏夏德輝妻夫故氏年二十五苦節五十一年

吳氏阮徵仁妻夫故氏年十八苦節五十二年
黃氏龔傳文妻夫故氏年十九苦節三十二年
張氏董文重妻夫故氏年二十七苦節三十一年
譚氏耿普沅妻夫故氏年二十九苦節三十四年
柳氏儒士劉光逵妻夫故氏年二十五苦節四十五年
張氏鍾清湄妻夫故氏年二十四苦節四十八年
張氏石士璜妻夫故氏年二十五苦節三十二年
石氏劉士藹妻夫故氏年二十八苦節三十年
王氏馮定忠妻夫故氏年二十三苦節三十一年

陶氏梅德潤妻夫故氏年二十三苦節三十三年
李氏羅金榜妻夫故氏年二十七苦節四十二年
胡氏曹公琠妻夫故氏年二十二苦節四十八年
王氏王崇魁妻夫故氏年二十七苦節三十六年
尹氏徐鴻逵妻夫故氏年二十四苦節三十七年
劉氏貢生吳世法妻夫故氏年二十六苦節四十四年
曾氏胡大謙妻夫故氏年二十苦節三十六年
王氏鄒恒秀妻夫故氏年二十四苦節三十三年
周氏胡大講妻夫故氏年二十五苦節三十四年

吳氏胡太觀妻夫故氏年二十八苦節四十五年
邱氏劉玉台妻夫故氏年二十一苦節三十三年
楊氏王俟運妻夫故氏年二十四苦節三十六年
董氏張純妻夫故氏年二十五苦節三十
秦氏熊得祿妻夫故氏年二十八苦節三十九年
鍾氏江昌永妻夫故氏年二十二現年九十二歲
成氏阮泰雯妻夫故氏年二十苦節三十一年
余氏程典華妻夫故氏年二十一苦節三十六年
程氏孟光傑妻夫故氏年二十三苦節三十七年

劉氏盧映璧妻夫故氏年二十九苦節三十年
周氏王錫朋妻夫故氏年二十九苦節三十年
吳氏監生孟沈寬妻夫故守節三十年
江氏秦昇旭妻夫故守節現年五十四歲
劉氏戴若太妻夫故氏年二十七苦節三十七年
吳氏秦光斗妻夫故氏年二十五苦節三十六年
張氏曾文妻夫故氏年二十六苦節四十一年
余氏吳勲庸妻夫故氏年二十七苦節三十三年
何氏李天佐妻夫故氏年二十八苦節三十二年

阮氏李亨一妻夫故守節現年九十歲
張氏吳步才妻夫故氏年二十八苦節三十四年
徐氏夏錦春妻夫故氏年二十六苦節三十三年
盧氏徐心立妻夫故氏年二十八苦節四十年
戴氏劉弼妻夫故氏年十七苦節三十一年
晏氏袁梅妻夫故氏年二十七苦節三十年
徐氏楊宗富妻夫故苦節三十一年
吳氏程效伊妻夫故氏年二十九苦節三十一年
成氏吳映南妻夫故氏年二十四苦節三十年

柳氏儒士劉德新妻夫故氏年二十七現年六十四有
割股事載家乘請有清潔芳型額
余氏方永茂妻夫故苦節五十五年
又媳王氏方代啟妻夫故氏年三十苦節四十一年
詹氏鄧文照妻夫故氏年二十八守節二十三年而歿
方氏吳萬山妻夫故苦節五十九年
黃氏劉志起妻亡年七十二苦節四十四年
李氏盧炳彝妻亡年七十五苦節四十七年
王氏阮方震妻亡年八十三苦節六十三年

秦氏楊朝綱妻亡年五十八守節三十二年
李氏夏正傳妻亡年七十四苦節四十六年
貞女秦氏張芬湇妻亡年六十苦節四十年
夏氏儒士阮徵文妻亡年七十二苦節四十四年
詹氏陳建侯妻青年夫故守節終身
貞女江氏盧端鐸妻亡年七十一苦節五十七年
江氏盧訓鐸妻　夫故氏年二十九苦節四十三年
吳氏徐瑞麟妻亡年七十八苦節五十八年
貞女阮四姑阮文教之女望門守節四十餘年

楊氏吳世忠妻亡年六十九苦節四十五年
楊氏蔡承銓妻夫故苦節三十餘年
李氏吳東晃妻夫故苦節五十年
張氏尹敏創之母守節三十三年
秦氏吳必高妻秦氏必盛妻四　妯娌也均
年二十餘夫歿必貴係陣亡矢志冰霜一門三節現
年皆七十有奇
張氏王文教妻年二十六夫故一女尚幼甘貧苦節事
姑至孝現年六十有三

夏氏蕭益輝妻年二十三夫故一子僅週歲堅守節操
事翁姑恪遵婦道現年七十一歲
段氏陶清孚妻年二十七夫故遺孤二撫育有成苦節
三十八年卒
吳氏鄒士林妻年二十三夫故撫子立姪繼先爲嗣教
訓有方辛勤自勵現年五十七
吳氏文童鄒煥文妻年二十五夫故柏舟自矢撫胞弟
子時法兼承禋祀孝孀姑和妯娌內外無間言現年
五十九

王氏陳家槐妻于歸四年夫故勵節堅貞未幾姑歿巳
亥歲翁病篤氏親侍湯藥無倦容現年五十歲
高氏朱天元妻年二十二夫故家貧勤紡績以度日撫
孤華寶蕊嚴並濟苦節六十餘年卒
秦氏儒童趙永怡妻年二十一于歸未逾年夫卒遺腹
子永翰氏剪指自誓家貧紡績撫孤教養兼盡苦節
終身
汪氏倪元發妻年二十四夫故遺子一翁及叔皆衰老
家窶甚氏矢志撫孤躬樵爨夜則機聲不絕每食必

先飽家人而後食苦節十年以瘵卒鄉里憐之
甘氏監生黃德先妻年二十三夫故子幼氏矢志柏舟
教養兼盡現年五十餘
鄭氏監生趙錫銘妻年二十七夫故子職員華林時甫
六歲撫養教誨矢志靡他苦節三十餘年
黎氏李永祥妻年二十一適李越數載祥故氏矢志柏
舟克盡孝道現年六十歲立夫弟次子大祿爲嗣又
祥胞弟承楨之妻秦氏年二十適李越八年夫故氏
甘心守志事翁姑盡孝苦節撫孤現年五十六歲長

子大福次子繼嫂黎氏爲嗣三子大壽
彭氏胡仁泰妻年二十一夫故氏哀死事生撫堂姪世
發爲嗣貧無寸土紡織辛勤現年八十有三
王氏監生劉紹玉妻后氏文童劉廣乾妻同治元年奏
請兩世清操建坊入祀
黃氏羅光運妻年二十六夫故遺子一三歲撫養成立
苦節三十四年
王氏余文烈妻年二十五夫故家貧姑老勤苦供膳撫
子至光娶妻育子光早逝與媳程氏撫孤成立現年

五十八
劉氏余文艮妻年二十四夫故矢志靡他撫胞姪中立
爲嗣現年五十九
艾氏張新月妻年二十三夫故矢志守節卒年三十二
劉氏張新奎妻年二十四夫故矢志苦節現年六十四
沈氏吳道修妻年二十三夫故苦節撫姪禮宗爲嗣旋
宗與媳俱故遺一子教養有成州同銜又捐貲補修
涂家橋及合族宗祠同治八年給事中胡請 旌
建坊氏現年七十五

程氏楊崇智妻年二十二夫故苦節三十一年
熊氏黃力學妻嘉慶初學捐貲練勇堵禦教匪因被執
罵賊而死氏年三十守志撫孤入服其節並服其德
焉撐持家務內外咸稱卒年八十 補遺
劉氏石德鳳妻年二十四夫故遺孤纔數月氏以母道
兼父道撫孤成立苦節三十餘年
蔡氏儒士吳本治妻年二十八夫故苦節卒年七十餘
黃氏儒士吳本正妻年二十六夫故卒年六十四
張氏趙永暉妻年二十三夫歿矢志勵節紡績辛勤撫

胞姪采桃爲嗣教養兼施迄今孫俱成立
盧氏韓泰增妻年三十夫歿遺孤三門祚衰微氏慷慨
撫孤內外整肅至老無間言卒年八十六
秦氏文童秦厚基妻進士人藩孫女也年二十夫故遺
子女各一孀姑衰老善病氏曲奉之咸豐年髮逆竄
擾氏扶姑逃匿倍嘗艱險無怨言孤歿喪葬盡禮訓
子慈嚴並濟現年五十三
張氏余邦俊妻年二十二夫故孝舅姑撫孤成立苦節
四十六年子文斗以軍功保同知銜補用知縣

周氏監生潘應宗妻年二十三夫故守節享壽九十九
族戚贈有大衍重遇額子榮璦監生
李氏潘昌琛妻年三十夫故家貧無子勤紡績以養孤
苦節二十八年
張氏處士戴楚順妻年十九于歸越三載夫歿無出貧
無立錐苦節自勵現年六十二
洪氏處士張有典妻年二十一于歸逾年夫故苦節撫
孤一道光年　王學憲給有節孝可風額卒七十一
秦氏胡鏞妻年二十夫故守節撫兄長子啓鐸爲嗣娶

媳劉氏十九歲鐸歿劉勵節事姑立堂弟長子開綸
爲嗣秦卒年八十七劉卒年七十三　學憲王給瑞
世節孝額
劉氏胡煜妻年二十餘夫故矢志守節立兄子可均爲
嗣卒年八十五　學憲王給有壽節松筠額
余氏太學陳兆奎妻年二十六夫殉難矢志守節撫孤
成立現年六十
韓吳氏年二十二夫故撫孤志崇成立苦節六十二年
陳氏郭文思妻年二十八夫故家貧勤紡織奉舅姑教

育孤子苦節四十年卒子六長英以軍功保舉守備
胡氏貢生胡萬春妻年二十三夫故撫孤巨章成立苦
節六十年
秦氏太學徐緒藻妻年二十六夫故遺孤德芳甫週歲
孀姑臥病年餘氏親侍湯藥不倦教育孤子成立苦
節自甘現年五十六
來氏文童方澤霖妻年二十二夫故撫孤女苦節三十
年現年五十二
石氏汪宗元妻夫故家貧紡織度日守志三十二年現

五十八
王氏余全太妻年二十餘夫故矢志守節撫孤成立卒
年九十六
王氏方忠烈妻年二十八夫故矢志守節紡績惟勤撫
孤早逝立姪爲嗣現年六十三
袁氏庠生王恩詔妻年二十夫故現年五十二撫子明
藻幼讀
吳氏彭家振妻于歸二載夫故矢志栢舟撫堂姪澤兌
爲嗣教養兼盡翁納劉氏生子榮宗榮祖氏厚待

之未幾舅姑逝喪葬悉如禮苦節終身族人咸敬之
程氏貢生古有或妻年二十二夫故遺孤一撫養成立
苦節三十三年
趙氏桂正盛妻年二十四夫故撫孤成立苦節三十二年
徐氏儒童李大文妻年二十一夫故撫夫兄子爲嗣苦
節三十年
范氏蔣大模妻年二十七夫故無嗣撫夫姪才斌承祧
苦節三十七年
姚氏監生李韻鏵妻青年夫故翁姑早逝祖母年九十
餘目育氏勤紡績服事惟謹苦節終身
陳氏姚志昇妻年二十餘夫故家貧守志苦節終身
胡氏太學李法先妻年二十六夫故矢志守節撫遺孤
學模學詣教養成立事翁姑以孝聞現年六十一
程氏登仕郎雷光繹妻夫故時氏年二十五日勤紡織
孝事翁姑撫遺孤逢均慈嚴並濟苦節三十六年
范氏貢生吳炳忠妻年二十三夫故苦節自甘紡績度
日孝事翁姑撫夫弟子紹伯爲嗣教養成立現年五
十五

吳氏吳文源妻夫練勇陣亡氏年二十七子三長嗣夫
兄次甫月餘撫養方成得癡疾苦節零丁現年五十
五
汪氏江作霖妻二十四歲夫歿矢志守節撫孤成立現
年五十六
王氏文童李宗珍妻青年夫歿矢志守節卒年八十四
秦氏李承顯妻青年夫故撫遺孤勤紡織苦節三十年
秦氏太學耿艮笏妻年二十三夫故矢志氷霜事孀姑
以孝著撫姪爲嗣現年五十二 姪顯名

節孝下

吳氏生員金儁藩妻于歸逮事祖姑張繼祖姑胡姑吳
俱得其歡心相夫子罔不如禮王持中饋克儉克勤
一門上下規矩整肅年近八旬偕老五男競爽
同列膠庠諸孫秀發方興未艾也　舊志補遺

阮氏儒士詹文泮妻年十八于歸孝事親敬相夫越八
年夫故誓以身殉姑勸之曰上有老下有孤汝不欲
生將誰是賴氏泣承命奉翁姑撫孤子孝慈兼盡生
平動遵禮法足不踰閫年六十餘卒子三長以仁監

生次鳳儀職員三鳳廷業儒孫鶴鳴列成均其餘孫
曾林立人謂淑德之報也

羅氏孟道同妻年廿餘夫故勤勞治家撫孤成立課孫
讀書卒年九十六孫輩多列成均

程氏秦俊衡妻年廿八夫卒遺子女各二家貧紡績營
生撫子成立苦節終身

楊氏儒童羅利妻年廿九夫故家貧親老勤苦供膳得
翁姑歡子士有早逝與媳汪氏撫孤成立卒年九十
有三

熊氏劉光緯妻年二十八夫故貧苦自守現年六十二

曹氏楊盛道妻年二十三夫故撫侄名壬爲嗣守節四
十五年卒孫大儒監生

熊氏王崇裕妻性淑慎年二十九夫故守節孝姑嫜和
妯娌教子義方現年五十餘子國楨監生

鄭氏方代佐妻年二十五夫故矢志不他勤紡績以奉
公姑現年五十餘

袁氏吳映魁妻年二十三夫故撫孤創業卒年八十二

蕭氏鄭炳貴妻年二十二夫故撫孤成立現年六十五

楊氏秦某妻年二十夫故苦節四十九年

周氏鄭大松妻年二十四夫故撫嗣成立現年七十

潘氏鄭大成妻年二十一夫故撫嗣苦節三十九年

梁氏鄭大志妻年二十五夫故苦節撫孤現年五十八

汪氏鄭思曉妻年二十六夫故撫孤成立卒年七十八

李氏高國瑚妻年十四父母俱逝撫愛季弟二十二歲
于歸孝公姑公好施與氏出奩資助之年二十九夫
故撫孤守志四十六年子煥珍監生孫紫垣貢生焱
斗庠生

秦氏陳如海妻年二十六夫故撫孤子苦節四十四年
張氏韓祥增妻年十九夫故立姪溥成爲嗣現年七十
八
張氏劉德美妻年二十四夫故立侄寶珠爲嗣數十載
節操不改守制終身
方氏鄢安德妻年二十六夫故苦節撫子卒年五十二
胡氏劉玉珩妻年二十七夫故苦節三十年
吴氏方鳳陽妻事姑孝年二十六夫故守志撫孤年終
八十

王氏戴崇美妻年二十九夫故甘貧苦節四十有二年
卒
羅氏戴文仕妻于歸後生子半歲年二十八夫故矢志
撫孤苦節二十五年
姚氏杜金貴妻事哀姑孝年二十八夫故撫遺孤二苦
節四十二年
杜氏戴正位妻年十九夫故撫孤子苦節四十七年
冉氏戴正周妻年二十夫故苦節自甘撫嗣成立現年
五十餘

蕭氏戴崇聖妻年十八夫故子一家徒壁立紡績營生
卒年五十七
詹氏廩生陳文彬妻年二十五夫故撫遺孤建侯事公
姑孝公姑逝殯葬盡禮侯弱冠入泮媳詹氏孝順如
姑未幾姑與夫先後逝氏年二十九苦節撫孤所歷
尤艱卒後上憲訪聞錫世節揚輝匾
陳氏鄒士彬妻年二十二夫故撫孤守節現年五十一
程氏陳輝國妻年二十三夫故苦節三十餘年
吴氏耿文堃妻年二十一夫歿撫孤晋甬苦節六十餘
年卒

鄢氏耿文立妻年二十四夫故撫二子家貧守節卒年
七十九歲
汪氏儒士耿成琪妻年二十四夫故撫孤艮芴成人現
年五十四
黄氏耿秉諟妻年二十夫故撫遺腹子成立事翁姑孝
守節九十八歲終
余氏耿成珩妻年二十三夫歿撫夫兄子艮均爲嗣娶
媳袁氏三月均故姑媳孀居余氏卒年六十三

鄧氏耿普玉妻年二十五夫故撫孤競成現年七十五
秦氏耿忠華妻年二十夫故家貧勵節壽八十二終
耿氏鄭景光妻年二十八夫歿撫孤成人現年六十一
張氏鄭緒祥妻年二十七夫歿子殤家貧苦節現年六
十二
鍾氏張之銀妻年二十七夫故撫孤子一年七十終
胡氏曹國琪妻年二十九夫故撫子一年七十卒
秦氏胡元有妻年二十夫歿無嗣守節卒年六十八
秦氏鄢三台妻年二十三夫故無嗣守節六十九年卒

葉氏鄢步瀛妻年二十九夫故撫孤一成人現年六十
耿氏余榮瑛妻年二十七夫歿撫孤道達成人年四十
餘卒
張氏石得鏌妻年二十九夫故撫三子苦節四十餘年
李氏劉應龍妻年二十四夫故撫一子苦節四十餘年
石氏監生劉三寶妻年二十六夫故撫一嗣苦節三十
餘年
葉氏卲世澤妻年二十四夫故撫孤二守節三十餘年
周氏儒童李承祁妻年二十一夫歿遺孤未週勵志守

節勤撫孤子登鵬入泮孫業唐亦教之成立咸豐庚
申蒙　旌巡撫胡中丞給巾幗全人額現年六十三
楊氏庠生秦正隆妻年二十七夫歿孝翁姑教子女苦
節四十一年卒
徐氏儒士秦系秀妻年二十一夫歿整肅家規撫孤載
垣成立苦節五十二年卒
王氏秦厚昇妻年二十四夫故勵節守孝翁姑現年六
十有八
葉氏鄭大文妻年二十二夫故撫遺腹子文祖成人娶

媳王氏年二十九祖故撫子富章成立葉氏年七十
二卒王氏目擊元孫卒年九十一曾孫春暘國學
詹氏陂邑進士詹世適女儒士吳惇典妻年二十夫故
誓柏舟孝公姑立夫兄次子爲嗣子孫列庠序者四
壽七十終
陳氏生員吳克誠妻年二十五夫故立夫堂兄次子監
生瑛奎爲嗣現年七十奏　聞旌以冰操自勵額
祁氏蔡積德妻年二十二夫卒撫孤二家貧采茶蓼勤
紡績年逾六旬始終如一

吳氏儒士佘正宜妻年二十八夫卒遺一女不育家貧勤儉自勵撫[illegible]守身成立年八十三卒

張氏儒士佘正[illegible]妻年二十五夫故撫孤守誼尚幼紡織度日母家[illegible]勸非大故不往孤旋夭立在炳爲嗣承祧兩房壽八十五終

鄢氏葉德泰妻年二十七而寡舉遺腹男不育託姻戚勸翁置妾生子女尚在襁褓翁姑遽卒氏涕泣居守紡織逾勤教幼弟撫幼姑家致饒裕年七袠鄉人祝之贈坤德克家額現年八十四

蔡氏歐禮南妻年二十六夫卒守制家無儋石紡績營生撫子女成立現年六十三

劉氏胡煜妻年二十三夫故事姑訓嗣孝慈兼盡年八十九終學使給有節壽雙全額其孫媳秦氏胡義亭妻年二十三夫故撫遺腹子成立復故遂立嗣孫苦節終身年七十一歿

張氏吳敬堂妻于歸三載夫逝孝侍舅姑好讀書能詩賦著有鴛針集藏家撫二子皆成立氏年三十九卒

秦氏儒童李承祀妻年二十六夫沒撫夫弟子大裕爲嗣列成均苦節三十年卒

程氏謝尚義妻年二十六夫逝無子立姪映梅爲嗣娶媳盧氏年三十二梅亦逝僅遺一孤氏偕媳苦守數十年人稱雙節

劉氏劉夢蛟妻年二十八夫故遺孤瑜琨現方數月瑜亦幼撫之成立苦節至七十三歲卒

劉氏劉永名妻年二十四夫故遺子映書甘貧自守課以詩書爲邑廪生皆氏報也嘉慶十年各憲申詳蒙恩旌表　補遺

韓氏庠生劉光祿妻年二十夫故無子撫侄應瑞爲嗣卒年六十五

鍾氏劉得寶妻年二十一夫故苦守撫子克謙成立現年五十四

周氏儒童袁志本妻年二十四夫故遺孤三歲撫養成立苦節已三十九年

吳氏儒童熊世胄妻年二十八夫故撫孤成蛟娶媳李氏年二十六蛟亦故遺子一飛矢志苦守孝孀姑延師課子學憲給兩世節孝額吳年六十一卒李年七

十一卒子一飛監生孫七長兆南廪生潤南繼嚳庠
生周翰從九周鼎監生
秦氏劉夢周妻于歸二載夫故遺孤一撫之課讀現年
七十歲
阮氏李亨清妻年二十五夫故撫孤有成巡撫胡給匾
旌之壽九十四終
節王氏胡日瑚妻守志事已入前志道光六年報明學
憲賜節孝可風匾當時名士多作傳揚徽年九十終
嗣子迊仁庠生孫元愷府首入學　續補

樊氏胡本仁妻年二十四夫故撫姪克濬爲嗣守節三
十餘卒
江氏胡宏富妻年二十七夫故無姪曰有爲嗣現年八
十四其孫女二女同治三年五月初十逃難至謙益
樓前賊至投水死節烈雙全
胡氏鍾查相妻年二十八夫故誓守志撫姪端元爲嗣
現年八十
王氏王應恒妻年二十八而寡撫孤四皆成人業耕讀
現七十族憐其苦公贈貞風可久額

張氏張端緒妻年二十五夫故撫嗣子明成立苦節五
十餘年
張氏年二十四適甯逾年夫故苦志守節現年五十六
劉氏黃文炳妻年二十八夫故撫嗣成立苦節三十六
年
吳氏王銳妻年十九夫故撫孤士杰年二十一病故
妻馬氏偕姑苦守撫遺子二長大志次志廣皆成立
吳年九十餘終馬年六十餘卒大志兄弟又早歿大
志妻王氏志廣妻鍾氏亦繼祖姑及姑守義終身王現

年七十五鍾現年六十二三世守貞洵可嘉尚
帥氏汪正發妻年二十六夫故家貧有以改適探者氏
叱之嘔血數碗後不敢言撫孤成立現年六十一
孟氏帥秉艮妻年二十夫故苦守撫孤現年六十八
王氏帥秉朝妻年二十五夫故矢志靡他撫嗣天柱諸
孫林立現年六十九
劉氏鍾純毅妻年二十二夫故撫嗣愼端入大學卒年
六十八
袁氏鍾愼逵妻年二十四夫故撫嗣宗爾入成均卒年

五十五
張氏監生鍾宗鄹妻年二十八夫故撫嗣延秀入太學
卒年六十
李氏生員周邦欽繼室其姊先適周無嗣勸妹偕歸欽
年二十七欽故遺孤子之孝盡心教誨卒年七十一
之孝庠生
戴氏鍾直文妻年二十六夫故撫嗣端祿現年五十七
吳氏郭興理妻年二十三夫歿苦節撫孤年八十餘學
憲錫祗節懷清額

吳氏郭道生妻年二十二夫故苦節撫孤現年六十四
張氏監生鄢太原母夫早歿清操自勵事翁姑撫孤子
現年六十一
袁氏儒童周金鰲妻年二十四夫故事翁姑以孝聞撫
嗣子景運現年八十三
彭氏秦德蛟妻道光六年夫故守節至咸豐六年卒年
五十九
馬氏儒童陳啟悉妻夫早卒矢志養衰翁姑詩書訓子
現年八十三

秦氏監生陳啟聰妻青年夫故苦志守制經營家計教
子詩書現年五十八
王氏儒童石常圻妻年十七歸石未一載夫故立姪承
宗爲嗣一心持齋口不言是非足不出門戶苦節五
十餘載道光二十二年請旌建坊峙大龍店
劉氏盧光被妻年二十八夫故苦節撫孤現年八十四
問氏徐國隆妻年二十八夫故撫孤成立苦節八十四
年終
胡氏儒生蕭志謙妻年二十七夫故奉老姑撫幼子孝

慈兼盡現年六十二
熊氏周定元妻年二十一夫故無子家寒苦守三十餘
年
張氏監生鍾清澍妻年二十六夫故撫子彥碩入成均
現年七十八
張氏鍾履厚妻年二十八夫故撫子霖入成均現年七
十三
楊氏儒童鍾湞楨妻年二十五夫故家貧親老仰事俯
育一身兼之現年六十二

江氏儒童鍾清蹉妻年二十五而寡家貧苦守撫孤成立現年六十二

郭氏鍾直道妻年二十二夫故藜藿不充撫孤苦守現年五十二

胡氏儒童鍾正垿妻年二十五而寡撫夫弟子端崇爲嗣卒年五十八

鍾氏張浩妻年二十五夫故撫孤良材成立年七十五卒

蕭氏鍾清懇妻年二十五夫故撫子步月步逵入太學

卒年六十餘

姜氏吳士勝妻年二十二而寡孝晉姑撫嗣子矢志守節已三十四年

劉氏監生謝映春妻通經籍素稱閨秀年二十七夫故無子痛不欲生翁姑止之曰爾死我二人何依氏泣承命奉甘旨勤家務撫嗣介眉教養如已出篝燈課讀極嚴苦守五十餘年至八十二歲歿學師昌以貞淑芳型額贈之子介眉太學生

方氏陳正渙妻貞靜寡言翁姑年近八旬盡孝養年三十八夫故遺一女撫夫兄正漣次子兆槐爲嗣[illegible]成立入泮目擊孫德閑德方德薰入成均新典拔貢守節四十九年壽七十七終

黎氏張錫文妻于歸後事舅姑相夫子和妯娌皆守禮節年二十七夫故撫遺孤勤紡績苦節三十七年

張氏石得鍈妻年二十九夫故勵志守貞撫三子成人玉麒軍功玉麟玉鳳職員現年八十餘

程氏黃友文妻年二十三夫故無嗣矢志守節事姑孝姑歿喪葬盡禮現年七十

江氏程立魁妻年二十二夫故無嗣茹苦守制現六十二歲

葉氏歐陽炳燮妻年二十九夫逝守志四十餘年

鄧氏歐陽炳發妻年二十六夫故偕其夫在外娶副室胡氏撫胡生子共守志胡與孤子又續逝氏獨立苦守以壽終

余氏劉志一妻佃種爲業生二子年二十六夫故族議嫁之婦覺携二子夜奔六十里叩田王門乞救王訝其來速且阻大河氏云我疾趨但有白路不見有河

視其衣履無濕迹想眞節婦有神[illegible][illegible]相之也卒年
七十餘
黃氏劉士樞妻年二十適劉合卺二日夫故氏矢志舅
姑前願以媳代子職立嗣承祧撫育成立苦節自守
終身如一日卒年五十五已蒙　旌表建坊入祠
吳氏儒童鄭興良妻年二十九夫歿孝事公姑撫孤成
立卒年五十六苦節二十七年
鄒氏庠生劉光亭妻于歸五載夫故無子立太學生春
亭子中孚爲嗣延師就傅慈嚴課至入泮後氏命

隨彭信甫農部團練剿賊事平上司以訓導保用旋
奉委辦釐務氏以勿苛商民勿怠公事爲囑中孚現
題補休甯縣任仕進有聲皆母教也苦節四十餘年
現年六十九　誥封宜人
方氏劉自鎰繼室性貞靜年二十歸劉時元配遺一子
甫數月氏愛如已出逾年氏亦生子越六載夫故夫
弟隨故弟婦陳矢不他適氏請於姑以已子嗣夫弟
自撫元配遺子勵冰操嚴教訓已蒙旌表現年七十
二

陳氏劉自禮妻夙嫺姆教年二十四夫故氏哀毁欲自
盡家人勸慰乃與長姒方氏柏舟共矢立方氏子爲
嗣卒年六十九族里公請　旌表
閔氏汪洪海妻年二十七夫故子元寶僅七齡拼擋家
務課子維嚴卒年七十餘
程氏汪光映妻年二十一夫故事翁姑以孝聞撫孤子
慈嚴並用現年七十餘
林氏監生熊天棟妻年二十六夫故矢冰守現年七十
七前學政給有茹蘗完貞額

雷氏庠生徐上國妻年二十歸徐孝事舅姑勤勗夫讀
越六載夫故遺孤子維煜僅四齡撫養成立身服不
衣華足不踰閫好施濟被德者咸頌仁慈守節五十
餘年卒學使王旌以節孝可風額
吳氏陳之鳳妻于歸半載夫故矢志孀守撫夫弟子女
各一現年七十六
蔡氏陳延才妻于歸甫六日夫染疾氏奉湯藥無懈越
五年夫故苦節撫二孤年八十八卒
余氏熊化鵬妻年二十四守節七十歲終王氏熊啟鵬

妻年二十三守節七十二歲終一門雙節
錢氏熊慶域妻二十七歲守節七十三歲終徐氏熊林
域妻二十五歲守節現年六十七二氏同門許憲題
有節孝雙輝額
孔氏庠生徐覲國副室年二十五夫故遺腹生一女矢
志守節事哀姑常得歡心敬適婦以禮撫嗣子錦軸
愛適已出卒年七十六
吳氏陳勝宏妻年二十夫歿無子家貧撫一女勤紡績
守節現年六十二

鄧氏陳如清妻年二十二夫故苦節撫孤孤中殂氏矢
志靡他現年六十
徐氏熊光采妻年二十三夫故撫孤成立矢志苦守現
年八十
劉氏周玉輝妻年二十四而寡矢志不二依母家紡績
爲生撫一女及笄適王尙訓甫三年訓亦亡遺孤迴
歲因迎氏就養母女煢煢相依爲命氏現年五十二
病癱瘓起居飲食皆女扶掖女恐氏故絕周禋祀請
周族長擇立承墕爲嗣

李氏詹朝富妻性淑愼有賢能年二十八夫故撫孤成
立延師課讀教孫義方村有貧者猶喜賙濟子聞登
孫瑞昌貢生氏卒年七十餘
胡氏詹人德妻年二十九夫殉難矢志守節孝姑嫜和
娣姒善操家務現年五十餘
吳氏詹人芳妻年二十夫故孝事孀姑和睦妯娌撫夫
兄子爲嗣苦節至今三十餘年
王氏農民鄧九元妻年二十九而寡貧極念夫宗六世
僅延一線矢志撫孤守節四十餘年子長勤苦奉親

母喪畢未幾亦殞族爲立嗣宏續繼祀以成氏志
王氏武習柳妻年二十四夫故矢志孀守撫胞姪光台
爲嗣卒年六十五
袁氏王華和妻年二十七夫歿矢志撫孤成立年八十
卒子金萬孫廷瑞監生
王氏吳勳妻年二十八夫故矢志守節撫子楚熊入成
均現年六十一
戴氏儒童馬清臣妻生子女各一年二十二夫病醫藥
罔效氏焚香默禱刲股以進卒不起矢志撫孤年八

十二終子瑚貢成均
王氏吳德金妻年十九夫故遺腹生女矢志孀守撫夫兄子紹楨爲嗣楨旋亡煢煢孑處五十餘年學憲馬彙奏待　旌卒年七十五
陳氏王天程妻年二十夫故遺腹生女矢志靡他現年六十一
余氏吳希賢妻年二十一夫故矢志撫孤同治丁卯年孤被擄未知所終氏現年六十一
徐氏吳德舉妻年二十一夫故守節撫胞姪紹寅爲嗣

現年五十五
周氏程天叙妻年二十九夫故無子撫姪孫爲嗣家貧苦節三十二年卒胡中丞賜有冰雪盟心額
戴氏何文翰妻年二十夫故矢志守節立姪爲嗣現年八十
何氏儒童韓嗣亨妻年二十夫歿守節撫孤現年五十
何氏儒童黃坤妻年二十夫逝守節撫子成立現年七十餘
耿氏喻通元妻年二十五夫故苦節六十年終

劉氏熊建忠妻年二十歸熊三載夫故撫孤成立守節四十餘年卒
彭氏喻金鑑妻年二十五夫故紡績苦守現年五十二
江氏監生閔紹文妻年二十九夫歿悲慟欲死諸姒勸死節易撫孤難始含哀順變屏釵鐶親莞鑰延師訓子姓慈祥鄉黨貧乏多所周濟卒年六十四
孟氏熊汝椿妻年二十夫卒矢孀守事翁姑以孝聞撫孤成立現年六十前學憲俞給有清節芳型額
耿氏監生孟遵謙妻年二十一夫故矢志撫孤守節三

十餘年
李氏夏文志妻年二十一夫故撫子守節卒年七十二
宋氏夏德春妻年二十夫故苦志守節至今五十歲
阮氏李大玉妻年二十三夫故守節至今五十一歲
王氏李大彬妻年二十一夫故苦守節現年五十
熊氏夏國義妻年二十二夫故舅姑亦相繼歿家貧歸依父母撫子女成立矢志守節現年五十
何氏劉才雄妻年二十六夫卒守志孝事孀姑撫孤成立承祧三房現年六十

徐氏姜必正妻年二十四夫故家貧矢守紡績以終姪
養撫嗣可立苦節四十餘年卒
江氏鍾錫極妻年二十七守制撫孤子三長大德早逝
次大芳季鑑深俱邑庠氏年八十餘卒大德妻江氏
年二十六繼姑苦節撫子棫與樞皆入泮氏年六十
餘卒大芳之長男純植早逝妻張氏年二十一苦守
撫夫弟長子𤀹為嗣早卒又撫嗣孫清澍入太學三
世守貞前學政賜以世節揚輝額蒙胡中丞題奏請
旌

劉氏李朝宗妻年二十四夫故苦節撫孤年七十一卒
耿氏秦必發妻年二十一夫故遺一子家貧矢志撫孤
現年六十七胡中丞給有松心柏操額
王氏薛斯育妻年廿三夫故孝翁姑十餘載罔間歿後
殯葬盡禮卒年六十四
尹氏李鴻春妻年二十四夫故撫姪為嗣教養成立嘗
售產修宗祠守節三十八年胡中丞旌有松柏節操
額子澤元太學生
尹氏徐鳳昭之子媳年廿一夫故守節四十一年

張氏來光煥妻年廿二夫故守節年六十餘卒前學憲
給節孝可風額
劉氏來必蓁妻年廿五夫故苦節卒年六十五
葉氏藍永祿妻年廿七夫故矢志守節現年七十四
劉氏詹文元妻年廿三夫故撫幼孤二現年五十三
秦氏監生帥延齡妻年廿四夫故痛不欲生數日方甦
矢志撫嗣子南廷入成均現年八十
周氏貢生涂觀成妻年廿九夫逝勵志撫孤與孀娌宋
氏同矢冰操懿淑堅貞人皆欽服年五十餘卒子錦

心貢生
薛氏儒童戴文管妻年廿四夫故矢志撫孤成立現年
五十二
徐氏儒童趙載昂妻年廿二夫卒氏遵一子兩祧例立
孀嫂閔氏子錫義為嗣今列成均前學使給節孝可
風額苦節四十二年
孟氏儒童趙載欽妻年廿八夫卒撫孤錫瑞錫瓏錫珂
備歷艱辛延師課讀長子瑞入成均孫曾五十餘口
苦節四十六年

金氏程登庸妻年廿二夫故撫嗣守節年七十卞一子鵬翮監生
閔氏儒童李士廉妻年十八于歸月餘夫逝翁姑見其青年擬令大歸氏椎心泣血誓死靡他翁姑憐之爲立長房次子貢生耀春爲嗣學憲賜有砥節懷清額現年七十六
何氏李綸妻年廿二夫故貧苦守節卒年七十五
楊氏李榮妻年廿四夫故孝姑撫子卒年七十八
雷氏李輝楚妻年廿三夫故矢守節卒年七十六

況氏李士穀妻年廿六歲夫故矢志撫孤卒年七十六
盧氏李士德妻年廿五夫故誓守志卒年六十八
劉氏李全祢妻年十九夫逝守節撫孤卒年七十五
胡氏李全蕚妻年廿六夫故勤苦矢志現年六十七
祝氏錢溢妻年十九夫故矢志孀守立姪爲嗣旋歿現年六十五
盧氏錢作芝妻年廿五夫故僅遺一女矢志氷霜現年五十四
李氏黄純元妻年廿五夫逝撫子樹松樹柏成立家貧無怨現年五十二
李氏黄錫珪妻年廿餘夫歿無子家貧守節孝事繼姑仝族爲立四房錫典子爲嗣卒年八十二
李氏黄時仁妻廿四歲夫故立夫弟德音子來春承祧現年六十一
李氏黄時行妻年廿五夫歿撫子女各一事翁姑孝現年五十四
張氏黄維周妻年廿四夫故遺孤乾麟孝翁姑勤針黹撫子成立現年六十餘

李氏黄裔坤妻年廿五夫歿撫遺孤勤紡績延師課子現年七十四
涂氏黄宗漢妻年廿七夫卒立姪爲嗣教養成立現年七十三
葛氏何美蓉妻年廿四夫故家貧守節現年七十五
周氏何耀先妻年廿二夫故遺一女家貧矢志孝事九旬衰姑立堂弟三子爲嗣現年六十二
錢氏何文周妻年廿六夫故撫子女各一矢志守節卒年七十餘

甘氏徐永昭妻年廿二夫故矢志孀守撫子玉台成人旋殁復撫孤孫現年六十二

何氏黃殿試妻年廿二夫殁矢志守節撫孤成立現年九十六

張氏盧守眞妻年廿二夫故撫遺腹子成人卒年六十四

曾氏盧戒咸妻年廿二夫殁撫孤教育有成卒年八十

黃氏盧方虞妻年廿四歲夫殁守制撫二孤成立現年五十五

黃氏盧克明妻年廿六夫故矢志撫三子皆成立卒年六十三

陳氏盧巨臣妻年二十夫故守制撫前子如巳出現年五十三

何氏黃來珩妻年廿七夫故誓守孝事翁姑立夫兄次子爲嗣卒年七十

徐氏閔中行妻年二十夫故矢志守節現年六十五

李氏盧方猷妻年二十夫殁遺腹生一子撫育成立現年七十五

董氏黃元吉妻于歸一載夫殁勤苦守志壽九十餘終

學憲旌有節孝彌堅額

伍氏何美姿妻年廿二夫殁撫一遺腹子成立事翁姑以孝稱卒年八十餘

聶氏儒童錢青選妻年廿五夫殁事翁姑撫孤子勤苦守志現年六十二

陳氏黃文燿妻廿八歲夫故撫弱子現年六十二

李氏黃元太妻年廿四而寡矢志苦守現年五十六

袁氏方緒禮妻年廿三夫殁撫孤成立卒年七十八曾孫合泰入成均

劉氏熊可棟妻年廿夫逝遺孤子明高甫四月矢志苦守前憲贈有節壽蘭馨額卒年八十四

黃氏熊澤妻十九歲適熊數年夫故無子弟駒之妻黃氏二十歲于歸逾年駒亦故遺一子接續兩宗二黃氏冰操同矢現年俱六十餘

祝氏熊駱妻廿一歲于歸數載夫逝矢志自守撫二子成立現六十二

劉氏儒童詹文元妻年廿二夫故守節三十餘載事翁姑孝撫二孤成立不幸長子以材遇賊殉難氏與媳

吳氏同矢苦節現年五十三

周氏熊紹泮妻年廿六夫故遺子燦繹甫四齡矢志撫孤延師課讀事孀姑尤孝姑歿後燦列膠庠數年亦故氏仝孀媳孤孫零丁苦守卒年六十三內翰劉㷂爲請旌建坊

徐氏李正榮妻年廿五夫故守節現年五十六

劉氏附貢張光甲妻年廿三夫故立姪庭植爲嗣教養成立入成均年八十四終孫曾林立人謂節孝之報

華氏張鳴驟妻年廿九夫故遺一子氏上事翁姑下撫孤子孝慈兼盡壽八十五終于布化庠生孫宏光太學生

吳氏陳厓傳妻年二十夫故苦節十年卒遺囑夫弟生員鶴鳴以其長子師爲嗣師亦入泮

張氏詹志朝妻年廿九夫故守節撫遺孤文豐成立艱苦備嘗現年九十

吳氏詹文進妻年廿四夫故守節撫侄爲嗣現年五十四

邱氏彭常智妻年廿八夫故撫孤焜燿入泮守節三十餘年

吳氏儒童姚珠妻年廿四夫故苦節事翁姑撫孤子現年六十四

郭氏儒士謝宗能妻年廿九夫故守節撫孤成立卒年七十五

黃氏文童熊履中妻年廿三夫故志行清潔守節五十三歲卒

伍氏童生熊勝海妻年廿二夫故矢冰操孝翁姑訓嗣子成人八十三歲卒

李氏儒童周光典妻年廿四夫故遺腹生一子矢志撫孤孝高堂和妯娌前學使贈有節孝可風額現年六十六子元位監生

李氏儒士盧錫圭妻夫早逝矢志撫孤成立苦節終身

黃氏盧汝翼妻年廿四夫歿撫姪爲嗣苦節五十餘年

李氏生員盧來詔妻詔歿氏青年守制撫遺腹子學泮成立苦節二十三年卒

汪氏盧學湘妻年廿九夫故氏上奉姑下撫子苦節三十二年

方氏監生盧學泗妻年廿八夫逝撫孤養翁守節終身

李氏張柏森妻適張四年而寡撫夫弟之子爲嗣苦節三十餘年

曾氏劉宏禮妻年廿四夫故遺孤子芳僅三齡家貧歲歉自食菜蔬惜米以奉舅姑卒年八十今孫輩人丁踰百列膠庠業儒術皆氏貽謀所裕也

劉氏儒童石兆麟妻年十八適石甫三月餘夫故矢志自守事孀姑孝養無蓋現年五十餘

阮氏詹啟章妻年廿七夫故守節撫孤現年五十六

林氏熊廷棟妻年廿四夫故撫夫兄子爲嗣現年七十七

王氏熊光成妻年廿四夫故矢守節孝事姑撫子嚴訓以義方現年五十七

祁氏姚宗雅妻夫早故撫五齡子苦志卒年六十五

黃氏張明志之毋少寡訓子成立年七十九卒

黃氏儒童陶華蕊之毋年廿六夫故奉姑孝訓子慈現年五十八

張余氏年廿二夫卒撫姪朝陽爲嗣現年六十三

徐氏儒童陶北堂之毋年廿三守制現年五十五

涂萬氏

涂周氏

徐柏氏

萬氏吳國楨妻年廿六夫故矢孀守撫侄爲嗣現年五十二

曾氏劉明謙妻年十九夫故翁姑年老勤奉養撫嗣子家務成人娶媳吳氏子媳亦俱故復撫遺孫成立氏年六十餘卒

劉氏儒童尹玉振妻二十歲適尹四載夫故氏事哀姑色養倍至撫子光策元寀俱列成均前學使賜節壽

延禧額例准建坊苦節五十二年卒

羅氏閔懷鳳妻年廿二夫故撫夫弟長子爲嗣奉養翁姑訓子讀書苦節四十七年卒

董氏劉大謨妻年廿五夫故節勵冰操視親膳如子課讀如嚴父現年六十四

徐氏汪煥玉妻節孝盧孺人女年廿一生一女夫沒氏泣曰舅姑見背夫又繼卒何以生爲飲泣不食數日毋聞往解之氏乃繼姑志撫嬰孩躬勤紡績足不出戶者三十年庚申歲儒學咨部賜清節可風額

袁氏傅久天妻年廿四夫故撫孤成立孝事翁姑守節
已三十餘年
謝氏江士聲妻年廿五夫故苦節自守已踰三十年
石氏江士愷妻年廿八夫故矢志守節已三十餘年
王氏方以順妻年廿九而寡撫孤二長厚福早逝媳熊
氏亦繼姑守制次厚澤列成均現年七十
張氏方以信妻年廿餘夫故矢志守節迄今數十年
梁氏儒童鄒洪璋妻年廿四夫故苦節四十八年
汪氏童生鄒本瑩妻年廿五夫故苦節四十五年

高氏鄒貞元妻年廿三夫故苦節三十二年
周氏張天太妻年廿六夫故苦節三十五年
梁氏鄒本寬妻年廿一夫故孝事姑苦節三十年
鄒氏童生周家梓妻年廿四夫故守節五十四年崇旌
建坊給予匾額
高氏儒士梅德春妻年廿二夫故孝翁姑養孤女矢志
苦守撫嗣成立現年五十四
吳氏儒童胡順天妻年廿四夫故守制八十三歲卒
張氏儒童劉大鯉妻年二十夫故撫遺孤事舅姑卒年

七十五孫占鰲庠生
羅氏劉大鶴妻年廿六夫故携孤由川省回籍苦守至
七十七歲卒
陳氏余達妻年廿四守志撫子至七十一歲卒
楊氏監生陳宗傳母青年守志教子有成卒年八十二
熊氏劉自興妻年廿七夫故苦節自守卒年六十八旌
入贈以性禀坤貞額
甘氏袁正勳妻年廿三夫故撫姪爲嗣現年六十五
成氏夏振國妻年廿二夫故苦節撫孤二殁年九十一

阮氏夏德貴妻年廿三夫卒守節撫孤一殁年八十
劉氏夏德彩妻年廿八夫故守節撫女一殁年七十四
吳氏夏定相妻年廿八夫故守節撫孤一殁年七十八
阮氏夏定忠妻年廿五夫故守節撫孤一殁年七十八
阮氏夏定槩妻年廿五夫故守節撫孤二現年五十七
彭氏夏定楫妻年廿四夫故守節撫孤一現年五十六
胡氏夏國謨妻年廿五夫故守節撫女一現年五十七
蕭氏夏定坤妻年廿五夫故守節撫孤一現年五十七
周氏監生夏澤霖妻年廿六夫故苦節撫孤一成立現

年五十八
阮氏夏之杞妻年十八夫卒苦守撫孤成立歿年八十
學使給有斗輝松節額
戴氏監生吳文源妻年廿八夫故守節撫二子成立現
年六十六
馬氏夏天高妻廿二歲夫故撫立嗣子現年六十八
薛氏儒士楊業曜妻曜疾篤謂氏曰余子幼穉家政聽
余兄治理汝善養毋以終余責及卒氏年廿餘欲身
殉姑勉之曰汝忘夫言置吾何地且汝死何裨汝夫

耶氏泣奉命治家教子悉聽夫兄業暄朝夕惟孀姑
是依曲盡孝道三十年如一日守節終身
楊氏徐騰耀妻年廿四夫故家貧苦節事翁姑撫遺子饔
飧不繼毋家時賙之年八十卒氏妹楊四姑適徐國
建年廿九而寡常相泣曰我兩人生同胞嫁同姓同
寡同撫一孤何薄命相同耶四姑先氏卒年五十餘
今則孫曾繁衍矣
孟氏楊志廣妻年廿八夫故事翁姑以孝撫幼子成立
現年五十四

袁氏儒士劉大鳳妻年廿六夫歿撫孤勵節年八十卒
吳氏儒童劉大珩妻年廿四夫故苦節撫孤目擊孫曾
林立年七十五卒
陳氏劉行明妻年廿五夫故遺孤三齡苦節教子成立
現年六十三
耿氏劉富明妻年廿八夫故撫嗣苦節現年六十二
周氏石得義妻年廿四夫故撫孤二炳仁炳明成立現
年六十五
徐氏王文煥妻年廿九夫故撫三子成立苦節四十餘

年長子憲文職員季憲章監生孫映槐國楨俱監生
李氏謝載輔妻年廿八夫故撫子三皆成立家貧居大
路側好施茶濟人現年五十八
陳氏趙錦綉妻年廿四夫故家貧苦節四十餘年
秦氏趙永太妻年廿九夫卒家貧撫孤錫義成立苦節
四十餘年
程氏倪元盛妻年廿二夫亡子幼苦節撫孤現年六十
楊氏儒童蔡承銓妻年廿二夫故奉姑盡孝撫孤成立
現年七十

趙氏儒童張地蓬妻年十九適張僅百日夫病劇氏誓
身殉夫曰老毋在汝死誰養况汝有孕如延一綫余
不朽矣夫卒遺腹生一子人美教養成立現年六十二
鄢氏儒童盧之深妻年廿一夫故撫孤成立守節五十四年
黃氏陳俟綉妻年廿三夫故撫孤成人年七十餘卒
胡氏儒童袁朝陽妻年廿九夫故事姑孝撫嗣成立親
見數孫卒年七十八
吳氏李承華毋幼事姑孝年廿九夫卒矢志苦節撫孤
成立現年七十八

盧氏儒生徐瑜山妻青年夫故遺女二撫嗣承祧勵節
五十餘年學憲給貞順流芳額
方氏儒童戴洪恩妻年廿二夫故奉翁姑孝撫孤成立
現年五十四
陳氏鄒殿騰妻年廿餘夫故孝翁姑撫二子慈嚴交濟
冰節四十六年長子學魯長孫盛鑑俱監生
陳氏儒童尹玉質妻年廿九夫故撫孤成立邑侯詳准
建坊賜松竹長春額現年八十三子元勳監生孫允
諧貢生曾孫瑞芝太學生

張氏秦德純妻年二十歸秦甫八月夫故撫夫兄庠生
德掄之子承祧孝養翁姑訓嗣成立苦節四十餘年
卒胡中丞給節孝可風額
耿氏儒童秦德霖妻年十九歸秦甫八月夫逝生遺腹
子一善事舅姑撫子厚曉成人受室數年子亦逝遺
孫瘖啞姑媳孀居撫兹一綫氏年五十二卒江承姑
志苦守上司以一門雙節旌之
熊氏秦德豐妻年廿五夫故撫孤厚質甫五歲成立矢
志守節現年七十餘咸豐十年蒙旌

吳氏秦厚熈妻年廿二夫故遺一子必增上奉親孝下
撫孤慈子列成均守制數十載咸豐十年旌
彭氏監生秦厚慶妻年二十于歸夫病奉湯藥三載有
餘夫故遺孤華翰三歲教養成名上司給以巾幗楷
模額守節終身
耿氏庠生秦光翥妻年廿九夫故撫子苦節三十餘年
江氏儒童秦厚烺妻年二十適秦夫病奉湯藥二載不
倦夫故三月遺腹生子奉翁姑課孤子孝慈兼盡苦
節終身蒙旌賜額

王氏秦厚重妻年廿五夫故撫諸孤成立苦節終身
胡氏秦必安妻隨夫外貿河南年廿餘夫歿人欲奪其志氏潛抱孤子覓食歸家貧甚紡績營生俾子成立苦節終身
吳氏秦必華妻年廿餘夫歿上奉翁姑下撫幼子名列成均苦節終身
胡氏秦昌嗣妻年二十夫故無子承祧無人託戚勸翁納妾生子氏同姑撫幼叔名列成均苦節蒙旌
郭氏王國輔妻年二十于歸閱七月夫故遺腹生女弗

育翁存姑歿氏託諸毋勸翁再娶生子國崇苦節六十年卒
張氏舉人王映台繼配年廿八夫故撫前嗣如已出教子國瑜國珣皆入泮苦節五十四年卒
秦氏王行恕妻年廿二夫故撫一子成立授室子又故復撫諸孫成立現年八十四親見孫曾蕃衍
汪氏王慎宗妻年二十夫故撫嗣承祧家貧翁姑年老奉養盡道苦節五十五年
秦氏陳秀彬妻年廿六而寡撫子成立勵節終身

秦氏江昌和妻年廿九夫歿撫養遺孤苦節三十餘年
吳氏胡道潤妻年廿一夫故撫姪爲嗣現年五十一
王氏吳紹春妻年廿一夫故立姪爲嗣現年五十四
秦氏吳懷周妻年廿三夫故立姪爲嗣現年七十六
王氏吳德秀妻年廿四夫故立姪爲嗣現年六十六
袁氏王昇吉妻年廿九夫故撫一孤復故現年八十八
江氏吳德潤妻年十九夫故撫孤成立現年五十
羅氏吳世亮妻年十八夫故立姪爲嗣現年四十九
尹氏孟峯立妻年廿五夫故遺二女守節現年六十

張氏孟光祿妻年廿七夫故家貧撫二子現年六十一
袁氏孟嵛立妻年廿六夫故矢志苦守現年五十三
李氏孟立成妻年廿六夫故志矢冰霜越十年卒
余氏孟大模妻年廿五夫卒苦節訓二子現年七十
汪氏孟謙珮妻夫病篤刲股和藥以進卒不起年廿九而寡撫遺孤一苦守現年七十三
張氏孟奎榮妻性貞靜事姑以孝相夫以禮青年夫卒撫四子教訓有方守節終身
薛氏羅家賓妻年廿二夫卒家貧撫子成立苦節終身

曹氏劉東明妻年廿八夫歿奉養翁姑節苦終身
耿氏孟道中妻年廿七夫故奉翁姑撫遺子苦節終身
詹氏王道成妻年廿四夫故守節撫子現年五十二
王氏耿普全妻年廿五夫故撫遺孤守節現年六十六
余氏張時勉妻年廿三夫故撫孤事親現年五十四
黃氏蕭啟賢妻年廿三夫歿撫姪爲嗣現年五十六
李氏儒士王國楨妻年廿八夫故孝事翁姑教養兩孤
守節至九十二歲卒學憲賜有慈竹垂稖額子二長
念祖國學次世猷孫福山監生騰甲庠生曾孫紹先

附貢紹淙紹溁紹煥洪楷洪濤蓉蘭俱監生
宋氏儒士王道冲妻年廿五夫故奉親孝撫孤慈勵志
霜守年五十九卒子紹先附貢生
徐氏汪宗沅妻年十九夫故苦節三十一年
徐氏石有德妻年廿四夫故守節四十三年
吳氏鄒煥文妻年二十夫故苦節三十二年
秦氏吳伯朋妻年廿九夫故矢志撫嗣現年七十三
余氏張天啟妻年廿四夫故守志撫嗣卒年六十三
萬氏張大德妻年廿三夫故守節至六十五歲卒

顏氏阮輝燦妻年廿一歲夫故守節現年五十一
張氏吳永彥妻年廿二歲夫故守節現年七十
韓氏張文傑妻年廿八夫故守節現年五十六
秦氏王華楠妻年廿八夫歿遺子女三姑年老紡績以
供甘旨守節五十年
汪氏儒童王鳳昇妻年廿七夫故遺孤俟國六齡教養
成立卒年七十六
張氏王俟樂妻歸樂甫八月夫逝欲自盡家人防之乃
止撫姪爲嗣矢節六十三年

王氏王俟成妻適成五載夫故撫遺孤苦節四十二年
王氏監生王昌運妻年廿餘夫故誓以身殉不食累日
翁戒之曰汝不欲生孤何恃爾夫目益不瞑矣始止
奉翁彌謹延師訓子現年五十餘
王氏程炳格妻適程五載夫故撫姪爲嗣現年八十五
康氏生員王華羅妻夫病刲股和藥以進卒不愈夫故
青年霜守至老與夫堂兄生員華楙妻韓氏華明妻
程氏並以節稱
王氏江汝珍妻年廿二夫故守節現年五十二

李氏監生秦厚祿妻年廿九夫故撫姪大元爲嗣教養
成人青年入泮亦又故媳周氏年廿六與姑同守節
李現年七十二周現五十餘歲
佘氏吳勳榮繼室十九歲夫故立子名元承祧苦節自
守現七十歲
徐氏林繼志繼室年廿九夫故苦節現年八十三
王氏徐萬順妻年廿八夫故苦節現年七十三
王氏祁季蘭妻年十九夫故苦節五十餘年卒
秦氏儒童董其文妻年廿八夫故孝翁姑養孤子苦節

終身
夏氏雷士濟妻年廿二夫故守節已三十餘年
譚氏耿普俊妻年廿九夫故立姪成珍爲嗣同治二年
上司旌以巾幗完人額現年七十四
張氏儒童盧上載妻年廿二夫故撫孤苦節五十餘年
陶氏儒童熊輔殷妻年廿二夫故守節踰四十年
彭氏熊傑妻年二十夫故矢志苦節六十餘年
王氏監生張聯奎妻年二十夫故守節撫孤成人現年
五十三

張氏文童李和妻年十八于歸甫八月夫故苦守冰節
孝事翁姑現年六十二
周氏吳汝太妻年廿八夫故守制撫嗣現六十三歲
鄭氏趙載玉妻年廿九夫逝撫兩孤成立嘉慶七年歲
飢氏命二子設廠施粥存活者多邑令孫贈以體親
卹鄰額今尙存守節四十年卒
李氏儒童趙連城妻年廿四夫故遺孤二撫養成立苦
節四十三年
陳氏生員梅占魁妻年廿餘夫故守節至七十二歲卒

李氏儒童梅春馥妻年廿餘夫故守節至六十八歲卒
李氏儒童馬維選妻于歸一載夫故守節現年五十二
黃氏監生李家時妻于歸五載夫故守制現年五十七
雷氏李光朝妻于歸四載夫故守制現年八十六
楊氏李存義妻于歸二載夫故守節現年六十九
李氏劉之鑾妻年廿四夫故遺孤一撫養成立娶媳汪
氏生三子而寡未幾汪亦繼亡家甚貧復撫孫成人
現九十歲
秦氏李宗堯妻年廿四夫故撫孤承國成立現年八十二

劉氏李鳳曉妻年廿二夫故姑雙目瞽氏侍養悉得其
歡現年五十三
劉氏李元禮妻年廿六夫故撫二子成立卒年六十四
李氏劉國台妻年廿四夫故立嗣子承祧現年五十六
夏氏胡萬泰妻年廿二夫故一子甫三歲貧甚有勸嫁
者氏誓死守壽八十二終
黄氏熊賜華妻年廿八夫故遺孤三教養成立卒年七
十三胡宮保給巾幗全人額長子宗渭次宗岳俱列
成均三宗藩武庠

夏氏熊必銘妻年廿六夫故撫孤守節卒年五十八子
士毅因團練給六品頂戴
熊氏夏世奎妻年廿五夫故撫遺腹子及嗣子均成立
卒年七十三
熊氏許醞朗妻年廿五夫故撫腹子成立現年五十六
楊氏王恒太妻年廿八夫故撫子成立守節五十四年
程氏黄敦元妻夫故守節養翁姑撫兩子現年六十二
鄭氏秦昌吉妻年廿一夫故守節年九十四卒
王氏秦昌裕妻年廿一夫殁事翁姑矢節守卒年六十

陳氏張時懋妻年廿餘夫故無嗣夫弟時壽娶方氏六
年故遺孤二苦志同撫守節均五十餘年學使旌以
雙節競爽額
吳氏王邦尭妻于歸三年夫故立姪光藻爲嗣苦節三
十餘年
程氏董爲德妻年廿四夫故守節善事翁姑撫孤成立
課孫讀書卒年七十三
陳氏吳士宜妻年廿六夫遺一女苦節六十餘年
蕭氏王世華妻年十九夫故無嗣夫弟世秀妻畢氏年

廿九夫故遺一子又夫弟世遠妻方氏年廿九夫故
無嗣三氏共撫一孤堅操同矢蕭守節三十一年畢
與方均守節四十三年一門三節人咸稱之
李氏儒童張珠燦妻年廿二夫故撫孤成立孝事翁姑
苦節終身子開緒監生
江氏董基超妻青年夫故守制撫孤苦節終身
喻氏程存純妻年廿二夫故家貧誓守人不能奪其志
現年八十
馬氏何恢詩妻年廿二夫故矢志苦守年六十一卒

李氏聶有逵妻年廿七夫卒家貧遺二子俱幼氏乞食撫養有議再嫁者剪髮誓守泣責之遂止現年七十五
來氏陳先斗妻年廿七夫故撫子女營家計勤苦倍至現年五十七
胡氏陳伯先繼妻年廿三夫卒撫前子如已出動規以正子亦奉若生毋現年五十一
戴氏方和禮妻年廿五夫故矢志守節撫姪定舉爲嗣卒年六十八
陳李氏年廿九夫卒奉衰姑撫子女守節終身

胡氏儒童陳澤謹妻年二十守志勤儉持家非至戚未嘗見其面撫嗣子植玉有成現年五十一
王氏監生陳宏恩妻年廿二夫卒守制撫孤成人現年五十子三植盛監生
劉氏楊崇詢妻年十八而寡守節撫孤事翁姑孝教子有成現年六十歲
劉氏阮徵理妻年廿八夫歿家貧守制孝舅姑撫幼子苦節終身
陳氏阮太文妻于歸一載夫故勵志守節現年五十餘

汪氏熊文新妻于歸二載夫故撫遺孤一守節五十九年卒
劉氏熊文濤妻歸熊三載夫故遺一子守節終身
戴氏詹天錫妻年二十餘夫故零丁孤苦矢志守節勤儉持家現年六十餘立子兆麟貢生
胡氏夏國輝妻性淑慎至孝年二十九夫故善事翁姑撫孤子成立苦節與家五十七年卒學憲王給旌節懷清額子定元庠生孫六長光宸監生登第[illegible]登榜丙榮承謀俱太學生曾孫緒昌邦彥庠生占魁占梅

澤璋俱監生
董氏楊家隆妻青年夫故孝翁姑濟貧苦撫子成人年九十一卒
鄧氏袁志鼎妻年廿四夫逝撫嗣成立同治三年蒙憲詳部　勅賜建坊給以介石同貞額現年七十八目擊孫曾林立
周氏袁惟稷妻年廿二夫故撫孤守節現六十二
彭氏儒童鍾清華妻年二十夫故撫遺腹子直和教養成立卒年八十四

錢氏儒童熊烈益年廿三夫故苦節十六餘年
黄氏余之津妻年廿八夫故撫二子成立守節終身
李氏羅之同妻年廿五夫故撫孤賢勝成立守節四十
餘年卒孫金魁五品藍翎
王氏孟大謨妻年廿餘夫故遺一子家貧苦節上司旌
以松筠柏操額
陳氏王國科妻年廿四夫故撫孤成立守節終身蒙旌
賜額子校書監生
張氏王壽林妻年廿三夫故撫嗣承祧卒年五十二咸

豐十年蒙旌
蔡氏郭本實妻年廿四夫故撫子封晋成立又故復撫
嗣孫承祧苦節五十五年卒
喻氏鄒步昇妻年廿四夫故孝事親慈撫子現年七十七
林氏鄭大德妻年廿三夫故撫孤成立苦節至今六十
五
毛氏黄金選妻年廿一夫故撫孤成立卒年五十一
黄氏高立藻妻年廿三夫故撫嗣成立現年五十一
熊氏宋紹祥妻年廿二夫故撫孤苦節三十八年

唐氏楊光祖妻年二十夫故孝事公姑和睦妯娌立侄
植堂爲嗣入成均卒年五十二
石氏儒童詹人灼妻年廿四夫故撫嗣文元成立卒年
五十二
石氏文童來光科妻年廿二夫故撫嗣成立目擊得孫
現年六十六
石氏艾光福妻年廿餘夫故守節現年七十一
高氏艾自奇妻年廿一夫故守節現年五十一
周氏胡能緒妻年廿四夫故守節卒年八十五

楊氏秦昌耀妻年廿六夫故撫二子成立現年五十四
來氏方永洪妻年廿六夫故撫孤代霖成立卒年六十
八孫五次孫和坦妻崔氏年廿二坦逝遺腹生子亦
殤立姪敬規爲嗣邑侯贈松珠雙立額守節三十二年
方氏來必新妻年廿四夫故撫姪克立爲嗣守節三十
二年
沈氏王勝朝妻年廿六夫故撫孤興元成立現年八十
江氏薛文樫妻青年夫故撫子成立課孫讀書學使王
給玉潔冰清匾卒年八十三

程氏薛宏光妻青年夫故矢志苦節卒年五十一
劉氏儒童余世均妻年廿八夫故守制孝養公姑撫嗣
崇恩成人目擊孫曾林立現年八十
秦氏耿良筠妻青年夫故撫孤顯親事孀姑汪氏盡孝
一門雙節流芳
女史王皎若字淑潔沙河王氏女也幼工吟咏長適黃
邱遺夫家離亂寄居母族著有瓊軒詩集耿恭簡吳
曲羅張石虹爲之序載府志　補遺

新纂烈婦烈女

男子深明大義禦賊身死固足尚已若閨幃婦女有
何識見而每遇賊擄慷慨捐軀以完名節實難能而
可貴者由其稟賦堅貞白玉不染微瑕故克光爭日
月孰謂巾幗中無全人哉特另紀以表之死而有知
亦可慰矣

梅氏胡克寬妻年二十六夫故矢志守節其弟媳夏氏
胡克明妻涂氏胡克廣妻同治三年同逃難王陳家
灣賊至夏携子十伢涂携子名十一女三女盡投水
死一家重義慘不堪言聞者歎之

程氏徐登福妻同治四年捻匪入境偕夫及幼子避亂
夫被擄氏義斥賊夫逃賊追殺之轉擄氏氏罵不屈
賊截其舌死

葉氏江永年妻同治三年避亂汪家河賊逼氏罵賊投
河死

汪氏江永晶妻携子避亂藏汪家河蘆林內賊搜出氏
守義不屈賊刃死

李氏吳崇熖妻同治三年遇賊自縊死

劉氏夏某妻同治六年在詹店遇賊投水死
陳氏汪玉栝胞弟濤妻咸豐四年遇賊殉難御史胡毓
筠彙奏准入節烈祠
武氏涂心恒妻咸豐十一年賊入村氏見勢迫投水死
女年十四亦殉難楊氏涂心潔妻同治三年賊入村
氏自縊死
吳氏梅魁女彭春堤妻年十九于歸四日賊至隨夫往
奎背山避亂被賊衝散偕侄書炎書茂皆赴水死工
人胡長國被擄不屈亦殉之

康氏周世堃妻同治三年賊入境逼之投水死
徐氏雷文貴妻與小姑方氏雷厚同治三年賊猝至合村
逃避氏與小姑遇賊馬賊欲擄去怒罵不屈賊刃之
陳氏向瑞蘭妻同治三年隨家避亂路被賊圍氏恐受
污投水死
方氏程天在媳同治三年賊入境夫先被擄其翁目瞽
氏牽翁及二幼子一女同至光昱山賊逼近氏携子
女同投水死
熊氏張秀春妻同治三年賊驟至逃避不及自縊死

郭氏張秀珠妻同治三年賊逼近投塘死
張氏梁才八妻同治六年遇賊棄其子投塘死
陳氏監生向瑞蘭妻同治三年避亂洪界山被賊擄氏
罵不屈投水死
鍾氏劉正大妻年二十同治三年遇賊擄氏罵不絕赴
水死
陳氏馬福妻福聾家貧父母欲他字氏聞泣絕食有勸
者怒叱之卒歸福事福惟謹終日受飢無怨同治三
年遇賊不屈投河死

董氏尹楠妻咸豐辛酉年賊踞尹家河圍犀斗山避亂
人衆氏見賊猖獗赴水死
江氏楊先勳妻性貞潔孝公姑同治甲子年氏年二十
五七月賊擁至謂夫曰汝速逃無我慮與村媪坐堰
濱賊將近女笑曰我書香家女可苟生乎沉水死
秦氏監生徐緒芬妻同治三年賊逼近被擄罵賊不屈
遂溺死
李氏王輝禁妻同治三年賊擄不屈罵賊投水死
劉氏盧全福妻藏別家避賊賊搜出怒罵不息賊刃之

姑李氏拚救亦遇害

戴氏盧丹山妻年二十逃捻匪難匪近身不受辱投水死

余氏楊先瑨妻同治三年賊至被擄罵不絕口沉水死殮時面如生

高氏甘用椿妻于歸三年遺一女事姑孝偶與人口角聞惡少穢語抑鬱死經邑侯詳請建坊入祠

詹氏監生方重文妻同治三年賊至氏扶姑鄭氏避山中賊搜出脅奪姑衣氏哀求不得庇姑憤罵賊刃死

張氏程玉豐妻年十八同治四年賊擄不屈投水死猶挽姑衣不釋

錢氏張開來妻同治六年賊竄細屋李家近氏身氏罵不絕投塘死

熊氏張秀椿妻甘氏張秀株妻郭氏張秀柏妻同治三年賊突至同避竹林溝賊擄三氏皆罵不屈赴水死

陳氏方永橋妻年十九夫故無子且貧極惟勤紡績以全苦節同治四年被賊擄不屈投水死

劉氏沈陽春妻同治四年寇猝至怒罵不屈死

楊氏職員江永禧妻未嫁時禧有瘵疾公姑信俗說爲禳請婚母家辭焉氏曰生爲江婦死爲江鬼願爲服事適江之夕禧疾重侍湯藥月餘禧沒舅姑爲立嗣女守制每食奉翁姑畢即供禧靈越四旬有九日歸省母以環瑱遺諸姊姒歸楊沐浴更衣投後園池死翁沅有義池記族人懸節烈光昭額於祠

楊氏李心廣妻年三十孀居甲子年髮捻突竄舉村皆避氏伺老姑落後賊至姑逃氏見賊勢兇罵不絕口遂遇害

董氏文童涂國瑀妻年二十八守節子媳某氏課子肇奎庠生同治三年在桃花鎮遇賊姑媳同赴水死

涂氏生員周文楷子媳年十六同治三年在沙坪會小峰山下遇賊自溺死

李氏韓貞壽妻壽故甘心苦節年八十四咸豐四年遇賊害

曾氏劉明謙妻年二十一同治三年捻匪至氏隨舅姑避亂陂邑鷹翅塝賊擄掠氏恐不免投水死

余氏劉保年妻同治三年捻匪至舉家逃至鷹爪山下

賊突衝散氏恐賊汚投水死
董氏汪某妻年十七于歸甫數月聞賊警隨姑避山谷
間賊猝至氏抱姑號哭姑泣罵賊俱投水死
河邊婦不知誰氏年僅二十同治三年賊至婦未逃脱
義不辱投清河潭死尸浮數日面如生後竟無尋之
者又是處南里許俗名土橋坂上溪中亦有婦淹死
數日寇退鄉民撈掩猶有嬰兒在抱二婦真雙烈也
董氏李朝舉妻年二十餘夫故撫子中豪媳金氏夫故
年亦二十餘同治三年遇賊姑媳投水死

熊氏監生陳士湘側室同治三年罵賊不屈死
吳氏監生葉煌源妻同治三年賊竄境氏扶公姑避亂
賊執其公姑欲害之氏哀求不得賊轉擄氏氏不屈
投塘死
胡氏葉開楚妻性堅貞同治三年捻匪至氏携二子逃
至陂邑旋風寺賊執氏將犯之氏罵賊投水死二子
亦隨逝
黄氏熊太一妻年十八同治六年遇賊不屈投塘死
吕氏黄耀棟妻年十九同治三年遇賊不屈投水死

黄氏趙載瑶妻年二十六夫故苦節四十年丙寅年粤
匪燒搶氏村將擄氏氏罵不絶口赴水死
趙氏桂克昌妻年二十五同治三年避亂龍王山被賊
擄逼氏騎氏大罵賊恚之粉碎其尸
傅氏劉克廣母同治三年五月遇賊不屈死
黄氏劉振海妻年二十七夫故撫孤守志同治三年避
亂遇賊投水死
劉氏胡紹英妻年二十逃亂于董店賊至投水死
陳氏胡清仁妻年二十八逃亂童家灣遇賊赴水死

鍾氏胡尊仁妻年三十二逃亂尙家店遇賊投水死
汪氏胡國仁妻年二十六避亂童家灣賊追至投水死
董氏胡曰柳妻年二十三避賊於團山賊追至投水死
雷氏胡宏訓妻年三十逃亂在茅屋嘴賊至手携子七
僕安二女偕夫弟胡宏典妻徐氏同赴水死
謝氏袁紹向妻子二喜女名細女同治三年五月初九
逃亂至沙鐮箐被賊擄不屈死一家俱遇害
金氏胡曰朋妻同治四年十二月逃亂遇賊投水死
秦氏蔡遠宗妻性孝而烈夫試文不售勸肄武譽粧匳

爲考具亦不售旋殁届百日氏送夫塟畢沐浴更衣
扼吭而卒
許氏戴崇隆妻年二十同治三年五月避亂劉家田賊
近恐汚投水死
彭氏庠生吳亮燮妻幼明大義嚴正有丈夫氣適吳亮
嫻婦道年七十四同治元年髮捻竄擾氏村氏慘見
擄掠子女怒罵不止賊恨斷其腕死
張氏鍾清浥妻同治三年五月遇賊不屈被戕
魏氏鍾瑞椿妻同治三年五月賊猝至恐受辱攜一子

一女投水死
盛氏鍾直信妻年二十六子七歲同治三年遇賊母子
俱投水死
吳氏羅大武妻年二十同治三年五月賊至恐被穢投
水死
黃氏羅之模妻年二十餘同治三年五月被賊執馬上
行里許至塘邊投水死
吳氏江以新妻同治三年月五賊至恐辱投水死
盛氏鍾直信妻年廿六一子七歲同治三年遇賊毋與

子投水死
劉氏吳楚勝妻同治元年九月賊至恐被辱自經死
韓氏詹以楷妻同治六年正月廿九遇賊恐汚投水死
呂氏黃耀棟妻同治三年賊竄境氏扶衰姑抱嬰兒避
不及均被擄氏哀求釋姑與子賊允之及姑攜子去
後氏不受辱投水死節孝慈三兼之矣
黃氏熊太乙妻同治六年正月賊竄至氏抱數月嬰兒
罵不絕口投水死後尸浮子猶在抱真可慘也
劉氏石慶壽妻同治四年賊竄至氏抱子逃難賊追近

身棄子投塘死時年二十二
無名氏烈婦同治甲子捻竄西行會至王家河一少婦
逃在圍中見賊肆掠乘閒匿河曲賊偵獲迫逼不屈
大罵賊怒以沸糜遍淋婦身倍極慘酷罵不絕聲至
死且云死當作厲殺賊旋斃時王老人亦匿附近河
曲先被賊刀斫佯死悉其事賊退後居人慫婦傷痕
老人泣道之詳惜未知姓氏衆義之共爲歛葬號烈
婦塚云
王氏洪懷典妻年二十同治三年朏月髮捻竄至未及

走脫賊持刀追逼氏詐之乘隙投村後打谷潭死
石氏盧滿玉妻年二十而寡撫夫弟之子成美入成均
同治三年遇賊與其媳夏氏投水自盡
劉氏監生盧秉虔妻同治三年遇賊投水自盡
戴氏盧玉岩妻年二十孝事舅姑同治三年遇賊恐被
污投水死
劉氏盧逵昌妻遇賊不屈罵不絕口賊殺之其姑李氏
復罵賊又殺之姑媳同時盡節女中丈夫出於一門
真可爲末俗勸

曹氏蔡權遠妻咸豐四年同未及子逃難猝遇賊奔闖
道揮夫携子速避及賊大至恐被污投塘死
吳氏陳植瑾妻仝弟媳余氏聞賊警避於帥家河渡口
賊至度難脫二人携手赴水死
劉氏陳澤旨妻賊至詈罵不屈赴門首塘死
楊氏陳澤皋妻携孤子避亂大義店賊至赴水死
胡氏監生陳宗翰妻蕭氏文童陳澤鏡妻秦氏文童陳
澤善妻楊氏貢生陳宗椿妻孟氏監生陳兆蘭妻彭氏
監生陳澤炯妻鍾氏陳澤逵妻彭氏余之謙妻涂氏

陳宗仲妻同治三年五月初十日遇賊逼皆投水死
孟氏陳澤煒妻胡氏陳宗璽妻余氏陳宗良母同治三
年五月十五日遇賊殺死
張氏吳行謹妻被賊偪不屈殉難
黄氏傅天富妻年十九遇賊偪大罵賊受重傷死
李氏秦再習妻年廿一生子僅月餘同治三年七月避
亂遊仙山中途遇賊抱子投水死後尸浮出子猶在
抱不釋憐哉
方陳氏龍潭會人守節五十餘年賊至罵賊遇害節烈

趙黄氏明月會人罵賊被害入昭忠祠
兩仝入昭忠祠
余氏孟行儉妻扶祖姑逃難賊漸近祖姑曰汝速逺避
勿我累答曰死不捨賊猝至恐污自投水死
周氏增生鍾藻妻同治三年五月扶衰姑携稚女避亂
鷹爪山未登砦見賊逼近泣謂姑速携女上山避之
姑去後賊至大罵賊被傷投水死可謂孝慈節烈兼
備矣
宋氏劉茂明妻年二十夫故事舅姑撫幼子矢志氷操

同治三年携十四歲女避亂鷹爪山賊逼於塗母女投水死賊去家人收瘞氏猶抱女不釋貞烈雙全

韓氏詹以楷妻同治六年五月夫逵貿未歸氏携三齡幼子擔衣糧避難未及砦賊近懼污投水死時年二十七歲

張氏石景義妻同治三年遇賊恐玷名節投塘死時年廿九歲

吳氏張啟雲妻賈氏葛勝貴妻皆老山會人俱於同治元年九月避賊亂投塘死

熊氏胡光鐸妻劉氏胡家鳳妻同治三年五月賊至境熊携女恩弟媳女夏女子貴臨劉携女帶弟子新喜同避於洪界砦甫至塘角未及入賊衆至二氏大駡不屈各率子女溺於塘死

耿氏王六五妻值髮捻至猝不及避與堂姒訥婦徐氏俱詬賊赴水死

操氏王俟武妻猝遇賊抱嬰孩同夫族兄學仁妻帥氏自沉於潭胡氏王幼壽妻亦同詈賊投水死入昭忠祠

趙氏張黃林妻同治三年五月在楊真山遇賊不屈投崖死

薛氏庠生周文楷妻助夫讀明大義咸豐十一年聞賊至近村恐被害先自經死

歐氏生員歐炳綬女儒童秦必成妻知書識字深明大義同治三年七月髮捻猝至夫廹奔散氏携女逃避賊騎四集度不能免潛匿女田谷中隨投水死

王氏王華楠孫女蕭啟澤妻年廿餘夫故孀守同王羅氏避亂猝遇髮捻恐受污負姑楊氏投水死

烈女

張烈女張元順女年十六字某未嫁同治三年髮捻入境與順避亂甫及龍王山下賊蠭至女泣謂父曰父女恩情於斯永絕矣遂投水死

胡一女胡克翥女年十九同治三年逃亂至冬青灣遇賊投水死

胡二女胡克昌女年十八逃亂至董店賊逼投水死

薛三女薛同春孫女年二十同治甲子年五月於歸元砦下遇賊義不受擄罵賊投水死

楊桂楊鼎盛次女同治三年遇賊義不受辱投水死

余幺女余可德女年十七同治六年被賊擄至詹店屋後投塘死

盧一女生員盧春藻女咸豐八年四月遇賊投水死越

三日屍污面如生

女懷清程映月女年十五同治三年八月賊群至女背家人投宅後塘死

黎蓮女年十七同治三年七月賊匪至女被執義不受辱投塘死賊退撈其尸面色不改鄉鄰憐之

向女向開時女咸豐八年賊入境擁女上馬女乘隙投水死九年委員採訪節烈立有碑十年請旌給完貞殉義額

鄭二女鄭瓊舟女咸豐十一年賊至二女抗節自溺死

張喜女張天眷女同治元年九月聞賊至入寨在傳家墩遇賊投塘死

雷二女吳懷泰妻未字時事親孝適吳克修婦職同治甲子年逃亂賊追逼女以頭擊賊怒攢殺之

金五女康裕德妻事姑孝年二十五時遇寇衝斥女扶姑逃賊追逼女恐污身自謂無累我姑投水死

尹玉女尹光宇次女咸豐辛酉年賊踞尹河團尾斗山女見賊近恐被污投水死

孟三女監生孟朝福女年十七同治三年賊突至家人

皆散女扶聾母避荷葉池下賊乘昏肆掠女懼涴拜母前投水死

石連弟石漢林女字張德欽子欽子故女年十七不肯另字咸豐三年避亂仙人山遇賊溺水死

余女幼聘翁承烈為妻其父送翁家撫養年十八奉祖姑孝咸豐辛酉年賊竄紫潭河女扶祖姑逃賊追及投河死

程嬌女同治三年逃亂賊擄不屈投水死現入節烈祠

胡再女胡道明女年十七同治三年賊突擾寨家皆奔

女逃晏姓門首賊圍村遂投塘死
劉載弟童生劉濟仁女年十六同治三年避亂至吳三崗遇賊投水死
劉載弟劉世禄女年十七同治三年捻匪至隨毋避塘側田溝中賊搜見女恐被污抱石投塘死賊退撈尸猶持石弗失奇哉
方細女名細五未及笄值奇荒隨父毋就食他方日暮至江濵有破屋半間往投宿月夜更深水賊忽至摟入舟中女不受污乘間投江死貧女具此烈性異矣

王敦弟王永順女年十八同治三年五月遇賊投塘死
崔女王俟桂之子媳未婚配同治乙丑年聞賊至仝鄰嫂王幼儀妻胡氏未及入砦賊騎追至皆投水死
王三女王金海女年十七同治元年九月六日遇賊不屈投水死
彭鳳女彭昌瑀女年及笄貞靜寡言同治三年髮捻由麻邑竄至舉家驚散女奔山谷閒賊擄之女大罵不已墜岩死賊恚甚叢刺其尸以烈死而尸猶受害傷哉

葉女葉春爽女年十九性貞烈同治甲子避亂告同奔者曰賊來告我吾有死而已須臾髮捻突至衝散家丁女投水自盡次日家人收屍烈氣猶存
陳八女同父宗幹避亂楊子山見賊蠭至從容謂父曰女甘死不爲賊虜遂溺水死
監生陳宗翰之女與姪女引弟同治三年五月初十遇賊不受辱隨毋胡氏俱投水死
趙貞姑監生觀海第三女性幽閑父早逝毋車氏訓以內則深明大義同治四年十二月初四于歸前一日

也賊驟至舉家驚散女偕毋奔城中途勢急赴水死毋不及救賊退收尸面如生見者無不墮淚詳報入祀節烈祠
張孝女老山張天眷女年十四同治元年九月遇賊避難投塘死

計開殉節入祀昭忠祠婦女姓氏

咸豐四年六月十四賊至投塘死

蘇氏張秉坤妻　秦氏陳序倫妻　秦氏吳修治妻

黃氏江朝貴妻　王氏陳師訓妻　單氏秦厚藻妻

李氏耿之輝妻　馮氏耿連善妻　熊氏秦厚元妻

蘇氏張朝國妻　王氏秦大僕妻　熊氏秦志華妻

李氏秦厚策妻　秦氏張啟富妻　秦氏葛光先妻

王氏郭興讓妻　秦氏陳艮友妻　曹氏蔡思衡妻

耿三女耿楚珩女　秦一女秦懷仁女

霜婦韓李氏　以上俱大有會人

咸豐八年四月十六日遇賊投水死

秦氏李朝玉妻　袁氏周作梅妻　向細女向開時女

俱東烟會人　王引弟王國升女沙平會人

同治元年九月初五至初十遇賊投塘死

吳劉氏、王一女　鄭一女　以上俱高橋會人

何袁氏　黃方氏　黃二女　李馮氏　李汪氏

李張氏　以上俱石灰會人

涂武氏　涂大女　季譚氏　以上俱東烟會人

劉梅氏　蕭張氏　吳李氏　戴梅氏　闕左氏

以上俱羊角會人

張吳氏　張易氏　張孝女　張章氏　周甯氏

田蔣氏　傅甯氏　吳李氏　以上俱老山會人

吳韓氏　王盧氏　吳四女　張四女　吳黃氏

韓秦氏　王李氏　吳高氏　張六女　吳李氏

韓江氏　以上俱西砦會人

石張氏方廟會人　方雷氏徙義會人

同治三年五月至八月遇賊被殺及投水死

董趙氏　董汪氏　黃萬氏　黃隗氏　汪羅氏

以上俱黃陂站會人

潘吳氏　潘趙氏　秦潘氏　吳蔡氏　俱上庄會人

楊傅氏　馮再女　潘吳氏　潘熊氏　方張氏

梁魏氏　李席氏　阮汪氏　阮五女　馮戴氏

鄭陳氏　以上俱龍潭會人

陳涂氏　陳胡氏　陳余氏　鍾張氏　鍾彭氏

鍾康氏　陳楊氏　陳六女　陳胡氏　陳涂氏

陳胡氏　陳胡氏　陳楊氏　陳吳氏　陳余氏

陳劉氏　劉二女　陳鍾氏　汪二女　汪四女
陳孟氏　陳胡氏　陳一女　陳引弟　陳楊氏
陳秦氏　陳蕭氏　陳彭氏　陳鍾氏　汪張氏
蕭鍾氏　馬帥氏　以上沙平會人
汪氏王俟倫妻　王氏蕭四之妻　楊氏王萬載妻
羅氏王俟豹妻　彭氏帥儒三妻　雷氏蕭俟秀妻
彭氏余之讓妻　吳氏羅細四妻　黄氏羅六之妻
帥引弟崇樂孫女　余大女余之合女以上沙平會人
戴鄭氏　劉江氏　胡江氏　江汪氏　江葉氏

江萬氏　江樊氏　樊彭氏　劉江氏　劉雷氏
江葉氏　江帥氏　以上俱土墩會人
袁氏生員朱景程妻　朱幼女生員朱景程女
王樂氏　王劉氏　彭楊氏　劉柯氏　王鍾氏
張姚氏　阮樂氏　樂女　阮董氏　彭鍾氏
戴張氏　陳向氏　李周氏　李阮氏　張袁氏
張張氏　張桂氏　王李氏　王宋氏　王汪氏
王徐氏　陳一女　陳二女　吳大女　吳二女
盧一女　柳氏朱艮熠妻　以上俱東行會人

江黄氏　江謝氏　姚王氏　王陳氏　王張氏
王胡氏　王戴氏　張一女　李三女　周七女
戴陳氏　胡大女　王三女　胡李氏　胡劉氏
張金氏　黄吳氏　黄余氏　黄三女　戴七女
謝四女　姚劉氏　胡江氏　胡陳氏　李周氏
方雷氏　雷徐氏罵賊　以上俱三師會人
熊劉氏　熊阮氏　熊夏氏　胡熊氏　胡劉氏
胡夏氏　胡貴女　胡對女　劉夏氏　李夏氏
李徐氏　王胡氏　胡李氏　胡劉氏　胡阮氏

胡喜女　胡蔣氏　胡鄧氏　胡毛氏　胡許氏
胡熊氏　熊吳氏　熊王氏　劉胡氏　王胡氏
李夏氏　王胡氏　王佑女　王鳳女
以上俱蔡祠會人
劉馬氏　劉馮氏　劉林氏　陳熊氏　許林氏
張林氏　鄭蔡氏　鄭夏氏　阮王氏　李汪氏
方陳氏　彭李氏　李周氏　以上俱育兒會人
蕭鍾氏　蕭王氏　陳蕭氏　蕭大女　蕭再女
蕭一女　戴黄氏　蕭陳氏　蕭劉氏　蕭吳氏

李董氏　李金氏　李一女　以上俱清涼會人
阮董氏　阮夏氏　阮王氏　阮夏氏　阮樂氏
樂王氏　樂巫氏　李王氏　李王氏　熊艾氏
樂袁氏　夏袁氏　以上俱西行會人
余楊氏　余柳氏　王登女　周涂氏　李吳氏
周李氏　涂秦氏　涂胡氏　涂蕭氏　江劉氏
江王氏　江趙氏　姜余氏　姜孫氏　程嬌女
姜許氏　以上俱東岳會人
雷氏吳開太妻　金氏康裕德妻　金秀姑逢年女

以上俱卓旺會人　胡彭氏　胡家崗人
同治四年十二月罵賊被殺及投水死
謝余氏　謝程氏　謝李氏　施氏梅秀春妻
以上俱水岩會人
帥氏王鳳藻妻　胡氏王祥太妻　耿氏王學諳妻
胡氏王道德妻　崔氏王長明媳　孀婦徐氏王學翼妻
以上俱沙平會人
同治五年正月遇賊投水死
劉林氏　陳葉氏　馮雷氏　以上俱紫潭會人

附殉亂名單

鍾丹桂　李金魁　鍾萬發　張興發　陳六千
秦厚倫　石廷甲　華承先
以上八名均係咸豐八年在安徽桐城打賊陣亡
監生陳世慧　文童吳秉鉞　遊府郭　英
均帶勇陣亡
千總有貴　郭星元　周登洋　千總胡意誠　鄒恒朗
外委龔占奎　潘長林　王文秀　閔守信　桂萬和
甘　四　吳正德　桂述義　趙錫咏　趙戴崇

甘國晋　曹　四　余丙秀　徐　八　趙錫法
趙永富　孟行安　張元遠　張黃金　阮鳳明
王宇福　王太元　王明萬　王大啟　范得勝
曹永貴　高惟仁　吳占元　石武魁　外委王連升
千總周大勝　倪大新　金啟炳　王林惠　李天元
周家固　柯士麟　黃九州　周得勝　羅長太
六品潘萬啟　李金題　劉對華　劉映海　外委王文秀
守備黃中庸　張國保　柯炳南　蔡　發　遊擊劉廷幹
王奎元　把總王連元　趙錫誥　甘國輔　甘謨和

甘志剛　黃紹全　王俟益　生員吳鴻賓
均係咸豐年勦賊打仗陣亡
汪國南　汪宗茂　黃萬春　雷萬才　胡玉得
僧樂道　僧廣法　羅續蘭　羅正烈　吳國選
方　貴　吳四一
均係咸豐四年四月十八勦賊陣亡俱係河漢東烟
高橋各會人
周福昌　徐長亨　李永清　李正潮　李　八
李正朝　錢宗親　錢仁禮

均係呂旺會人
江千智　楊業琨　楊　泰　鄭啟萬係土墩會人
劉玉華係東林會人
均係於咸豐五年二月初十在黃岡屬之高舖山勦
賊陣亡
吳紀南　周維理　周權法　周權正　周權中
周新釆　周盔大　郭二貴　王世有　王止善
吳象乾　吳修治　吳均治　郭世國　郭興讓
陳光宗　陳釆之　陳定太　陳定金　陳寶善

陳敬善　陳維中　陳之德　陳開先　陳正文
陳思訓　陳可法　陳以法　陳一心　王起富
王世文　王知一　王天仁　王天德　秦臣才
王正起　王國長　秦光緒　秦丙緒　何先德
秦得才　秦以道　秦愼修　秦仁修　張啟富
何尙德　何長富　何成宗　張春藻　王長壽
彭光宗　蔡耀先　王天助　王興發　吳明法
周之節　周文進　周尙文　劉世章　陳一元
吳明魁　周理九　王基勝　王基富　秦尙勇

秦有益　李映斗　葛光先　葛愼光　秦正才
秦文善　秦敦善　秦崇善　秦文修　秦輔國
秦世善　秦修理　秦元發　秦知道　秦知止
秦長發　秦國謨　陳大疎　秦國正　秦知至
陳新齋　陳興齋　陳孝元　秦敬元　秦炳善
秦和中　陳序忠　陳道元　陳豈英　陳之城
陳序能　秦和順　陳序恕　張朝國　彭賢二
王元善　秦廷彩　彭廷彩　王先彩　彭時中
彭時富　秦宗文　秦宗英　張大富俱係大有會人

均係於咸豐四年四月初三十五十八等日勦賊陣
亡
汪　林　陳　曉　張佑喜　盛　貴俱係大有會人
以上壯勇於咸豐四年二月初十在郡城勦賊陣亡
吳長泰　石正德　吳家富　蔡志禮　鄭文太
秦二僕　梅長元　李發能　夏大僕俱係道安會人
均係於咸豐四月十九勦賊陣亡
秦思善　秦能富　秦星璜　張輝洋　張文彩
張志道　秦道立　張之儀　秦厚藻　秦必成

蘇德瑚　陳綱成　耿方策　耿耀明　耿連喜
耿楚彬　耿文郁　耿文輝　秦德本　秦後松
秦厚策　秦厚有　秦必勝　秦載玉　秦國艮
秦志華　秦顯清　秦明德　張逢春　秦必忠
秦坦夷　秦厚濂　秦忙仁　王豫興　王繼盛
王方發　夏元喜　熊文熾　吳　七　王二益
秦厚元　雷學椿　楊正榜　楊正珂　趙載玗
陳六十　祁朝旺　黃志立　闞映桂　闞　起
熊太元　王五一　霍起勝　霍大四　祁大僕

黃　四　胡六四　吳　六　秦四十　秦大僕
祁步興　秦二僕　丁四喜　秦　四　秦　七
馮春喜　秦厚國　熊太元　夏師傅　羅　芴
余封紫　劉成肴　徐永太　郭乾元　郭乾利
郭修喜　秦之玉　周新釆　周益太　郭至中
郭之和　王金友　周天泰　秦厚品　沈光遠
張慶元　秦大喜俱係大有會人
以上團勇於咸豐四年六月十四勦賊陣亡
監生余登第　軍功黃德烝　軍功陳玉樹　文童程見龍　文童趙錫齡

俱係大有會人於咸豐八年四月十四勦賊陣亡
阮義富　劉忠移　馮正明
俱係東烟會人於咸豐八年四月十五帶勇勦賊陣
亡
秦正愷　何永亨　張正剛　胡　吉　祁定國
耿盛烈　秦必勝　僧秀浪　杜楚善　杜國英
阮楚江　張漢宗　彭　漢　秦在仁　郭　英
秦必光　秦必旺　秦有章　吳同壽　張五六
熊太元　謝勝明

以上圍勇俱係大有會人於咸豐八年四月十四勦
賊陣亡
韓子俊　馮士清　李朝興　李高懷　僧　潤
黃中玉　李金秀　徐天經　李朝明　楊天富
李大德　馮學明　馮里義　詹文松　李正茂
丁天喜　嚴二喜　李朝典　毛正啟　馮秉華
馮學梓　馮　戚　僧　元　李正法　丁先泰
嚴三喜　徐朝遠　毛光宣　馮萬福　馮中明
余三祿　僧　安　李兆富　徐天賢　柳開榜

馮名貴　詹文傲　馮大勝　馮七五　黃大亨
董壽貞　羅玉珩　黃三五　徐萬祿　陳時玖
李朝玉　王東林　王德魁　王占鰲　王名魁
羅步盈　劉文煜　劉開達　劉志樂　張文達
周宏科　周宏章　姚步勝　陳求鼎　吳啟國
梁國旺　黃啟德　胡士元　張應瑞　曾耀才
彭家瑞　黃正豐　陳清太　陳永二　陳大有
陳大發　陳步賢　彭二喜　鄧光全　吳佑朝
袁萬壽　王正明　徐在天　徐在長　徐在玉
徐在邦　徐時啟　徐應宗　張二喜　葉時見
葉鳳題　葉五喜　楊有才　李朝輔　彭雲青
陳如海　陳光裕　阮紹青　阮開元　僧祝連
唐玉龍　陳如漢　何祿明　僧　貴　吳立本
徐文國　王汝有　黃太亨　羅玉恒　劉先禮
劉近安　徐天啟
俱係東烟會人於咸豐四年四月十五勦賊陣亡
吳起貴　陳國良　余四僕　周祁太　秦四僕
俱係河漢會人於咸豐八年四月十五勦賊陣亡

江成謨　吳　璜　李金龍　黃象起　吳六十
武鳳禮　陳士助　吳同壽　崔仁富　馮之柏
陳四七　余三元　吳　發　程長發　羅光發
武天元　張明友
俱係高橋會人於咸豐八年四月十五勦賊陣亡
李輝勝　李鳳才　馮玉學　黃遠道　黃春揚
韓子林　董光耀　董得先　秦盛國　李金貴
李國興　劉大明　李春其　周大勇　周鳳言
李承一　方開甲　王均仁　王高主　王大伢

李金蘭　李輝保　李裕惠　馮修保　黃正煥
黃萬才　向文達　董紹堂　董得旺　秦宗新
李金保　李承榜　梅宏昌　李廷輝　廖文元
楊秀春　周大貴　僧清閑　僧自願　阮正付
方文達　周三僕　王如意　王明德　李中瑜
鍾天朝
俱係從義會人於咸豐八年四月二十一勦賊陣亡
姚玉山　袁正格　盧元盈　趙錫詰　趙永信
葉　二

以上六名俱係道安會人於咸豐八年五月初三勦賊陣亡
蕭大勇　許興隆　張起明　程五十　劉　盛
劉　松　梅　三　熊體仁　雷學春
均係大有會人於咸豐八年四月十四罵賊身死
楊在禮　周福元　汪宗海　余扶國　雷五十
周幼四　譚會川　劉正福　車天和　陳甫理
趙天壽
均係河漢會人於咸豐四年五月初十團勇打賊陣亡
劉立行係龍潭會人金開龍　余正坦　劉之本
盧春洋均係高橋會人　劉洪逵　熊春海　胡華禮
李巨揚　周艮學　許紹愷　許同有　胡先義
王禮富　李錦清　熊錦耀　陳尚棟　李廣賢
夏定凱
俱係蔡祠會人於同治十一年二月十七在黃陂三井陣亡
閔守信　桂萬和　甘　四　吳正德　桂述義

趙錫咏　趙載崇　甘國晋　曹　四
俱係明月會人於同治三年三月二十三在料棚地方陣亡
余炳秀　徐　八　趙錫法　趙永富　孟行安
張元遠　張黃金
俱係柏林會人於同治二年三月二十七在麻邑張店地方陣亡
蔡應主　秦金榜　李宗發　盧元發　吳金富
吳團元　朱　狗　江福壽　江康寧　方席春

吳五七
俱係上庄雙城各會人於同治三年五月初四在七里坪地方打賊陣亡
阮崇勝　阮新福　阮五貴　王啟春　王稀朝
黃得勝　萬同春
俱係傳左會人於同治四年十二月二十三在中和司地方勦賊被戕身死
阮大齊　李義得　李華林　謝成美　謝學元
俱係水岩會人於同治五年正月十九二十三等日

在會要隘堵勦被賊戕死
王俟觀　王俟逵　王俟祺　王志周俱係沙平會人
黃萬象　黃萬禰　黃大福　黃永奎　黃永貴
黃萬魁　阮乾徵　阮太興　夏永興
俱係西行會人於同治四年十二月在黃陂交界楊家山打賊陣亡
李大志　劉學安　許龍起　劉榮禧　殷觀賜
劉二伢　鄭雙喜　王安仁　許大勝　李有明
李春迎

俱係紫潭會人於同治五年正月在本會陣亡
蔡　發　徐　剛　朱大勝　程爲清　程爲漢
俱係大有會人於同治四年九月初四在河口陣亡
鄭宗正　鄭以德　鄭士俊　鄭玉清　鄭開發
何　四　何二僕　韓朝宰　毛四一　何文貞
鄭文龍　何家槐　何文珍　黃中和　黃　幺
何勝萬　何玉喜　袁金貴　袁金城　黃　四
貴　五　李得貴　李得新　李士志　李國興
李有元　李太乙　李　紉　王南燦　吳學太

黃士清　黃自鳳　黃茂懷　張大金　姚　幺
聶萬國　聶濟盛
俱係石灰會人於同治元年九月初五在新集陣亡
金孔猷　金開志　金清源　黎文台　黎　福
張宏有　張錫潤　張　九　張福泰　羅正宗
劉全仁　張光照　張會猷　華林秀　華三貴
華必猷　王德寬　王應春　張登朱　周四九
俱係華河會人於同治元年九月初五在佛塔山陣亡

亡

李思義　徐大伢　李萬明　涂正三　李起元

俱係東烟會人於同治元年九月初五在河口陣亡

尹成芳　張士寬　古春太　劉耀先　盧金照

徐耀先　汪光朝　古耀宗　尹立銀　方紹烈

古光於　尹春澤　曾學主　韓志典

俱係尹興會人於同治元年九月初五在新集陣亡

陳大僕　張保國　劉鳳儀　李均浦　李　狗

黃正升　陳治國　李鳳起　黃遇春　張紹林

張長述

俱係河漢會人於同治元年九月初六在溢口陣亡

秦朝剛　黃天才　陳佑喜　王會祿　吳吉元

吳大喜　詹應才　何五一　鄒大賓　鄒宗傳

俱係高橋會人於同治元年九月初六在高橋河陣

亡

吳廣模　詹四元　詹三元　詹志禮　吳志高

吳人先　吳克智　吳佑仁　吳全太　劉之秀

劉　六　劉世俊　劉二僕　劉　元　程金福

黃萬國　劉　七　黃萬里　程道四　詹大伢

俱係西林會人於同治元年九月初七在河口陣亡

陳世必　陳同生　吳恒有　吳克宗　吳龍典

陳金友　陳正才　吳佑富　吳大才　袁勿典

吳佑寶

俱係西砦會人於同治元年九月初五在翁家店陣

亡

沈文舉　吳紹壽　吳廷芳　萬　四　楊日義

朱占奎　沈文祥　程大芝　錢長清　齊開元

熊五福　何新桂　錢宗富　熊對生　曾永太

黃　超　吳紹春　錢作貞　吳得才　劉勝得

錢光云　吳文彬　劉宗宇　吳文煥　劉鳳台

吳大喜　李大貴　錢金賢　吳廷彩　錢作明

黃中和　劉伯達　張之謨　張大壽　張士能

張福元　張益元　包騰鳳　張尚志　蔡國順

張長明　張行志　余得川　田懷明　田三元

田四元　張子云　張應箱　張予朝　張二益

楊金盛　楊安元　楊光照

俱係老山會人於同治元年九月初八在老山羊角界打賊陣亡

耆民楊正起土墩會人　耆民皮明高雙城會人　耆民彭惟和

耆民彭家祥　耆民鍾國恒　耆民王勝清　耆民張廣福　耆民張有富

耆民鍾福安

俱係東行會人於同治三年五月初九十一等日在各會村内罵賊被戕身死

劉仲春　劉玉升　徐世剛　徐耀宗　黄開勝

黄舍伢　黄耀棟　董興太　何祥啟　杜倘才

董文忠　涂炳忠　黄大伢　涂正興　羅坤國

劉　六　李效書　陶德純　周四元　秦舟國

劉三五　黄　三　黄　四　李三元　劉十一

張喜生　成四喜　陳大狗　陳　元　彭連喜

李玉林

係黄站棗林會人於同治三年四月二十五日陣亡

鄭文正　鄭洪爵　方一奇　潘榮邦　潘世舟

潘世其　徐永富　潘坤儒　周慶昌　周六一

王均富　李　六　阮十二　李文元　王宗立

王加南　鄭國才　江步瀛　江步華　方映堂

方復勝　趙　五　王守全　王守富　張大成

徐大僕　方六三　秦正先　吳十五　阮十一

吳二僕　張明朝　方和盛　楊公訊　鄭國正

楊盛華　方緒同　陳萬利　孟三僕　吳三僕

俱係龍潭會人於同治三年五月初五日陣亡

陳宗佑　陳宗禮　陳步實　汪舍兒　陳學禮

羅之奎　王學元　蔡國弼　帥大明　鍾清湜

鍾國泰　馬天華　蕭學武　蕭錦林　王觀德

王俟寅　王天錫　楊紹進　陳澤元　陳澤賡

汪開科　王幼超　王于敬　王起會　王騰龍

王載興　王錫文　張俟其　帥家會　帥學爲

帥學高　帥必啟　彭炳金　帥時壽　王名祿

王登才　王學純　王鳳倫　王長有　羅永華

王大炮　王三六　楊天順　羅士恒　梅同泰

王天畢　楊國元　楊兆選　彭立宗　秦德材

均係沙平會人於同治三年五月初八日堵賊陣亡

程克儉　程楚珩　程福壽　程癸丑　程正明

程五四　鄭鳳發　僧元子　田大進　鄭三貴
鄭東一　方定士　程長九　方錦秀　程有益
俱係盧劉會人於同治三年五月初五十八等日陣
亡
江　哭　江東洋　江　九　江明義
江　四　江明忠　江昌琪　江高山　樊安保
樊三六　楊先學　樊元成　楊　三　江千志
俱係土墩會人於同治三年五月初八日堵賊陣亡
戴學講　戴　五　戴　七　戴六十　戴崇樸

張四僕　王六二　王國太　徐正中　王正有
王正興　胡　三　周　七　劉觀記　戴正艮
彭二僕　張國棟　阮太瑚　李大順　胡元善
姚大僕　姚研記　姚福元　姚恢朝　姚恢寬
姚恢敏　姚恢合　姚象珩　雷五八　雷正順
雷三合　徐昌明　徐昌起　王道坤　王二伢
王永慶　姚細五　姚之萬　阮大僕　黄遠謨
周四桂　李　狗　盧　九　胡尚達　江正純
江士美　蔡觀記　江大廷　秦百壽

俱係三師會人於同治三年五月初九日圍易堵賊
陣亡
張品端　彭秉坤　彭新賢　彭新安　彭光耀
朱清福　張大起　陳天才　汪永和　王三元
袁文禮　王貞綸　姚　明　彭連富　陳百學
陳士玉　胡永喜　胡永慶　王永萬　阮正順
夏長富　王德貴　王喜貴　王時孝　鍾子秀
鍾方達　張東美　何楚高　熊啟宇　鍾陞高
張高奎　張錫德　張盛崇　張盛榮　張樹仁

黄之富　董天啟　李朝松　葉　么　彭元倫
彭必義　余金敖　余成吉　張宗發　張文愷
田丙庸　張文才　盧若泉　童遇勝　童先洛
杜尚先　何起高　陳師士　張登德　張登興
彭侍意　彭會和　鍾守禮　鍾思用　鍾福晏
鍾桂新　王開合　王得志　李正宗　王占春
王占弼　王占勛　王銀敖　王時進　王時倫
王友真　王立固　黄　正　胡　中　李德清
李得運　李得仁　李忠勝　阮　四　阮　八

王勞盐　樂中億　張勝義　彭鳳貴　彭五九
胡嬰孩　彭如意　彭金華　鍾它四　鍾司周
李金成　張能友　張應富　張四一　張明魁
張純友　張萬福　張仲南　陳天元　彭建隆
　俱係東行會人於同治三年五月初八九等日陣亡
夏國興　黄明清　夏國海　周念池　周直寬
周文太　吴春泰　吴五七　劉保元　程在忠
李有志　李有剛　李元進
　均係中和司會人於同治三年五月初九日陣亡

王官記　吴正有　唐家田　吴正德　彭楚安
王時友　余世德　彭大昕　彭大順　彭五狗
李之福　李十一　李士才　李興發　蔡世凱
徐世廣　方文良　張大德　徐昌和　徐刎伢
周宗明　周正元　王德意　李士先　李大喜
李四喜　阮太昕　阮太福　阮太連　姚光善
彭裕才　彭裕懷　蔡祖佑　鄭蔡七　徐祥發
徐癸卯　徐三狗　徐德美　王　五　萬景興
王興志　王華美　王元吉　王元盛　熊繼周

王來有　戴乾順　王　四　余義有　余義富
余義貴　阮大才　阮大全　阮大禮　阮大貴
任士禮　蔡長松　李世易　王元三　周正豐
王興彩　王道本　楊家田　王學勤係詹店人
　均係育兒會人於同治三年五月初三日在洪界山
陣亡
李六十　李國正　李朝元　李朝花　蕭士國
蕭士樂　蕭士壽　蕭道太　蕭十伢　戴崇懷
李崇貴

　俱係清涼會人於同治三年五月十三日在本會陣
亡
阮太崇　阮太昌　阮太煜　阮會太　阮開文
阮會達　阮全興　袁上元　阮宗仁　樂華揚
樂永福　樂永祿　樂子善　樂中取　樂永讓
樂耀勝　阮元福　阮元祿　阮貴林　阮方容
阮徵春　阮太松　阮太懷　袁輝德　袁輝彩
胡　四　阮方松　阮方曉　阮方志　阮方照
袁應恒　何時發　熊傳懷　熊永剛　熊永祿

夏定譽　夏定公　夏定倫　王大章　王大福
王應利　夏正熹　夏廣樂　張純寅　夏德連
夏正和　夏正倫　夏德鳳　阮太臨　阮太虔
熊開亭　宋世亨　宋　六　王開富　蔡朝玉
姚廷有　阮太勤　阮潤徵　阮太有　王廣泰
李大亮　李大懷　李大安　阮德盛　阮德來
阮貞璧　阮先佑　阮朝先　阮南徵　阮宏順
袁裕勝
俱係西行會人於同治三年五月十四在洪界山陣
亡

周金湖　周應梅　周輝福　周明能　周耀台
周五元　周大僕　吳席傳　吳耀國　李汝立
李名興　李光宇　李應均　余應奇　王三順
王國安　王禮成　王禮元　王繼立　黃元興
黃瑞元　黃士奇　江宜春　江耀堂　江玉書
董立貞　董元發　涂國太　涂大興　涂朝望
涂朝珍　涂永清　熊正文　熊佐廷　熊輔臣
余德湖　余應海　余文春　余在廷　余在朝

姜文貴　姜思輔　姜文典　吳文在　陳立彩
陳汝明　余文法　劉君教　吳玖喜　余怡太
俱係東岳會人於同治三年五月初九日在本會陣
亡
孟伯科　程世玉　程立功　程用滔　程得貴
程耀習　程得詳　程得宏　羅元喜　黃有功
沈尙義　劉隥時　程尊榮　程定國　程文楷
熊大元　劉文安　程登元　程立俊　程立朝
程全福　程天福　程之盛　程宗樂　程　六

熊大魁　李本文　吳之潮　鄭大僕　孟三元
孟立勤
均係傳左會人於同治三年七月二十五日在馬埠
頭陣亡
李有賡　李有明　李必鳳均係道安會人在本會陣亡
吳得意　蔡定鰲　秦耀楚均係上庄會人在本會陣亡
鄭遵仁　鄭坤崙　鄭秉珍　耿成勝　耿四僕
馮東矩　王天長　秦上文　耿國福　熊正對
熊芳勝　熊勝太　熊懷國　熊存敬　耿正發

熊長命　熊百歲　熊福壽　熊及第　熊懷福
熊得勝　熊由元　劉六元　熊雙保　熊又元
劉啟發　李登能　李克福　李克揚　李樂乾
李之柚　周黑子　蔣發興　胡光順　胡楚揚
胡太元　熊佑喜　胡長年　熊必友　劉孝顏
王齊季　季正喜
俱係龍潭蔡祠各會人於同治三年在各會打賊陣
亡
季宗文　季天元　劉學祥　劉六元　劉神喜

劉紹芝　陳改愁　陳磨子　陳文選　陳六元
劉國相　劉車萬　劉太元　季魁元　季賜勝
萬正高　劉天喜　劉三喜　劉佗子　林順楚
馮二喜　徐正崇
均係紫潭會人於同治三年五月初八在本會陣亡

新纂貞女

婦人之義從一而終即幼締盟無可背負故已嫁而守者固爲有光若夫望門守節青年女子屏絶情私終日影隻形單用對夫靈苦衷奚訴非素具仙骨者能之乎因分表之俾得芳名不朽云

戴女徐應時聘妻年十三時故望門矢志家貧苦藉女紅自給族黨憐之歲時有周濟者而氏行終無持鉢力作營生人咸敬禮學憲賜守貞全孝額歿年八十

李女監生程直賢聘妻賢苦讀致疾未婚歿女年十九

披孝服歸程詣賢靈前痛哭矢志守節事翁姑以孝聞撫侄伯玉爲嗣卒年六十八

王大女幼締夏景揚爲婚未嫁夫歿女聞訃毀粧適夏立夫姪二喜爲嗣守貞撫子孝事公姑歿年三十二

阮女阮方揚女幼未字無兄弟依依事父母迨二親歿喪葬盡禮紡績不輟積有祀資歿年七十六阮族感時祭之

徐女徐山喬女幼許黃大金子將近吉期金子故女望門守節以終身王學憲報入省志女貞示時矣

方氏　誥封恭人庠生　誥封朝議大夫阮鶚之聘妻年十七未笄聞夫歿痛不語密約丐婦伴至夫家坐夫靈側姑念氏年幼勸歸母家而氏已著孝服就誓姑憐受之孝尊嫜翁歿盡哀越數年立夫三兄之次子瑾懷承祧教養兼至後懷列成均　誥封朝議大夫事慈幃亦以孝聞以氏貞淑四十餘年其貽澤長也長孫光第廩生　貤封朝議大夫次光鼎現任刑部主司加員外郎銜三光臨曾孫永恒永壽永煐皆業儒氏卒年六十三

周三女名映雪明末老山會周大用女幼誦讀能吟咏字某氏聞夫故矢志守貞死後傳有詩曰辭却蒲團二百年曾將玉骨洗清泉生平抱負無他事雪在山頭月在天　補遺

馮二女馮世選女幼締郭姓婿外出身故女守貞不字歿年八十

劉女幼締程恩賜爲妻未歸夫故父母令他適女不允欲至程守制憂憤成疾嘗謂一面夫兄之子死無憾夫兄命一子見之即脫簪珥以附意欲爲已子數日病歿夫兄曾友爲女立嗣迎柩與恩賜合塟

王女耿秉浩聘妻年及笄未婚浩故女終身不字壽至八十卒

胡女秦德甯聘妻夫故女未于歸時年十七聞訃三日哀絰入臨矢志守貞卒年五十八

謝愛女監生謝聯甲之女幼締曾姓未于歸同治甲子歲曾子被賊擄三年杳無音曾許謝另結婚女蹙然曰雖婚姻未遂而名分已定願從一終誓死不二抑鬱成疾卒臨危將紡績積資付親以賙貧房泣囑父母死後立曾門謝貞女墓碑

李三女名玉李之芳之女幼字張年十七未于歸夫故因母病侍養割股和藥醫母病遂愈誓不嫁依母終身卒年七十九學師爲立貞女傳

貞女阮懿姑處士阮紹遠女也幼凝重言動不苟稍長精女紅受辛子學福聘福貧甚餬口無定所懿姑年及笄待之福無音耗長齋奉佛獨居小樓數年有富家子遣妁求婚女義斥之引刀斷髮欲遁空門母泣留之乃止撫母弟四生計悉憑十指工夏不暇箑冬

不暇鑪勤織袵給饔飱以甘旨奉老母同治八年福
兄子正發自豫還楚往迎之懿姑乘小車來髮蒼蒼
拜先墓先祠即以發爲夫嗣命之曰吾年六十老矣
女於阮母於辛夫復何恨當於西山深處營生壙一
樹女貞木於側異日埋吾骨汝其識之辛族皆欽禮
焉　藎臣王念祖譔

周女生員周盛唐姑祖母幼字吳年二十未于歸夫故
矢志不他貞操終守壽九十五歲終

蔣女蔣顯明之女胡之瑚聘妻年及笄未于歸瑚卒明

另擇配受何姓聘女誓不可告母曰兒死當送葬胡
氏墓潛自經死母從其志信及胡往迎棺葬於村後
立碑祀之

貞女江全娣監生江杰女幼許字儒童程立綸未于歸
綸逝女年十七聞訃誓不他適奔喪守制敬執婦道
翁監生程煥新甚歡待之倍厚女不幸未踰年卒

黃安縣志卷之

知黃安縣事朱錫綬 胡承組主輯

藝文志上

安邑自前明以來各公鉅卿後先輝映制誥之頒稱
盛典焉然而龍章鳳綍不尙鋪張丹詔黃麻非無故
實書之天府名義凛然一字之褒實千秋之鑑矣志
制誥

明朝以吳琳爲吏部尚書誥洪武三年

誥曰惟古帝王之治天下在於得人才然人才實由
於銓選朕所以於吏部之職必擇器識公明者居之
爾琳學術既醕踐履尤正事朕由博士陞僉憲克振
風紀及貳鹾臺國課以辦昇居記注獻納爲多茲用
陞長天官以掌銓衡之重爾其量材而授官計功而
考能使賢愚有别而黜陟合宜庶克稱朕爲官擇人
之意可

諭吏部尚書詹同洪武四年

吏部者衡鑑之司鑑明則物之妍媸無所遁衡平則

物之輕重得其當蓋政事之得失在庶官任官之賢否由吏部任得其人則政理民安任非其人則瘝官曠職卿等居銓衡之任宜在公平以别賢否

命詹同以翰林院學士致仕勅 洪武七年

勅日朕起布衣提三尺劍總率六師以拯民難延攬英雄以圖至治凡二紀於兹曩者親征武昌平陳之日爾同以文學之美從朕同遊厥後授博士起居注學士皆舉其職又長吏部辨人才之賢否審職任之輕重咸得其宜今年雖已邁猶輸誠效謀迄無少怠

可謂賢也已朕不忍以爾耄年服役奔走特命以翰林學士致仕爾惟欽哉

命右僉都御史鄒來學提督京東軍務勅 正統十四年

勅曰蘇州林南等倉山海等衛所永平等府州縣喜峯等關口收支糧草作弊侵欺其屯田侵占欺隱遵化靈山地產榛實豪右亦多據之與小民爭利今特命爾往蒞其事若姦頑怙終不悛者究治爾宜廉潔公勤凡事從宜區畫務使兵民利便糧餉充盈庶副委托之重適北一路不許將弓箭軍器出關交易違者治之不貸

授會州衛經歷司經歷吳紹徵仕郎周氏林氏孺人勅 成化二十年

勅曰國家設兵衛以分理軍政世襲武臣以處長貳而其幕職則必得儒流乃克有濟爾會州衛經歷司經歷吳紹釋褐成均綜理衛幕歷任既久勤慎可嘉是用進爾階徵仕郎錫之勅命以爲爾榮其益盡乃心毋怠厥職欽哉

勅曰夫婦人倫之始故朝廷推恩羣臣命必及之而

何間於存殁哉爾會州衛經歷司經歷吳紹妻周氏克相其夫溘然早世兹特贈爲孺人命服之華永慰冥漠

勅曰國家推恩臣下而必及其室家所以厚人倫之本也爾會州衛經歷司經歷吳紹繼室林氏恪謹婦道允宜厥家兹特封爲孺人服此榮恩毋忘敬戒

諭祭右僉都御史耿金恭人秦氏文 萬歷八年

制曰惟爾蓄德在躬韜光未試爰及厥配媲美相成篤生嗣賢洊躋膴顯褒綸屢被禄養方崇宜壽考之

駢臻胡音容之永隔兹頒諭祭用示優恩幽靈有知尚其歆服

授雲南道監察御史耿定向文林郎 彭氏孺人勑 嘉靖四十二年

勑曰國家設御史以秉憲度振風紀爲耳目之官而又簡學行兼茂者董畿輔之學政其任至重也匪得其人曷克稱焉爾雲南道監察御史耿定向問學閎深志行端介以明經高第馳譽使垣擢列憲臺驟聞忠犢比廵藩服茂著風裁乃命爾董學政於南畿崇

雅黜浮士習丕變允稱師模之任悦於朕心兹以三載奏績特授爾階文林郎錫之勑命夫鑑以明故可正容繩以直故可形枉今爾居紀綱之司約己飭躬惟明惟直以敷教作人俾賢才彬彬彙征足爲國家之用是朕所望於爾者欽哉

勑曰人臣克秉忠勤以功業自奮者必本之賢助故國家䟽榮錫命旁及中閨嘉相成也爾雲南道監察御史耿定向妻彭氏淑柔貞静壼教夙閑勤儉宜家儆戒在位即爾夫之克祗厥攸罔恤於私可以知其賢而能助矣兹特封爾爲孺人仰承休命尚敦懿修

授都察院右僉都御史耿定向中憲大夫彭氏恭人制 萬曆七年

制曰朕承歡慈極錫慶廷僚睠中臺風紀之司蜚聲惟舊而南國保釐之寄簡畀方新宜霈褒綸用昭寵渥爾原任都察院右僉都御史協理院事耿定向性資鯁介學藴宏深自奮跡賢科宣勞使命列烏臺而執法雅志澄清叅棘署以平刑夙稱明恕暨廻翔外服而還秩内廷洊躋卿寺之榮爰陟中丞之重爾能

樹表儀以貞百度端槩範而肅群僚即履家艱不殊朝列頃從召起例得推恩是用授爾階中憲大夫錫之誥命於戲專席擁旄均屬紀綱之任詰戎飭吏允資文武之才勉旣乃心益祗厥敘尚有崇陟以答忠勞欽哉

制曰惟羔羊正直之節能閑有家惟雞鳴儆戒之賢克贊在位恩必隆於並逮義實取其相成爾都察院右僉都御史協理院事耿定向妻封孺人彭氏夙以士女嬪於儒流順正不違恪守衿鞶之訓儉勤無斁

勳遵圖史之規壼範聿脩官常攸賴是用加封爾爲
恭人增翟茀之光華樹閨闈之懿則
授刑部左侍郎耿定向通議大夫贈恭人彭氏淑
人制 萬歷十五年
制曰朕欽愼祥刑簡需邁德明罰勑法旣深歲閱之
勞進律酬庸宜霈廷綸之寵彝章具在渥命爰申爾
刑部左侍郎耿定向貞操達識邃學宏才甲第蜚英
使垣效節揀居辟省有激揚謇諤之規擢副理司匫
明允綜詳之譽雖抗節中乖於當路而追錚再踐於

亨途尙璽冏卿後先綿歷中丞督撫內外更敭肆勇
退於急流益蔚懸乎雅望起叅憲府晋貳秋官而爾
本明清敬懇之衷鄭罰麗事持忠厚老成之度飭律
求情邦禁以平民風攸賴聿成最績昜靳優恩茲特
授爾階通議大夫錫之誥命於戲皐陶時懋乃功贊
虞帝協中之治蘇公敬爾由獄開周家仁壽之基尙
其愈篤忠貞永追遐矩庶遹爾勞而弗替茲承令問
於有終欽哉
制曰國家優敘勞臣宏推渥典念其閨閣之有助而

錫之寵榮雖其音容之已遐而不忘懋卹爾刑部左
侍郎耿定向妻累封恭人彭氏秉德柔嘉褆身淑愼
相夫君而有俶敦家政以惟雍今圖史之芳規宛然
猶在宜絲綸之顯秩賁爾如生茲特贈爾爲淑人尙
歆三命之崇允紹二南之化
諭祭戶部尙書耿定向文 萬歷二十四年
制曰惟卿學邇淵源德成閎邃歷官四紀著績三朝
白簡輸忠操尤堅於遠謫清標樹節聲屢振於中臺
入歸巖石之瞻士重斗山之仰刓崇八座遽卧二邱

有尙友古人之風懷獨爲君子之耻方資表正何遽
淪亡良配偕藏遺靈不泯宜頒覲祭尙克歆承
諭塟戶部尙書耿定向文 萬歷二十四年
制曰惟臣先朝耆碩後進表儀德彌劭於年高名益
彰於身沒悲生朝野惜夜壑之遽扃祭備榮哀慰冥
魂於如在
贈戶部尙書耿定向太子少保諡恭簡誥命 萬歷二十四年
制曰大臣匡世之功每踰時而益顯昭代勸賢之典

雖没世而猶隆國有彝章朕不敢廢爾戸部尚書耿定向性資端亮學識閎深持白簡以繩違範青衿而有造澄冰朗玉洞流略之精微大敦清鏞識典刑之𩯭髴急推賢奬善之誼懷憂國愛君之心頃思得人而襄天步之安乃由執法而昇地卿之任功成身退望彌重於具瞻憲老乞言政尚須於入告豈謂飾終之請在尋求舊之時世咸悼其云亡朕可微於愍卹玆特贈爾太子少保謚恭簡錫之誥命於戲　恩進秩升華青禁之班節惠尊名加賁黄扃之䆳庶幾清

爽不昧歆承

授工部屯田司主事耿定力承德郎朱氏安人勅

萬歴元年

勅曰朕惟古者寓兵於農其法廢已久屯田之制則稍寓農於兵以節縮軍饋所以佐國計寬民力甚鉅故冬官司田其屬未易任也爾工部屯田清吏司主事耿定力學紹家傳問揚廷對清勤敏茂克舉其官玆以覃恩用授爾階承德郎錫之勅命夫今之屯政弊甚矣内乾没於貴勢而不檢外侵擾於羌夷而莫敉近雖屢飭其法而屢格不行朕甚慮之爾有正學之志則土田甲兵非儒者分外事也尚悉綜周諜以紓朕經遠之懷欽哉

勅曰夫雞鳴之戒恒情也而詩人咏之饋食之敬細事也而春秋載之則人臣室家交儆之私其有録於公朝宜矣爾工部屯田清吏司主事耿定力妻朱氏婉淑能從以相内政爾夫學不弛業官不違箴爾先後之也是用封爾爲安人祗膺並命之榮益茂相成之德

授成都府知府耿定力中憲大夫安人朱氏恭人

誥　萬歴十四年

制曰朕嘉古政平訟理之風思與良二千石共臻斯路惟川蜀之區夙稱險巨而省會之郡尤屬煩難匪得儁賢曷膺殊簡爾四川成都府知府耿定力貞操雅度朗識宏猷甲第蜚英郎曹刻秩士望允孚於積歲官階特借乎專城肆起家艱再司邦寄而爾才優刃解守勵冰清政簡惠孚民懐吏畏可謂郡國之選已玆以歲滿特授爾階中憲大夫錫之誥命於戲惟

生民之命脉係於守牧朕既録爾之舊勞惟朝廷之
紀綱表於臬司朕方畀爾以新命尚勵忠勤之節允
光廸訓之詞欽哉
制曰自昔周南大夫其妻以釆蘋之賢而佐羔羊之
節朕甞嘉之肆旌勸之典可獨遺於厥配哉爾四川
成都府知府耿定力妻封安人朱氏毋訓夙閑閨彛
允廸克勤而儉以贊官常宜承從爵之褒庶表宜家
之範兹特加封爾爲恭人祇象服之孔華勵雞鳴而
匪懈

授都察院右僉都御史耿定力中憲大夫贊治尹
朱氏恭人制 萬歷三十二年
制曰陪京國家豐鎬並設中臺長江襟帶東南特開
軍府聰兹重寄必藉壯猷非有崇褒曷彰懋績爾提
督操江兼管廵江南京都察院右僉都御史耿定力
學富淵源才空湖海制科奮跡郎署宣猷兩郡播循
良之聲八閩歌樂育之惠爰忝藩服八副奉常歷貳
銀臺簡鎮南服而爾赤忠肇畫精白激揚肅令簡師
除戎設堠舳艫啣尾波澄牛渚之宫旌旆摇雲天塹
龍江之渡軍實討而南國既鞏偏師濟而西陲亦清
既奏膚功宜更新命是用授爾階中憲大夫贊治尹
錫之誥命於戲外寧内憂方軫釁萌之戒有備無患
宜深桑土之謀盍輸幹濟之猷用副樞衡之託
制曰閫外持衡式布安攘之烈閨中捧玉用襄文武
之猷既奏臺庸宜更綸命爾提督操江兼管廵江南
京都察院右僉都御史耿定力妻先封安人又封恭
人朱氏珩璜比潤圖史爲儀出自華宗歸於名士相
夫子以從官周旋中外秉婦順而佐饋拮据初終聰

兹周南鎖鑰之功盍覩江漢琴瑟之化是用仍封爾
爲恭人翟茀洊加象服既加於三錫蘋蘩矢志雞鳴
無替於一心
諭祭兵部侍郎耿定力文 萬歷三十五年
制曰惟爾操修愼密氣度沖恬粉署蜚聲黄堂著績
教旣敷於多士望尤峻於清卿廼建節以佐臺風行
畿甸遂貳樞而奮武兵戢潢池方資豐水之長城遽
痛峴山之短碣聰惟盡瘁良用盡傷祭葬並頒爾靈
歆服

贈兵部侍郎耿定力戶部尚書誥命 萬曆三十五年

制曰留樞貳卿厥任惟重有如威望素孚生資彈壓没貽典刑其所風軌遠巳爾原任南京兵部右侍郎耿定力操履端貞才猷敏練郎曹楙慎勤之績治郡起卓異之稱擢典文衡允推明鑑繼叅藩政尤著清修逮卿寺之游颺遂留臺之久借兼開牙纛晉副戎樞指顧風清既覘江洋之乂謐威凌霜肅旋看戎莽之潛夷內外歷仕兩朝始終惟堅一節宣茲偉烈未需恩褒奏最方聞訃哀踵至艮足悼巳是用贈爾爲

南京戶部尚書錫之誥命於戲文綏武振折衝素裕乎五兵公望卿材模楷允宜乎八座歆茲寵綍賁爾幽扃

授禮部儀制司主事彭遵古承德郎妻胡氏安人

勅 萬曆二十八年

制曰昔唐史稱李珏爲儀曹特推清廟之器益南宮華秩式資時秀朕茲歲月而優叙之惟年勞是視益其重也爾禮部儀制清吏司主事彭遵古經術名家廷掄儁望抗章得罪薄譴賜環起之膠序之間遂入成均之署歷試茲久乃簡清班而爾亮節孤高沖夷恬遠識從世練地與各高由客部以升華佐秩宗而匪懈茲當考績特授爾階承德郎錫之勅命夫國家禮文之事詳在令甲非行之難爲人實難爾公忠自許亦無忝寅直之司矣夔龍之選豈異人任勉持厥美慕之昔賢朕且有顯昇焉

勅曰夫琴瑟靜好體相儷而道相成士所爲夙夜在公未有資其敬助而不偕之榮寵者爾禮部儀制清吏司主事彭遵古妻胡氏夙承女訓來嬪儒英清約

自甘拮据共勵既偕華路彌賛素風無慚雜佩之勤有美溪毛之薦眷儀曹之奏績宜閨閫之同褒是用封爾爲安人丕昭象服之光益引鵲巢之福

授戶部右侍郎周思敬通議大夫妻王氏李氏淑人勅 萬曆二十五年

制曰地官有貳佐厥長所以佐王天物無私裕乃猷斯能裕國懍予楙賞視爾成勞爾戶部右侍郎周思敬學探本始行尚眞純自賛起曹屢更劇任流使星於數道化洽懷棠省卿月於兩都功垂衣藻爰叅水

部載貳版曹洞曉物情習知民隱事從先甲志協同
寅有無共酌於苦心出入必防其甘口用禪邦計罔
乏軍興奏績既成疏恩可後茲授爾階通議大夫錫
之誥命今天下民窮財盡入少出多三十年之逋計
謂何五百萬之邊儲未已矧海氛之告惡郎山積以
難支頼爾老成爲予宏濟成利國不言之利益懋前
猷論功人轉餉之功行膺後命欽哉
制曰倫昭儷升誼寔齊於賓友我紱子佩盟夙重於
室家肆褒司版之良臣必及授綏之元配爾戶部右

黃安縣志　藝文卷九上　制誥　十四

侍郎周思敬妻贈安人王氏毓自名宗嫺於內則筦
筐無[illegible]惟佐餕以脩虔琴瑟方諧乃絶絃之遘閔追
惟往勩宜服新恩茲加贈爾爲淑人龍章載賁乎幽
阡象服永光乎遺玦
制曰重臣體國功克集於含章淑媛宜家化式襄於
主利既篤相成之誼宜隆並貴之恩爾戶部右侍郎
周思敬繼妻封安人李氏揚懋女士儷美人英巽順
承前修潔有嚴於錡釜坤貞居後服勤無斁於絺綌
功著外成恩宜內逮茲加封爾爲淑人游升翟褘之

華永守鵲巢之範
授廣東道監察御史周家棟文林郎妻羅氏孺人
勅萬曆三十年
勅曰朕以天下爲車以法度爲銜勒而以風紀之臣
爲之御御史者非所謂風紀之臣與得其人則法度
肅而天下治不得其人則法度廢而天下亂然則其
任至重未易稱也爾廣東道監察御史周家棟性開
心遠學邃猷長早歲登朝芳標蓋世爰起家於花縣
遂珥筆於柏臺而爾持操如弦洗心似水入執簡於

黃安縣志　藝文卷九上　制誥　十五

杜後出理雝於海邉皆以蹇直著稱澄清流聞朕甚
嘉之茲特以覃恩授爾階文林郎錫之勅命夫今之
天下雖曰治安然而吏少奉公之節士多養驕之風
比周之跡已彰尙矜介持由徑之跡漸露猶謂貞方
朕甚耻焉茲欲一道以同風惟爾揚清而激濁
勅曰御史簪筆侍朕進思盡忠退思補過方其退也
必得內賢恬安乃無逸思爾廣東道監察御史周家
棟妻封孺人羅氏禔躬儉謹秉度溫純顯約無違倡
隨攸歲蓋婦人無儀其爲儀也大矣爾夫以皂囊馳

譽有以也茲仍封爾爲孺人尚益飭其容功將永同
其福祿
授順天府通判承德郎耿應昌安人韓氏安人劉
氏勅　天啟六年
勅曰朕綜核吏治欲作民庸念槩望亦有從事之司
而京師尤爲四方之極故判馮翊者必才誠卓茂其
慎茲選也爾順天府通判耿應昌禔躬靡懈服采維
勤展驥足於題輿試鴻圖於騄駕羣空冀北五花之
剖決如流價重荆南三輔之翼安攸繫以全材而畀

重地賴有斯人蘇半刺而縮通綸繫惟異日數馬而
識朝廷之富理財而裕軍國之需貽厥孫謀景仰三
朝舊碩繩其祖武威名千里神京周集箕弓裘治之
休適叶風虎雲龍之會茲授爾爲承德郎益勵廉能
之節俞擥愛戴之心如古之渤海漁陽誠所稱黽勉
任職者矣彼猶然外郡也況處輦轂之旁尤朕所式
憑者乎詩曰柔遠能邇以定我王爾其念之朕有顯
擢
勅曰鳴鴈之音宜家攸繫儆雞之佐沒世不忘是以
慢服致警於昔賢悼亡鍾情於篇什苟生榮之不逮
撫徃帨者詎無遺恧之思乎爾順天府通判耿應昌
妻韓氏毓自德門嬪於名閥孝思根之天植女德備
乎坤貞曳縞揚𩟄玉之輝河山式度贊裏潔湘蘋之
薦沼沚尸齊用襄震旦於明星克贊象賢之濟美籙
旌初掛寶鏡空懸念此音徽可忘寵賜茲贈爾爲安
人元壤榮日月之光綸綍耀松楸之色
勅曰古之廉吏以帷帳器務悉付外庭而其家安焉
固知砥節矢公不獨丈夫之概亦佐閫者之備士行

而嫻士才也爾順天府通判耿應昌繼妻劉氏乃南
京吏部尚書劉采之孫女毓秀名門作嬪吉士陳詩
式史夙稟鄭康成之義方紛帨芳徃早閑謝太傅之
內則敬戒無違夫子仁讓宜其家人秉儉而晝屏鉛
華襄廉而躬先縞素固能贊羔羊以著節自宜錫木
鳳以疏榮茲封爾爲安人月綸賁龍衮之光令德祇
翟珈之寵
授員外郎趙教并妻梁氏安人勅
勅曰國家五兵分領於樞府而大司馬則總其政[illegible]能

列秩彝綜卽闈稱爲茂選而武弁淸黄厥任尤重非
明愼之士曷克稱焉尔兵部職方淸吏司署員外郎
主事趙教賢科擢穎革邑流徽陟于夏冑爰稽譽望
俾司淸黄之務而尔樸素宅心應勤効職蔚有休聞
乃晋茲秩恭愼精詳勞能益著戎政有裨茲以考績
聞特授爾階承德郎錫之勅命夫叙勳績以辨世系
嚴稽核以釐弊端其責寄甚艱也夏卿以尔老成練
達專之任使當益殫乃心力懋圖遠效務稱朕選授
之意欽哉

初任四川潼川州遂寧縣知縣
二任刑部廣東淸吏司主事
三任兵部武選淸吏司主事
四　任　今　職
勅曰朕惟人臣勤勞王事罔恤于私者必有賢助相之
雞鳴之詩所以爲訓也褒寵之典庸可後哉尔兵部
職方淸吏司署員外郎事主事趙教妻梁氏孝敬慈
和恪脩婦道相夫儆戒丕著聲猷罔懷內顧尔之賢
足稱矣茲特封爲安人尚服綸褒益敦壼範

嘉靖四十年十一月二十五日
授貴州石阡府知府彭絅祖中憲大夫妻張氏吳
氏爲恭人勅　順治十八年
制曰國家推恩而錫類臣子懋德以圖功懿典攸存忱
恂宜勗爾貴州石阡府知府彭絅祖持躬克謹任事
惟勤奉職有年洊膺郡牧克著循良之譽聿彰表率
之能慶典欣逢新綸用賁茲以覃恩特授爾階中憲
大夫錫之勅命於戲式宏車服之榮用勵顯揚之志
尚欽榮命益矢嘉猷

制曰靖躬爾位艮臣既效其勤黽勉同心淑女宜從其
貴爾貴州石阡府知府彭絅祖妻張氏克嫺內則能
貞順以宜家載考國常應褒嘉以錫寵茲以覃恩贈
爾爲恭人於戲敬爲德聚實加警戒以相成恩以義
均豈以存亡而異視
制曰嘉猷匡國在艮臣匪懈厥躬懋爵酬庸卽繼室應
霑盛典爾貴州石阡府知府彭絅祖繼妻吳氏嗣徽
中饋並著相夫之勤令德如琴允膺中錫之命茲以
覃恩贈爾爲恭人克著令儀宜恩綸之並寵式彰壼

範尙翟服之欽承

授直隸廣平府永年縣知縣盧綖文林郎妻彭氏孺人勅 康熙十四年

制曰錫類推恩朝廷之大典分猷亮采臣子之常經爾直隸廣平府永年縣知縣盧綖職任牧民才堪良吏清廉克彰乎庶事慈惠允著於當官慶典適逢新綸宜沛茲以覃恩授爾爲文林郎錫之勅命於戲宏敷章服之榮用勵靖共之誼欽茲寵命懋乃嘉猷

制曰恪共奉職良臣旣殫厥心貞順宜家淑女爰從其

貴爾直隸廣平府永年縣知縣盧綖妻彭氏含章協德令儀夙著於閨闈黽勉同心內治尤成於夙夜茲以覃恩封爾爲孺人於戲龍章載渙用褒儆戒之勤翟茀欽承益勵柔嘉之則

授日講起居注翰林院編修張希良文林郎妻彭氏孺人勅 康熙二十六年

制曰丹地儲才妙簡金閨之彥木天奉職夙推玉署之英爾日講起居注翰林院編修張希良學通載籍品著珪璋珥筆西清會領窺乎四庫分藜東觀雅擅譽

夫三長茲以覃恩授爾爲文林郎錫之勅命於戲抉藻䌷論思之選蹟榮及清切之班渥澤宜承素修加勵

制曰丕績奏於中朝端賴閨家之助寵章頒乎慶典宜分齊體之榮爾日講官起居注翰林院編修張希良妻彭氏早習女儀克修婦職雞鳴交儆旣砥節於素絲蠶績執勞用邀恩於紫綍茲以覃恩贈爾爲孺人於戲巾褘彰和順之風鸞書誕賁廷陛煥褒嘉之命翟茀永貽

授四川敘州府隆昌縣知縣吳應庚文林郎妻韓氏孺人勅 康熙二十七年

制曰分符百里必遴出宰之材報最三年爰重懋官之典爾四川敘州府隆昌縣知縣吳應庚雅擅才能克宣慈惠撫綏有要常深疾痛在己之心懷保無窮不忘顧復斯民之責茲以覃恩授爾爲文林郎錫之勅命於戲前勞已茂用褒製錦之能來軫方遒益勵飲冰之操

制曰良臣宣力於外効厥勤勞賢媛襄職於中膺茲寵

錫爾四川敘州府隆昌縣知縣吳應庚妻韓氏終溫
且惠旣靜而專綦縞從夫克贊素絲之節蘋蘩主饋
爰流彤管之輝兹以覃恩封爾爲孺人於戲敬爾有
官著肅雍而並美職思其內廸黽勉以同心

授浙江紹興府山陰縣知縣盧緯文林郎妻梅氏
孺人勅 康熙二十七年

制曰分符百里必遴出宰之材報最三年爰重懋官之
典爾浙江紹興府山陰縣知縣盧緯雅擅才能克宣
慈惠撫綏有要常深疾痛在已之心懷保無窮不忘

顧復斯民之責兹以覃恩授爾爲文林郎錫之勅命
於戲前勞已茂用褒製錦之能來軫方遒益勵飲冰
之操

制曰良臣宣力於外効厥勤勞賢媛襄職於中膺兹寵
錫爾浙江紹興府山陰縣知縣盧緯妻梅氏終溫且
惠旣靜而專綦縞從夫克贊素絲之節蘋蘩主饋爰
流彤管之輝兹以覃恩封爾爲孺人於戲敬爾有官
著肅雍而並美職思其內廸黽勉以同心

以上舊志

新纂制誥 藝文上

制誥多駢體
宸翰天章鉅典煌煌非經生家言可比前志已另標首載
矣兹仍列藝文上餘俱以中下別之以見
王言綸綍之有異尋常也

李忠憲公勅書 宋乾道五年 李文靖公六世孫贈工部尚書

勅曰隨州觀察使李顯忠授威武軍節度使充左金吾
衛上將軍封食實封如故 朕運文武之大柄以濟
時操賞罰之至權以御下念秦伯用孟明之意與馮

唐面文帝之言眷乃勁臣久於閒地肆頒新渥靡限
舊章李顯忠挺志堅剛禀姿票鋭生知大義旣用夏
以變夷薦奏膚功期捐軀以報國粤若 國朝之制
凡厥將帥之臣或元戎擁節之行或周衛執金之守
昔鮮聞於並授今特出於異恩內以增輦轂之嚴外
以爲屏翰之重皆將觀政非以假人 賜璽書

李忠定公勅書 宋紹興二年

勅曰故相李綱除觀文殿大學士判湖廣南路宣撫使
知潭州 朕睠彼荆湘之上流旁連交廣之五管

震擾未靖輯綏是圖必得重臣用康遣俗思故相李
綱器質英邁才猷敏明忠誠足以動衆心剛果足以
任大事向繇人望首罷宰司去國累年公議攸屬晉
畀謀帥莫居郤縠之先周室任賢疇若召公之翰俾
專閫制往布恩言仍躋秘殿之華式爲南服之伯顧
位均分陝矧繫國步之方艱庶功比平淮無使前人
而專美惟於舊弼無待費辭　賜璽書

李文清公勅書　宋嘉熙元年

勅曰工部侍郎李宗勉兼給事中朝廷之政根本於中

書而樞機於門下出入考慎然後布之天下一成而
不反後世有遞焉雖用人惟均而封駁之任其選尤
重工部侍郎李宗勉文學議論世其先人典章憲度
博通前世辭命之富多而愈工風力之優煩而不亂
其服新命益修厥官使爲政者難於造令而承流者
無所議法則惟汝賢　賜璽書

國朝贈孟存謨文林郎妻張氏爲孺人誥　康熙四十九年

制曰求治在親民之吏端重賢良教忠勵資敬之忱妻
隆褒奬爾孟存謨乃現任直隸東光縣知縣孟應瑄
之父視躬醕厚垂訓端嚴業可開先式穀乃宣猷之
本澤堪啟後貽謀裕作牧之方茲以覃恩因爾子克
襄王事贈爾爲文林郎錫之誥命於戲克承清白之
風嘉茲報政用慰顯揚之志昭乃貽謨

制曰廷朝重民社之司功推循吏臣子凛冰淵之操教
本慈幃爾張氏乃現任直隸東光知縣孟應瑄之母
淑慎其儀柔嘉則爲宣訓詞於朝夕不忘育子之勤
集慶澤於門閭式被自天之寵茲以爾子克襄王事
贈爾爲孺人於戲仰酬顧復之恩勉思撫字載煥絲

綸之色永賁幽潛

贈陳其新武德將軍妻周氏爲宜人誥　乾隆二年

制曰寵綏國爵式嘉閫閱之勞蔚起門風用表庭闈之
訓爾陳其新乃守備管江南淮安衛二帮領運千總
事陳英之父義方啟後穀似光前積善在躬樹艮型
於弓冶克家有子拓令緒於韜鈐茲以覃恩贈爾爲
武德將軍錫之誥命於戲錫策府之徽章存承恩澤
荷天家之休命永賁泉壚

制曰恬恃同恩人子勤思於將母赳桓著績王朝錫類

以榮親爾守備管江南淮安衛二幫領運千總事陳英之母周氏七誡嫻明三遷勤篤令儀不忒早流珩瑀之聲慈教有成果見干城之器茲以覃恩贈爾爲宜人於戲錫龍綸而煥采用答劬勞被象服以承休永光泉壤

乾隆二年

授淮安衛守備陳英武德將軍妻王氏爲宜人誥

制曰區畫軍屯兵食聿關大計賢勞王事人臣實有常經爾守備管江南淮安衛二幫領運千總事陳英展

力戎旃留心武備伍符尺籍能修閫閱之規輓粟飛芻具展精勤之績克彰前効用沛殊施茲以覃恩特授爾階武德將軍錫之誥命於戲無忘介胄之勞祗承異渥式錫絲綸之寵並布新猷

制曰策府疏勳甄武臣之茂績寢門修業闡賢助之徽音爾守備管江南淮安衛二幫領運千總事陳英之妻王氏毓質名閨作嬪右族擷蘋采藻夙彰宜室之風說禮敦詩具見同心之雅茲以覃恩封爾爲宜人於戲錫寵章於閫闈惠問常流荷嘉奬於絲綸芳聲永劭

貤贈甘受信文林郎妻喻氏爲孺人誥乾隆十六年

制曰考績報循良之最用奬臣勞推恩溯積累之遺載揚祖澤爾甘受信乃江西廣信府興安縣甘學緒之祖父錫光有慶樹德務滋嗣清白之芳聲澤留再世衍芳裘之令緒佑篤一堂茲以覃恩貤贈爾爲文林郎江西廣信府興安縣錫之勅命於戲聿修念祖膺茂典而益勵新猷有穀貽孫發幽光而丕彰潛德

制曰册府酬庸聿著人臣之懋績德門輯慶式昭大母

之芳徽爾江西廣信府興安縣知縣甘學緒之祖母喻氏箴誠揚芬珩璜表德織勤內助宜家久著其賢聲澤裕後昆錫類式承乎嘉命茲以覃恩貤贈爾爲孺人於戲播徽音於彤管壼範彌光膺異數於紫泥天庥永劭

又是年甘雲彰贈文林郎妻王氏贈孺人以子學緒爲江西興安縣令蒙封　誥詞與前孟存詵同

乾隆二十六年秦國鉉贈文林郎妻蕭氏贈孺人以孫人藩爲湖南長沙府教授貤封　誥詞與前甘

受信夫婦同

贈秦學海文林郎妻曹氏爲孺人誥 乾隆二十六年

制曰資父事君臣子篤匪躬之誼作忠以孝國家宏錫類之恩爾秦學海乃湖南長沙府教授秦人藩之父善積於身祥開厥後教子著義方之訓傳家裕堂構之遺茲以覃恩封爾爲文林郎錫之敕命於戲殊榮必逮於所親寵命用光乎有子尚宏佑啟益勵忱恂

制曰奉職在躬嘉教勞之有自推恩將母宜錫典之攸隆爾曹氏乃湖南長沙府教授秦人藩之母壼範宜

家夙協承筐之織母儀貽穀載昭畫荻之芳茲以覃恩贈爾爲孺人於戲彰淑德於不瑕式榮象服膺寵命之有赫永賁泉壚

乾隆三十六年秦學海贈文林郎妻蕭氏贈孺人以子人藩爲常德府沅江縣令覃封　誥詞與前孟

存謨夫婦同

授秦人藩文林郎妻黃氏爲孺人誥 乾隆三十六年

制曰分符百里必遴出宰之材報最三年爰重懋官之典爾湖南常德府沅江縣知縣秦人藩雅擅才能克宣慈惠撫綏有要常深疾痛在己之心懷保無窮不忘顧復斯民之責茲以覃恩授爾爲文林郎錫之敕命於戲前勞已茂用褒製錦之能來軫方遒益勵飲冰之操

制曰良臣宣力於外效厥勤勞賢媛襄職於中膺茲寵錫爾湖南常德府沅江縣知縣秦人藩之妻黃氏柔溫且惠既靜而專綦縞從夫克贊素絲之節蘋蘩主饋爰流彤管之輝茲以覃恩封爾爲孺人於戲敬爾有官著肅雍而並美職思其內迪黽勉以同心

貤贈荊門州學正孟之春文林郎妻江氏況氏均爲孺人誥 嘉慶元年

制曰考績報循良之最用奬臣勞推恩溯積累之遺載揚祖澤爾原任湖北荊門州學正孟之春乃陝西鳳翔府寶雞縣知縣孟正笏之祖父錫禔慶樹德務滋嗣清白之芳聲澤留再世衍裘之令緒祜篤一堂茲以覃恩貤贈爾爲文林郎陝西鳳翔府寶雞縣知縣錫之勅命於戲聿修念祖膺茂典而益勵新猷有穀貽孫發幽光而丕彰潛德

制曰册府酬庸聿著人臣之懋績德門輯慶式昭大母之芳嶶爾江氏乃陝西鳳翔府寶雞縣知縣孟正笏之嫡祖母儀誠揚芬珩璜表德職勤内助宜家久著其賢聲澤裕後昆錫類式承乎嘉命兹以覃恩貤贈爾爲孺人錫之勅命於戲播嶶音於彤管壼範彌光膺異數於紫泥天庥永劭

制曰懋績孔昭國憲重五章之命賢聲克纘母儀流三世之祥爾况氏乃陝西鳳翔府寶雞縣知縣孟正笏之生祖母婉嫕承徽柔嘉濟美裕孫枝而式穀群推遳室之賢循内則以無違用啟亢宗之彦兹以覃恩貤贈爾孺人錫之勅命於戲沐殊榮於三錫懿德流光集繁祉於一堂新綸丕煥

又是年生員孟道文贈文林郎妻江氏贈孺人以子正笏爲陝西寶雞縣令覃封　誥詞與前孟存謨夫婦同

嘉慶四年孟正笏以前任陝西寶雞縣調同州府華陰縣令授文林郎妻張氏爲孺人　誥詞與前秦人潘夫婦同

嘉慶七年贈孟道文朝議大夫妻江氏爲恭人以子正笏任貴州鎮遠府清江通判加三級覃封　誥詞與前孟存謨夫婦同

嘉慶十五年貤增貢生秦大樟爲奉直大夫妻石氏爲宜人以子光扆任直隸完縣知縣覃封　誥詞與前孟存謨夫婦同

嘉慶十五年贈庠生秦學泗奉直大夫妻陳氏鄧氏爲宜人以孫光扆任直隸完縣知縣覃封　誥詞與前孟之春夫婦同

嘉慶二十五年黄如恒貤贈文林郎妻董氏爲孺人以孫鳳詔任廣東瓊州府澄邁縣令覃封　誥詞與前孟之春夫婦同

是年黄天聰贈文林郎妻華氏爲孺人以子鳳詔任廣東瓊州府澄邁縣令覃封　誥詞與前孟之春夫婦同

授孟正笏朝議大夫妻張氏爲恭人誥　道光七年

制曰璽綬風清聿重貳藩之選紫泥雲煥用慰佐政之勞爾現任貴州鎮遠府清通判加三級孟正笏贊理

名疆輔宣雅化鏕連五馬展驥足於康莊綸綍半通被龍章於策府茲以覃恩因爾克襄王事授爾爲朝議大夫錫之　誥命於戲官因人重當思别駕之榮職與民親尚奏分符之績

制曰良臣宣力於外効厥勤勞賢媛襄職於中膺茲寵錫爾現任貴州鎮遠府清江通判加三級孟正笏之妻張氏終温且惠既静而專纂縞從夫克贊素絲之節蘋蘩主饋爰流彤管之輝茲以覃恩因爾夫克襄王事贈爾爲恭人於戲敬有官著肅雍而並美職思

其内垂淑慎之遺徽

貤封張允坦朝議大夫妻項氏爲恭人誥 道光八年

制曰誼篤靖共入官必資於敬功歸誨廸猶子亦教以忠爰沛國恩用楊家訓爾陝西候補未入流張允坦廼江西南安府知府張錦珩之叔父躬修士行代啟儒風抱璞自珍克圭璋之秀儲才足用聿彰杞梓之良茲以覃恩貤封爾爲朝議大夫江西南安府知府錫之　誥命於戲昭令問於經籯書貽刻鵠佩徽章於策府寵賁廻鸞茂典丕承榮名益劭

制曰家有孝慈之範美以相濟而成國崇褒錫之文恩以並推而厚爾項氏廼江西南安府知府張錦珩之叔母德可相夫教能啟後一堂環珮和音克著其慈祥五夜機絲内治聿昭其柔順茲以覃恩貤封爾爲恭人於戲溥一體之榮施鸞書賁采表同心於訓廸象服分光

道光八年贈太學生秦學治奉政大夫妻胡氏爲宜人以姪孫光扆任直隸河間府景州知州加一級貤封　誥詞與前孟正春夫婦同

道光八年贈增貢生秦大樟奉政大夫妻石氏爲宜人以子光扆任直隸河間府景州知州加一級貤封　誥詞與前孟存謨夫婦同

贈廪生吳擬升文林郎妻李氏爲孺人以孫吳中理任山西浮山縣知縣貤封　誥詞與前孟正春夫婦同

贈吳文煒文林郎妻耿氏爲孺人以子吳中理任山西浮山縣知縣崇封　誥詞與前孟存謨夫婦同

授浮山縣知縣吳中理文林郎妻盧氏爲孺人　誥

誥詞與前秦人藩夫婦同
贈山西浮山縣知縣吳中理奉政大夫妻汪氏盧氏爲宜人以子吳性誠任福建臺灣府淡水同知加三級覃封　誥詞與前孟存謨夫婦同
授前任福建臺灣府彰化縣知縣現任福建臺灣府淡水同知加三級吳性誠奉政大夫妻孟氏爲宜人　誥詞與前孟正笏夫婦同
贈汪德綸朝議大夫妻耿氏爲恭人誥道光三十年
制曰誼篤靖共人官必資於敬功歸誨迪能仕而教之

忠爰沛國恩用揚庭訓爾歲貢生汪德綸廼工部都水司郎中加二級汪潤之父躬修士行代啟儒風抱璞自珍克毓圭璋之秀析薪能荷彌贍杞梓之良茲以覃恩贈爾爲中憲大夫工部都水司郎中加二級錫之誥命於戲貽令聞於經籯義方夙著佩崴章於策府禮秩加優茂典丕承湛恩允荷
制曰移孝作忠懋簡勞臣之績推恩錫類式彰母之名載賁榮綸用宣懿範爾耿氏廼工部都水司郎中加二級汪潤之母早嫻典則夙著規型敬以從夫宜室聿徵其順德勤於教子備官一本於慈祥茲以覃恩贈爾爲恭人於戲荷彩翟之天章崴音益暢被彤毫之仙藻惠問常流祗服寵光式綏福曜
是年贈汪元需朝議大夫妻江氏爲恭人以生子汪潤工部都水司郎中加二級貤封　誥詞與嗣父母德綸夫婦同
貤贈汪守謨朝議大夫妻劉氏王氏爲恭人誥
道光三十年
制曰沛酹庸之慶典茂對皇休敷錫類之殊榮曲成臣

孝爾汪守謨廼工部都水司郎中加二級汪潤之祖父貧裘紹緒詩禮垂聲貽厥孫謀樹芳規於珂里繩其祖武奏茂績於彤廷茲以覃恩貤贈爾爲朝議大夫工部都水司郎中加二級錫之誥命於戲開堂構以培基德鍾家慶沛綵綸而錫命澤渥泉臺
制曰重闈衍慶淵源早裕夫孫謀盛世推恩綸綍載揚夫母範爾劉氏王氏廼工部都水司郎中加二級汪潤之祖母高門毓德華閥傳芳有穀貽孫賴同心於內助自天申命表異數於中闈茲以覃恩貤贈爾爲

恭人於戲光生褕翟常昭彤管之輝德娩珩璜允著
徽章之色
授工部都水司郎中汪潤朝議大夫妻鄒氏爲恭
人誥道光三十年
制曰辨百物以程工事專起部飭五材而庀務職重郎
官爾工部郎中加二級汪潤才略素優經綸克展不
懈於位度材辨物之必精敬服厥官日省月試之無
曠兹以覃恩授爾爲朝議大夫錫之誥命於戲矢靖
共於夙夜惟既厥心表勵翼於綸綍用風有位

制曰臣心恪慎著茂績於同行婦職修明樹令儀於中
閫爰頒慶典俾荷榮褒爾工部郎中加二級汪潤之
妻鄒氏茂族令芳名門作儷素風自矢克敦圖史之
型清節相規無歿縞綦之度兹以覃恩封爾爲恭人
於戲表從夫之大義翟茀承恩沛逮下之深仁魚軒
被寵祗承休命益邵嘉名
貤封耿秉書修職郎妻蔡氏爲八品太孺人誥
咸豐十年
制曰任使需才稱職志在官之美馳驅奏効報功膺錫

類之仁爾耿秉書乃湖北荊州府學以教諭銜管訓
導事耿瀾之父雅尚素風長迎善氣夛治克勤於庭
訓箕裘丕裕夫家聲兹以覃恩貤贈爾爲修職郎錫
之敕命於戲肇顯揚之盛事國典非私酬燕翼之深
情臣心彌勵
制曰奉職無愆著肆勤勞之績致身有自宜酬鞠育之恩
爾蔡氏乃湖北荊州府學以教諭銜管訓導事耿瀾
之母淑範宜家令儀昌後早相夫而教子俾移孝以
作忠兹以覃恩貤贈爾爲八品孺人於戲貢象服之

端嚴誕膺鉅典錫龍章之渙汗允播徽音
咸豐十年正月初一日贈張廷鳳修職郎妻程氏爲
八品孺人曹氏爲八品太孺人以子家俊任湖北
大冶縣教諭銜訓導貤封　誥詞與前耿瀾之父
母同
按所報　制誥官階等者誥詞皆同惟姓氏異耳兹
謹將封年在前者錄其全詞餘俱於某年授封標其
本職並封贈內外各銜按實分紀其誥詞同前者統
以誥詞與前某同志之免致重見叠出非故從略以省文也

制誥補遺

授詹啟倫振威將軍李氏程氏爲一品夫人誥 咸豐十一年

制曰閫外疏功特重丈人之任師中樹績爰標上將之名望起干城恩頒綸綍爾賞戴花翎胡爾察巴圖魯名號提督銜江南徐州鎮總兵詹啟倫謀猷克壯材藝兼優早執銳以披堅久司軍旅乃建牙而仗節遂總戎麾裘帶從容功信成於樽俎車徒整練勢儼奠夫金湯爰賁寵綸俾膺嘉獎茲以　覃恩特授爾爲振威將軍錫之誥命於戲式頒殊寵用酬閫閾之勳祗服崴章益展韜鈐之略尚勤後効無替前勞

制曰推恩錫類王臣奏秉鉞之勳履信思莊碩女著宜家之美艮型既播茂獎宜加爾賞戴花翎胡爾察巴圖魯名號提督銜江南徐州鎮總兵詹啟倫妻李氏毓秀名閨作嬪右族恪恭當室率禮法於珩璜黽勉相夫樹勳名於帷幄特頒令典俾闡崴音茲以　覃恩封爾爲一品夫人於戲被七章之褕翟象服攸宜賁五色之絲綸鸞書有耀祗承顯命允樹芳規

制曰功成帷幄錫天寵於中權化起閨闈沛殊恩於內助爰申茂獎用闡芳型爾賞戴花翎胡爾察巴圖魯名號提督銜江南徐州鎮總兵詹起倫之繼妻程氏孕玉名門承筐鼎族宜家宜室早知伉儷增光織素織縑果見後先媲美綸章寵錫慶澤均沾茲以　覃恩封爾爲一品夫人於戲播彤管之芳猷垂聲璜珮佩緗函之舄奕流譽笄珈休命祗承榮名益邵

贈詹時成振威將軍雷氏爲一品夫人誥

制曰國爵攸崇樹鷹揚之偉烈家聲光大表燕翼之良謨特布新綸用彰舊德爾詹時成迺賞戴花翎胡爾

察巴圖魯名號提督銜江南徐州鎮總兵詹啟倫之父清門代啟素履恭修教子義方早授豹韜之略傳家忠孝果符鵲印之祥慶典式逢崇階宜陟茲以　覃恩贈爾爲振威將軍錫之誥命於戲顯揚克遂庥哉天室崴章作述交輝展也人倫盛事令名無斁世澤長垂

制曰元戎受任既叶吉於師貞閫範貽芳更惟原於母德克光內則載錫殊恩爾雷氏迺賞戴花翎胡爾察巴圖魯名號提督銜江南徐州鎮總兵詹啟倫之母

早習規型夙嫻圖史令儀不忒表懿範於閨門慈母有成樹鴻勳於幕府式頒慶典用闡徽音茲以　覃恩贈爾爲一品夫人於戲錫茂獎於蘭陔芳蕤益播被惠風於慈琨馨澤彌新祗服誥詞允揚休聞

貤封詹文增振威將軍張氏爲一品夫人誥

制曰爾詹文增迺賞戴花翎胡爾察巴圖魯名號提督銜江南徐州鎮總兵詹啟倫之祖父茲以　覃恩贈爾爲振威將軍錫之誥命　爾張氏迺詹啟倫之祖母茲以　覃恩贈爾爲一品夫人　誥詞俱與前同

貤封詹孟懷振威將軍黃氏爲一品夫人誥

制曰宣暢國威統三軍而奏績采甄累德溯四世以推恩積慶有餘流光自遠爾詹孟懷迺賞戴花翎胡爾察巴圖魯名號提督銜江南徐州鎮總兵詹啟倫之曾祖父純心抱質善氣儲祥不建廼家允紹弓裘於弈葉光昌厥後誕生英異於高門爰賁徽章俾揚令聞茲以　覃恩贈爾爲振威將軍錫之誥命於戲箸纓赫奕式隆一品之殊榮綸誥輝煌用慰九原之夙志祗承寵命長播休聲

黃安縣志卷之九

知黃安縣事陳瑞瀾 陶大夏 主輯

藝文志

新纂制誥

贈處士陶淵奉政大夫妻姜氏涂氏王氏爲宜人

誥萬歷八年

制曰彝典旌賢必貤榮於再世善人種德乃萃祉於賢孫惟國恩推及於前民斯孝悃得伸於祖考爾陶淵乃四川兵備道陶采之祖父身雖列於草茅心早殷

乎廊廟繼家聲於五柳咸高長者之風綿令緒於百梅爰篤後昆之祚慶澤孔遐褒章宜茂茲特封爾爲奉政大夫修治庶尹式增賁於九泉永流芳於萬世

制曰似續彰祖妣之休吉占稱王母之福肆國家有推崇之典俾大臣遂報本之思爾姜氏涂氏王氏乃四川兵備道陶采之祖母順以相夫懋篤蘋蘩之敬勞以教子載揚機杼之風既後先之共事亦配匹之相成鵲巢始睦乎宗淵螽斯再祥於後嗣茲特封爾爲宜人恩推槁壤澤及荒墟尚歆三世之榮允繼二南

之美

贈陶文明奉政大夫妻黄氏宜人誥萬歷元年

制曰家凜義方之訓始能移孝以作忠國推錫類之恩是謂因親而教愛矧茲顯秩能弗榮施爾初授文林郎陶文明乃四川馬湖府知府陶釆之父賦性端方稟資樸茂慶善旣叶乎鄉評詩禮早嚴乎庭訓克家有子啓後維賢未霑祿養於生前難靳令名於身後茲特加封爾爲奉政大夫如子官宜羨龍章之孔赫預貽燕翼於無窮

制曰積慶之源實基於內德式穀之教更藉乎母儀想予麻尹之心定切慈闈之慕可無恩渥以廣孝思乎爾初授孺人黄氏乃四川馬湖府知府陶釆之母毓自德門來勤望族章明婦順相夫成內助之賢肅愼母儀教子切斷機之訓茲特加封爾爲宜人並隆丞畀之儀彌篤雲礽之祜

制曰有功於國者恒資父以事君丕顯其躬者乃受祉而及子惟有追崇之典始昭式穀之光爾累封奉政大夫陶文明乃四川兵備道陶釆之父畎畝逸民鄉邦善士所謂古之君子積德厲行能淑其身必昌其後也豈未賡壽考之臻竟嘆音容之寂乎茲特贈爾爲通議大夫歆茲寵綍賁爾幽扃

贈宜人黄氏爲淑人勑萬歷八年

勑曰易稱家人有嚴君父母之謂以其德同也今國家因親教愛體人子奉養之情而推及之非先王以孝治天下意乎爾累封宜人黄氏乃四川兵備道陶釆之母青燈最挽鹿之書白髮切和熊之教爾子學古入官休有令聞爾訓育之際此栝棬之可撫自宜鐘

鼎之加隆是用贈爾爲淑人象服是宜燕居攸稱

授河南汝寧府泌陽縣知縣陶釆文林郎妻武氏孺人勑嘉靖二十八年

勑曰錫類推恩朝廷之大典分猷亮釆臣子之常經爾河南汝寧府泌陽縣知縣陶釆雅擅才能克宣慈惠撫綏有要常深疾痛在己之心懷保無窮不忘顧復斯民之責茲以覃恩授爾爲文林郎錫之勑命於戲前勞已茂用褒製錦之能來軫方遒益厲飲冰之操

勑曰丕績奏於在官實賴閑家之助寵章頒爲大典得

分齊體之榮爾河南汝寧府泌陽縣知縣陶釆妻武
氏終溫且惠旣靜而專綦縞從夫克贊素絲之節蘋
蘩主饋爰流彤管之輝茲以覃恩封爾爲孺人於戲
龍章載煥用褒儆戒之勤翟茀欽承益勵柔嘉之則

授四川馬湖府知府陶釆中憲大夫妻武氏恭人
殷氏韓氏宜人勅 嘉靖三十四年

勅曰朕嘉古政平訟理之風思與良二千石共臻斯路
惟川蜀之區夙稱險巨而馬湖之地尤屬煩難匪得
儁才曷膺殊簡爾四川馬湖府知府陶釆持躬克謹

任事爲勤克著循良之譽聿彰表率之能慶典欣逢
新綸用賁茲以覃恩特授爾爲中憲大夫錫之勅命
於戲式宏車服之榮用勵表揚之志尙欽榮命益矢

勅曰恪共奉職良臣旣殫厥心貞順宜家淑女爰從其
貴爾四川馬湖府知府陶釆妻武氏含章協德令儀
早著於閨闈黽勉同心內治相安於夙夜茲以覃恩
贈爾爲恭人於戲中袿彰和順之風鸞書誕賁廷陛
煥褒嘉之命翟茀永貽

勅曰嘉猷匡國在良臣匪懈厥躬懋爵酬庸即繼室應
霑盛典爾四川馬湖府知府陶釆繼妻殷氏韓氏嗣
徽中饋並著相夫之勤令德如琴允膺申錫之命茲
以覃恩封爾爲宜人於戲敬爾有官著肅雍而並美
職思其內宜黽勉以同心

贈四川兵備道刑部侍郎嘉議大夫謚憲伯陶釆
誥命 萬歷二十年

制曰大臣匡國之功每踰時而益顯昭代勸賢之典雖
沒世而猶隆國有彝章朕不忍廢爾四川兵備道刑
部侍郎陶釆操履端貞才猷敏練分符著勤愼之績

治郡起卓異之稱指顧風清覘汪洋之久謐威稜霜
肅看戎莽之潛夷前後已仕兩朝終始惟堅一節功
成身退望彌重於具瞻憲老乞言政尙須於入告想
茲偉烈未霈恩褒天眷方殷訃哀忽至世共偉其云
亡朕豈輕於憖恤茲特贈爾刑部侍郎嘉議大夫謚
憲伯錫之誥命於戲文綏武振折衝素裕乎五兵公
望卿材模楷允宜乎八座庶幾精爽不昧歆承

授五品銜安徽徽州府休寧縣知縣劉中孚妻熊
氏黎氏爲宜人誥

制曰分符百里必遴出宰之材報最三年爰重推恩之
典爾五品銜安徽徽州府休寧縣知縣劉中孚稚擅
才能克宣慈惠撫綏有要常深疾痛在己之心懷保
無窮不忘顧復斯民之責茲以覃恩授爾爲奉直大
夫錫之誥命於戲前勞已茂用褒製錦之能來軫方
遒益勵飲冰之操

制曰良臣宣力於外效厥勤勞賢媛襄職於中膺茲寵
錫爾五品銜安徽徽州府休寧縣知縣劉中孚之妻
熊氏終溫且惠既敬而專綦縞從夫克贊素絲之節

蘋蘩主饋爰流彤管之輝茲以覃恩贈爾爲宜人於
戲敬爾有官著肅雍而並美職思其內垂淑慎之遺
徽

制曰在公必敬　每待助於閨閫齊禮維均國典必
疏榮於繼續爾五品銜安徽徽州府休寧縣知縣劉
中孚之繼妻黎氏以順爲正無成有終柔嘉克踵乎
前徽珩璜流譽慶澤因昭其嗣美翟褘增光茲以覃
恩封爾爲宜人於戲如綸如綍勿忘象服之榮宜室
家允副鸞書之錫

贈劉文燮奉直大夫妻黃氏爲宜人勅 同治十一年十月初九日

制曰求治在親民之吏端重循良教忠勵資敬之忱聿
隆褒獎爾劉文燮迺五品銜安徽休寧縣知縣劉中
孚之本生父禔躬湻厚垂訓端嚴業可開先式穀乃
宣猷之本澤堪啓後貽謀裕作牧之方茲以覃恩貤
贈爾爲奉政大夫錫之命命於戲克承清白之風嘉
茲報政用慰顯揚之志服乃遺謨

制曰朝廷重民社之司功推循吏臣子凜水淵之操教
本慈幃爾黃氏迺五品銜安徽休寧縣知縣劉中孚

之本生母淑慎其儀柔嘉維則宜訓詞於朝夕不忘
育子之勤集慶澤於門閭式被自天之寵茲以覃恩
貤贈爾爲宜人於戲仰酬顧復之恩勉思撫字載煥
絲綸之色允賁幽潛

贈劉天祿奉直大夫妻鄒氏爲宜人勅 同治十一年十月初九日

制曰求治在親民之吏端重循良教忠勵資敬之忱聿
隆褒獎爾劉天祿迺五品銜安徽休寧縣知縣劉中
孚之父禔躬湻厚垂訓端嚴業可開先式穀乃宣猷
之本澤堪啓後貽謀裕作牧之方茲以覃恩贈爾爲

奉直大夫錫之誥命於戲克承清白之風嘉茲報政
用慰顯揚之志昭乃遺謨
制曰朝廷重民社之司功推循吏臣子凜氷淵之操教
本慈幃爾鄒氏乃五品銜安徽休寧縣知縣劉中孚
之母淑慎其儀柔嘉維則宣訓詞於朝夕不忘育子
之勤集慶澤於門閭式被自天之寵茲以覃恩封爾
爲宜人於戲仰酬顧復之恩勉思撫字載煥絲綸之
色用慰劬勞

贈劉仕杰奉直大夫妻黄氏爲宜人誥（同治十二年二月初十日）

制曰考績報循良之最用獎臣勞推恩溯積累之遺載
揚祖澤爾布理問銜劉仕杰迺五品銜安徽休寧縣
知縣劉中孚之祖父錫光有慶樹德務滋嗣清白之
芳聲澤留再世衍弓裘之令緒祜篤一堂茲以覃恩
貤贈爾爲奉直大夫錫之誥命於戲聿修念祖膺懋
典而益勵新猷有穀貽孫發幽光而丕彰潛德
制曰册府酬庸聿著人臣之懋績德門輯慶式昭大母
之芳徽爾黄氏乃五品銜安徽休寧縣知縣劉中孚
之祖母箴誡揚芬珩璜表德職勤內助宜家人著其
賢聲澤裕後昆錫美式承乎嘉命茲以覃恩貤贈爾
爲宜人於戲播徽音於彤管閫範彌光膺異數於紫
泥天庥允邵

贈葉堂修職郎妻盧氏孺人誥

詔曰任使需才稱職志在官之美馳驅奏效報功膺錫
類之恩爾葉堂迺湖北光化縣教諭葉蔚春之本生
父雅尙素風長迎善氣弓冶克勤於庭訓箕裘丕裕
夫家聲茲以覃恩貤贈爾爲修職郎錫之誥命於戲
肇顯揚之盛事國典非私酬燕異之深情臣心彌勵

詔曰奉職無愆懋著勤勞之績致身有自宜酬鞠育之
恩爾盧氏乃湖北光化縣教諭葉蔚春之本生母淑
範宜家令儀昌後早相夫而教子俾移孝以作忠茲
以覃恩貤封爾爲八品孺人於戲賁象服之端嚴誕
膺鉅典錫龍章之渙汗用表榮施

贈韓鰲修職郎妻劉氏八品孺人誥

制曰任使需才稱職志在官之美馳驅奏效報功膺錫
類之仁爾韓鰲乃湖北荊州府以教諭銜管訓導事
韓致中之父雅尙素風長迎善氣弓冶克勤於庭訓

箕裘丕裕夫家聲茲以覃恩贈爾爲修職郎錫之誥
命於戲肇顯揚之盛事國典非私酬燕翼之深情臣
心彌勵
制曰奉職無愆懋著勤勞之績致身有自宜酬鞠育之
恩爾劉氏迺湖北荆州府以教諭銜管訓導事韓致
中之母淑範宜家令儀昌後早相夫而教子俾移孝
以作忠茲以覃恩貤贈爾爲八品孺人於戲賁象服
之端嚴誕膺鉅典錫龍章之渙汗允播徽音
贈韓鰲繼室王氏孺人詞與前劉氏孺人同

贈詹人炳修職郎妻羅氏爲八品孺人誥
制曰任使需才稱職志在官之美馳驅奏效報功膺錫
類之仁爾詹人炳迺湖北漢陽縣教諭詹文楷之父
雅尚素風長迎善氣弓冶克勤於庭訓箕裘丕裕夫
家聲茲以覃恩貤贈爾爲修職郎錫之誥命於戲肇
顯揚之盛事國典非私酬燕翼之深情臣心彌勵
制曰奉職無愆懋著勤勞之績致身有自宜酬鞠育之
恩爾羅氏迺漢陽縣教諭詹文楷之母淑範宜家令
儀昌後早相夫而教子俾移孝以作忠茲以覃恩貤

贈爾爲八品孺人於戲賁象服之端嚴誕膺鉅典錫
龍章之渙汗用表榮施
贈秦光鼎朝議大夫妻王氏爲恭人誥
制曰考績報循良之最用奬臣勞推恩溯積累之遺載
揚祖澤爾秦光鼎迺同知銜加一級陜西試用知縣
秦予鈞之祖父錫光有慶樹德務滋嗣清白之芳聲
澤留再世衍弓裘之令緒祜篤一堂茲以爾孫克襄
王事貤贈爾爲朝議大夫錫之誥命於戲聿修念祖
膺茂典而益勵新猷有穀貽孫發幽光而丕彰潛德

制曰册府酬庸聿著人臣之懋績德門韓慶式昭大母
之芳徽爾王氏乃同知銜加一級陜西試用知縣秦
予鈞之祖母箴誡揚芬珩璜表德職勤內助宜家久
著其賢聲澤裕厚昆錫類式承乎嘉命茲以爾孫克
襄王事貤贈爾爲恭人於戲播徽音於彤管壼範彌
光膺異數於紫泥天庥允卲
贈秦再煜朝議大夫妻熊氏爲恭人誥
制曰求治在親民之吏端重循良教忠勵資敬之忱聿
隆褒奬爾秦再煜迺同知銜加一級陜西試用知縣

秦予鈞之父禔躬清厚垂訓端嚴業可開先式穀乃
宣猷之本澤堪啓後貽謀裕作牧之方茲以爾子克
襄王事贈爾爲朝議大夫錫之誥命於戲克承清白
之風嘉茲報政用慰顯揚之志昭乃遺謨
制曰朝廷重民社之司功推循吏臣子凛冰淵之操教
本慈闈爾熊氏迺同知銜加一級陝西試用知縣秦
予鈞之母淑慎其儀柔嘉維則宣訓詞於朝夕不忘
育子之勤集慶澤於門閭式被自天之寵茲以爾子
克襄王事贈爾爲恭人於戲仰酬顧復之恩勉思撫

字載煥絲綸之色允賁幽潛

貤贈熊江奉政大夫妻周氏爲宜人誥

制曰孝忠勵品嘗援曾蘭以稱甥姻婭推恩尤念秦晉
之送舅爾熊江迺同知銜陝西候補知縣秦予鈞之
舅父情深自出義同所生爰成宅相之名克荷廷宣
之典茲以覃恩貤贈爾爲奉政大夫錫之誥命於戲
樹德久聞別墅報爾榮施周親並最外家欽茲寵命
制曰舅爲母族朝廷宏錫類之恩妻以夫榮閨閫表流
徽之美爾周氏迺同知銜陝西候補知縣秦予鈞之

舅母夙嫻婦道克廣德心共成乞墅之慈允著垂幃
之範茲以覃恩貤贈爾爲宜人於戲沐寵榮而顯赫
象服攸宜彰淑順以書彤鸞章永賁

貤贈熊漢奉政大夫妻秦氏董氏爲宜人誥

制曰孝忠勵品嘗援曾蘭以稱甥姻婭推恩尤念秦晉
之送舅爾熊漢迺同知銜陝西候補知縣秦予鈞之
舅父情深自出義同所生爰成宅相之名克荷延宣
之典茲以覃恩貤贈爾爲奉政大夫錫之誥命於戲
樹德久聞別墅報爾榮施周親並最外家欽茲寵命

制曰舅爲母族朝廷宏錫類之恩妻以夫榮閨閫表流
徽之美爾秦氏董氏迺同知銜陝西候補知縣秦予
鈞之舅母夙嫻婦道克廣德心共成乞墅之慈允著
垂幃之範茲以覃恩貤贈爾爲宜人於戲沐寵榮而
顯赫象服攸宜彰淑順以書彤鸞章永賁

贈張永志修職郎妻周氏孺人誥

制曰任使需才稱職志在官之美馳驅奏效報功膺錫
類之仁爾張永志迺湖北漢陽府黃陂縣教諭張鳳
騰之父雅尚素風長迎善氣弓冶克勤於庭訓箕裘

丕裕夫家聲茲以覃恩貤贈爾爲修職郎錫之誥命於
戲肇顯揚之盛事國典非私酬燕翼之深情臣心彌
勵
制曰奉職無愆懋著勤勞之績致身有自宜酬鞠育之
恩爾周氏迺湖北漢陽府黃陂縣教諭張鳳騰之母
淑範宜家令儀昌後早相夫而教子俾移孝以作忠
茲以覃恩貤贈爾爲八品孺人於戲賁象服之端嚴
誕膺鉅典錫龍章之渙汗允播徽音

贈張兆甲奉直大夫妻程氏爲宜人誥

制曰考績報循良之最用奬臣勞推恩溯積累之遺載
揚祖澤爾張兆甲乃提舉銜湖北大冶縣教諭張之
鶴之祖父錫光有慶樹德務滋嗣清白之芳聲澤留
再世衍弓裘之令緒祜篤一堂茲以覃恩貤贈爾爲
奉直大夫錫之誥命於戲聿修念祖膺懋典而益勵
新猷有穀貽孫發幽光而丕彰潛德
制曰册府酬庸聿著人臣之懋績德門輯慶式昭大母
之芳徽爾程氏乃提舉銜湖北大冶縣教諭張之鶴
之祖母箴誡揚芬珩璜表德職勤內助宜家久著其
賢聲澤裕後昆錫美式承乎嘉命茲以覃恩貤贈爾
爲宜人於戲播徽音於彤管壼範彌光膺異數於紫
泥天庥允邵

贈張楳才奉直大夫妻常氏爲宜人誥

制曰任使需才稱職志在官之美馳驅奏效報功膺錫
類之仁爾張楳才乃提舉銜湖北大冶縣教諭張之
鶴之父雅尚素風長迎善氣弓冶克勤於庭訓箕裘
丕裕夫家聲茲以覃恩貤贈爾爲奉直大夫錫之誥命
於戲肇顯揚之盛事國典非私酬燕翼之深情臣心

彌勵
制曰奉職無愆懋著勤勞之績致身有自宜酬鞠育之
恩爾常氏乃提舉銜湖北大冶縣教諭張之鶴之母
淑範宜家令儀昌後早相夫而教子俾移孝以作忠
茲以覃恩贈爾爲宜人於戲賁象服之端嚴誕膺鉅
典錫龍章之渙汗用表榮施

贈盧爾惼文林郎妻李氏孺人誥康熙十四年

制曰資父事君臣子篤匪躬之誼作忠以孝國家宏錫
類之恩爾盧爾惼乃直隸廣平府永年縣知縣盧繼

之父善積於身祥開厥後教子著義方之訓傳家裕
堂構之遺茲以覃恩贈爾爲文林郎錫之誥命於戲
殊榮必逮於所親寵命用光夫有子承茲優渥永庇
忠勤
制曰奉職在公嘉教勞之有自推恩將母宜錫類之攸
隆爾直隸廣平府永年縣知縣盧綖之母李氏壼範
宜家夙協承筐之燉母儀詒穀載昭畫荻之芳茲以
覃恩贈爾爲孺人於戲彰淑德於不瑕式榮象服膺
寵命之有赫益賁有徽音

贈盧爾恒文林郎妻梅氏孺人誥
制曰求治在親民之吏端重循良教忠勵資敬之忱肅
隆褒獎爾盧爾恒乃浙江紹興府山陰縣知縣盧緯
之嗣父禔躬湻厚垂訓端嚴業可開先式穀乃宣猷
之本澤堪啓後貽謀裕作牧之方茲以覃恩贈爾文
林郎錫之誥命於戲克承清白之風嘉茲報政用慰
顯揚之志昭乃遺謨
制曰朝廷重民社之司功推循吏臣子懍氷淵之操教
本慈幃爾梅氏乃浙江紹興府山陰縣知縣盧緯之
嗣母淑愼其儀柔嘉維則宣訓詞於朝夕不忘育子
之勤集慶澤於門閭式被自天之寵茲以覃恩贈爾
爲孺人於戲仰酬顧復之恩勉思撫字載煥絲綸之
色允賁幽潛
贈盧建中奉直大夫妻周氏宜人誥
制曰任使需才稱職志在官之美馳驅奏效報功膺錫
類之仁爾原任吏部驗封司主事加一級盧建中乃
直隸冀州南宮縣縣丞盧國泰之父雅尙素風長迎
善氣弓治克勤於庭訓箕裘丕裕夫家聲茲以覃恩

贈爾爲奉直大夫錫之誥命於戲肇顯揚之盛事國
典非虛酬燕翼之深情臣心彌勵[illegible]
制曰奉職無愆懋著勤勞之績致身有自宜酬鞠育之
恩爾周氏乃直隸冀州南宮縣縣丞盧國泰之母淑
範宜家令儀昌後早相夫而教子俾移孝以作忠茲
以覃恩晉封爾爲宜人於戲賁象服之端嚴誕膺盛
典錫龍章之渙汗用表榮施[illegible]
贈盧爾悌文林郎妻李氏孺人誥
制曰求治在親民之吏端重賢良教忠勵資敬之忱益

隆褒獎爾盧爾悌乃山西平陽府絳州絳縣知縣盧
絳之父禔躬湻厚垂訓端嚴業可開先式穀乃宣猷
之本澤堪啓後貽謀裕作牧之方茲以覃恩贈爾爲
文林郎錫之誥命於戲克承清白之風嘉茲報政用
慰顯揚之志昭乃遺謨

制曰朝廷重民社之司功推循吏臣子懔冰淵之操教
本慈幃爾李氏乃山西平陽府絳州絳縣知縣盧絳
之母淑愼其儀柔嘉維則宣訓詞於朝夕不忘育子
之勤集慶澤於門閭式被自天之寵茲以覃恩贈爾
爲孺人於戲仰酬顧復之恩勉思撫字載煥絲綸之
色永賁幽潛

贈盧絳文林郎妻江氏孺人誥康熙四十二年四月十八日

制曰分符百里必遴出宰之材報最三年爰重懋官之
典爾山西平陽府絳州絳縣知縣盧絳雅擅才能元
宜慈惠撫綏有要常深疾痛在已之心懷保無窮不
忘顧復斯民之責茲以覃恩贈爾爲文林郎錫之誥
命於戲前勞已茂用昭製錦之能來軫方遒益勵飲
冰之操

制曰良臣宣力於外效厥勤勞賢媛襄職於中膺茲寵
錫爾山西平陽府絳州絳縣知縣盧絳妻江氏終溫
且惠既靜而專綦縞從夫克贊素絲之節蘋蘩主饋
爰流彤管之輝茲以覃恩贈爾爲孺人於戲敬爾有
官著肅雍而並美職思其內迪黽勉以同心

贈金聲富朝議大夫妻唐氏恭人誥

制曰考績報循良之最用奬臣勞推恩溯積累之遺載
揚祖澤爾金聲富乃分省補用知府金錫楨之祖父
錫光有慶樹德務滋嗣清白之芳聲澤流再世衍弓
裘之令緒祜篤一堂茲以爾孫因勤辦甯夏徊匪出
力賞貤贈爾爲朝議大夫錫之誥命於戲聿修念祖
膺茂典而益勵新猷有穀貽孫荷殊恩而式彰潛德

制曰策府酬庸聿著人臣之懋績德門輯慶式昭大母
之芳輝爾唐氏乃分省補用知府金錫楨之祖母箴
誡揚芬珩璜表德職勤內助宜家久著其賢聲澤裕
後昆錫類式承乎嘉命茲以爾孫因勤辦甯夏徊匪
出力賞貤贈爾爲恭人於戲播徽音於彤管壼範彌
光膺異數於紫泥母儀益懋

贈金名周朝議大夫妻程氏恭人誥

制曰求治在親民之吏端重循良教忠勵資敬之忱聿隆褒獎爾金名周乃分省補用知府金錫楨之父緹躬湻厚垂訓端嚴業可開先式穀乃宣猷之本澤堪啓後貽謀裕作牧之方茲以爾子因勤辦寗夏回匪出力賞貤贈爾爲朝議大夫錫之誥命於戲克承清白之風嘉茲報政用慰顯揚之志畀以殊榮

制曰朝廷重民社之司功推循吏臣子凛冰淵之操教本慈幃爾程氏乃分省補用知府金錫楨之母淑愼

其儀柔嘉維則宣訓詞於朝夕不忘育子之勤集慶澤於門閭式被自天之寵茲以爾子因勤辦寗夏回匪出力賞貤贈爾爲恭人於戲仰酬顧復之恩勉思撫字載煥絲綸之色用慰劬勞

贈劉嗣宗武顯將軍妻金氏夫人誥

制曰宣暢國威統三軍而奏績釆甄世德表四世以推恩積慶有源流光自遠爾劉嗣宗乃總兵銜儘先副將傑勇巴圖魯甘肅平羅營守備劉用富之曾祖父純心抱質善氣迎祥丕建乃弓永肇乃裘於奕葉克昌厥後誕膺節鉞於高門爰賁徽章俾揚令聞茲以覃恩貤贈爾爲武顯將軍錫之誥命於戲簪纓赫奕式隆一品之殊榮綸誥輝煌用慰九原之夙志祇承寵命長播庥聲

制曰德門積善衍餘慶於後人幕府策勳揚殊榮於先世家聲克大閫範攸彰爾金氏乃總兵銜儘先副將傑勇巴圖魯甘肅平羅營守備劉用富之曾祖母佩服女箴嫻明母道惠風肆好留懿訓於閨中令緒三傳毓奇才於閫外爰頒茂典俾闡徽音茲以覃恩貤

贈爾爲夫人於戲渙汗誕敷用播深遐之澤湛恩徧布益揚賢淑之名顯命丕承幽光永賁

贈劉永興武顯將軍妻袁氏夫人誥

制曰策勳疆圉昭大父之恩勤錫賚絲綸表皇朝之霈澤爾劉永興乃總兵銜儘先副將傑勇巴圖魯甘肅平羅營守備劉用富之祖父敬以持躬忠能啓後威宣閫外家傳韜畧之書澤沛天邊國有旂常之典茲以覃恩貤贈爾爲武顯將軍錫之誥命於戲我武維揚特啓孫枝之秀賞延於世益徵遺緒之長

制曰樹豐功於行陣業著聞孫錫介福於庭闈恩推大母爾袁氏乃總兵銜儘先副將傑勇巴圖魯甘肅平羅營守備劉用富之祖母閫儀足式令問攸昭表鈒珮之家聲輝流奕世播絲綸之國典慶衍再傳茲以覃恩貤贈爾爲夫人於戲翟茀用光膺宏庥於天闕龍章載煥被大惠於重泉

贈劉文高武顯將軍妻方氏夫人誥

制曰寵綏國爵式嘉閥閱之勞蔚起門風用表庭闈之訓爾劉文高乃總兵銜儘先副將傑勇巴圖魯甘肅

平羅營守備劉用富之父義方啓後穀似光前積善在躬樹良型於弓冶克家有子拓令緒於韜鈐茲以覃恩貤贈爾爲武顯將軍錫之誥命於戲錫策府之徽章洊承恩澤荷天家之庥命增耀門閭

制曰怙恃同恩人子勤思於將母赳桓著績王朝錫類以榮親爾方氏乃總兵銜儘先副將傑勇巴圖魯甘肅平羅營守備劉用富之母七誡嫺明三遷勤篤令儀不忒早流珩瑀之聲慈教有成果見干城之器茲以覃恩貤贈爾爲夫人於戲錫龍綸而煥采用答劬勞被象服以承庥允膺光寵

授花翎總兵銜提補副將吳清泰曾祖父吳志棟武功將軍曾祖母劉氏夫人誥

制曰宣暢國威統王軍而奏績采甄世德溯四世以推恩積慶有源流光自逮爾吳志棟迺花翎總兵銜提補副將吳清泰之曾祖父仁心抱質善氣儲祥丕建乃家允肇弓裘於奕葉克昌厥後誕膺節鉞於高門爰賁徽章俾揚令聞茲以覃恩貤贈爾爲武功將軍錫之誥命於戲簪纓赫奕式隆一品之殊榮綸誥輝煌用慰九原之夙志祗承寵命長播休聲

制曰德門積善衍餘慶於後人幕府策勳錫殊恩於先世家聲克大閫範攸彰爾劉氏迺花翎總兵銜提補副將吳清泰之曾祖母佩服女箴嫺明母道惠風肆好畜懿訓於閨中令緒三傳毓奇才於閫外爰頒懋典俾闡徽音茲以覃恩貤贈爾爲夫人於戲渙汗誕敷用播深退之澤湛恩徧洒益揚賢淑之名顯命丕承幽光允賁

授花翎總兵銜提補副將吳清泰祖父吳萬全武功將軍祖母李氏夫人誥

制曰策勳疆圉昭大父之恩勤錫賚綵綸表皇朝之沛澤爾吳萬全廼花翎總兵銜提補副將吳清泰之祖父敬以持躬忠能啓後威宣閫外家傳韜畧之書澤沛天邊國有旂常之典茲以覃恩贈爾爲武功將軍錫之誥命於戲我武維揚特起孫枝之秀賞延於世益徵遺緒之長

制曰樹豐功於行陣業著聞孫錫介福於庭闈恩推大母爾李氏廼花翎總兵銜提補副將吳清泰之祖母壼儀足式令聞攸昭表劍佩之家聲輝光奕世播絲

綸之國典慶衍再傳茲以覃恩贈爾爲夫人於戲翟茀用光膺宏庥於天闕寵章載煥被大惠於重泉

授花翎總兵銜提補副將吳清泰父吳玉臺武功將軍母汪氏夫人誥

制曰寵綏國爵式嘉閥閱之勞蔚起門風用表庭闈之訓爾吳玉臺廼花翎總兵銜提補副將吳清泰之父義方啓後穀似光前積善在躬樹良型於弓冶克家有子拓令緒於韜鈐茲以覃恩贈爾爲武功將軍錫之誥命於戲錫策府之徽章洊承恩澤荷天家之休命允賁泉壚

制曰怙恃同恩人子勤思於將母赳桓著績王朝錫類以榮親爾汪氏廼花翎總兵銜提補副將吳清泰之母七誡嫻明三遷勤篤令儀不忒早流珩瑀之聲慈教有成果見干城之器茲以覃恩贈爾爲夫人於戲錫龍章而煥采用答劬勞被象服以承休允光泉壤

授花翎總兵銜盡先副將吳清泰兄吳清一振威將軍嫂李氏一品夫人誥

制曰委贄策名榮既膺夫簪紱克家纘緒先必逮乎門

閭爾吳清一廼花翎總兵銜提補副將吳清泰之兄道足持躬情殷訓弟經傳詩禮青緗揚雁序之輝慶篤芝蘭丹綍煥龍章之麗芳徽允懋新典宜頒茲以爾弟功績較著歷膺專閫應給予一品封典貤封爾爲振威將軍錫之誥命於戲被章服以增榮聿顯友恭之義承絲綸而無忝彌彰善慶之風

制曰教佐義方内則允彰夫懿範榮敷閨閫朝恩宜體乎私情爾李氏廼花翎總兵銜提補副將吳清泰之嫂貞淑性成徽柔道協身嫺姆訓聿儲卓犖之材志

稟慈徽同衍熾昌之緒丕昭淑愼特賁絲綸茲以爾
弟現在恭逢覃恩爾特應請給一品封典貤封爾爲
一品夫人於戲龍章式煥令名著美於當時象服欽
承名德益彰於奕業

贈劉希聖榮祿大夫妻李氏爲一品夫人誥

制曰嘉謨垂奕葉允昭世德之求殊寵錫公朝益展曾
孫之孝祇承新渥用報曩徽爾劉希聖廼三品銜加
二級直隸天津道劉秉琳之曾祖父敦修無斁垂教
有方種德開先堂構益恢於來緒貽謀裕後箕裘克
紹於前休懿矩攸彰恩施遂逮茲以覃恩贈爾爲榮
祿大夫錫之誥命於戲四世其昌久聚德星之慶九
元可作允承褒命之榮國典洊膺家風益振

制曰綏柔佐治寵既被於外僚貞順垂休恩聿推於內

德特敷惠澤用播徽音爾李氏廼三品銜加二級直
隸天津道劉秉琳之曾祖母肅雍可範令善堪模樹
慈訓於後昆爰著鍾祥之德傳素風於奕葉式彰貽
穀之謀允作母儀頻昭國典茲以覃恩贈爾爲一品
夫人於戲九重錫慶洊邀丹詔之褒四世承恩益煥
朱綸之色勤宣今問用闡幽光

贈劉公行榮祿大夫妻張氏爲一品夫人誥

制曰表臣報績爰歸美於貽謀司仕詔功必溯源於繩
武殊榮洊被積代增華爾劉公行廼三品銜加二級

直隸天津道劉秉琳之祖父衍緒開先垂休裕後孫枝挺秀聿昭樹德之爭世業丕昌大啟承家之學茲以覃恩贈爾爲榮祿大夫錫之誥命於戲錫五章而敷澤珂里流光推三葉以承恩德門襲慶祇膺茂典長荷寵綏

制曰鴻恩錫類聿彰貽穀之休令範宜家益著含飴之媺式逢慶典爰沛殊施爾張氏迺二品銜加二級直隸天津道劉秉琳之祖母度叶珩璜訓嫻圖史心莊體順著壺範於中闈善積慶餘表母儀於奕世茲以

覃恩贈爾爲一品夫人於戲播蘭陔之芳澤寵被重闈揚芝檢之徽音光流華胄榮章洊逮德範猶存

制曰夙夜宣勞事君資於事父雲霄布澤教孝實以教忠特賁綵綸用光閥閱爾劉載華迺二品銜加二級直隸天津道劉秉琳之父操脩淯篤矩蒦嚴明術在詩書克啟趨庭之訓業恢堂構實開作室之謀茲以覃恩封爾爲榮祿大夫錫之誥命於戲錫天府之徽章殊榮下逮際人倫之盛美茂典欽承祇服誥詞益勸勵翼

制曰家聲昌大夙彰式穀之休壺教賢明不替樹護之慕適逢上慶用錫殊榮爾張氏迺二品銜加二級直隸天津道劉秉琳之母敦習禮規恪循箴訓寢門治業著恒德於貞心閨塾授經樹懿風於雅範茲以覃恩贈爾爲一品夫人於戲恩能育子挺杞梓之良材善必稱親被笄珈之茂寵祇承嘉獎益表芳儀

授直隸天津道劉秉琳榮祿大夫妻張氏爲一品夫人誥

制曰治佐句宣聿奏保釐之績職司法紀用嘉幹濟之

才爾二品銜加二級直隸天津道劉秉琳敭歷著聲劇繁就理握虎節以搴幃車隨甘雨綰麟符而叱馭路指福星適逢慶典之頒用錫寵章之賁茲以覃恩授爾爲榮祿大夫錫之誥命於戲克荷金湯之寄載宣鎖鑰之猷拜此新綸勉乃懋績

制曰奉職恪共懋著勞臣之績同心黽勉載嘉德配之賢壺範攸昭國恩斯沛爾二品銜加二級直隸天津道劉秉琳之妻張氏毓自名家嬪於望族釆藻蘋於碧澗允襄修祀之誠詠紞紘於素絲克勵自公之操

茲以覃恩封爾爲一品夫人於戲被寵光於象服懿
問交流錫榮奬於鸞章惠風益暢祇承欽命彌勵閫
儀

文集

文所以載道也安邑自理學倡明以後士以講論道
德爲先而其本道德以發爲文章者類皆自出機杼
成一家言從此修明經濟蔚爲國華根之深者其葉
茂膏之沃者其光曄不僅以文自命云爾志文集

疏

兩台疏 明嘉靖四十一年壬戌十一月

題爲隔省流賊殘害官難遙制民難存活懇乞天恩
俯順下情設縣弭盜保全地方事據湖廣布政 呈奉

臣 批據本司呈據黃州府同知袁禮徵呈卷查先奉
前巡撫湖廣右副都御史陸杰案驗准都察院咨該
麻城縣聽選官吏監生秦鉞李大夏等奏稱本縣迤
西地各金場姜家畈黃岡縣地名中和鄉黃陂縣地
名兩河口各偏一隅地近河南信陽光山羅山等州
縣路通牛山老山等寨俱離府縣各二三百里地僻
民頑官難遙制賊盜剽掠無時乞於切要姜家畈建
設縣治始得弭塞盜源保障地方等因備案行司會
勘查議間並蒙巡按湖廣監察御史褒善案驗奉都

察院勘合同前事行司會守巡武昌各道轉行黄州府知府郭鳳儀督同黄岡麻城黄陂三縣各掌印官勘議得三縣地各姜家畈等處去縣甚遠政教不及若糧差則決於逋逃若勾攝則敢於抗拒豪強噬吞小戶則過於狼虎賊盜刼殺鄉民則慘於天行雖是腹裏實同要荒蓋因官遠於民上情壅而不救民遠於官下情阻而不通誠於姜家畈最切要處立一縣治則官親於民民附於官禦盜保民莫此爲便往時議者一則嫌於更變恐錢糧之飛詭戶口之隱射姦

人緣此爲獘惟欲循途守轍而不敢爲一則憚於糜費恐工役之浩繁廪祿之供給小民有所不堪惟欲省事裕民而不肯爲凡此者狃於一時之利而不爲經久之計也若以丁糧作獘爲慮在縣則有縣總在鄉則有鄉總在里則有里總在戶則有戶總以戶而計甲以甲而計里以里而計鄉以鄉而計縣此去則彼收丁糧多寡毫釐不差委一明達府官理之里書雖姦安得作獘於其間若以工費爲慮成大事者不計小費動全省之公貯建一九之小縣又何難焉況

該府隨宜措處未必無補也若以廪祿之費爲慮黄州一府冗官頗多如岐亭通判爲捕盜而設黄岡捕盜主簿爲中和鄉而設彼既設縣此官宜革及赤壁巡檢司在於府城原衛既有巡捕巡江官員則巡檢宜革又黄梅縣有陸湖河泊所併爲二所該裁去三所其三所河泊司吏亦該各照所裁革去移彼額設之廪祿以供新縣官吏師生之廪祿自有餘裕矣又何足慮哉誠於此建設縣治則政教行而民知勸懲上無誅求之過下無刑戮之慘益國便民最爲要務

等因呈詳前湖廣右副都御史馮岳會同巡按湖廣監察御史朱瑞登案行守巡武昌道轉行本府商廷試覆督各縣知縣親臨姜家畈踏勘得姜家畈地勢寬平山明水秀但其地多田畝稀少居民事未易舉詳覆批司道再議隨據監生生員秦鉞葉洪等呈稱懇乞奏請以慰民望等情又據該府呈據該黄岡麻城黄陂三縣儒學生員王國任等五十二名呈稱姜家畈流賊出没生民塗炭又據省祭李大夏等奏立縣治委官踏勘果係道里適中風水完聚每以官司

壁代不常未嘗詳覆以致流賊愈甚白晝張旗殺死民命深爲大患今嘗踏勘民心鼓舞願輸材力監造公廳伏乞軫念民瘼轉達奏請施行又據民秦子真等四十七人告同前情本府復拘各各到官並帖該圖里老查勘得建縣之議以地利言則姜家畈地當要害爲大盜出没之所以人情言則居民願任營建乃同心激切之真以處置財用言則有本府知府郭鳳儀之議但事干興建難以輕議等因呈詳前巡撫湖廣右僉都御史劉批行司道詳議該右布政司張

希舉會同按察副使盛唐并黄州府知府應明德同知袁福徵各議得姜家畈四距皆山中有平原東屬麻城泰平仙居二鄉二十里甲西屬黄陂灄源一鄉八里甲南屬黄岡之上中和一鄉一十二里甲北至河南信陽等縣委宜設縣禦盜安民以上三縣各里似應裁割以屬新縣其城垣縣治學基原係各縣土民義出地土先已草創縣廳學廟分司於上其合用錢糧相應於本府庫藏隨宜措處及三縣應割里分當年里甲丁石馬價官錢之内酌量派出以爲築城等項之費其城内之地小民欲便僦居避盗則必欣承鬻買又約得價二千餘兩再照姜家畈既有新縣其原設鼓亭捕盗通判當掣回府原有防守民壯亦應仍留新縣守城其興工人役已於建議各民之家及三縣里甲之内起派城磚亦有黄陂麻城灰窑燒造以敷應用及義令巨富之家願建之户均分丈尺築砌任委能幹府佐一員總理則燒磚集木庶克濟事不患無成等因呈奉巡撫湖廣右僉都御史張批建設縣治既稱民情迫切誠不容緩但事體頗重仰

布政司會同按察司併守巡道作速再加熟議詳報繳該本司署印左參政藍璧會同按察司及守巡道議得前項建縣事宜委屬相應况士民具奏樂從官司果議穩便宜亟舉行等因呈詳奉批看得所議具見事勢之急與民情之切仰司速行會議詳奪奉此該本司左布政使徐南金會同按察使劉斯潔守巡武昌道左參政藍璧僉事袁淳議照姜家畈界居三邑之間路當兩省之會山谷聯絡道路四通其去縣者幾二三百里姦宄藏匿莫可究詰盗賊劫掠緝捕

爲難兼以錢糧逋負豪強吞噬官司苦於勾攝民俗習爲奸頑既經士民具奏願輸財力設縣至切又該官司集議措置工費亦易且民多願助衆悉樂從仍候題議至于修築城垣分割糧里增設官吏建造衙門等項事宜俱照各官原議一一舉行庶地方寍謐生民安妥等因具呈到臣據此該臣叅詳司道之覆議稽查地方之險要審度事勢民情之切急則姜家畈建設縣治誠不容已葢其地雖屬麻城而中和鄉兩河口諸處則隷於黃岡黃陂二縣由畈而東乃桃

花鎮則宋元之故鎮而岐亭鎮則隋唐之龍集縣也自古兵爭陸擾俱常設官置站矣逮今一統則東路由鄂蘄西路趨郢襄官使絕不經行政令率難宣達宜乎稅糧逋負而上累有司樂土被其搶擄而下傷民命三縣之要害一方之隱憂係焉建設縣治在今日所當急爲之所屢該前任諸臣紛紛勘議經年未決葢以事關興建搬始肇端分析錢糧截割地里頭緒頗多坐是因循未有以慰斯民饑渴之望今該臣重覆行勘前來會同巡按湖廣監察御史唐繼

祿議照麻城縣地名金塲姜家畈地連荊豫山統岡陵昔人倚爲重鬬盛代名爲內地其間仕宦何慮百家生民不下萬族平時拘攝則阻山依谷以自雄歲荒流離則累戶成羣以爲盜錢糧緊急足跡無尋法度牽纏徙居不定既經士民具奏又該官司屢議咸稱本地風氣完聚既有得於地利衙門修建又悉由乎民願其築城工費官吏俸糧等項事宜誠如各官所議事皆有緒工可立成如蒙皇上軫念封疆鄰境民社攸關乞勅該部再加查議更請准設縣治欽定

縣名銓選才力知縣精爽典史各一員儒學教諭訓導各一員併陰陽醫學等官鑄給印信許前來任事仍撥附近生員肄業成命既下民志攸定官吏既設職守尤專其建築城池修造衙門措處公費起派夫役裁省官員歸併河泊與夫割里分糧審編徭役定造版籍等項事宜通候命下容臣等督行司道遵照前議一一次第舉行併行糧儲黃册該道攢造册籍收候查考如此庶僻壤跳梁之輩咸知攻教而巖險要害之區永賴安妥矣緣係隔省流賊殘害官難遙

制民難存活懇乞天恩俯順下情設縣弭盜保全地方事理未敢擅便爲此會本具題請旨

明朝救海忠介疏　　邑人耿定向

爲披瀝血誠懇祈霽天威葆太和以彰聖德事臣草莽竊食陛下廩祿十餘年矣伏見陛下端拱宥密而注措常周寰宇虔共上帝而意念切在民瘼此中外大小臣工所共明也亦所共戴也臣聞戶部主事海瑞者僻處遐陬歷任遠方未能仰測聖心乃謬執有犯無隱之文敢肆狂愚直戇之語中外臣工咸謂其

罪立死無赦矣荷蒙聖明不卽誅譴優容數月天下臣民咸籍籍仰頌陛下如天之仁而貸瑞狂謬之罪也何者君仁則臣直又曰君聖則臣直自古記之矣邇者又聞陛下下旨逮瑞送付法司流傳欲重罪之夫陛下容忍於數月之前而震怒於數月之後誠如天之包含肅殺曲成萬物而不可測矣但臣竊觀史册所載自古狂戇之臣不學無術者每每拚一死以徼忠直之名而不恤蔽君之德臣竊憾之然而古昔之君或容而生之則光昭載籍天下萬世稱仁聖焉

是人君之德之盛故得狂直之臣而益彰也昔人有云諫者之愚戇示君之能容諫者之狂誣明君之能恕信哉是言矣乃今瑞之敢於狂戇而不忌者豈不知其身之立至虀粉哉臣遙度其心或亦欲拚此一死以傳後世忠直之名者耳倘奉行諸臣不明陛下曲成之意而一旦卽致之死竊恐敝陛下仁聖之德使彼幸徼忠直之名雖曰罪之實成之也且其言雖狂悖而心實忠愛則又何罪焉伏惟陛下少霽雷霆之怒暫寬斧鉞之誅則陛下仁聖之德上通元穹下

徹九地太和保合而聖壽益永無疆矣夫陛下仁聖之德益彰而狂戇之名益泯此臣狗馬血誠實効忠於陛下而非爲狂愚小臣游說也惟陛下熟察而回之臣干冒天威不勝戰慄隕越之至

劾吏部尚書吳鵬疏　　耿定向

爲科官邪飭吏治以固邦本事近該兵部題覆兵科都給事中王文炳題爲倭寇猖獗懇乞聖明申飭督撫臣工等因該兵部覆奉聖旨安民在守令得人近年各官恣意貪殘剝害以致百姓困苦這所議是吏

部都察院便行文與各該撫按官將司府州縣正佐等官嚴加考察貪暴殃民的限一月內指實奏來處治欽此臣有以仰見我皇上汲汲安民之盛心也臣聞之書云民惟邦本本固邦寧詩云君子萬年保其家邦夫保邦之道誠在安民安民之責誠在守令陛下興念及此固宜永保邦家於萬萬禩矣但臣竊爲本正而後末治源潔而後流清銓衡者守令之本源也欲察守令之貪殘而不察銓衡之淑慝是舍本源而求末流臣慮其難矣臣往見謁選者下自吏承以

至科貢諸途未聞有無因而得美缺者故未任之日已積負累千指望剥民膏脂而償後欲責其恤民不貪是引犬上堂而叱之下也不特此也卽今部院府寺之屬資俸應陞司府官者其始也必講講以賄也其去也必謝謝以賄也否則雖資俸應陞勿陞矣卽陞亦未必如意矣及其到任也會未及朞於當路必有問安之禮歲時必有慶賀之禮至歷俸將次則因公差朝覲而逼賄講陞或令家人狎吏而逼賄催陞如是卽得速仕否則雖治行第一資俸應陞勿陞矣

卽陞亦未必如意矣彼任守令之恣意貪殘而不恤民者拚不爲官者也苟有愛民之心其貪殘猶不至極今美缺以賄得美秩以賄陞是貪殘者不惟肥家且得榮身苟非實心愛君體國孰肯安於偃蹇坎坷而不貪殘也且大臣法而後小臣廉也卽今督撫之臣陞任之日輒取藩司庫藏動數千金名曰謝部相沿爲當然固然恬不知怪其不盡然者可指數也如此又何以禁守令之不爾也凡此皆中外所共見共聞非臣一人之風聞浪說也推本所原秉銓衡者惡

得辭其責哉叅照吏部尚書吳鵬素頗曲謹亦徼時名遭逢聖明陟居冢宰固宜委身殉國公爾忘私以爲百官率也矧今海內多事財詘民窮仰厪聖慮鵬爲大臣獨無分猷共念心耶何乃竟替初心不終晚節雖少有自好之意顧全無特立之操淟涊脂韋如木偶然者何也臣謹按其蹤跡顯著不厭公心者爲陛下言之夫冢宰號稱天官以奉天而不私也今天下公道爲科目一節猶存耳乃董份鵬之壻也吳紹鵬之子也壻主試事而子竊高科羣議已沸騰矣已

掌銓衡而子擇美秩是豈祁奚之公心哉無亦焦芳翟鑾之故智也矧秩宗典禮之司宜優文學者居之以文學言蔡茂春固會試第一名也止授兵部而紹以乳臭孟浪之子乃得禮部其何解於士論哉夫以百官之長先爲登壟之行又何以禁天下之守令不貪殘也此臣之不足於鵬者一也臣前任行人時聞江都知縣李一科差吏丁守仁同伊妻弟持銀數千兩潛此營陞吏部臣時嗤其駭意謂清朝安得有此等事及臣差囘而一科果陞本部主事矣臣痛憤撫

膺以爲科則可誅顧授之者誰恐負國家如此也隨有御史林騰蛟指實一科贓罪論劾仰蒙聖斷罷囘聽勘臣躍足合掌稱頌聖明且慶國家尚有忠直之臣曾未幾時而騰蛟出爲僉事矣葢近日御史陞僉事抑之也又查得前禮科給事中袁洪愈劾前文選司郎中白璧等貪汚當蒙聖斷將白璧等罷斥中外稱快乃今洪愈淹滞累年矣伏思陛下於二臣者旣已用其言固將顯其身而鵬乃抑之是直欲箝言官之口使皆垂首濡足於門俾得肆無忌憚而不欲其

効忠於陛下也此其心何逆哉或曰彼尊衙門然爾夫球琳寳璐偶積垢穢或爲洗滌固所以珍之也主人顧可怒而斥之也此臣之不足於鵬者二也臣又訪得前文選司郎中何海晏鬻爵納賄穢跡昭彰郎據騰蛟疏皆鑿鑿可指巳奉明旨謫調示譴曾幾何時郎陞河南叅政是陛下所欲黜者彼固以私庇之又訪得前驗封司員外宗臣本以貪縁李默得改吏部後因考察自度不齒浼求外補人猶憾其漏網亦幾何時郎陞福建提學副使提學士人所宗如此干

進無行之人郎文藝可觀豈足當兹任哉吏部以貪敗者胥得私庇凡居吏部者何憚而不貪居吏部者旣貪又何怪爲守令者之不貪也此臣之不足於鵬者三也臣初在吏部便見今文選司員外張九一陞入爲稽勳司主事中外閧然嘲之曰此財旺生官者也或指之曰此官身價數千金矣臣始未信隨訪彼先任黄梅知縣全無實政一味剥民奉迎以要譽耳其所以得陞吏部者實假手伊妻父王監生濳此爲之納賄營求也旣居要地遂稔前非據今汝寍府同

知楊秉和納賄七百金於其家差吏商城人龔勝在此坐催爲屬陞南京刑部員外此其貪跡之可指者其他得於人言而未有指實者不止一二人也夫以乞播弓子之儔置之銓選華要之地是爲天下貪殘者樹標幟又何以禁守令之不貪殘也此臣之不足於鵬者四也夫因能授任因資敘遷主銓者宜自有定論往有京堂缺出漫無可否顧曰俟彼自講定然後好處或曰事不在我致使講者車馬紛馳如羣兒爭餅此豈盛世所宜有哉奬恬退抑奔競銓衡職也

士風若此鵬得無動心耶至於蔡克廉病夫而擬陞南部尚書沈坤惡人而改補北監祭酒雖曰會推主擬者誰乎何不辨之早也向非聖明獨斷則計曹止爲養病之所而太學將爲播惡之區矣在朝之臣鵬尚不能甄別況能使天下守令得人也此臣之不足於鵬者五也夫吏部爲六曹之首而冢宰又爲四司之長非徒曰吾自潔而已必能約束其屬使皆肅然不玷清議而後可以正百官也乃今司府縣官入覲者公差來者改調與起復者督撫陞任者於各司私門納賄猶委曰不知至盈筐書帕公然送於署中視爲常規曾不之禁其中即有清謹自守之士亦皆制於成風而懼特立之難容矣夫本部既受司府之賄以爲常而今移文撫按以察其貪臣恐即不反唇亦腹誹也又各司貼班官吏不可計數甚至家之庖丁乳母悉取償於此中間有等貧寒無力者往往陵轢於輿皂窘辱於僕廝其情殆有不堪者夫此官吏雖微他日亦均有一命之寄者今身被貪殘於此又可責其不貪殘於民耶僚屬之內尚爾狠籍又何以禁

天下之守令也此臣之不足於鵬者六也即此六者大小臣工孰不心非巷議故未有爲陛下言者蓋以本部職擅黜陟且根據株連人懼斥擯故寧負陛下不肯負吏部耳臣每念自有庠序暨登仕版自頂至踵毫髮皆朝廷恩也即甘擯斥忍負陛下哉用是不敢顧忌昧死盡言伏乞聖明先將臣考察心行如果懷私妄論乞照浮躁不謹事例亟行黜治如察臣言有據不誣乞殤鵬目疏陳或容令致仕別簡公直之臣或重加切責使勵桑榆之節仰惟聖裁其何海宴

張九一宗臣吳紹等乞賜查究分別黜治以爲貪汙奔競之戒則本源之地肅清而官邪警守令之貪自戢而民生遂財用由之以充邦本由之以固矣

議王陽明從祀疏　耿定向

題爲奉明詔議從祀明道術以宏聖化事粤考漢唐宋廟學之制皆閱數世未遑洪惟我太祖高皇帝開天御宇之二年卽詔天下郡縣皆建學尋詔監學通祀孔子葢以孔子能明堯舜禹湯文武之道足爲天下萬世治平之矩也孔子之道雖散垂於六籍總其

要旨歸於求仁仁人心也是堯舜禹湯文武相傳致理之原本也伏聞聖祖高皇帝常諭侍臣曰三代而上治本於心三代而下治本於法本於心者道德仁義其用爲無窮由乎法者權謀術數其用葢有時而窮又曰防閑此身使不妄動自謂已能防閑此心使不妄動尚難能也大哉皇祖之言一哉皇祖之心其崇祀孔子者葢符契其道矣非徒祀之而已也故凡志孔子之志學孔子之學者皆表章而祀之廟廡爰布功令士非習孔子之學者不得與進列聖相承世

崇勿替歷代重道崇儒無復有踰我國朝矣以是道化翔洽鴻儒畢出未可指數據御史詹事講所舉先臣新建伯王守仁檢討陳獻章特其最者也守仁之學措之行履信在鄉邦發之事業功在宗社臣不具論迺其講學淑人單揭要旨曰致良知夫曰良知云者卽孔子之所謂仁是人之所以生生者也本諸身而能視能聽能言能動顯諸倫而爲忠爲孝爲弟爲信是非淑慝靈昭不昧迺蒸民之所同具無聖凡古今一也特有致有不致耳書曰維皇降衷下民若有

恒性克綏厥猷惟后夫曰恒性卽良知也曰克綏惟后實有待於今日矣仰惟我皇上孝養隆於兩宮誠敬虔於九廟是此良知之根荄也念民命之爲重而欽恤之綸載頒畿甸之貧窮而蠲租之詔屢下是此良知之發越也孟子曰充之足以保四海葢謂此矣守仁昔揭其旨皇上今綏其猷此非千載一時哉臣等集議咸切切焉願皇上俎豆守仁於孔廟之廡者非曰祀其人已也葢藉此以樹杓的將令天下臣庶率由於其道也所謂由其道者非謂揭揭然徒剿譚

其緒論已也願人人反身着已致此良知輸此精忠
血誠於以仰達皇上之仁孝於天下襄贊熙朝之治
於無疆也蓋秉銓者不昧其良知則必以顯忠遂良
爲心而凡罔上行私妨賢病國者必不爲矣司牧者
不昧其良知則必以拊循懷保爲心而凡辜較侮虐
朘民自肥者必不爲矣司理者不昧其良知則必以
平恕矜恤爲心而凡深文巧詆嚴鉗密網者必不爲
矣司封疆者不昧其良知則必以折衝敵愾爲心而
凡全軀避難飾虛奸利者必不爲矣司獻納者不昧

其良知則必以引君當道志仁爲心而凡希意逢迎
矜名釣奇者必不爲矣推之敷天之下凡爲人子爲
人弟者皆不昧其良知則人人親其親長其長而悖
德犯上奸宄怙亂者無有矣惟良知不容一息而泯
於人心故良知之道不容一日而不明於天下是守
仁從祀之舉蓋彰明道術之微機化成天下之上務
也顧往之請者數矣間有異議者或膠於言論意見
之異同而未求諸心或眩於傳聞疑似之狺吠而未
核其實耳臣惟昔孔子之在當時或譏其佞或疑其

黨紛紛多議得孟軻氏推尊之而始顯至我國朝尊
祀表章之而益以大顯今守仁之學天實啓之以鳴
我昭代文明之盛蓋直繼孟軻之絶而追蹤顏曾之
班漢唐宋諸儒似有未或之先者媿臣等愚不足爲
守仁重幸有聖明在上良知之在人心萬世炯然有
不可泯者也若獻章嘗訓詁汨溺之餘各理棼吻之
日而學以靜觀默識爲務以致虛立本爲宗其深造
自得之趣堅貞明懿之履抑可謂醇乎醇者矣昭代
學術知反約而求諸心不爲口耳支離之騖者實開

其先也或以著述無傳勳業未見議之然昔宋臣歐
陽修謂立德者不必立言立功亦自不朽如顏閔是
矣由是以譚獻章似亦可附德行之科所當與守仁
並議者也其他諸臣所舉如吏部侍郎羅欽順禮部
右侍郎吕柟祭酒章懋鄒守益布衣胡居仁等或肅
括束修行無瑕玷或宏深敦大學有淵源要皆熙朝
之碩彥承學之模楷也但於人衆僉論定另議外若
王守仁陳獻章二臣者其議祀已久輿論已孚伏乞
勅下該部先行從祀庶令後學者知所嚮往而道術

由是以大明我昭代之休美且將軼光於前代垂鴻於奕世矣

乞骸九疏　耿定向

奏爲衰病難痊不能赴任懇乞聖恩准令休致回籍就醫調理以延殘喘事臣自本年正月初旬感患危疾以來以氣血向衰延醫王宏道等調治未痊屢疏乞骸未得俞旨伏蒙聖恩陞授前職隨該臣具疏辭免於十一月十八日接到吏部咨奉聖旨卿清慎詳練倉庾重務特資督理宜遵成命上緊前來供職不准辭吏部知道欽此竊念臣本謭劣具臣謬荷聖明知眷屢奉溫綸勉令供職臣感懼駢臻雖沉痾未愈不復敢自愛其殘軀即日強起裹藥扶病渡江行至儀真地方漸覺精神益憊一身中表百病交攻伏思古人有言曰陳力就列不能者止所謂陳力者非特才力蓋亦有精力焉如臣才力既甚卑微而精力又復衰憊雖欲勉強就列實是不能手痺不能握計會之筭目眊不能披出納之籍口慳不能給應酬之語神惛不能酌贏縮之宜若徒以纍纍病軀淹淹餘息

而欲竊據崇階叨冒厚祿臣雖至愚無塊而不知耻如國家大計何伏望聖慈察臣廹切之情實非得已特賜臣致仕回籍得安心調理巽倖茍延則天高地厚之恩臣生死銜戴無極矣臣不勝感激懇祈之至萬歷十七年十一月二十一日具奏十二月初二日奉旨卿着德碩望簡任司徒以疾固辭情詞懇切准回籍調理痊可之日撫臣等具奏起用吏部知道

在刑言刑跡　邑人耿應昌

刑部陝西清吏司主事加服俸一級臣耿應昌謹奏爲龍剛御極至德難逢敬獻刑官一得之愚以廣聖主如天之澤事臣竊惟古之至聖極神必稱堯舜而皐夔贊之則曰蕩蕩無能名非不欲名實有不能名者蓋舉所謂神聖文武備摹擬之而終不足盡其變化遊於覆載之內遂不覺望洋而嘆耳臣比來見皇上處置魏忠賢及崔呈秀等始而量同天地若不欲驟拂先帝之心既而迅若風霆正所以善述先帝之事舉七年盤據之神奸千古肘腋之大蠹羽翼已成根株難拔者一旦而去之如孤豚腐鼠非特九廟有

靈實係一心獨斷且所以處置者又不先不後不緩不急使其有口而不能噬有爪而不能攫密勿之上剛柔競緓之妙小臣已不能贊一詞矣而又見比來九邊盡撤內璫權歸督府臣益加額而視曰天子萬年蕩蕩難名哉蓋曩者神堯之誅鯀必待於虞聖之繼而張文忠孚敬之撤鎮守也亦在嘉靖十年今皇上御極纔兩月耳而作用已如此矣以今視昔不啻過之君德至此遂爲第一君德相業至此遂爲第一相業臣雖起家蔭官而先臣會以立官侍聖主臣佩

服先訓遭際聖朝竊思以塵露之微仰裨滄海以螢火之光上濟日月然亦在刑言刑絕不旁及一語列爲四款惟皇上垂聽焉一曰釋纍臣與其殺不辜寧失不經此千古神聖祈天永命之道近年以來自魏忠賢弄權摧折縉紳而纍朝培植之冠裳且不如獵番僨帥矣是今囹圄中纍纍多人臣昨視事提牢目擊情形之慘細叅招案葢逾縲絏之冤邇來蒙皇恩詔釋重囚幾二百人而諸臣猶未沾曠蕩無非懾於威壓阻於避嫌耳昨臣堂官請旨擬釋有五人焉真

幽谷生春長安歡聲雷動矣臣得復以五人冤狀爲皇上細陳之如原任遵化道耿如杞才望素張當邉事擾攘之時而先帝擢以重地冀必有當於疆埸而以不申建祠不迎塑像遂捏扣糧獵冒逮擬重辟豈兵道而有建守乎此道臣李應薦疏爲虧枉而臣堂官所以請釋於皇上者也如原任薊州道胡士容夙負節鉞之才且爲賢勞之首惟其治臨呈秀之鄉而呈秀之宗族門客無不撓法瀆請而士容絕之呈秀徑捏騷擾驛遞侵欺錢糧之條逮擬重辟夫監司而

有錢糧之責乎此固道臣李應薦疏爲虧枉而臣堂官所以請釋於皇上者也如原任御史方震孺巡按河西不能調停經撫不爲無過然法司之招不云乎震孺但能口言之耳能代經撫而身爲之耶當大璫東瀛之時中旨三駁而法司三爭震孺之案既明矣忠賢深求羅織即坐震孺以逃而且非逃律古今有無律之罪乎況前任之御史毫未損其偉望而嗣如震孺便幾殺身故科臣霍維華之疏以爲定論而視師尚書張鶴鳴原勘之疏豈俱黨震孺者乎此臣堂

官所以請釋於皇上者也如原任大理少卿惠世揚者狂妄多事目中無人尤皆自取而臣細閱世揚招案交通之事原無實証如世揚而以交通論死則今之爲權勢所廹而譽魏忠賢者亦多矣法可槪加乎卽或世揚之罪與孫愼行趙南星等同塡者南星等已蒙恩詔遂首邱矣而徑欲獨殺世揚耶此臣堂官所以請釋於皇上者也又如原任戸部主事李柱明僉差半載萬里孤跡止因爲惠世揚門生當世揚爲忠賢入逮春明柱明以師生之誼差長班一帖迎因

師於宣武門外偵事件者聞之忠賢而捃摭監守之律坐之不亦寃乎此臣堂官所以請釋於皇上者也臣鞫五臣之寃而請釋纍臣亦所以信恩詔也伏候聖裁一曰尊法律古云讀書萬卷不讀律致君堯舜終無術則律也者固聖君賢相所以平治天下而晝一守之者也况高皇律令損益百王尤爲千古定案聖子神孫所宜世守者舊年因王恭廠之變先帝勅諭有云以後子孫永不許下從重之旨著爲令大哉王言與高皇媲美矣而竟爲忠賢所阻抑不一月而從重如故如是圜土之中有問重罪而無律者有不用律而任意一加再加者以快忠賢之意則可耳遠何以服天下萬世近何以服被罪者之心乎今後似當盡洗陋規惟律是守查諸纍有與律不合而爲忠賢所意加者盡赦之是亦廣皇仁而遵祖制也伏候聖裁一曰重詔獄鎭撫司係朝廷詔獄原不輕用前朝縉紳下詔獄者卽罪所當懲尚有優待之意自忠賢用事非鎭撫司朦朧殺人不足以快其意而掌北司許顯純者則忠賢義子也其所誅殺一取忠賢之

旨而士紳之命殆犬豕不如矣殺之未已也又支解其體故淹留其屍卽奉有至親領埋之旨而殘骸業已寸碎嗟夫此誰非皇上之臣子而荼毒若是語及至此天地傷心且贓銀動至千萬正數已不能完而顯純又加三而徵收今比贓諸臣現在刑部可問也伏乞聖明洞照北司之爲鬼窟一切事情俱無輕付詔獄亦所以廣皇仁也伏候聖裁一曰禁告密今當堯舜之世風聞言事有臺省諸臣矣廵緝禁旅有京營科道矣申理寃枉有五城御史及法司矣用告密

何爲而忠賢之爲此者葢亦知自巳攬權殺人恐人
心不服所謂膽虛也故借告密之舉動輒制人以危
法不曰妖言則曰咀呪無貴無賤呼爲祖爺而閨門
床第之間俱不得安其性命矣且也各衙門中火長
公然說事見之者未有不色變者也今忠賢旣以正
法則奬政亦當立革番役事件似當永杜且瑣細褻
瀆之事何足塵天聽也伏候聖裁以上四款平平無
奇然天下之事期於平而巳矣至如原任叅將胡維
寧舊當邊事亂爲波及之時而維寧獨超免於評論

之外止因忠賢坐泒游士任賍銀苛至巨萬維寧奮
烈士之概一肩替死今絶產敲髓而未暢忠賢之私
且雙盲痼疾巳奉恩詔比之逹奇勳寶承武猶可原
也若刑曹之應罪合律者不過二三而含寃無律者
十有八九臣不能盡爲皇上陳之并祈聖明萬幾之
暇置囚刋策一本存黼座之傍天下自此無寃矣伏
乞聖明俯賜採納臣不勝激切待命之至

國朝南糧改折疏　康熙三十七年　御史李先復

爲楚省五縣南糧本色解運維艱仰乞
敕部改徵折色以便兵民事切照臣以西蜀豎儒七年外
吏荷蒙
隆恩異數拔置台班辦事衙門仰見我
皇上天地爲心勤恤民隱於凡民生利弊籌畫精詳務使
膏澤下流無一夫不獲其所大哉堯舜之仁不復過
矣臣至愚極陋何能仰贊
高深謹以見聞所及者敬爲我
皇上陳之伏查楚省南糧一項所以協濟本省駐防官兵
荆州鄖陽襄陽武昌皆官兵駐防之所每年秋成後

徵收本色解交各汛支放兵糧臨江各州縣船載直
抵各汛無甚煩難獨是黃州府屬之黃梅麻城黃安
三縣武昌府屬之通山大冶二縣僻處萬山之中雖
地原產米而崇山峻嶺不通舟楫肩挑背負爲數無
多計輓運之費倍於米價矣近來每遇開徵各縣亦
詳請改折及准改時又將折色解赴糧道轉差各汛
買交亦滋往來交移之擾及至仍收本色百姓間於
就近州縣糴買交倉又有鋪戶勒索高價之苦葢每
年開徵時各縣米價必詳請而改折迄無成例民困

不支目今七月正南糧開徵之時伏祈
勑楚省督撫湖北南糧除臨江州縣仍照例徵本色外
其黄梅麻城黄安通山大冶五縣南糧共貳萬柒千
貳百貳拾貳石捌斗令准其改徵折色卽令各縣觧
赴荆郎等汛永爲成例在兵有因時購買之益在民
無擔負登輸輓之艱一轉移間兵民咸得其便矣臣再
查荆襄諸郡皆產米之鄉米價不甚騰貴每南糧倉
斗壹石折銀陸錢伍分爲率倘慮豐歉或有低昂則
酌至柒錢壹石至足也倘蒙

恩改折仍飭各縣不得另立各色改入地丁內彙徵各
觧以免滋弊五縣窮黎世世頂祝
皇仁與天無極矣緣係條陳楚省南糧事例字多逾格如
果微言可採伏乞
睿鑒施行謹題請
旨

書

國朝　上開府大中丞張公書　邑人張希良

生再拜奏記大中丞閣下往者癸丑冬閣下奉命撫
楚卽當三藩並移之際僉夫捉船城郭江湖一時騷
動生比濫竽省志偕諸同事上謁見閣下居高而遠
思憂形於色若不知其纔節之方新者竊以爲閣下
真古大臣也無何滇黔變起湖湘以南望風奔竄閣
下獨以江鄂孤城與制閫相犄躬擐甲冑曉夕睥睨
間拊戢黎厲將士卒待王師之至更念風鶴餘生蕩

家失業重以追呼民將不堪於是疏緩十三年租賦
民懷其惠相率輩輸以佐大軍之急已而山寇焱發
指授方畧所至皆討定之歲饑又復疏請蠲賑活人
以億計蓋自用兵以來閣下外籌攻守內計拊循焦
勞抑損未嘗有八騶之車一蓋之乘鳴金鼓建牙旗
而晏坐堂皇者六年於茲矣遂能殄滅元兇摯西南
半壁而還之朝廷揷羽漸稀大勞將艾閣下之功高
矣閣下之庇廕楚人者亦已厚矣乃者察典失衡生
與偕計諸人以閣下功未白幾欲揭元禮之旗會

天子聖明謂閣下亶勞臣宜秉犖節如故三尸孺嫗罔
不飛香手額幸不奪我寇公也以閣下聰明慈惠閔
憂元元如不及疾苦愁嘆纖悉畢燭之更何假一妄
書生之言上溷明聽然語云泰山不讓土壤河海不
擇細流周公聖人也吐握哺髮所欲言而請畢事者
千有餘人爲能達下情而廣集思之益也孟水罝薙
治理逼焉矧今災異日以聞民艱日以甚生雖草茅
下賤杞憂之及亦將身之敢避狂夫之誅而與寒蟬
同默默乎請以閭閻困瘁所尤劇者爲閣下陳之楚

地歲比不登矣大江以北田壠半又山谷無陸海浸
溉之饒雨澤皆仰給於天土旣磽瘠而且壤錯豫州
其氣先寒百畝之家田宜早稻者十不得一焉楚天
淫雨常在三春入夏則往往多亢暵亦理數然也故
五六月之間一有蘊隆中晚二穀舉盡之未見楚人
有全收也今歲則愈有難言者生安人也即以安邑
論邑自正月不雨至於四月僅而得雨農人倉卒爲
耕具則稻之菑亦長矣而蟲復災之四月一雨以後
焦金爍石直到於今阡陌塵飛土竈至尺計螟螽女
魃所留餘民天有幾而長吏覬希滂沛展轉蹦翔厓
厓以秋灾報罷然則莢簷愁痛豈盡至於閣下之耳
乎夫楚人呰窳素無積聚所倚爲命者光羅商固數
隣邑之灌輸耳今汝南赤地千里室如懸磬無斗粟
得至關南而南人之壟占北地者捲土來歸日以千
百計主客交困莫可如何水盡菰菱山窮橡栗旦夕
殍於溝壑盎十室而九矣其勉爲支吾不過暫時人
耳生一門三十餘口饘食不及二十石終今以往數
米而炊可延殘息三兩月此後亦未知軀命何托而

細民可知一邑如此他邑可知及今不爲之所生恐
數十萬財賦之區非復
朝廷之有也夫災傷之書旣上軍需國賦亦當暫爲
緩止以俟德音乃長吏之徵比益急盈庭鞭撻捋不
忍聞大餉兩兑以及加編宦課交督於一時升斗餘
粒復消耗於醫瘡剜肉中矣夫自明季迄今凡三大
荒崇正辛巳人相食順治癸巳春斗米四百緡今米
價當癸巳四之一人未至相食也然長年三老以爲
苦倍曩昔者曩昔家有餘財而今惟束手以斃也催

科不已如人之垂死又加鴆毒焉則雖
聖天子與我閣下甚愛斯人願緩須臾以待大澤之至
而已無及矣豈不痛哉自古荒政莫善常平今州縣
積貯無幾未能口分而家給也多方賑救或請上方
之金或鼓倡義之級紳而明之是在閣下但於秋灾
分數外更爲補牘得邀往者給復一年之賜因民以
賑民則莫大之仁術也第今之民生既竣矣在官者
往而不可還矣哀此孑遺危急存亡正在無繇可責
無穀可糶之際閣下繪圖入告請蠲請緩期以來年

捧腹之民感浩蕩而豫有生氣矣南糧之有改折也
萿山鄉不利舟楫有輓運之艱行營委積有守候支
放之苦於是以銀充米外給水脚官爲就近採買此
通變宜民至計也往者本折二家紛如聚訟彼時穀
賤傷農折者利其輕賚而本者苦其倍費耳頃歲穀
騰計本折適相等其議始熄但如安邑舊有南北二
漕北漕久入條鞭民忘其勞矣閣下倘爲安人造百
世之福一言建白將南漕併入條鞭上也郎以時方
致武難於發議亦當以暫准改折明著憲行俾長吏

有所遵守奈何歲煩詳駁罔所適從而一二奸猾因
得假營折之名爲奇貨以滑其中借庫頃庫委無用
金錢於胥吏之手哉夫此無用金錢皆百姓膏血也
一歲營折之費可當正供五之一合五歲而民已重
費一歲之折矣朘削如此若之何其不窮且斃耶大
差之爲里甲累久矣官錢打掃日生飯食輿夫贈送
諸色目歲費約數千金軍輿尤甚百孔千竇殆莫可
窮詰而爲之斂散者保戶也保戶半積蠹大猾遷城
縱壑最易漁民每見里排輪代自六房兩皂下逮門

役奉賀新里名刺纍纍墻壁間也夫賀新者皆有求
於保戶者也里之新而保戶是賀謂保戶之大得所
欲也殫里之出竭廬之入哀苦莫告而若輩以爲賀
自此以上快心之奉又不知其凡幾也故欲釐剔弊
源則大差之名不可不禁而保戶不可不革也錢糧
之官爲徵解也逼乎直省矣火耗之禁功令森嚴然
銖黍所入未必無盈餘足以償道里之費補收兌之
虧也今徵常在官而解常在民是官獨取盈民乃重
耗也陽奉陰違之弊其可不察飭而條爲畫一乎水

旱災祲吏之所不欲聞而百姓之所急欲上聞者也比年饑饉有語及奏報者非惟吏難之民亦自難之此其故可知矣夫賑勘所以重虛冒而或者反以滋費得不償失恐非勤恤民隱至意也今歲荒又見告矣曩者陋例顧閣下澄汰而逆閉其途也軍需旁午取辦臨時勢不得不資採買然名雖官給價值其實層纍而至於下十無二三焉而黷者又復借端掊克利歸於下而怨叢於上害有不勝言者今西南漸平一切採辦當已之卽不獲已而委之忠公廉潔之人

容諏里甲行戶估值有無侵蝕之實則公無廢事而亦無困人矣夫五聽所以達民窮塡之刁風亦少戢矣訐訟之徒以睚眦破人家蓋黃之大姓無不罹其禍者近復開告密之門誠其人如朱家郭解者流鷹擊宜矣山野之民多収幾庾穀稍稍自給而指爲豪又何以處夫橫道之豺狼也夫里有富民俗之厚也今乃羅織至此生恐不數年而富者貧貧者益無所賴矣矧哀鴻滿野萬井蕭條閣下宜帥先諸憲長守令斷絶獄訟靜以養民氣猶懼傷之忍使其波累於郎富三木間乎周禮荒政十二有曰除盜賊自諱盜之律嚴其諱盜甚而萑苻之勢張矣今一月之內盜所刼掠凡數處皆有力之家鑽體灼膚備極慘毒席捲一空昭昭人耳目而長吏漫不加意比及隆冬一斗石種皆將莫保其有閣下何繇知之誠恐上下相蒙宵人得志不至釀無窮之禍不止也生閱邸報七月二十八日地震京師壞城郭踣室廬壓殺人民無算此其變之大者按春秋五書地震不言事應而春秋繁露與洪範五行傳論著甚詳天人深祕生不敢

妄爲徵引而日食則修德月食則修刑
天子與大臣同心一體恐懼修省當有見微而知著者矣又聞安陸之蓮花庵怪鳥見按其形似在山海圖爲水爲火爲兵爲大喪是不一說而生弟希聖謂陳建從信録所載萬歷十五年異鳥見於秀水縣之思賢鄉人頭鳥身頷下有白鬚竟日而去其年大水明季米貴死者塞路水爲腥臭不可食杭州保俶墖後積棺幾至山半流液成川正與蓮花庵所狀合殆將有水患疾疫之憂其兆既成矣導迎天和以消沴戾

是不可不先事而豫防也又安邑之南鄙土人剝瓜往往有稻秧叢生其中此所謂木妖也夫穀以養人不熟於田而寄於空虛無用之地大無之象見矣煙蒼蒼明年無糧封豕得之民之無祿剝瓜著之其事非偶然也今秋將盡矣驕陽未至霡霂尚屯居民汲水遠至數里外洩利之疾在所都有過時不雨又將無麥此真萬物芻狗之秋也經書成公七年冬大雩是吁嗟禱雨之際四時皆有之今恒暘如故而曾莫省憂非所以懼天災而恤人窮也然欲從事於禱祠

之末則又不可自古軍旅之後必有凶年言民以征役怨咨之氣感動天變而旱乾作也故宣公七年夏公會齊侯伐萊秋至自伐萊大旱胡氏以爲此其應也楚自大軍進討資糧芻束山夫水手礮車船木麻鐵鈎楯戰馬諸費所以備行間緩急者惟是江北數州民耳積五六年征役之氣以召天變其不雨宜也昨歲西江底定言者請蠲逋賦二百餘萬
上日其助逆可誅其佌僑仍可憫特曲從之今我武維揚數州奉義之民僅存皮骨未及於寬政是從王者反不逮從逆者有厚恤也天心幾何其不亢戾乎閣下誠以江北數州頻年可憐之狀與所以致災之由剴切具疏得比於西江閩廣諸處給復數年以寬其力以慰其心好生之德又不直暵暵諸邑被之而已夫祇袁暴身紫雲起鄭俠納忠澍雨應日者
聖天子虔禱郊壇玉步甫移甘霖立沛行之而既效矣閣下若能出告誠引罪之言罷青苗免役之害以附於洛陽監門繪災之實天心仁愛主聖臣賢誰謂一氣呼籲中而桴鼓有爽應哉不此之圖瞻烏蹙蹙誠

未知其所底矣自古災祲讁告草澤之言往往與肉食相參今求言不逮下生竊恥其無由自達於當扆也而妄效之閣下閣下
天子之喉舌也異時閣下揆覽之辰生隨於鄉大夫握爵為壽閣下延之東堂俯詢民瘼不知其膝之前而晷之移也故嘗以爲閣下真古大臣躬逢古人臣吐握之風而無寸壤涓滴以裨益高深其視任棠賢不肖何如耶生惶恐百拜

頌

明天窩書院頌　淮海孫應鰲

黄安邑南日五雲山幽焉能谿高焉能含綿邃照曠爲邑奇觀山陰則列屏如臺山陽則中凹如屋四序煕和百嘉叢簇淑氣攸鍾仙莖爰茁邑有道仁人楚侗耿子于玆卜築闢紫芝之洞房啟白雲之盤谷錫厥異稱命爲天窩萃弟子以講德邀明儔以嘯歌恍乎如身居清都而下俯寰宇浩乎如胸蟠羣彙而廣包大羅也迺有臺使汝泉趙子念庭舒子下令邑吏備材鳩工刱楹建閣綽楔立其崔巍精舍成其煜爚

匪以侈覽觀恣恬嬉實因表賢哲咨來學于是楚侗舊友淮海孫生析聞厥聲驚覩厥成恨懷征之旣阻聊奮筆而紓情用紀美事俾垂永名期同遊之大雅證斯文之宗盟云爾頌曰翠微兮環巒雲錦兮空谷睇九澤兮軼風聳千仞兮垂幄山迤邐兮西騖又合沓兮南眷儼韞藏兮如窩孰招搖兮能扳窩中人兮君之子楚之侗兮曷韡韡搆筌櫺兮菭橑服蓀佩兮荷屦泉溜漓兮飲而甘木紛鬱兮息以陰蘊隆灑濯兮嚴寒燠温烟月徘徊兮風日與躭楚之侗兮澹居此隣泰清兮棲顥始昂若思兮瀕若委植若株兮泛若止一几兮徜徉萬有兮混茫逌不悶兮德符掇不跂兮天光羗窩中兮來往藹金蘭兮心賞惠我人兮不惕以忼絃歌誦兮式昭以朗楚之侗兮涬冥天降鑒兮芳馨毓紫芝兮玉英煒金趾兮重莖辰象精兮瑤光發兮藻井兮攢柯樾靈根梃兮獨茂碩瑞應圖兮罔湮闢我所思兮窩之陽楚之侗兮壽而昌欲往從兮遊陰康耿難即兮阻河梁春秋不淹兮道可受鄉風舒情兮緊遐覲楚之侗兮思故舊倘眂我兮在左右

頌文穆齋大令禱雨屢應　吳道昌 邑人

公之廉也來何暮望歲瞻雲思處處一帆高挂下黄州風送邾城如有助何期夏五歉甘霖農夫仰向天公訴賢侯惻然切隐憂爲民籲天飛穀霧頃回蒼昊祝神龍自我西郊雲密布沛然下雨水盈疇鼓打插秧歌不住名亭誌喜並催詩詩成不獻蘭谦禱遍蘇蒼赤苗懷新良牧重來欣有遇非關異術神爲逼呼之屢應從靈澍保赤誠心徹九霄天道愛民同眷顧他時台鼎代天工願宰天下亦如是

序

明先進遺風自序

邑人耿定向

孔子曰吾猶及史之闕文也有馬者借人乘之有疏註者曰有馬借人即闕文語也夫此細淺事耳夫子何述焉蓋大道爲公志所存也即其細且淺者而大者可推已惟余固陋學慙稽古亡論三王下上載籍未能博綜即我昭代之往哲前修雖厘倘論而其駿業崴猷訏謨竑議尠能多識已第自揺髮來時於長老先生函丈間嘗耳剽其一二齒頰之餘津然有沃於中識之膺膂未忘顧皆最淺且細者意名家史乘或以爲瑣屑猥蕪闕之不載矣茲掇拾而籍記之以付剞劂豈亦有史闕文之慨耶惟世英賢或省覽而憬思茹稹草之盤飧挹元德之風味跡一介之斤斤故格天之嚆矢也然則茲編其亦存古餼羊耶噫嘻世道之自古而之今也猶人生之自孩而之老也茲欲挽今而追古昔殆猶引老以模嬰孩豈不難哉雖然所謂追古者非矜異行以矯世也要惟明古人之道而已所云明古道者又非崇異說以譁世也要惟

不失赤子之心而已夫赤子之心不學不慮而愛敬之知能具焉今猶古也惟我高皇之誕諭揆古放勳之敷教咸舉斯心以錫極耳羮訓弗廸而邪哆之祟是又風會之趨流蠱之極也余滋懼已爰輯此編而首申之於此以告我同心云按四庫全書內載先進遺風二卷注明耿定向撰毛在增補所列皆明代名臣言行大抵嚴操守勵品行存忠厚者俱多又多居家行已之事而朝政不與焉其意似爲當時士大夫諷焉

江汝社序

邑人耿汝愚

昔孔子刪詩而闕楚說者曰荆蠻也無詩故無錄然

江沱汝漢非楚望哉胡迭見諸周召二南耶跡是知二南所錄大抵多楚聲第語中不綴山川故疏者漫謂南國焉而他自豳以外殊多亂世亡國音是孔子非止不欲諸國楚也直欲豐京楚耳迨屈大夫一變而遂爲詞賦祖李唐律興杜甫孟浩然輩並擅鉅宗稱聖到今由斯以觀楚無詩乎惟我明重經術乃士失厥旨習爲絺章繪句雷同緜弱語以應有司有司習錄焉號爲制藝復以詩能破壞之廢閣不講而楚爲甚矣嗟夫當其盛時婦人孺子矢口陳詞亦能入

尼父之彀而冠三百篇及其衰也學士大夫伸紙濡毫求一巫師牧豎之謳而不可得無他其風殊也黃安疆于江汝之間非昔所左方共永而右遵其墳者哉趙宋之季剷爲裔徼文事廢焉明興官府不設田畯之子農隙而就村學究纔能書計便即罷去衣穀策肥而目不識一丁者比比也嘉靖末始置學官稍稍有含耒而事章句博衿佩者今更二世矣連袵泮水上能口四子之書者尚可指數乃今吳君敦之復欲聯三五輩結社而爲詩亦何容易也雖然江汝爲文明域文王之文固在茲語曰一人善射千人抉拾蓋言風也吳君勗矣詩之道未易言不佞姑勿論抑序曰志之所之也諸君之爲詩或圖供生前之樂或蘄博身後之名或爲賓座縱談之樞或預史局受遴之地志之所之即不一然當受體而思探韻而賦其爲調也將無同乎不佞性嗜酒倘諸君不禁而許之飲則願備剟首之一噢焉令異日有圖香山繪耆英者而不佞得厠名貌其間則不佞幸矣

贈黎令改任序　邑人耿汝愚

夫子曰古之學者爲己今之學者爲人宋儒廣其語曰古之仕者爲人今之仕者爲己然乎不然余惟古之人視人猶己也仕急於爲人求盡此心耳即亦曰爲己可也彼仕惟爲己者昧眞己矣媿天作人所丧滋多惡能爲己哉夫古今人不相及若此益剖判於所學矣覩近世所學抑何事耶貿貿然攻佔畢以梯榮貴天下皆是也進之不過矜名行以賈聲稱云爾間有矯然標樹以學自命者則又多眩於異說崇虛任放以爲繕性了心甚則溝壑其身楚越其胞與而猶號於人曰無染不着爲己之學如是如是嗟夫是豈古人所謂學者哉古人之學惟求得夫本心而已夫天地萬物通爲一體而天下之物無以尚之吾人之本心固然也古之學者惟求夫此是故不視不顧斤斤然致嚴於一介非以爲廉也是其不欲之本心不容自逸也若撻若溝汲汲然關切於一夫之不獲非以爲仁也是其不忍之本心不容自已也由其不忍也而益有所不欲由其不欲也而益有所不忍學如是仕亦如是矣何也蓋本心之達於民物也若目

之必暄隨地皆爍若水之必潤隨地皆濊彼其至性不可禦如此也緊詡今之人獨無是心哉彼迷蔽而壅閼者衆也即或縮腹鏤骨以爲廉呴濕濡沫以爲仁非不欲不忍之真機矣民生何賴焉是則學術不明之故也豈不悲哉吾邑肇建以來越二紀而始得吾黎侯茲蒞我再逾年矣跡其視身之廉恤民之仁庶幾哉由不欲不忍之本心者豈非於古人之學與有聞乎惟我明心學之源濬於江門嗣是方倫梁霍諸賢哲咸以行業表著一時侯固其里人也無亦濡

染薰漸故能不失本心如此耶先是直指錢君報命馳檄嘉奬其語曰無餙政有真操似矣頃以限於數而未薦余尤慽其知侯未深也無何司計者復以前令積逋故課殿例改任焉維時邑之士民若孩孺忽失保母喁喁皇皇控號無從輓爭不得乃相率而徵余文以贈余惟侯之爲治原惟求盡此心者直指奬之不爲加司計抑之不爲損予何言雖然予不能無懷也張曲江有言六合元元之衆懸命於縣令宅生於刺史予每論其言而心悲焉亡論六合即吾邑雖林林總總何可計算其命悉懸於邑侯方寸間耳廿年來始賴侯有此心而又不獲究也如民生何余茲感已藉第令天下司民命者胥鑒侯無赫赫聲而益不信古人之學如此余重感已於是乎言

麟經古亭世業序　　梅之煥

安國胡氏之傳春秋非經也安國之奏議也明興以胡爲功令治春秋者檃括胡氏之說以成疏義甚有即明公穀鄭氏夾氏未嘗一臠而以春秋起家者矣非明經也明安國之借經也又從而引蔓之以傳題

從而駢拇之以比合株連膚割埴脞射覆主司以意命而主者以意揣則又非安國意中所及也明經之敝莫甚乎是古亭以治春秋特聞諭之學官其經以春秋者十而九闕楚録其春秋魁以亭州者十而九讀題名記其亭州第以春秋者十而九顧其於春秋也猶筌魚芻狗耳過則舍之矣獨叔臺耿先生閔然上釐定經學之疏惜當時專門名家於諸當道者不合疏寢未行往煥待罪諫垣竊志先生之未竟乃性不時宜扶衆所擠弗自爲地無暇及紙上陽秋也坐

念煥爲諸生日痛鑿傳莌經之習盡嘗廢卷而歎以此愧其平生今年耿克勵梓麟經古亭世業成弁其尊公叔臺先生之蹠於首而問序於煥視春秋若負逌何克勵之發吾愧也抑克勵便便經笥行則爲朝士冠冕青緗可念士音不忘克勵有心人也願毋分吾愧

林邑侯課士序　　邑人盧堯臣

客有問予者曰文章吏治異乎予曰無異客怪其語之創也請竟其旨予告之曰文章有二解解以形者

卽苦卽甘如山可移如荷畚臿可大于縣門者是解以神者甘而不苦如秋鶩自喻以登堂草書會心於舞劍者是兩者皆有得焉有道存焉而神之解能渾諸有之形以調於適有先於神者矣予師萬楊柏臺宋先生有道君子也計偕時謁絳座座上維桑皆樸茂其外而淵泓其中譚道訥訥不出口而才情煥發透入理解遊神西京以上而獨標氣骨寧極東魯之閫而淪入堂奧非予所鴈行疊若避影者乎今邑侯林父母其人巳侯爲八閩名士歌鹿鳴而來也人有

張[illegible]之問集選人而官也人有劉蕡之嗟謡兩岐五袴而戴星五父衢也人有相如負弩之嘆第侯癯於貌而肥於戰勝勞於政而暇於解衣盤礴車塵馬躅時有野獲自公退食多所摛染名譚也詎落理障時調也詎作藝語渾乎如冠纓麗乎如歌舞粟也椒薑肯也炳蔚可以宣賢勞之文教可以詒操觚之型範諸如大言小言莊言婉言爲風爲雅筐筥之藏有跨廣川長沙青蓮少陵於往代而太倉歷下諸名輩皆足奏塤篪且令之小巫走者兹刻特文豹之一斑

韶音之一吷耳語曰製錦象文采也烹鮮象文法也曰拔雄悟執還昧見仁皆神有所徹而寄之吏治以見奇盤錯而終不出吾宗象挾風雨泣鬼神之文機也鈞可以教御御可以教射射可以教刺舟喻文於神不可喻神於吏乎治堯前所云神解之說不但精論侯課士之藝且以精論侯子民之最狀矣幸覽者毋予妄而窺子大夫以神也

會館序　　邑人秦如容

黄安邑建於世宗之甲子邑之館以寓同鄉之在京

師者於甲戌建之相距七十有一載矣先是邑人荀長吳子與余約紓已財爲之顧建邑來七十年間侍御周公司理盧公與荀長先君祠部公先宗兄詡調公皆出制科第往來都下悉寓麻城舊館豈不思別建毋亦謂麻黄本同邑邑雖別其縉紳子弟誼如一家難遽別籍且舊館創始由耿公遺澤未遠故周侍御止就館之旁稍拓新館尤爲湫隘及余丁卯公車赴都會入覲舊館地不旋馬新拓館會無以黄安顔其戸因有狹小前人之意謂我新邑文教蔚興才名

各相擅觀京邑光者爨爨然接踵非斯館所能容甲戌余釋褐並將曩之拓而新者亦付麻另於順城門外售一片地而樹宇焉同鄉客京者援先輩偕聚雅誼以相尼止余曰使館不可別何爲先別邑乎館之別於今即昔耿公別邑意也衆是之然余初以此獨肩其任適荀長銓得盧江令不肯自外合兩人力經始焉嗟哉別邑數十年先達諸君子率皆踞貴顯理學治功卓卓著當世各厎宦成詎皆不忍爲別籍留斯館未建以逮余兩人甫登仕版者或亦物至有時

事成有數不可爲強與第規模方草創厥志未全增置潤色不能無待於後之同志者

國朝專祠講會序

黄岡曹本榮

嘉隆間耿天臺先生倡理學於吾楚首提明德以不容已爲宗當是時稱大儒者必曰黄安黄安云本榮少聞長老言心輒向往之求其遺書邈不可得盖時之不復講學也久矣迨官京師乃得睹先生書反覆紬繹於是知先生之學之淳且正也因時時及諸同志相與稱先生會先生同邑鍾君秀玉成進士造而

請曰吾邑自耿先生倡學迄今有年矣曩者里人薰其德請於上得專祠毎歲春秋祇虔厥事諸生講習於其側今其裔孫公府篤行能世其家將復修明先代之業公其一言以爲矜式乎於是不佞嘉黄之有賢士大夫而樂先生賢者之有後也重爲告曰大學有本而爲學有要舍其本而末是圖如不培其根而求其暢茂也不可得已且學者亦知明德之旨乎明德者心之虚靈不昧具衆理而應萬事存於中則爲五常之性體所以立也發於外則爲四端之情用所

以行也故塗之人見父則能孝焉見兄則能弟焉非有所作而致之也由中達外不期然而然也及氣拘物蔽或不能勝其後起之私然本心之明有不容掩過者固未嘗不惻然蠹然也故曰不容已也後之學者不察昏氣惡習之有時而疑本性本心之不足支離緣繞務華絶根如拾潭月之影而挂諸枝如競雕繪之花而綴諸樹及其甚者滅情毀性習爲猖狂自恣之行塗徑雖殊其爲不知本則一而已故夫惟精惟一者堯舜禹之相授受也敬敷五教者司徒之所

以明倫也其原出於天命之初而其實見於家國天下之際人孰無心道不外索先生明德不容已之旨其在斯乎抑古人有言道不可以不明而學不可以不講故不殖將落閔子馬之所以譏周也不毁鄉校子産之所以賴鄭也世之治也其比閭族黨皆有學其農夫細民皆知學耳目乃禮樂之原灑掃即精義之用故比屋皆可封也自俗流失而世敗壞微言大義升降揖讓或爲世厲禁焉吁可慨已今黄之士大夫能習其鄉先生之教而賢者之後又能不見異而

遷而知其俗必勉爲忠厚而人將耻爲浮薄也然則黄之學者回翔俎豆非若尋求先正遺書之類其發明本心力行孝弟嘗有不俟家至而户諭者而不佞敬止維桑且將拜先生之衣冠於祠下由是覩教化之成而樂觀人文之美其在此也夫其在此也夫

耿公祠會講序

學使王發祥

聞之古人之爲學也必有常師有常師則其道尊古人之爲教也必有常所有常所則其心安此大學小學之設所以化民成俗養育人材者大約始於爲士

終於爲聖教學有相長之功而國家收樹人之報也後世學官雖設名存實亡求所謂胡安定海忠介者亦鮮其人雖有善子弟不過誦帖括取科第其于聖學蓁蕪而廉耻道喪人心奇邪而政治頗僻已如江河之日下而不可追矣余兹於黄安專祠會講一事而重有感焉往者天臺先生督學於吴建崇正書院聚所屬髦士而躬教之迄今講義語録吴人奉如著蔡余向讀其書慨慕其爲人未嘗不三致嘆於聖人之可學而至也夫先生爲兒童時即志學聖人而其

後卒如所志不由師傳默契理奧非所謂豪傑之士耶今諸生登先生之堂入先生之室睹先生之容貌與其車服禮器私淑先生以爲師朔望得羣萃而聚講焉聞正言見正事而又有鄉先達與學博士暨其後人之賢者耳提而面命之較之先生之時其成材也更易易矣雖古者大小學之盛何以加茲目今約法既立朝會既明余又何必贅辭則請以數言志勸爰進諸生而詔之曰爾諸生於大學小學亦既童而習之長而講貫不輟是程朱諸夫子內聖外王之旨

窮理居敬之要約畧備於此矣所患志之不堅講之不力或失則怠於是有半塗而廢者或失則僞於是有金玉其外敗絮其中者雖得之必失之矣余願諸生一以先生爲師志先生之所志學先生之所學勿以虀鹽易心勿以富貴改操亦如先生之願學聖人而後已焉黃邑一隅且將爲世儒宗余其拭目以觀厥成爾多士其勉之毋忽

黃安盧子春秋闡微序　　九河劉　梅

壬子秋余校楚闈朝夕摸索得盧子紫潭卷見其氣吞雲夢筆走霞城而經義復見尼山之心源獨抉四傳之精奧知其爲通經博古儒也暨撤棘來謁詢其淵源其昆玉俱以經術經世當是時江漢間籍籍有聲所謂紹衣式穀紫潭有之厥後余歷仕吳晉退老林下盧子屢困公車暫就嬰山一鐸而楚樹燕雲徒焉悵望適次兒承啟承乏黃安余就養雙泉紫潭以春秋闡微問序於余余取藁披閱不禁喟然曰嗟乎春秋一書宣聖明一王之大法正萬世之人心史外傳心之要典也自傳合比脫立顛倒割裂遠如談虎

會編因是遂令聰明才智之徒皓首窮經有莫知其津涯者矣自

朝廷允部議止用單合題近如大成說約皆可爲揣摩家指南乃又僅守一撮本至問其三傳三傳不知問其胡傳胡傳不知遑問其傳心哉遑問其心聖人之心入而爲孝子出而爲忠臣也哉盧子有見於此銘經傳以匠意衷文獻以立言顯微闡幽標新出異秩秩如也麟麟如也其事核其詞簡其義斷其旨深以長是懸度衡庫指月之所不能媲而說約定旨之所

不能絜長而較短也其所以爲具如此而其大要務使人深契夫傳意以盡心於文字間以抒其性分才力而爲天下不朽之文余讀是編既竟昔日知盧子於文章而今乃更知盧子於經學今既知盧子於經學而今而後乃更知盧子於經濟矣何也文章本於經學經學發爲文章又安知不以經學文章出而應元會之昌期正經天緯地之業哉抑又有說焉胡安定之教授湖州也有經義齋治事齋五經之有易與春秋也易言其理春秋見諸行事紫潭之有闡微也

俾潁之人士經明而行修且使天下後世之凡讀是書者咸適於世用也不然得魚忘筌不思聖人之所以傳心者何在我之所以讀書致用者何爲亦甚非闡微之意矣

古今格言序

邑人張希良

聖賢之言載在六經散見於四子之書孝友淡忠順備昭昭若日月之朗纍纍如星辰之行髫而習白首而撫卷自維所行中古人一言何等也上世未有文字風氣醇悶人務實修後此說鈴愈繁家誦忠孝而俗益薄人慕曾史而行益偷善乎王庠之作經說而子瞻以爲至言也今之人感應格言諸刻相習成風豈不誠大惑哉顧亦有說焉凡人之情厭恒而競新天地之昭曠終古於斯矣人日遊渾淪元氣中不覺也行僻徑者偶見一線之光一石之奇相與咨嗟愛玩而不知其爲天地之餖飣焉六經四子者渾淪元氣也三尺童子解哦誦性情隱於恒而感發激勸有時不若俚俗單辭之捷耳目乍新故也晦庵守南康子靜來訪於白鹿爲講義利一章聽者無不泣下夫

義利一章在四子書中恒譚耳一經拈出痛切警動砭沉痼而中隱微豈非渾於習則忘觸於偶則猛省乎天下中材多而上智少上智之人稟氣清神識朗無所企而善無所懲而不爲不善中材之人介善不善間見道則悅見紛華則又悅兩念交戰如憂方囏困極迷離祗須一喚而娓娓陳六經四子之言毋乃迂筴乎然則六經四子以語覺人格言以醒魅壓未見其不可也震澤寧侯席君樂善士集古今格言勒成一書而綴以貽謀十則博大精晰吾鄉牛公鶴沙

序之詳執友石航鍾公南遊得其書以歸欲繙而廣之苦卷帙繁命予擇其要者拈出以醒世且序之予惟會孔曰尊其所聞則高明矣行其所知則光大矣書曰非知之艱行之維艱史稱元齡治家有法度恐諸子驕侈集古今家誡爲屏風令各取一具而辛苦門戶卒爲不肖子敗之豈格言之不在側歟不行故也乃所謂行者非必博聞廣識事事奉爲金科也近世豫之新安邱清吏字方山起家文無害治章奏得檢洪武正韻詑爲奇書見字下有註古人善蹟者目

籍記而倣效之遂以理學名河洛間彼其目中少所見少所見故雖恒亦新人以爲糟粕彼且以爲創獲而方力奉之是以知無不行行無不盡矣石航之欲芟繁而示約也有以哉石航爲吉巖先生介弟慕義若渴三十年前邑南溪流苦漲阻倡建石梁費千計行李稱便後遊白下有鄉人秦姓者没於旅公爲文籲衆舉其骸希以歸所謂敦善行而不怠者然則即以公當金鏡可也

重修五雲山玉皇閣序　夏汭周國購

光黃間其爲大山靈大形勝所在咸有郎所謂叢林古刹亦幾更僕難數烏足輕重者然事緣義起地以人傳或保障之所由與或遺風之所待植或揚壯烈於奧區或寄鴻庥於象教志之所鍾動惟時宜昔之靈光殿大悲閣至今傳頌不衰豈徒後宗門華表歟至於絕續興廢有關風化本原尤持世者所宜肫肫容詢也新安五雲山距縣治二十里許蜿蜒西向羣山合沓如窩形家謂地勢環拱邑居生氣直臨學宮益巨靈於是乎繫焉建玉皇閣於上其義何居將毋

以上帝監觀求莫大地皆然冀其實式憑之俾甫賜時若爲此方生靈所仰賴與通邑諸前輩以閥閱家聲承先啓後不憚易代更新原有深意邇乃物隳於歷遠形殘於久安廟貌傾圮山英蕭瑟識者傷之諸公期服先疇志存整釐將籲同人而鳩工修葺焉斯其意夫寧效時尚淫祠之趨蹌與鬧場香厨之供奉漫爲踵事增華者哉誠有獨見其大者矣吾人持危扶顛凡義所可爲者宜無弗勉之第勢力之所未逮時會之所弗遑則亦缺焉詎靡所出其若於此舉實

有不容自委者以爲壯郊圻之瞻依崇楹桷之法相則道路人之所動念也以爲護邑居之鞏固啟學宮之文明則士大夫之所快心也以起衰振靡之微情協乎一邑能無趨事之恐後耶以祈天永命之積願裕乎百世不更合力之易舉耶是則慕義好施共勤盛事自令玉局峻起依復舊觀不但壇壝之所憑應感之所効祈報由辟之所宗於斯足永寄托即山靈形勝亦可藉以無替非有陰維之不至此則撫茲棟宇重輝鼓鐘再振謂非於風化本原一舉而數善備

乎余時秉鐸茲土每與諸同志憑弔輒蹤流覽勝槩因得與聞斯役而樂其相與有成也故爲之勸助焉

徵彭貞女詩文序　　周國購

朝有忠藎家有貞淑其道一也草莽之臣不以難仕而暌尊王之義待字之女不以未嫁而忘從一之經惟是五常淆亂三綱久斁冠裳之倫幾不知典章爲何物矧在閨閣弱質目未覩詩書躬弗接師友寧復責以禮教乎然天下貞恒之氣豈終銷滅義烈之概間鍾於婦女所謂禮失而求諸野陽替而取諸陰斯固採風者所樂識也歷稽列女傳記至性感觸別具天成而常變經權各因時宜如春秋所載紀叔姬之歸酅宋伯姬之死節皆變而得正慧而守經行誼攸異而履道則同茲廼於彭貞女再見之矣貞女者新安彭君三山弱息也三山英畧正性氣聯海嶽其先世東崖先生倡明理學以忠孝節義爲首務早知其家世修齊之理所培育者多矣女自幼許聘陶氏（學使陶公後裔）聞夫已病篤偕師氏往訊輒就苫塊親湯藥滌念數年如一日迨夫死終喪盡哀盡禮後依舅姑供

子婦職色養備至從此柏舟苦節益堅純孝今且年屆四旬殆將終身焉夫以剛風懿行凜凜動人光黃銘其芳躅江漢譜厥徽音誰不感泣振興耶或曰女嫁三日廟見而後乃執婦道若夫相攸聞秀羞語夫家倡隨未成奉養惟謹是亦可以已矣乎然共姜之操載在詩歌禮曾子問待吉夫死往弔如儀之說以貞女較殆又過之然則此種節孝綱維悉本内則至要豈女子所預聞而克知耶胡彭女之若悉聞而洞知耶嗚呼可以風矣世間名義所屬智巧琢喪人汨

沒不返而愚忠愚孝偏或不謀而合此天則之同然而大道之常存也吾黨蔓歷斯文講明人紀方將先民是程豈容近褻弗録正藉此幽貞之宜闡用礪夫明庭之常羞凡我同人秉彝公好與善爲懷覓碩果於巾幗佩金鑑於膏沐各攄頌言共揚盛事少警流俗之衰希挽蔑棄之漸詎止益彭氏之家乘實以扶南風之競氣毋慚金玉致掩圭璋也

重修冷家堂序　　邑人盧爾愷

安邑僻去都會遠不邇紛華民風朴茂往往多節烈

奇女子余向謬典邑志嘗論列及之里中齊氏女年十八爲貧家婦誕一女未晬夫暴卒少而無子人爭奪其志齊訟之官祝髮毀容矢節於折獄庭邊若窮子疾走釋冷家堂去初王氏者賊戮其夫無所歸尼其堂以完節氏因與爲徒度名寂澄當事嘉其志不之禁是時齊本煢煢少婦無柏可舟無機可斷著褊袒涸跡空門宗族鄉黨方藉藉笑之竊幸其鮮終焉距今凡二十年忽有跳余門而求募修蹟者揖之公然一比邱尼詢其自即所謂寂澄者是具言尼所止卑且陋雖紫金新灌而蘭若名尚仍冷家俗姓里居顏爲堂云詩尼摩頂登堂時抱呱呱女投五體於地猶嬰皃合掌巳耳弗暇搆年來尼漸老女克有家塵根淨盡將新是堂丐居士爲我序余素性雅不好浮圖然見一忠孝節義之事輒駸駸樂道之至須麋俱動今觀尼之煩有賴於此堂也翻若念彼般若門中之亦有裨益我綱常名教焉者向使冷家不堂則當日饑寒新寡委頓支離尼縱能凜松筠操乎而托根無所風摧之雨溜之霜雪凌之蠹蝕之而又斧斤旦

旦之二十年之間敗乃操者數矣其猶能巖巖挺百尺姿而身名俱全者伊誰力哉是宜亟取此堂而新之以表能全人節者

重修文昌閣序　　九河劉承啟

邑之西有文昌閣近吞山光平挹溪瀨幽閒遼夐不可具狀其左則有引龍岡之纚獵其右則有石井頭之廻翔其南則有雲臺似馬之拱向晴焉幛屏之麗錦也晦焉樓閣之迷烟也斯固黃安一邑之大觀抑亦萃止山川之靈俾無滅焉爾按祀法非有功於民

物載在秩典者不得立廟特祀穀梁子曰古之神人有應上公而通乎陰陽則君親帥諸大夫以請焉夫生而爲上公没而爲神人孰有如文昌者乎文昌爲斯文之主操宇内福嗣禄壽之權而化書隂隲文諸篇則欲人誠以敦倫勤以勵學慎以檢身是豈虛無寂滅之教所可同類而並觀也哉家大人嘗述之刋之以爲子弟士庶觸目而警心焉啟承乏茲邑勸農於郊步行於闤闠適見其三五荒徑四望頽垣不禁愀然曰嗟乎吾儒誦法文昌之訓默受文昌之祐瞻宫

墻而弗肅者非禮也覩圮頽而弗加之意者非義也諸君子獨非有心人乎其各發願力肇興重修期成功於此日共徼福於來茲爰捐俸而爲之倡云

盧鏡亭詩集序

林縉光

鏡亭先生邑名宿也襟懷洒落翛然塵埃之表行年八十而精神矍鑠視聽不衰日以吟詠自娛好古之心耄而彌篤嘉慶丙子余都門謁選即耳先生之名比捧檄郏城先生主萃英講席公餘之暇時相過從坐我以春風醉我以醇醪者五年於茲矣今夏出其所爲記里鼓集以示余皆應優選赴京時從自北行以迄南旋計三百餘首凡道途所經耳目所接時事所觸親友所交一一託之於詩其間城郭山川風土人物以及往來贈答諸篇讀其詩而其事其地其人皆可以想見蓋詩以道性情三百篇中或賦物言志或指事類情歌泣皆根至性先生以學問之深涵養之粹澹然而無欲藹然其可親故所爲詩直抒寫性靈出入風雅不着意求工而自然流麗雖先生之品詣文章不必以詩見而亦何必不以詩見也余素不

工詩年來政拙心勞學益將落不揣謭劣妄下丹鉛集中有句云味生句外風神永意在言先寄託奇請以此爲持贈也可時嘉慶庚辰歲仲夏望後二日

記

元朝秦氏義田記　　副提舉龍仁夫

秦麻城甲族秦之著曰夔弼字朝卿以其家産顛末示予予忻然援筆誌之朝卿之言曰秦故是邦土著六世祖諱執中執中之子五希申希孟希旦之世微且滅存者希尹希仁希尹之子諱楠吾曾祖也家陡埠河之南俗曰河南秦希仁之子四諱楷椅概槠吾從曾祖也家陡埠河之東俗曰河東秦楠之子三諱克勤克儉克家勤儉之子又微且滅存者家之子國

柱吾先君也與伯季父國棟國材云卿爲四椅概之世又微且滅存者楷之子從龍生瓊槠之子震龍生斌斌瓊皆從季父於是秦之系者七焉方朔南瓜裂邑爲兵衝居是間者如懸幕燕如蛛螯浮空中猝風驚霆掃潰不可支烽烟且騰弱妻稚子道棄捐相望壓壓宛然先疇世業荆棘芃芃狐狁穿穴喟無可如何暇及其先人田宅耶吾河南東家錯居江左生殖何至元丁丑邑復爲人境先君呼夔弼命之曰麻城田庶幾可復遂與季父瓊剪荆棘驅狐狁一一物色

然後田之故粗可尋又十二年戊子以田之開墾者疇若干自列於大司農且按質剤之舊列豪之吞并者若干愬於郡及縣竭蹶累年然後復又二十八年延佑乙卯有旨准民自實田則悉頃之荒熟凡七千頃有二實於官者於是昔之復者然後定嗚呼勤哉則相謀曰吾祖自宋紹興乾道迄今三百載陵遷谷夷薄少幸無恙語有之百足之蠕不僵百尺之柯不摧奈何鑾忿觸意行道之人自爲坐取王承福輩喔笑哉顧錯居不可合則以是七千頃者仍祖籍以衆

扶樹之視歲之上下口之多寡而均其廪若縣官賦入供億百需則別峙貯千餘石於所謂新安倉以俟而族之能者遞掌之又別峙三千石爲義塾以教族之子弟至婚姻喪葬春秋垅塋之祀各有經念欲垂誠其後蘄一言焉予謂古先聖王敦人綱秩天紀五宗九族之制彬彬焉德降且衰乃有親兄弟爭錢物相魚肉如太史公所謂使人鼻酸雖然彼云云者直猰貐鴞梟之流耳若太山張公藝與近世九江之陳金谿之陸一門風義炫赩簡編獨非人耶秦之不得

如昔人之勢也乃其意則昔人之遺也雖然吾何以爲朝卿贊請贊二言焉曰公曰忍予嘗過蘇天平范文正家塋域在焉予讀義田碑約益族之長者賢者持其歲之出入而不得擅其會計文正子孫得董其會計而不得鬻田之出入范數百口賴以不饑寒至今非以其公耶若公藝書百餘字以進於唐高宗者非忍耶夫敗俗傷教之流未有不激於私而成於忿若予之二言將入壤無斁可也嗟乎秦氏子孫其毋替斯言哉

秦氏壽樂堂記　龍仁夫

秦齊安甲族秦氏望曰文甫過予請曰斌也幸甚老毋八十且鮐肌鶴髮山立盤盤斌幸拾先人緒奉臚膷滫瀡之饍粗構堂焉寄其哺烏之懷願先生爲之名予爲援筆而書壽樂二大字且諗之曰事親人子之常分也然親壽不壽而樂尤難載籍來蓼莪陟岵之悲淪徹心骨今昔同之而況太虛之化參差轇轕人事往往乖舛人有親不幸而爲拾椹之包織履之進貧也奈何不樂也又不幸而爲望雲之悲絕裾之憾意願所違不樂也乎反之不力而無以侑親歡甘鮝之少汙而或以忤親意以致守身持己之不慎而三牲五鼎之養虛焉又不樂也樂哉乎秦母樂哉乎文甫之親之壽如之何不使予喟喟歆羡哉使黃之民廬弁烏集形影不自謀即壽且樂可期乎今堯年舜日熙熙九野秦氏母子之歡非適然者文甫倜儻明達恂恂和厚內以愉其親外以及其鄉閭姻族茲堂之樂宜何如也抑古人有言樹欲定而風不止故孝子愛日太夫人老矣文甫其益致愛日之誠以隆

茲堂之樂樂隆壽日無窮使予喟喟歆羨之何翅今日哉

明朝天窩勝槩記　邑人耿定向

邑南二舍許山曰五雲層巒聳翠益邑奇觀也自山巔迤邐而西羣山合沓環而如窩故稱天窩云窩中林木蓊翳石泉沸出常稔之田可十餘畝居常藏息不殊人境間臨高周覽恍身居太清而俯視塵寰也窩北有山如屛西有山如蓋以故時雖隆冬朔風不能侵雖盛夏炎威不至酷而東南隅則又皆凹而如

闢杲日方昇薰風徐來此中獨先得之識者謂其高而能含幽而能豁隨處可宅與時咸宜其勝槩如此

天臺勝記　耿定向

天臺山者楚魏之交山也其山形類臺巧若天造故名天臺云由黄安北六十里而遙至界河高枒橋折而西從谷口入可十五里許至平頭嶺嶺峻而險若天塹限隔人寰者由嶺下行三里許折而北里許爲牛耳巖萬歸庵庵巖北蹭蹬縈蘿而上三里許有洞高廣可二丈許深可三丈許洞前怪石羅列如臺如几如獅如虎未可殫狀奇花異木繽紛葳蕤若人夙植然者余壬申夏初一至其中題曰止止洞命叔子定力子健書甲戌子徵周思久氏遊至此中作凝神二大書并紀詩一絶云歷磴攀蘿入紫霄披雲趺坐慮全消花間喚出仙童子閒倚洞門吹玉簫自洞下復循前道仍折而西緣溪逕入夾岸林木鮮美芃芃掩映岩石瑰奇逓呈異狀一帶溪流縈廻潺潺涓涓如鳴珮繫玉倏湍激如飛雪噴珠倏滙集如碧鑑冰壺卽淵明所記桃花源逕度未之尙已行十數里許

至赤城寺寺在山麓由寺後山逶迤而上可六里許始至山巔臺故在山巔也周環皆石峭立如壁高可數十仞上廣可數畝止一逕可躋按壁鑱宋元祐七年開者從臺趾上凡一百五十餘級至離垢門又一百二十八武上至息緣門又七十二武至達天門是爲臺巔三門名皆余萬歷甲戌年所題子徵書息緣門左石壁鑱宋端平時事令人悲楚顧其文蝕齧不可盡讀巳離垢門左有石如座學博應德劉思召氏已未春遊題曰坐忘臺叔子壬申夏追書之叔子復題曰鳴琴處循臺而右兩石駢峪中有石隱隱如龍狀子徵題曰卧龍洞洞前有泉從石竅出郎石鑿池瀦之一夕積可十數斛歲旱土人致虔取水歸灑之可致雨余題曰作霖池叔子書池右從石穴傴躬伏地入數武有窟向離前有石如盤上可坐七八人隆慶巳巳白下焦太史竑弱侯率六子入座其上咏詩云儘將雙足壓崔嵬下視青天萬里開飛騰莫訝不知險會踏羊腸百折來因題曰七子臺子徵復題曰探奇窟臺西南岡有石如香几右有石如鼎爐余因

題曰告天爐子徵書臺東西山並峙於前其峭壁皆如臺差小而俯又一山尤小而崒嵂附麗於右兩山之後又兩山亦如臺狀降班並峙始若子弟負墻環橋質疑請益亦如昆季駢肩連袂既翕而共學也載登臺巔騁望萬巒千巘合沓環拱其從若立其陂若伏又殆如孫子繩繩林立膝前如億萬卒徒赳赳桓桓從大將旗鼓而聽節制者壬申夏余名其臺之大者曰伯臺前中曰仲臺右曰叔臺左曰小臺叔子書仲臺叔臺兩山故聯亘屏立從東北上者無實可八

蓋宋嘉熙間始刋通以便淮蔡之避元兵者今兩石柱立如門子徵題曰了心關叔子書關右有巖西向子徵題曰留月關右有壁東向題曰賓陽留月巖巔之左有石上覆如蓋前有古松數株子徵題曰撫松巖賓陽壁左卽小臺也上有怪石古松存甫吳心學氏尤愛之題曰披雲峯子徵書由臺東鳥徑行十數里許爲黃楊寨以巖多黃楊故名周廻峭壁亦如臺上平壙可田可池宋端平中全活十數萬衆計必屯聚於此西二三舍許爲老君三舍許爲仙居四舍許爲

佛塔三山咸瞠乎其後北面於臺云余嘗謂此山之勝不獨擅奇一方卽寰中諸著名山似不多讓彼兵亂之季生靈憑其險阻得以全活者其麗不億爲民立命之功爲尤鉅矣乃其宏美膚功不甚章章顯著則以界在遠徼高蹤之足音罕至而文獻之事缺如故也美含不章功崇不伐可謂至德也已矣子徵兹綜其勝槩列爲十景徵詩同志以侈其勝詞宗學士是始矜羨競美故知抱至德者未始終不遇也雖然是豈此山之情也哉

巽山應侯去思碑記　耿定向

余邑黃安故黃岡麻城黃陂之裔疆也始自嘉靖癸亥令四易而民鮮愛徵蓋經屯慮始自古難之矣今天子篤意元元數飭吏治而撫臺汝泉趙公祇命詢楚瘼余邑爲尤計非卓茂材不可維時侯尹羅山甚期而聲稱藉甚趙汝人也習侯治行特疏請改令吾邑侯至諗我民疾苦所先亟創條鞭法省諸不經費無慮數千金民乃蘇語具余所譔邑賦役碑中顧侯所以能令我民頌思無斁者不獨此先是諸君侯以

邑草創遇鄉人士冬刓廉隅侯肅然秉公臨之右家豪族不敢以贄逼酒食枉車騎盍始知有官府之崇然由此益自兢兢於當世之悪終侯之任無有詿累訟牒者乃岩壑清修士侯每折節式廬焉而尤好崇獎節義惟恐湮沕窶者優以粟帛或置田贍之學宮剏建秩祀往不虔胥吏每乾沒其祭供而故移以厲民侯恚曰邑之大事在祀厲民以祀非所以康夫子也論法之謂何爰庀殿廡庖湢每脩祀必豫戒而俎豆始秩秩有儀矣俗尚信鬼多竭貲以豐祠祀侯曰此民貧之因乎乃懸重禁始息邑諸生故朴魯少文侯裒然權權以陳其趣覩諸倣衣決履者輒斥俸助之乃約束又不少借也由是諸生咸斤斤自飭如侯指侯又不以政成自多事上謹遇同官油油不存城府乃事關民隱必引義固爭不依回往司府大猾素狎我邑時迂道來魚肉我民侯悉裁之自是相戒勿敢道黃安矣邑城堙故卑不足恃侯檢餘帑升之高六尺許役不踰旬民不知費所出又出資飭黌宮葺巒卜漏澤地葺諸壇壝公署咸以時役民民忘勞焉

侯出冠族乃約己不殊寒畯公暇課僕灌園自給訟者片楮勿罰貴賓過厨傳咸自主辦至入覲挈家資爲道里費不忍以錙銖厲我民云居四載擢廷評去尋晋秋官大夫余爲建生祠記其事余惟侯之遇士紳也若嚴父媚於義方而不溺其遇上暨同官也若師友無犯而無隱也其崇禮樂善也若嗜飴其興事建業也若理家其禔身也若貞女而其燠咻我民也則若保母矣則夫侯之去也而民胥懷去之久也而民滋懷有以哉余茲記貽來者盍藉侯爲杓非直爲侯記也侯名存初字復之浙台之仙居人大司寇容庵先生冢子也仲若叔皆時名賢其家學所漸從來矣

勿幕泉記　耿定向

余邑新造城中井少民病汲余舍前鑿井三十尺許繼日夜漸積水止可十數斛而居隣爭汲者如堵至不能朝夕家人不得已設幕以防私竊余覗之恚曰孟子云昏暮叩門戶求水火無弗與者奈何若此監者耶維是厚直鳩工重浚之又十五尺許忽土變而

沙沙盡水湧墳之水集廿尺又五蓋始及泉云爰命上繕甃甃成戒勿設幕令同巷人人得取焉苐與約曰日之朝男子汲日之夕婦女汲不如約者罰示别也而金陵楊生道南適觀其成請名曰勿幕泉余曰善蓋寻於鑿井而益悟於易矣余玩易之井而益有悟於學矣無地無泉井不及泉浚未力也無學無得學鮮自得造未深也斯旨也易之井備矣初井泥志襍也故不食二井谷雖得微矣故止躰鮒三渫矣可用汲矣弗甃猶弗固也得無咎耶四甃矣五冽且寒

矣上六始可勿幕逼之人人也子曰井德之地也深哉深哉銘曰畜之淵淵出之涓涓爾視爾泉忘言韋編

天臺書院記

秣陵焦竑

古學校之教修士求志達道未有不爲時用者其在於鄉也高者尊爲父師少師而下亦不失爲更老由羣其子弟督教之迫歿則相與追思其功德祀之瞽宗推而目之曰先聖先師夔伯夷周公孔子顏子偕其人也近世理學莫盛於宋迨天聖明道間學猶未立而四書院之名獨聞於天下是時周之鹿洞陸徐巖朱之隱屏各以道德師於鄉爲之徒者卒振振雅馴行藝修好世徒知賴其用而漸摩成就之功豈一日積哉天臺先生崛起楚之黄安推明孔顏周陸之學與鄉人肄習之從遊者屨恒滿戶外已宦轍所至又自其鄉達諸四方今去之數十年而其教如存先生所風動抑已遠矣當其校士新安拔胡侯於髫齡中而授之學至是綰印綬來爲邑令乃盡推先生之言措諸政事約束精明寛簡中度閭部晏然民吏意

得以其間造先生之廬與其子弟講求未墜之緒而闡繹之嘆曰古鄉先生没必有祭吾師顧其可後爰卜地邑東偏搆堂三楹奉先生像設而同志之友及門之徒皆祔食於旁講堂三楹翼以二室待來遊者棲焉書舍二十楹羣多士於中誦詩讀書循循如琅琅如也惟謹墻之東西復爲孝子節婦二祠周而覽之齋祭有所肄習有次庖湢燕休各有寧宇又出其餘買田數十畝會其入以具祀事既成書來俾余志之嗟乎先生特起千載之後明先聖之道以寤後之

學者其於求仁之要修身之矩本末燦然如指諸掌藉令遐陬獨學之士精思而實踐之可以學聖人而無難況黃人息遊於斯者皆門人之子孫昆弟也彷彿於聲容而得其意之所存能無憬然思奮者乎自是其賢者超然自信而獨立卽中材亦勉焉循其矩矱而寡過不惟先生之精神丰采久而彌新侯之傳於是邑亦將無窮矣侯名尚質字某微之歙人蒞茲五載治最當遷矣而能加意於吏責所不及亦先生得士之驗也是爲記

國朝博士崖記　三韓白良琯

距天臺西南二十餘里而遥相傳昔曾有博士隱居於此其上猶存讀書基址云或曰此攻木之工匠名也崖夾一溪溪水探源於老君山北下從八畈口出凡經四十里溪中盡石或偃或卧或巨或細或平或欹齒齒相續一水潺瀉其間石之纍垂委屬於溪中者時若渴馬之飲於泉時若龜蛇之出沒時若樓閣之聳峙仰觀四壁則皆蒼松古木參差連蜷叉雜以鳥鳴鶴巢蕙草奇葩經緯其上一曲一折皆有可觀而各各不同山性然也予閲名山大川多矣或身接而意不屬一覽而輒忘未若茲之俯仰幽深足以供人茂樹之樂而起遺世之思者倘所謂石隱殆其地歟且安知非石隱之人不欲以文顯而復托於攻木之工以自食其力如伐檀詩人者乎吁旣遯於世復潛其名古之楚狂接輿曷以加焉徒使後之人想望高風不能詳其姓氏生於何時處於何代人去而崖僅存其將呼崖而欲出乎胡不幸不與天台並載於初乘而止傳於流俗之口乎抑豈造物秘以待後人

乎予故因遊天台而並記之云者固欲使茲崖之不湮沒於草莽也然而巳大非茲崖命名之初志巳試問同遊者之曾子煒耿子興至張子晶然耶否耶時九月十日也

重修儒學碑記　晴川熊伯龍

吾嘗披閲安志而不禁有今昔盛衰之慼焉顧當其盛也固賴人以維持及其衰也尤資人以補救而其間非聖賢不爲功如安邑侯龍衢張公殆其選也按安鄉僻處萬山中初無縣治去郡城遼聲教文物不

能及其風朴茂其俗喬野識者慮之太學生秦鉞省祭李大夏伏闕上書請割岡陂麻之土而建縣焉疏報可遂成城於嘉靖間廛市井竈規畫秩然而學宮則在縣治西有廟有廡有堂有門有泮有祠維時人文蔚起彰爲國華衣冠禮樂俎豆薦馨浸淫七十餘年而兵燹與明社屋此邦之墟一陷於獻再没於闖城郭坵墟而學宮之傾毀尤甚向之泮水今則巍然山矣向之廟貌若廡若堂若門今皆破瓦頽垣而鞠爲茂草矣旁竇四達啓閉無司而城闕之子矜且佻

達於中矣聖賢之靈爽其奚所憑乎我
朝定鼎命吏來守茲土前後六易侯而皆拘牽於禮樂百年後興之文留意於學宮者蓋寡今
上御極之四年樂亭張公蒞任仁心仁聞美不勝書越二年蒲中盧子章輿亦奉　命司邑鐸停車榛莽中風雨不蔽始搆齋堂三楹修官舍又三楹而諸生謁見聽事始堪旋馬尋募邑紳欲即文廟而鼎新之乃以廢之餘力莫辦也維侯毅然獨任不取民間升斗不費公帑一錢割其清俸購木儲材先浚泮池得故泉瀦水甃如初週砌堅好樹大屏當雲路之衝以蔽內外次新正殿五楹先聖龕座桂繞龍螭窗開翡翠不厭華美四配十哲龕座亦復相當次新兩廡各七楹又創櫺星門三楹門左建名宦祠三楹門右建鄉賢祠三楹泮水之旁立禮門義路各一所殿後建庫房五楹以儲祭器法物凡材無可因者則鼎創之制有可循者則完復之起丙午終巳酉侯與學師戴星僕僕度地經營歷寒暑不少輟而落厥成士民多侯之功德欲勒之貞珉用垂不朽謂余承乏館閣時督京

畿學政曾過侯之廬與侯周旋久見其不立圭角不盜虚聲惟以實心行實政故侯飛舄歷三邑所至輒能興利除害百廢具舉又絶無倖前人誇來者之意郎如是役也麋侯金錢以萬計費侯經理以三年計而身不辭勞口不鳴功從不以片紙隻字申聞於上噫清畏人知而德與功又過之非所謂聖賢其心而補救在手者乎都人士爲余述而丐記其事爰紀其今昔興廢之大概以志不忘至其價值之多寡與殿廡祭器之規條則侯襄事諸君子另勒之碑陰云

南糧改折碑記　　吳宏初

安邑僻處萬山巖箐阻深複嶺崇岡羊腸蠶蔔乃割黃岡麻城黃陂三縣餘壤特設邑治額載南米四千餘石分運襄陽鄖陽荆州諸倉以備軍稍厥惟舊矣顧沙漫水淺艕艋不通糧艘停泊江干去邑二百餘里大者驢牛小者擔負歷險逾時躞跜蹩躠而乃至水次有守候之苦有浥糜之虞有洒倉過斛點籌諸苛派名目率正供二斗而費一石闔邑之民嘗呼籲控訴求輸銀折米而自縣至兩府層累而上文移駁

詰往復逾時吏胥之求索道路之賫送黠猾者之乾沒費既不貲而究無成事亦率正供一斗而費二三倍焉嗟嗟民力幾何其能堪此重困也耶歲丙子九河劉侯以閥閱名彦來涖兹土甫下車詢民瘼洞晰情形毅然曰吏職在子民不恤其艱又焉用吏亟請於當事當事勿許又明年御史李君曲江會吏於楚諗艱狀用言事例以黃安麻城黃梅通山大冶五邑南糧改折爲請部議難之事遂寢乙卯年會大司馬郭公總制全楚侯晉謁之初即言南糧改折一事指陳愷劇郭公繕疏入告奉

特旨允行定爲每石柒錢之例永行改折附入條編累年積困爲之頓除凡我父老子弟咸游太和之宇宙樂化日之舒長焉蓋嘗論之上有愛民之心而澤不下究民有欲言之隱而壅不上聞此元道州鄭監門所以獨有千古也維兹一舉民悅無疆我侯繙困苦之民情而上之制府制府舉已格之吏議而達之

朝廷自非識治體急先務而視民如傷哀矜惻怛之誠意有以感孚於大府亦奚以邀

九重之宸斷而成萬世之永利也哉闔邑士民爰謀所以不朽斯澤者屬余一言勒之貞珉以垂久遠余不獲以不文辭僅述夫始謀之艱與夫恩數之異以告將來云侯諱承啟字光仲直隸故城縣人爲政內仁慈而外剛斷鼇弊舉廢開張設施有遠大器報政伊邇行將以惠一邑者惠天下矣

重修鼓樓記　　邑人秦如芫

張邑侯涖安三載政成化洽百廢俱興人和治多暇凡城郭宮室整飭維新金湯益固邑之鼓樓在勝國

兵燹灰燼巳久有石焉伏於塗土有坻焉棄於瓦礫
名為通衢實則穢墟侯乃行其塗覩其頹垣斷塹不
欲使盛跡鬱湮因其地全其天逸其人廼暨廼塗不
丹楹不斲椽不越月而落成無搆櫨櫛梲之華而梁
棟板檻瑰偉逾昔顏其額曰望鶴樓登臨睥睨賦詠
志美幸斯樓之嶷然新起也日則轂擊肩摩效技於
楹廡四達夜則刻漏滴壺風霜清冽叶應鼓角外則
連山聳翠勢若星拱五雲似馬東峙南翔泉流西伏
馳奔雲靄邇延野緑遠混天碧咸會於樵樓之外其

意象物趣之美覽者各自得焉夫地勝而得人以任
之則山若增而高水若闊而廣邑若從而麗樓不待
飾而已奂矣猗歟休哉我侯以世胄之裔英妙之年
宏巨之才烹鮮小試即物阜民康則治日益進道日
益高行日益懋由此而登崇陟峻他日澤在天下勳
在太常名在石室所恃以不朽者無極琴鶴相隨又
何所極耶斯樓應與白雲黃鶴並峙千古侯之命名
其斯乎思侯之命名知侯之居心豈特一時之勝槩
城郭之壯麗歟將見繼侯而理者覩侯之經營猶在
也棠蔭猶存也窺其細知其大也是侯之德不可不
記侯之志不可不記侯之修樓而命名何可以不記
也請記諸石以為循良楷云

萬槿園記

邑人張希良

吾邑士風喬樸以園池相尚者僅一二家曰自得耿氏
園也在城內曰萬槿吳氏園也在邑西南十里許羅
曲村環溪山之勝着松翠竹落花啼鳥不匠意而四
時幽致天然先是光禄磨峰公課其子客部處植舜
華焉客部諱化字敦之以戊子名元登第既宦成歸

而益植槿自署萬槿侯更增置齋閣亭臺花石島嶼
文社酒舟舞衫歌扇與諸名士游公没界更寇燹于
盧江令諱光龍字荀長卒浮家南北久之還蘿村葺
先澤重整三翼木蘭招故舊相娛樂自擬藍田故其
賦新舫曰蘿村如在輞川遊徵諸同志倡和成帙焉
園之為堂者一羣卉聚矣曰尊槿識始也館曰酋侶
即客部讀書舍子孫世肄之為樓者二曰蓮華淨域
特深矗前沼有菡萏矣老檜垂簷子纍纍可摘也盛
夏榻之不知暑曰快雪倣趙文敏名環植琪花寶樹

于上理也乎予固哀其死重其烈惜其未得上聞賜旌也特記其始末以昭示夫來者廉頑立懦其亦知所觀時也夫時康熙三十六年三月二十八日事也是日氏持正全身之日也

重修鼓樓碑記　　新吳彭　鐸

令以牧民因民心之同利導而董成之從民望也縣署直南百步有鼓樓四達之衢崢嶸矗起民望斯萃登眺所及豁然秀朗井里劃若列眉叠岫層巒周遭繚繞而環拱焉風水家以爲形勢之勝城邑藉以鞏

固四民倚以奠安而人文蔚興端賴乎此自前明中葉肇建立康熙二十四年因其堂基重爲肯構父老相傳咸謂爾日民有同心官無倦容益司牧張公國柱實利導而董成之然則踵其事而俾勿壞後來者之責也星霜迭更漸復爲頹乾隆十九年春前縣余宗丹稜瑞徵慨焉以爲已任募捐之外不惜觧橐工未竣而卸事而余以是年冬奉簡書蒞此盧子准詩率同志教諭輩以督修落成爲請且日非敢私謁閤邑鄉耆實公請也顧余涼德薄才下車伊始會無涓埃之澤霑溉我民其肯違公請敗公事以滋之咎乃綜其數料其直專其任課其期材瓦但取堅固雕鏤勿取匠巧迨事蕆勸石焉豈曰自尸其功亦以誌士民忭舞襄事卒能相與以有成而余不拂民心之同云爾更有進者楚實多材安雖小鄉前輩理學文章照耀簡册邑中所共仰也

國家累洽重熙此所謂鞏固奠安之慶綿延萬載何關斯樓而風水家以爲人文蔚興端賴此者余於安人士有望焉乾隆二十年季春月

萃英書院碑記　　邑人盧　爌

安邑學宫鼎建以來原無產業修葺爲難自康熙戊子年有寺田可一十八石許僧獻之官邑請之上憲允于紳士中歲選其人司其出納從此經費有貲舊者新之缺者補之而無傾圯之患矣夫學宫所以祀

先師而書院所以育後學事相因也縣署前舊有社學郭西有張公仙湖書院乃不旋踵而基已墟者規畫未盡善經久無長策耳署右萃英書院創自

邑侯良公閔戴公彭公以時繼修暨林公踵之更爲

童子試務拔真才躬自校閱至捐修考棚辦運軍需
民並不知云嘉慶巳未夏月

啟明樓記　左綿孫文驊

郄城地勢東門最高負郭之田畛域可數羣山環峙
如髻如螺疊翠浮嵐縈亘百里而由慈孝里至上下
岡閭閻相連人烟特盛余於長庚諸門既次第樓之
矣念東門扼全城形勝廼高其簷楹增其髹飾俾邑
人花晨月夕登嘯有所余亦時寓目焉工竣邑人請
爲記竊謂舉廢者有司之責不必記復非若黃鶴岳

陽足雄楚塞無可記姑即名樓之意而申之可乎夫
樓之名啟明也沿舊也取東有啟明之義也雖然士
君子固莫患乎不明焉耳不明於理何以順物則不
明於事何以協機宜惟俯仰之間莫或啟之若或啟
之斯錮蔽日開各得於性情之正故啟明一樓其旨
遠也且斯樓之啟發乎宰者尤不少矣見紅雨盈疇
則明夫春耕巳及思何以慰勞之見黃雲被野則明
夫秋稼將登思何以樽節之西塘柏葉則明夫境接
灄濱思何以解其佩犢北瞰天臺則明夫界連豫省
思何以卹此遠人至于閭閻繁殖市有歌聲因以明
吾民之樂井里蕭條人多菜色因以明吾民之憂登
斯樓也亦何一不與吏治相發明也哉抑余聞之不
蔽於近之謂明此地山多田少即豐年屢慶物力猶
艱頃者夏雨愆期秋收較薄農貧穀貴隱痛於心既
不能量沙爲米計口授食復不能強有力之家均所
餘以貸邦族第曰窮簷疾苦余巳明之奚貴夫其明
之也今而後老者何以壽終幼孤何以遂長目前何
以調劑使不嗟星畱將來何以安定使不賦飛鴻所

望於都人士之啟廼余者自今始矣若夫景際春明
携樽而至序届離明挈榼以登明河續問津之句明
月賡林下之章則文人墨士相與啟拓其文明者歟
嘉慶七年季秋月

邑侯孫曉山重修城垣樓堞記　邑人盧　爌

邑城建自明季週五百九十九丈高一丈九尺有奇
垛口九百九十七敵樓七門樓四從頹壞後舉而新
之盖其難也侯受
天子命宰吾邑利無不興太守謂舍侯無肩是役者因以

相屬侯乃進邑人問之曰無城可乎曰設險所以守也無城奚恃姑繕補焉可乎曰修之欲其固也因陋就簡奚能堅需費鉅奈何曰侯且不惜巳財苟有力誰忍吝能家喻而戶曉乎曰嚋土之嚋石之嚋斧斤之不以胥不以隸功斯聚矣侯曰起予哉爰捐金俾邑人董其事一出一入公會計焉於是四十八會之民無不踴躍以襄斯役也歷十有五月而告成竊維是役之難甚於剏始明季三縣未割地為賊藪居斯土者皆欲城以自衛今承平日久習於恬熙咸以為

非當務之急一也明季榛莽甫闢物力饒裕今一木一石其值數倍如初乘所載一門樓費僅百餘金今啟明一樓巳千金矣二也明季鄉先生既協力同心即山野椎魯亦皆向義今多旁觀異議而閭閻大戶甚以避役為得計三也向非侯愛民如子昭昭耳目有以服其心而鼓其氣何以舉歷任難肩之任而行所無事若此哉工竣侯不有其功歸於邑之人邑之人不敢受遜歸之太守夫知能而任太守之明也任才不疑太守之斷也使吾民安田里長子孫鶴唳風

聲恃以無恐侯之惠烏可忘也用志諸石俾後人知邑有賢父母利在百世焉　嘉慶壬戌孟秋月

二程山記書叔考功公詩後　邑人吳文鳳

灄之東涘有山曰大程小程父老以為為明道伊川兩夫子名也蓋大中公官陂邑生兩夫子從遊於此理或然矣古人之流風餘韻姓字不能忘於是名其山川或以名其寓室或以名其子弟况兩夫子繼前聖統緒啟後學屯蒙者則以名茲山也固宜乃輿圖志乘缺有間焉叔父考功公憂其事之軼為詩以紀

之又為敘其顛末非強辱古人於此土也並非藉古人以為名也蓋吾鄉之俗較嫓而風較厚者并以兩夫子之遺化猶存哉公存此山之名俾後世子弟時切高山仰止云爾故其意纏綿而篤摯其言委曲而周詳迄今三十餘年猶可想見主持風教守先待後之志則此山因兩夫子而名者不即因是詩而作耶是可以補輿圖志乘之缺矣

金井山記　邑人吳兆灃

邑多高山近城蜿蜒平伏環列如垣出南關里許為

金井山明神宗未採金於此無所得遺穴在焉故名山上平衍有僧寺顔青蓮庵庵前泉水清冽土人稱法水寺或以此歟乾隆癸未予避席山長少府山陰宋君留予庵中訓其子邑子弟從者數十人去城市之喧囂得山林之幽靜晨夕謳誦亦覺蕭然塵壒之外僧務耕種醇樸易與待其館舍逼仄前後無隙地門臨蔬圃外繞修竹山光野色無由入目庵前爲八城孔道無可翟足惟於野田側望五雲文峯卓立如筆庵後密林碎石不耐遊憩林外地皆墾開蒔棉豆

回顧市廛鱗次儼然一都會迤西河水縈帶遠近煙村晚景如畫陟南岡北眺天臺黃楊諸山危峭插漢爲奇觀矣訪所謂金井者已塡平爲種植區予雖苦居遊僻陋而愛里人之勤於穡事益歎我
朝如天之澤使斯民休養生息寛然於耕食鑿飲中忘
帝力於何有也當明季礦使四出民間奔走供億不待言而轅轢官府鞭撻吏役搜括閭閻壞田畝發墳墓鄉里無賴乘機肆害指名礦地立見開掘搔擾荼毒何可勝道安邑至爲磽瘠犁鋤之鐵皆必買之遠方非産金之處明甚而有金局關金廠河並此山遺跡爾時之民欲如今日之寛閒食力其可得耶昔柳子厚於鐵罏步發事往名存之慨夫鐵罏之事與名無關利病過茲山者固當念當年之塗炭思此日之乂安益安吾桑麻耒耨之常以不忘元后父母之戴即吾輩優游誦讀方以不能鼓吹休明虛生
盛世爲懼豈直以一邱一壑遊目騁懷爲快也哉予又聞諸先人云閹人陳奉之始來也氣驕横甚邑人將歛金以賄周侍御鶴陽公曰未見無金之實而賄之使

去豁壑其可饜耶乃募壯健矯捷者爲輿夫邑中險峻處無不周歷取沙煆煉皆無成閹氣沮周爲宛轉陳説始不多求而返是亦有功桑梓而後學所當念者因備誌之以自廣焉

義士阮昇述　張希良

阮昇字光也生明永樂間性善積粟宅前後左右悉置倉每實一倉必封識其上題曰命倉妻杜氏尤勤紡織亦以其餘易豆麥成儲正統五六年歲洊饑陂岡麻三邑之民逃散幾盡昇目擊心傷慨然語杜曰吾夫婦所以刻苦積聚者非爲子孫計使自有餘葢將以補夫不足也今鄉鄰存亡莫保豈忍坐擁令桑梓流離乎因廣招流亡設場賑貸由是散者復聚餉三月糧新禾未及熟而儲粟告匱昇憂悶仆於几上

撫膺懊喪曰唉穀未成漿僅差三日糧而饑者終莫之濟可奈何杜曰若僅差三日糧我尚有積豆數倉播漿度可相延昇聞遽瞿然曰有是哉立畢以餉饑者而衆命頼全矣撫軍以聞疏引當時民謡有阮昇積下萬年糧三邑饑民活命長之句朝廷嘉之議授以職力辭不就命翰林院陳敬中賫勅褒獎賜匾額及旗傘棒檽數事如鄉官屬題法理秉公四字遂隱逸終身不慕榮利鄉里皆以爹爹稱之其卒葬之處至今猶呼爲爹爹山云贊曰篤行之士不求人知而顯晦有時豈不然哉阮昇一布衣志存濟物卒之議動朝廷詔爵授物雖讓職不任洵光顯矣活命數千人厥功不細而郡縣志畧而弗録又何湮没也予觀阮氏家乘所載賑饑一節頗爲詳審詢諸父老及有知識者其所稱説葢不虛無他故子孫過於愿慤恥於自炫其家世遂以黯若宗之名自達於上其宜顯而卒晦亦其宜也予反覆次其行事俾采風者觀覽庶幾晦於昔而顯於今深山之木千歲卒受知於大匠亦各有其時也

孝子阮啓屺述　張希良

阮啓屺字文燦增廣生邑之中和里人也明崇禎己卯歲有流賊突擾其里父母及家人倉皇走避村西北上竿山石砦中時屺年九歲不及相隨遂與家人失爲賊所得屺見賊衆了無懼色賊頗異之以故得免於禍不旬日砦破戮尸遍山谷屺父幸脱歸而屺毋徐存亡則未之知也因大慟急奔覔亂屍中莫可辨識更呼搶欲絶齎咨涕洟者累年未幾我

大清定鼎天下太平屺生葢十四年矣或言令毋夫人

流落異域又見村中有未被戮婦女久之自遠方歸者竊意母氏之尚在人間也於是携一僕各得兒者與俱編右二十四孝及夫妻子母亂離事爲俚曲行乞於外且歌且泣音感路人又時作瘋癲狀誘人家婦女出觀聽冀幸母氏之一遇也所歷州縣以十數寒暑凡三易至於聲嘶踵裂艱辛萬狀蓬門朱戶靡不畢到然竟無音耗不得已復還故里奉其父歸之日形容憔悴家人驚駭哭泣滿庭見者聞者莫不流涕焉毗既已隱痛於心後每一經山必徘徊其上

潸然出涕曰是其毗乎母安在吾望之也遂自名毗而爲韻以自傷曰嗟嗟我九歲罹亂賊擾門逃竄家人在母也宵無音尋遍天涯路空留淚滿襟我心如刀割我身如落魂安得一幻化可以徑入冥安得一久夢可以當得眞容溶溶孤夜月漠漠黯愁雲啁晰山畔鳥蕭瑟樹間聲蓼莪王裒痛陟屺當自名我生偷一日朝夕望在身後居父喪哀毀盡禮事繼母黃以孝稱與諸弟相友愛弟四人皆黃出毗與其二三五三弟皆先黃卒後黃悼逝之情雖念已所生不如其念毗也嗚呼至孝所感天豈偶然也哉

儒士阮興硃述　　陳正炳 黃陂舉人

阮興硃字先石孝子啓毗公之次子性穎悟過人少時曾肄業於洪界山之巔止來庵十有餘年爲文精純頻客走筆倚馬可待家世席豐而其志不在溫飽嘗曰人生不當家食自甘能由舉子業登科第爲當宁効宣猷澤蒼生始成大器不然直田舍翁耳不自意陡染惡疾步艱乘苦遂與應試決絕公資美學贍不得一有所遇乃勵志琢磨延名師以訓其後昆嘗

於邑城丙鼓樓之西街買房屋數椽爲後昆縣試信宿之所以故蘭芽玉葉咸奮志青雲有所成就長似崑增生克承堂構家乘是修次化龍時來諸生孫治遠恩貢生理諸生丕揚貢生聚奎林遠太學生世雲世望庠生曾孫景升方昶諸生景和貢生昌綸乾隆丙午舉人清恬夢皐廩膳生奕禮仍雲亢宗守舊弗墜箕裘人咸以爲家學淵源有自云

傳

明朝詹同本傳録明史

詹同字同文初名書㚈源人幼頴異學士虞集見之曰才子也以其弟槃女妻之至正中舉茂才異等除郴州學正遇亂家黄州仕陳友諒爲翰林學士承旨太祖下武昌召爲國子博士賜名同時功臣子弟教習内府諸博士治一經不盡通貫同學識淹博講易春秋最善應教爲文才思泉湧一時莫與並遷考功郎中直起居注會議祫禘禮同議當遂用之洪武元

年與侍御史文原吉起居注魏觀等循行天下訪求賢才還進翰林直學士遷侍讀學士帝御下峻御史中丞劉基曰古者公卿有罪盤水加劍詣請室自裁所以勵廉耻存國體也同時侍側遂取戴記及賈誼疏以進復剴切言之帝嘗與侍臣言聲色之害甚於鴆毒創業之君爲子孫所承式尤不可不謹同因舉成湯不邇聲色垂裕後昆以對其因事納忠如此四年進吏部尚書六年兼學士承旨與學士樂韶鳳定釋奠先師樂章又以渡江以來征討平定之蹟禮樂

治道之詳雖有紀載尚未成書請編日歷帝從之命同與宋濂爲總裁官呉伯宗等爲纂修官七年五月書成自起兵臨濠至洪武六年共一百卷同等又言日歷秘天府人不得見請訪唐貞觀政要分輯聖政宣示天下帝從之乃分四十類凡五卷名曰皇明寶訓嗣後凡有政蹟史官日記録之隨類增入焉是年賜敕致仕語極褒美未行帝復命與濂議大祀分獻禮久之起承旨卒同以文章結主知應制占對靡勿敏贍帝嘗言文章宜明白顯易通道術達時務無取

浮薄同所爲多稱旨而操行尤耿介故至老眷注不衰子徽字資善洪武十年舉秀才官至太子少保兼吏部尚書有才智剛决不可犯勤于治事爲帝所奬任然性險刻李善長之死徽有力焉藍玉下獄語連徽及子尚寳丞紱並坐誅同從孫希原爲中書舍人善大書宫殿城門題額往往皆希原筆也

呉琳本傳録明史

呉琳黄岡人太祖下武昌以詹同薦召爲國子助教經術逾于同呉元年除浙江按察司僉事後入爲起

居注命齎幣帛求書於四方洪武六年自兵部尚書改吏部嘗與同迭主部事踰年乞歸帝嘗遣使察之使者潛至旁舍一農人坐小杌拔稻苗布田貌甚端謹使者前曰此有吳尚書者在否農人歛手對曰琳是也使者以狀聞帝為嘉歎

大司徒恭簡公傳　　太原王錫爵

講學自王文成而後辨才縱横名勢輝赫而其間真儒鉅公處已立朝之行業亦往往有以是掩者隆萬間講席之盛莫如麻城天臺耿公余猶及與公先後

班行間志意欵欵相慕善也竊惟四十年來為耿氏之學者盈天下袞章羽翼則有中丞太史輩在吾姑撮其行業緒餘人所畧而不盡知者紀焉按耿之先有諱國寶者從高皇帝起淮甸其次子必安以功授濟陽衛千戸而長子必順自光山遷麻城遂為楚人五傳為嗚甫公大振公祖也生公父靜庵公金娶于秦而舉公及仲子定理叔子定力即今中丞君季子定裕公生而岐嶷有大志嘗侍嗚甫公問世間何者最貴累數級至公若卿更問其上嗚甫公曰上唯有

聖人耳公應聲曰兒當為聖人嗚甫公奇之初為諸生時麻城令金勿者才而未練事公因試策具陳得失幾五千言令驚謝寘諸首壬子舉於鄉儕輩頗自眩飾以示得意公布袍就宴泊如也丙辰以春秋魁南宫授行人司行人已未選雲南道御史時分宜為相太宰吳鵬阿其意通賄門公首發鵬姦且語侵執政疏上罷鵬分宜氣亦為奪辛酉巡按甘肅至蘭州邊境酷寒故事中丞具貂襜褕逆于道時中丞戴公曰不可以故事待賢者其廉重乎于人如此當是時

直指使者出分宜識勞加禮因與之為市公若不聞也者第以絲帕杞子侑緘為陳説古大臣義甚晰且曰某某可大用而已壬戌改督學南畿廪廪以崇正學廸正道為已任建崇正書院簡諸髦俊肄習其中身為師帥焉其所陶鑄不拘一方要以叩新發陳蕩邪刊穢俾各有所得而止即一切按覈士吏于簿書文藝之外敦風化奬名檢常惓惓焉俗習為之一變時新鄭相國與徐文貞郤嗾御史齊康詆文貞公為疏辨邪正消長甚力上為之謫康罷新鄭而無何新

鄭復相遂修舊怨于公時公由御史晉大理左寺丞
四年矣竟以舊官謫判橫州已新鄭敗以薦起衢州
府推官漸歷尚寶司丞至太僕少卿尋擢爲都察院
協理僉都御史丁秦淑人憂服除以原職起撫福建
公以父老乞致仕不報靜菴公趣公行先是撫閩者
劉公堯誨念閩濱海兵弱稍括稅督逋爲足餉計而
龐公尚鵬至則皆罷之公謂從前則病民從後亦病
兵爲之衷度其宜使兩稱便焉時方田令下所在爲
厲公獨倣廣輿圖法區列其壤地高下廣狹之宜條

八法示之報完獨先又一官民之則立條鞭之籍括
丁糧零雜之數署之片紙使猾胥不得濫征又修保
甲鄉約以間輯小學新編閨訓禮纂用提誨民佐功
令所不及焉時廣寇林道乾訌海上公欲檄東埔諸
寨酋擒之廉知酋世寶一銅銃爲我所得乃與之約
若以賊首馘與我兵之被鹵者來當以銃歸寨酋讙
願效死而以金書牙蠟來謝且請通貢公郤其餽且
曰通貢非典也弗許第上言東埔寨酋震怖天威矣
擒賊自效宜及是時羈縻用之蓋自是盜寇徙跡閩

里始晏然而報功之日詔止賜金而已庚辰丁靜菴
公憂甲申再起都察院僉都御史俄晉副都時新進
者厲鋒氣好搏擊公惜老成之去務宛轉調護之乙
酉晉刑部侍郎丁亥晉南京都察院右都御史已丑
以御史誤論劾撫臣陳公有年徐公元太周公繼自
引過求去有詔慰留甚切而新進諸臺省遂齕公不
休求去乃愈力十月晉戶部倉場尚書至是乞休疏
九上矣始得歸先是公爲御史時撫臣論羅大參汝
芳王兵憲道行公疏爲白之時公臺臣也不嫌與臺

長爭異同比身爲臺長用公義以率屬而卒不勝豈
非世道之變耶公歸隱于天臺山學者稱爲天臺先
生時公老且病矣口誦筆記不厭諄諄士新筮仕來
謁必強冠服見之爲言學道治民之不易公之學自
謫啟自彭孝廉公台成于仲子公甫以主敬爲的公
曰道在明倫著五倫圖而仲子別有所悟入一日公
與仲論中庸喜怒哀樂未發及上天之載無聲無臭
有省又舉羅文恭靜中養出光景語似仲子仲曰有
何光景兄弟熟識此時光景可耳公爽然自失無何

學菴忽悟契文成良知之旨曰一身皆知體也仲曰
奚但一身通天地皆知體也兄弟間自相師友故仲
卒而公有祝予之痛焉公學大都以反身默識爲主
以語默動靜示之範圍其于奇邪曲説排斥必嚴葢
公没而有以不經毀聖之詞上干吏議者公本所爲
變色而爭者也今之學者襲口吻易工耳如公出處
卓卓無論如狀記公巡甘肅時愛石經之餽途見役
喘汗相屬曰此豈節用愛人旨耶因解留洛有留經
記而其在留都也善史比部桂芳適泰淑人誕日餽

客豐比部拂然起曰富貴移人公俛首謝其後晤史
於汝寓語之故史曰爾時若何不言公曰恐以吾不
樂聞過而墮言者意耳嗚呼此末事也然正唯弟子
不能學矣葢公没後抱公遺經爲世名卿及名師者
不可勝數吾友瞿元立守黄謂黄之人有質雅而好
修者不問知其爲耿公之子弟與其弟子也公年七
十三卒訃於朝賜祭塟謚恭簡邑令胡尚賓廷專祠
以祀之紀功德焉著有天臺文集若干卷行世

仁覺居士楚倥公傳　　溫陵李　贄

先生諱定理字子庸別號楚倥諸學士所稱八先生
是也諸學士咸知有八先生先生初不自知也而此
稱楚倥先生傳何也夫傳者所以傳也先生初不待
傳而楚復爲傳以傳之又何也葢先生初不待傳而
余實不容不爲先生傳者按先生有德不耀是不欲
耀其德也有才無官是不欲官其才也不耀德斯成
大德矣不用才始稱真才矣人又烏能爲先生傳乎
且先生始終以學道爲事者也雖學道人亦不見其
有學道之處故終日口不論道然目擊而道斯存也

所謂雖不濕衣時時有潤者也莊純夫曾告我曰八
先生云吾始事方湛一湛一本不知學而好虛名故
去之最後得一切平實之旨於太湖復能收視返聽
得黑漆無入無門之旨於心隱乃始充然自足深信
而不復疑也唯世人莫可告語者故遂終身不談唯
與吾兄天臺先生講論於家庭之間而已故亦遂以
天臺爲師天臺亦自謂吾之問學雖有所契然賴吾
八弟之力爲多子庸會問天臺云學庸語孟雖同是
論學之書未審何語最切天臺云聖人人倫之至一

語最切子庸謂終不若未發之中之一言也余當時聞之似若兩件然者夫人倫之至即未發之中苟不知未發之中則又安能至乎葢道至於中斯至矣故曰中庸其至矣乎又曰無聲無臭至矣歲壬申楚倥遊白下余時懵然無知而好談說先生默默無言但問余曰學貴自信故曰吾斯之未能信又怕自是故又曰自以爲是不可與入堯舜之道試看自信與自是有何分別余時驟應之曰自以爲是故不可與入堯舜之道不自以爲是亦不可與入堯舜之道楚倥

遂大笑而別葢深喜余之終可入道也余自是而後思念楚倥不置又以未得見天臺爲憾丁丑入滇道經團風遂舍舟登岸直抵黃安見楚倥并睹天臺便不棄官留住之意楚倥見余蕭然勸余復入余乃留吾女并吾壻莊純夫於黃安而因與之約曰待吾三年滿收拾得正四品祿俸歸來爲居食計即與先生同登斯岸矣楚倥牢記吾言教戒純夫學道甚緊吾女吾壻天臺先生亦一以已女已壻視之矣嗟嗟予敢一日而忘天臺之恩乎既三年余果來歸奈之何

聚首未數載天臺即有内召楚倥亦遂終天也既以戚戚無懽而天臺先生亦終守定人倫之至一語在心時時恐余有遺棄之病余亦守定未發之中一言恐天臺或未窺物始未察倫物之原故往來論辯未有休時遂成持格直至今日耳今幸天誘我衷使予舍去未發之中而天臺亦遂頓忘人倫之至乃知學問之道兩相舍則兩相從兩相守則兩相病勢固然也兩舍則兩忘兩忘則渾然一體無復事矣余是以不避老不畏寒直走黃安會天臺於山中天臺聞余

至亦遂喜之若狂志同道合豈偶然也然使楚倥先生而在則片言可以折獄一言可以回天又何至苦余十有餘年彼此不化而後乃覺邪設使未十年而余遂死余終可以不化邪余終可以不與天臺合邪故至次日遂同其子汝念往拜先生之墓而先生之墓木拱矣余既痛九原之不可作故特爲此傳而連書三紙以貽之第一紙以呈天臺志余喜也第二紙付汝念汝思使告而焚之先生之墳志予憾也第三紙特寄子健於京志余喜而且憾憾而又喜也蓋予

健推愛兒之心以及我可謂無所不至矣故爲傳
余意以告先生云

司馬叔臺公傳　葉向高

自嘉隆來士大夫以理學名者楚則二耿先生伯曰
恭簡公天臺叔曰叔臺恭簡公余僅一再晤叔臺公
則共事留曹八九載無日不相見見必歡然笑語移
時余素不講學然公甚喜余每告人曰見某人使人
心和氣舒殆冬日之日也余甚愧其意其後余入綸
扉而公逝值朝紳紛紜爲朔洛之爭余每嘆安得有

公在以風之公存心厚而持論恕口不言人短在南
中日久絶無一毫滯淫之感稍見於辭色余嘗許公
爲眞恬眞平使世人皆如公天下平平無事矣公諱
定力字子健別號叔臺故世稱叔臺先生先世有國
寳者當洪武間以功授濟陽千戶長子必順卜居麻
城之太平里嘉靖末即里爲邑名黃安而當公之舉
于鄉猶稱麻城人自必順五傳至大振大振生金娶
秦淑人生四子恭簡爲刑部左侍郎贈祖父如其官
公初誕秦淑人病欲弗舉時仲子定理方七歲哭曰
兒有我我奈何無弟淑人曰無衣也仲子解衣覆之
乃舉少從恭簡稟業恭簡舉於鄉遊南雍挾公與俱
恭簡成進士公始爲諸生迨督南畿學公復從之南
畿師事史公桂芳友楊公希淳焦公竑吳公自新皆
以學問相砥礪吾郡吳襄惠公督楚學拔居異等是
歲爲嘉靖甲子當大比襄惠每告人耿生必捷果如
其言乙丑下第復之金陵恭簡師道嚴公濟以溫和
門弟子益親戊辰當赴春官以恭簡遷廷尉過里留
侍依依不果行至辛未及第廷對李文定公欲置之

鼎甲而高文襄公嫌其筆畫重抑居二甲除工部屯
田司主事江陵相國公座師也又先曾執贄故獨加
殊眄其後公見江陵權盛遂深自引避所尊信惟房
師王文肅公及同年鄧公文潔張公元忭鄒公德涵
在工部滿考踰歲晉刑部員外郎丁秦淑人艱歸復
除兵部武選司員外晉車駕郎中所居官咸遵功令
奉職有聲屬劉御史臺劾江陵鄒公方僉事河南江
陵疑之曰疏僉事筆也直指將阿意劾僉事公力懇
應城李司空移書爲解直指以其書上江陵僉事竟

不免李江陵姻也亦罷去公出爲台州知府以外艱
歸復除成都府恭簡泣語公吾先世隱約澤未及人
弟能爲三十城造命乃可慰逝者公頓首敬受教抵
任即爲檄盟諸僚屬謂吾輩精神通則宵小遠而下
民受福郡賦役無書公購得刊行之弊竇盡塞左田
之役大較倣恭簡所行于閩者條以從事民甚便之
蜀最苦採木公議動大衆毋齎其貲任長吏毋素其
足豫採探分夷險布恩信明賞罰使商夷樂趨操縱
在手乃可集事當事悉從之又念收木留難豫請冬

曹頒式于商人及木至皆中程吏不得要索所省無
筭蜀民賴公得全其軀命不可勝計已乃新學宮表
章趙文肅大儒禁民素冠違者罰使捕蝗蝗盡而民
不擾先是直指被胠篋公覘其穴自內出曰此必庖
人也捕治果伏辜有夫挟其婦死論抵爰書具謂婦
詈夫爲獸夫訴云彼詈我爲獸所生耳公爲續二字
於牘而出之盖詈姑則於律應死也八計以治平爲
天下第一賜宴返郡值征松州諸番以轉餉功賜賓
鏹在蜀五載晉按察副使督閩學下車即頒楊羅李

朱諸大儒微言以訓士録蔡文莊陳布衣苗裔示風
向至校藝則隨士子所長不執一指嘗曰文之不同
有如其面吾面澤欲人盡澤吾面癯欲人盡癯可乎
夫不離耳目口鼻而妍媸在丰神氣骨間此吾之所
以相士也故每試凡居前茅者無非名士自辛卯至
今列巍科高第列館閣臺省卿寺藩臬郡邑者聲展
采率皆公所識拔得士之盛爲從來學使者第一其
延接諸生春風藹然隨才陶鑄各極其詣且一一評
其行品官位如持左券無不驗者轉河南叅政當大

計冢宰陸莊簡公署其考曰清畏人知貞不絕俗請
於朝褒異之尋擢太常少卿引疾侍恭簡於家踰年
起守故官隨晉右通政徙左以諭祭襄藩過里值恭
簡喪還朝以三殿災上疏自劾語多規切不報久之
執政修郄於焦公以公爲黨滯卿士者六年執政去
乃擢南僉都御史督操江瀕發語叅知君操江以江
爲職而事權分屬他曹所轄地千五百里備兵使者
五非內外同心天塹未易固也又曰權使流毒人心
洶洶兵食之計不可不豫王文成譚襄敏以民兵平

寇伍司馬守吉安孜孜積貯卒藉以誅逆濠今之有
司誰慮及此者旣受事飭疏言五防五便其大指言
權使罔利藪奸及竈丁擔夫畿內輦不遑可慮而欲
專責治兵使者練民兵儲餉如王文成伍吉安故事
亡何有上新河之變賴公成畫瑠竄去根本不搖已
復上疏極言中使之害謂臣兄弟叨仕版蒙恩二世
臣年六十有子及孫竊愛惜之願其世世受廛明經
爲太平之民彼瑠輩無門祚身名之恤豈復爲國家
計深遠語甚切至又勸上時閱通鑑纂要見歷代盛

衰之故皆不報又屢疏乞休不允歲壬寅以九載考
績晉右副都御史仍舊任僉都之滿三考而爲副自
公始也公雖職操江而攝臺之日久又時兼攝他曹
所建白皆關曹事大察會乙巳當內計公與太宰吉
水曾公爲政於南而余佐留銓預焉曾公寬然長者
惟恐枉人考功徐君欲有所黜爭論至動色公意主
曾公然亦謂考功議是兩爲譬解余復從臾之故是
役也人以爲衷其年晉兵部左侍郎仍南所省歲供
錢及贖鍰且數千金盡留畀代者爲修署甃河費時

餘姚孫公亦自南臺長遷筦留樞先後兩署皆同寅
甚相得然孫公氣勁面冷在諸公間多齗齗公爲曲
暢而黜劑之所裨益甚多妖人劉天緒發難驟動陪
京元兇已就擒孫公窮搜其黨六七十人用三木囊
之逼衞以次就斃公請於孫公曰玉石難分蜚語未
實盍少緩之孫公不謂然公嘆曰孫公其不免乎已
而臺省果有言公以三品滿出留都卿大夫祖餞公
念行後孫公且愈孤力爲諸公言其赤心任事至以
百口保之亡何孫公亦竟去都下縉紳方望公來而

公感慨於世事人情之日非有浩然之意中途上章
乞骸骨頃之病没中外聞之莫不悽悼所司請䘏贈
南京戶部尚書予祭塟其生爲嘉靖辛丑年正月十
四日終于萬歷丁未年十一月二十一日金陵人合
祀公於恭簡闔志各宦楚祀鄉賢而蜀有專祠與文
翁並配朱氏封恭人男汝悫鄉孝廉能世其家

周司空友山先生傳　　亭州王　奇

先生之學不求人知者然而求知先生亦不易顯名
厚實人情之所爭趨也而先生避之若浼赫聲烈談

人情之所爭避也而先生藐之若遺氣節自砥尚矣
而幹濟未必能優涇渭分別嚴矣而持論未必肯恕
兼此數者而又若拙若愚躬實蹈之而口不言求知
先生何易易也內舉莫如親而先生從子民獻有傳
外舉莫如賢而大司空朱公衡大司寇鄒公元標太
宰陸公光祖給諫劉公道隆祝公侍御鍾公有奏疏
若丁池陽相國則以國士受知先生智足以知夫子
而不阿所好者也按其狀先生者曰先生學問得之
耿恭簡者多而以躬行實踐爲本與人議論多所開

發其於文章一根於理要不作浮靡飣餖之態居恒
恂恂退讓遇事直前雖賁育之勇不過是至籌機相
入異日若合左券云而所述薦疏如川西參政周某
不言躬行隨試輒効心日遊於道德仁義之府政不
遺於盤根錯節之衡方其筮仕工部也正故相作威
之日乃托疾而辭行取之選恥濡足於權門及其歷
官尚寶也正故相打言官之日乃抗言以救御史劉
臺之廷杖扶正氣於善類自曹郎以及卿貳蕭然儒
素不改一浮薄喜事之人以暱就時各所在克能其

職一惟奉公守法之兢兢此皆真品真才亟當寻之
以諡此先生沒後十年給諫劉公之疏與鄒鍾諸名
達後先如出一口者也至其任光祿而因事納忠轉
圜國本之大計說者謂與李長源舒王之對同功而
不費斗粟計勦寧州巨盜盧上桂此又王文成一流
人非直襃衣緩帶與奉新上饒講道東南木鐸清時
而已嗟乎當國家多壘之時主上日夜拊髀思得一
長才靖亂之臣不易遘況才與骨合骨與量合如先
生者豈非聖代之麟鳳也哉卽亟寻易名以風厲人

心未必非撥亂反正之一機況乎蘄俎豆於鄉校也
先是神廟庚子辛丑間卓和尚寓麻城先生與之友
善人謂其皈心卓老過於恭簡不知其守黑守雌後
身身存逼體從聃叟得來卽中年標指艮知嘿嘿宗
信如龍谿王公猶非所授衣而況其他乎奇與先生
伯子之厚同時補博士弟子一日謁先生先生目屬
之曰孺子可教先生誠失言哉奇且老耄矣而茫然
嚮往其何以謝先生諱思敬字子禮以嘉靖甲子舉
於鄉戊辰進士歷官三十年家食之日過半天性

沉嘿跐無錯履門絶雜賓蔬食敝廬處之宴如也而賑貧贍族倍酬物直則傾囷而出無所愛屢任輒奏勣例宜得廕屢以忤權倖見泥後以滿三品考廕一子之衍入成均與伯子俱尾公卒孫曾七人多文秀世寧世鎮最著世榷郎承廕者當劇賊之衝而毁家倡義以衛一鄉令人有欒武子之思焉

吳曲蘿傳　雲間董其昌

余以乙未分較南宮舉吳敦之使君乃得士之名大著葢君爲臨朐馮文敏宗伯所拔戊子楚闈第一人

稱天下士余郎非目迷五色而價爽連城知人固未易也先是禮闈較文以制藝爲重制藝有當然後求其論策余獨離而爲二各加裁鑒三者合而後收讀敦之論大奇之謂必天下士以示袁伯修陶周望皆咄咄嘆賞周望因是以檢論得湯賓尹余又謂袁伯修曰此卷一似漸于李卓吾者豈江黃吳解元耶伯修曰論則饒爲之制藝當更奇也一日道遇馮宗伯宗伯駐馬語曰始敦之出棘誦制藝平平耳余不許也敦之曰然有不終試乎余曰若有佳論仍遇主司重論者亦見收矣何以若合符也是時方有宏詞之科余力不能爲敦之先宗伯亦爾葢敦之磊軻任運競進爲羞豈惟詞館郎司理有聲宗伯且薦爲吏部郎敦之固辭僅乎進禮部竟宗伯之世感知而已感恩無有也其司理潤州常鎮多忠諫逐臣提衡在口時有司或附之以負名聲或背之以媚津要敦之落落穆穆相與於無相與不可得而親不可得而踈假令敦之今尚在黨禍何從耶敦之没十餘年而余官南都其子光龍相見淚交於頤以京山李先生之埋

誌示余且請爲傳余何能斷敦之名化號曲蘿生而早慧兒時常閉目跏趺坐空囷中家人跡得之不知其所從習似從高僧中成者年十三已博通五經子史邑令號之聖童嘉禾姚少宰爲楚學使置異等過蕭以占祭酒座上搖筆千言有如宿搆祭酒嘆服自以爲不如然屢困名場戊子楚闈業巳受啗拙目矣忽風引一卷長丈許至案前主司取視之懽呼起舞遂録第一乙未成進士授鎮江理臺案倚重平亭疑獄數出意表民有壓死而訟諸生撲殺之君案之曰

撲人者右其手理宜橫今縱而左非撲勢訟家情立
得遠近神之軍吏譏閧有御史客抗而鬭軍吏殺之
御史當軍吏殺人獄詞具無敢反者君據律爭軍吏
得免雖御史不能爲其客報也海上有六盜撽君捕
之爲出獄中盜問狀賊就擒飛播之致司馬徵兵餉
江南諸郡猝無以應君具白假漕粟應而徐督諸郡
還漕歲終録囚有詔赦未至御史欲行刑不果君抗
言曰律有決不待時之文詔未至則從律可衆稱其
敏練先後五載擢禮部客曹主事出使襄邸襄王餽

金令人置之途巳莫測其所往踰歲補膳曹主事晉
江李文節署部事曹郎競以細謹迎合君獨舉其常
度或中酒不以時入曹郎對談諧謔笑傲若有意相
忤者遂中以考功法不俟除而歸歸則稍作園圃澆
花種竹狎忘機客爲文字歡入不迎出不送人人樂
其簡易居久之補河東鹽官聊復應之一行邊塞遂
投劾歸期年擢戸部主事朝議方嚮用而君巳病手
足厥矣醫者以藥餌進或以修西方進皆笑謝之終
不止酒彌留之際神色不亂葢其童時巳有定力驗

矣誌文言君雖坦率無勝迹於高曠至於倫常取予
大有坊表父光祿公卒於京師徒步扶喪哀感行路
父所幸諸姬二所名他人子悉以田廬童僕贍之自
司理歸幾於垂橐茀儲有俸入爲季父太學公壽太
學公没遺孤五齡朝夕於側提奬顧復長則督之學
俾有成立太學公第宅不能保歸之豪家時時歎恨
君以倍值取歸謝遺命也舉族兄不能塟之櫬更恤
其子宗族鄉黨待以舉火客至如歸必厭所欲生平
不能握筭惟聽之紀綱蕭祭酒常推百金之惠君固

郤之曰奈何以貧累長者清節其介如此又好爲不
見不聞之德某子甲未知名譽之蕭祭酒得録弟子
籍祭酒曰非吳君幾失子某子甲請謝避不見有奇
才生負氣而爲邑令所抑闈中得卷誌以爲生匿不
出事後知爲敦之殊悔泊舟赤壁過訪以士云爲辭
意深遠矣所著遺集若干卷李先生評其文曰骨力
沉雄氣韻生動旁睨橫絕變化無方人以爲篤論始
余所疑敦之爲李氏學者及詢之乃雅非所歸嚮特
其性得之而持論與焚書合者總之不名一罷任眞

似達氣義似俠嗇取似狷生死去來之間似禪即馮宗伯以文章政事推君亦爲知之不盡矣光龍後爽有父風恂恂軌於度善繼志敦之爲不没矣

進士盧贊勳先生傳

漁臺魏公韓

盧公諱尭臣字贊勳號欽父中和里人其先七世食餼祖東河公諱大儒以明經官別駕父心齋公諱廷箎亦歲薦理學名儒崇祀鄉賢至公甫八歲即能文通五經應童子試時當事以公年最少閱文後試以數對公輒隨聲應之俱稱絶十三入縣庠十八食

餼壬午歲公即登賢書年僅二十有三耳在孝廉中幾三十年閉戸讀書毫不與外事惟邑中之冤且曲者公始爲之伸理之剖析之討公十上公車至戊戌科以爭元見遺公志愈堅行愈勇及庚戌始魁天下一時紙貴長安鬻公文者竟藉以成家公性至孝友僅一弟諱舜臣父終時偶不瞑公跪而請曰大人或以少子爲憂此子責也父遂瞑卒之教弟成名其所遺並已所有者悉以美好之物子之毫無自私焉至於族中之貧儒者周給撫養公皆以爲已任間有不立者或至鬻身公不惜捐貲以贖之甚且安居之室家之宗族鄉黨直無間言公初仕益都其民不馴其俗甚悍其稅糧不易徵公則操守惟嚴撫字從寬民無不急公恐後焉山東壬子秋闈慕公名取爲同考公得士十有三人元魁皆出其門俱名下士後多居顯位以節概稱者指不勝屈可不謂知人識士乎益邑人有爲直指役強奪其妻者公必盡法以懲即權役亦未嘗少貸也益人疑公廉有以新茗獻者公啟封見金當即捕其人以訊之彼云欲因以病公公此

曰此亦安足以病我徒自病耳遂責而斥之其居官之嚴毅清介大率類此至若鋤強扶弱發奸摘伏一切神明而父毋之者又未可以殫述也時益有權要宦見公守清行斷難以濟私遂降公公亦無慍色後權要以事敗公復起寧前司李不數月而賴公以生者七十餘人雖任刑而公則無刑之心也後以年老致仕歸里著述爲業作三不朽以行世月旦率諸弟子講學卒年七十有五生子七人孫三十人科第綿綿非公盛德孰能有此

國朝鄉賢吳敬庵先生傳

江陵胡在恪

吳公名國寧字敬庵灄源里人好學篤行毋黃氏早逝以至孝聞事父及後毋程婉容愉色人稱無間言父病侍疾日夜號泣湯藥必躬親病劇嘗糞度不起遂觸地痛絕移時方甦父卒居喪悉從典禮廬墓者三年朝夕哭奠未嘗見齒先是公有幼弟三皆繼出父易簀時命公兄弟分財異居五其鬮使各取一以一畀公子公曰兒幸長硯田筆耕亦可自贍豈以兄故而倍弟產乎願以益諸季兒無需此也父既捐館

悉推其已與子之田廬奴婢而屬之弟惟受先人主及祭器焉撫三藐孤各畢其婚娶各綜理其所遺業弟數破產輒復以所自治補缺乃復稍稍盛築室扃戶延名師課督約曰弟幼失怙願無失學不成名足不得及戶外也厥後諸弟俱以英年遊泮爲時名士其天性孝友如此公讀書務識大義不屑屑章句制舉業尤專精心性之學竊聞先達恭簡耿公伯仲講論獨契格致之旨而歸本於一心之主敬學者稱爲敬庵先生時新邑創建公分督西城工役不辭櫛風沐雨倡義捐助以濟諸費歲不登廩粟陳陳相因價騰湧貴境外輩金至積公戶趾相屬轂相擊也公曰吾里饑吾積粟原以活此一方民若越國而受公等金安在能急人之困也乃大開廩召隣里父老計口而周之有以良田美宅質者公焚其劵曰緩急所時有君但持去奚質爲賴以存活者逾百里焉寖後多疫癘公施藥以救厄羸施棺以歛殘胔施地以瘞白骨傾囊倒篋不惜數千金孝昌貧士鄒某鬻妻以自活公聞之捐金贖還資而遣之歸遠近莫不高其義

以貲郎補吉水丞載米之官惟飲彭湖一勺水耳後蒓鱸念切遂命駕歸去歸數年而卒又數十年而爲

今

上康熙之五年歲次丙午潛德在人沒世輿論益著邑之人士具呈請於縣轉申各上憲得春秋從祀於鄉蓋盛德之報云

節孝婦盧母匡氏傳

邑人張希良

節孝婦匡氏父宇垣公先世膠東以宦遊寄跡於黃遂爲黃岡人八邑庠舉三子二女氏其季也母彭氏

夢掌中產幽蘭獨幹而氏生少穎異工針紉紡績女
紅之務通尙書尤博觀羣書凡一八耳一過目者輙
終身不忘以故身處閨房中而於古今得失興亡之
數以及成敗利鈍之機皆若燭照而數計也安邑盧
公尭臣成進士授寧前司李慕氏綠窓延譽而聘之
氏父旣許諾知巳有娠抱三子云且悔之因禱於神
以決去就夢中見氏刺繡虎首尾垂成以一玉研覆
之寤思盧姓之首與虎同文乃以氏歸於盧舉一子
卽今孝廉盧公爾愷也子始生父復夢郡通守薛公

授以玉研比覺而誕故其子之乳字以之葢感二夢
而得名也其子幼早孤土田爲豪所侵氏父年益高
往説其事豪侮之含忿以沒氏痛其父之不平而身
爲孀婦獨奈何乎仇讐乃口授疏稟遣弟叔隣伏闕
討仇仇被逮幾斃値流氛梗道獄未讞仇得逸氏召
弟責之曰若獨不念仇之殺而父乎出利刃銘其背
誓復父仇刺指血淋漓以示弟命捕仇屢擊之雖不
中然仇亦悸死巳而叔隣沒氏撫其孤伯兄守備伯
隣夫婦繼沒遺孤女氏嫁之當是時匡氏不絕如縷

卒起寒祚子姓蕃育至今則氏之以也後及夫寢疾
子亦病瀕危氏奔走夫若子之間衣不弛帶者累月
夜則涕泣告天祈以身代然卒不起氏乃盡脫簪珥
襄事忍死撫孤時僅二十九齡也無何秦晉寇起歲
荐祲氏家亦漸落然以讀書洞世變智深而勇沉杜
微嫌造次動必以禮故雖崎嶇於兵戈草木水火窮
餓中母子相依終能不失其節方流寇之逼山城也
大姓爭先走避氏不爲動謂老僕曰負孤免予當遷
於近井之室城陷收我骨焉俄寇至璆攻氏獨扃一

室斷炊者三晝夜會圍解乃得不死明年寇復至氏
携孤走府城孤長貧不能敦師躬刺繡以易薪蒭五
夜織作猶以尙書訓故口授孤使無廢學每誦古節
婦吟云皃能成名妾不嫁艮人暝目黄泉下未嘗不
反復提孤耳泣下沾襦焉無何寇益深氏携孤南渡
江府纔陷益携孤匿梁子湖巳還棲於邑之龍山而
兵寇訌江上矣然皆先幾免於難當其踉蹌出走水
陸間關足重繭委頓必負祖先木主與俱蘧廬一飯
卒拜薦以爲常所止必擇婺婦爲居停主或資糧隔

絶粟巳不火食仍岸然鵠立無跛倚容漁嫗野媪與
敬憚焉歲壬子
上採科臣議旌表天下節孝邑薦紳父老以氏應大典
巡撫董公特疏上聞
勅下禮部議奏曰臣氏性成節孝志凛冰霜臨難而矢
死靡他茹荼而守貞可久篝燈課讀旣以毋道兼師
皓首彌堅永以坤儀垂範亟宜旌表用勵世風所司
給坊金三十兩旌爲節孝
制曰可檄下守令肅幣敦賀氏曰人各有懷期自盡耳
豈以弋譽乎旌倒棹楔費鉅非賜金所能辦汝寒素
愼勿以虛名毁汝家予不樂此也先是其子爲氏豫
置黃腸紈綺甚侈氏見之愀然曰厚葬非禮且予謝
華靡綦縞垂四十餘年烏用是斑然戔然者爲氏性
恬淡寡言笑居常危坐肅肅帷幕若處子尤不喜浮
屠星相雜流罕及其門憎優劇姻黨冠婚諸慶會仰
氏一至爲重終不赴而贈答餽遺無闕禮御下嚴而
有恩一門之內男女無少長皆別途訓子孫以孝友
退讓見科第蟬聯日益盛頗懼滿盈而陰行善如不

及義女陳氏幼嘗許聘胡姓者亂後不知胡所在有
以多金求娶者氏曰舊盟何可寒也乃令物色其夫
得則貧不能娶矣氏巳其傾益助粧遣之胡今尸祝
焉又艾姓者曾鬻身於氏詢所出知爲盧氏三從甥
立時焚券歸之諸懿行未可槩陳也甲寅春滇黔變
起氏忽語家人曰疇昔之夜夢吾夫子小築成期予
共處殆將往也予老矣亂離何堪再見重以累汝曹
室傍井三十年前死所予其終始於此泉也及夏竟
卒易簀之際猶呼侍婢掖之起面東南坐數引衣覆
其足其子曰兒女前可無覆也氏曰見裏衣非婦道
卒覆之乃瞑其內則之嚴葢死而後巳也氏生於明
萬歷巳亥年卒於今
上康熙甲寅年春秋七十有六以節終先時庭有乳燕
忽一白羽子墮地殪氏對之凄然欲泣旣卒羣翔八
內寢繞繐帷哀鳴上下薄暮還伏於巢罷哺不出者
三日人異之

奉直大夫彭公傳　邑人盧　經

彭應選字克符號椿齡太仙里人也祖文學南坪與

恭簡耿大司農同學恭簡禮之爲畏友公生而岐嶷
謚祿時恭簡稱偉器謂南坪曰他日大君門者必是
兒資性頴敏非常書籍過目輒成誦聽鈍根者呫嗶
聲則哂之總角試童子冠軍補弟子員負氣任達攈
金如土不事家人生產尤不屑尋行數墨作章句儒
每讀史至殺身成仁舍生取義故事輒掩卷太息曰
大丈夫當如是矣伯兄諱應會明萬歷庚子科舉於
鄉公專志博古恥干祿之業不幸伯兄上公車卒於
京邸人僉勸公續科名始折節爲制藝癸酉科闈中

擬元未果誤中副車適逢恩例選拔於食餼二十人
中七郡合試公列明經第一頁卷紙貴當時初授台
州別駕其地偪處海濱倭寇不敢犯界兩浙倚爲長
城值丁艱闔州士民請直指使上疏奪情公弗許服
闋起任揚州會淮水災公淪河築隄本富者末富者
並受其賜揚之人立碑建祠紀厥功而報厥德尋遷
靜寧州牧闖賊方揭竿亂關中鐵騎十餘萬圍靜寧
十閱月公登陴擊柝親冒矢石猶張巡之守睢陽迨
內糧既絕外兵無援賊攻打益急射書入城云獻剌

史則圍解否則城必屠公集士民告之曰余之死守
孤城者上爲封疆下爲生靈耳與其城破而萬姓玉
碎曷若吏死而一州克全乎士民咸呼曰甘與賢州
伯効死守誰忍殺父母以保子女耶哭聲震地公姑
應之曰諾次日早朝衣朝冠北向再拜畢獨縋城出
逆賊陣大呼曰我靜寧知州也速殺我耶救一城命
勿食言賊曰壯哉彭知州舍之觧圍去公亦觧組就
道州人卧轍攀轅必不能留比歸里聚宗族曰余宦
游廿餘年遭世變愧無俸以分宗族願盡捐田租給

伯叔兄弟代完賦役三載宗族咸感泣先是弟應照
殀遺腹生男世振公教育猶子俾克家伯兄應會故
無後公奔喪長安扶旅櫬窆故園急脊令在原之難
備嘗險阻雲間董宗伯諱其昌顔其堂曰孝友明季
屢經兵燹堂毀而匾尚存人以爲孝友格天似有鬼
神呵護云

秦隱君南溪公傳　麻城梅廷和

公諱思烈字成卿號南溪黃安泰仙里人也先本王
姓居江州之鈒溪宋中葉有少保朋少傅壽江國公

世規燕國公詔開國男厚皆其彰著者詔五世孫鼎一守江西儒學提舉徙居麻城生子允福允壽允福實南溪耳祖福少音贅秦公子真女遂姓焉秦之籍由此起是固以女氏者也福之後三傳曰邦紀紀生尙詔詔生録録卽南溪公父也録原配汪氏弗子側室胡氏舉公未十年而公父捐館舍公煢煢在疚孤危之狀百倍事兩慈極孝而於汪更不減已出公少穎敏苦於學屢應鄉里之選思振列祖之靈而公父早喪公以童穉承家遂不獲肆志以致其成第於乃

父祖之所貽而中廢者一二綱紀之光起滯礙種竹開池美然林壑公日徜徉其間遇酒輒飲飲輒醉醉輒豁如已爲鼎食者垂涎久矣而不得申其求會邑新創理田賦正經界鄉取一人焉董其成而公性洞直周詳人其推舉遂受令往凡所料理悉本周官之遺意執事者稱當乃狡焉啟疆者遂乘是媒孽其短至以不急事操公公浮白以謝曰行法以俟命可奈何竟無所驗言者遂已然終以此飽人之欲而舉美然林壑者敝屣棄之矣晚節益恬熙日與少時知交惟擊爲樂嘗語人曰吾家世詩書竟困於時且舉先人之一再傳者而擲之機上則如我何哉幸生平皆可仰對況古來絶勝者曾未轉盼都鞠爲草予何有於區區者且安知豪雄之不爲乎泉愚乎第以醉鄉爲帝鄉已耳公窘中施與不貲人或讓而欲周之公笑曰予豈不善於財乎直不善於時耳已舉吾所有而付之烏有之鄉安能取非所有者而有之乎況吾有子在天或者不於其身而必於若屬乎竟之也聞者以公爲達歲丙戌公病劇呼二子命之曰若皆呱

呱者予不腆無以遺平生事在若敬承之耳而其卵翼若曹以底於成者則二三親故望也言訖而逝君子曰治命時九月二十四日距生嘉靖辛丑四月十五日蓋四十有六也公娶麻城李氏李號世家孺人最淑舉二子長曰霖卽念一次曰琛俱齠年無何伯子霖以銓試異等參懷來懷來固漢上谷地唐嬀州郡也地磽埆民剽悍念一盡以平生所學行之無不如法催科聽斷之際秋毫不漏一指不染開則出晉魏隋梁之語藻繪風土幾掉大官之刀而成座中之

賦晴川鸚鵡飛入龍堆鴈塞矣而且割俸以給親故鄉舊奴婢無色門闌盡悄圖書滿壁翰墨充牛噫孰謂秦無人乎乃知公真有子而今不死矣

秦西谷先生傳

邑人李述逸

先生諱鏜字孟聲號西谷綿州公冢子也弱冠能文士林翕重之正德癸酉捷於鄉司鐸鉅鹿訓士有方由卓異擢陝西道御史正色立朝不避權貴爲勢家所忌出爲肥鄉令勸農講學撫字殷勤民歌父母歸家後置田數石於鐵鑪寺搆精舍其中語人曰兹吾菟裘也日與父老詩酒歡集至今邑之人以寺爲先生桐鄉云

秦蘆山公傳

晴川熊伯龍

新安古稱萑苻澤余讀周子鶴陽紀邑始篇見其章服而盜以及文儒羽衣緇流無不爲盜竊歎生其時者甚矣僊也秦公諱鉞號蘆山者時爲太學生軫念民艱與省祭李大夏號金溪伏闕上書請割岡陂麻之土而建縣焉疏報可遂成縣而民得安堵以居迨其後公由歲薦官江津二尹撫字心勞人民感戴函比之召父杜母江津志乘可考而知也昔范文正公做秀才時以天下爲已任及知政後與韓魏公齊名人稱爲韓范今合蘆山公之始末計之非即先憂後樂之志歟余距安邑僅二百餘里嘗過其都父老猶喜談邑始事曰蘆山公生我噫邑之民不忘蘆山如此則江津之民如之何其能忘也伏闕上書載黄安縣志余撰重修儒學碑嘗紀其事

秦關中先生傳

咸靈州總兵官門生英泰

關中先生諱川字未凡邑庠生當代偉儒也年甫三歲太先生九一公遊京師搢紳皆雅重之因久客焉先生能自力學弱冠後來京省父維時先嚴瞻先生儀表不凡延以訓泰先生教曰凡讀書貴明大義孝弟爲人生根本他如一介取與亦當知爲廉耻所存一旦得操尺寸之柄必思上何以報君下何以澤民區區詞章藻麗非所望於爾輩也居二載鄭報太夫人病劇遂奉太先生南歸以不得久侍爲憾後泰筮仕鄂郡迎先生未至旋陞鄖陽副將篆穀城再迎先生始至焉面命耳提教以居官大義猶曩昔也未兩

月先生縈懷山谷浩然有去志爰率僚屬杯酒餞於江干時烟波浩渺先生容與車中望若神仙不減當年李郭也猶憶先嚴謂泰曰泰公德器深醇不僅為詞章士汝宜終身事之泰敬應曰唯而今綜先生崖末觀之益信然則非先嚴無以知先生非先生亦無以當先嚴之知也夫

王松溪先生傳　門生吳兆澧

先生諱華羣字樂村乾隆己未進士授德安府儒學教諭至性過人學識宏遠正概清操不以窮達異太

先生諱時思孝友能文章積書多善本未及得志而沒先生每捧手澤悽愴不勝益發憤攻苦以酬厥志事毋終身孺慕己未計偕太孺人故無恙先生獨心怦怦動出闈卽長驅歸已不逮含飯抱終天憾然數千里感通視古嚙指何讓焉兄弟相好無猶人多難之涖任始田園歲入悉以分授清俸無多仍推解不倦猶子諸甥無不賴其九里潤也幼時姿不敏提讀書吶吶不能成誦然悟解軼倫凡所經覽輒能挈其大要咀其精英下筆絕不拾人牙慧精銳聳拔有鷹

隼摩空之勢而神氣完足如顏清臣書餘勢猶透紙背歷試受知宗工蝥弧先登者指不勝屈邑中耆宿如明經小山韓公齒分為先祖輩以文行推重如等肩友先生亦自謂受益韓公者深焉副車足一彭公負才傲俗儕輩少所許可顧常讓先生獨步先君修職公為兆澧兄弟擇師每稱古人經師易人師難獨使受業先生固視先生第一人也教人不耐諄詳覼縷而語無膚膜善開發人意其丰規峻整所謂大冬嚴雪松柏挺熱親炙左右者嶔巇佻達之氣不覺自弭

非公正不發憤而遇事亢爽不因強禦委蛇磊落寡合心所投契生死不相背負先從叔次謀公為先生從姑壻齒均相善次謀公早逝孤兆溶貧苦先生授徒桃花山寺飲食教誨之者數年厚於故舊多類此其秉鐸漢東也倡修學宮規為輪奐廟成刻石不尸其功學田數百畝前司訓鄧公志和所遺歲租兩師脩脯外資寒生膏火寖有專其利者先生按籍給發且製鄧公神位祀於西署使得傳不朽焉俏籍舊多濫竽先生核定名寔不濫不遺月課衡文甲乙無所

瞻徇童子請業者皆欣然指授士論翕然歸之兆澧嘗省問署中竹牕棐几講肄殷殷依然家塾時事聞示遊自兆山倡和諸詩高風雅致若不知在仕宦中者癸酉冬俸滿應得優擢而先生慨想蓴鱸遂棄官歸抵家省邱墓晤宗親歡然道故未久捐館舍卒年六十二元配陶氏贈孺人繼配張氏封孺人副崔氏生子風同女一俱幼

王蓴軒先生傳　盧爌

先生名華平字春植一字蓴軒壬子科副榜少失怙

就傅後行坐必端不妄言不苟笑前輩咸器重之及長厭城市喧還舊林別墅所得田廬聽兩兄分撥不參一辭始舉一子甫數月婢抱之墜于火遂殤婢惶恐無人色先生曰數也不之咎有山與鄰近鄰冒爲已有先生書契贈焉其度量卓越類如此訓子弟專且嚴多所成就居鄉教人以善間有牙角片言而解屋後種竹千百竿春食其笋夏憩其陰令人悠然作淇澳間想庭前植梅數株牡丹十餘本花時暢飲其下醉輒綵竹自娛直不知天地間何者足攖懷抱與

有所托恒見之詩如林泉茹飲貧無辱花木栽培靜有權及數竿綠竹一愚叟萬古青山幾牧童之句皆其膾炙人口者嗚乎先生而在薰德者善良聞風者興起足以輓末俗正人心有功名教不淺乃年僅中壽遽返道山人之云亡非儒林之不幸歟　論曰余嘗過先生居先生留食蟹時新齋落成有聯云幾日得爲花下客一年長作酒中仙竊疑幾日一年字不祥迨明年而先生病矣又明年而先生逝矣其果讖之先見者耶夫涵今茹古博學多聞俾後進有所就

正吾邑豈必無人然昔人有言曰經師易得人師難求先生人師也能多覯哉能多覯哉

王槐亭先生傳　盧爌

先生名風熾字克昌學者所稱槐亭夫子也事親以孝聞一弟早逝撫姪如子自嬰兒至成人無異視性豪邁好客輕財不瑣瑣作家計待人無城府值不平事委曲糾繩略無忌諱人服其公並畏其直焉凡經史子集一覽成誦文宗諸大家試必優等詩不驚人不作作亦不存屢薦棘闈數奇不售設教百望書院

從遊數百人隨其材質予以規矩故人皆樂親之嘗飲酒酒後耳熱與諸生縱談今古聲若洪鍾聽者忘倦其門下遊泮食餼登賢書捷南宮膺民社者相繼而起槐亭雖以明經老其文章經濟不大有傳人哉

予侯祜舉人

太學熊之炅傳　七閭陳增慶

熊之炅字超宇灄源里人也少失怙隨兄太學之杰教以詩書及壯豪邁識大義士林倚重焉嘉慶二年教匪擾棗郎軍門起官兵剿之其黨望山竄而齊王

氏一股由豫之大勝關掠仙花鎮而東逼安北界時

昇平日久人不知兵聞耗驚惶莫知爲計太學曰是可截而殲也遂率猶子天棫椎牛剸豕出其米麥金錢與堂兄增生紹熊太學文炳文灼族姪增生奕同里孝廉黃鳳詔招聚丁壯得千餘人要賊於土眷嶺賊連日不敢進值大雷雨賊乃悉衆踰崖蟻附太學身先格鬭賊至益衆裹之數重遂見執脅以入黨太學曰吾曹守

王法讀聖人書豈肯狗彘行乎詈不絕口賊恚甚碎斲之並焚其居火光竟夕不絕先賊之初入也擬彈丸邑無難滅此朝食洎入境太學首挫其鋒復聞慶將軍兵且至因拔營西遁昔巡遠守睢陽議者謂淮南半壁賴以無驚商令邑北無太學則數千亡命之虜鼓譟而南如入無人境耳即城垣足恃而豺虎所至傷人必多然則泰仙中和之免於蹂躪者詎非太學功哉越明年余奉憲檄代庖斯土備知太學堵賊顛末並聞庠生劉琨者民盧夢伯太學嫂顏氏劉生二女相繼死難者二百九十餘名爲列其事申於

朝得邀

䘏典太學暨劉生祀昭忠太學嫂顏氏暨劉生二女祀節烈地方官春秋致祭其盧夢伯及與難丁勇均援例予卹是太學雖往而忠正英烈之氣爲白虹爲碧血爲六月霜其魂魄往來於星月之夕風露之晨者亘終古不歇事之成敗可無問也嘗試論之使太學不急

國家之難賊未至時聞風早去太學且至今存使太學兩措各節伏賊馬前叩首乞命亦不致束手就斃乃要

之於前罵之於後生爲義士死爲忠貞不屑與造化
爭彭殤之數而能令士大夫過其鄉者莫不望廬起
敬下至樵夫牧豎追談往事亦皆津津而生感憤之
心嗚呼如太學者足以風矣贊曰頑民蠢動煽虐鄖
襄肆其牙爪如豕如狼
王師勦之林谷潛藏乘間四出毒我善良爰有賊婦由羅徂
光覆巢毀卵瞰邑北疆訛言遠播比屋逃亡烈哉太
學憫此一方懸金市勇招聚壯強裂布爲幟斫竹爲
鎗翼以鉦鼓廼裹餱糧據衝扼險于彼高岡熊河而

北老君之陽渠凶震恐無敢鴟張天忽淫雨賊伏其
旁伺懈徂進猝不及防沙蟲得志猿鶴痍傷罔惜軀
命聿正綱常不屈以死身没名彰守臣入奏
國典煌煌配享忠孝輝映膠庠夏瑚商簋歲薦馨香我經
其里泣下數行有子成立不墜青緗桂旂象馭魂在
帝鄉垂諸史乘百世流芳

明吏部尙書周嘉謨傳　大學士張廷玉譔

周公諱嘉謨字明卿原籍安邑繼遷景陵隆慶辛未
進士授戶部主事出守韶州有異政官藩臬政蹟益

著尋撫滇滇遠天末民困於黔國積威多去爲盜公
廉知其狀疏請黔國租歸有司征解民患乃息隴寇
負固久未能平公發兵討降之疏減滇貢礦金二千
有奇陞總督兩粵民之利害多所興除轉南司農未
幾陞北司空由是晋冢宰掌銓衡神宗崩光宗立不
豫詔見閣部臺省於乾清宫注目羣臣公進曰皇上
清心寡慾自然不藥而愈帝聞而注目久視乎公至
彌留之際復召見羣臣時鄭貴妃李選侍在帝左右
甚圖封號李甚封后鄭甚封太后李且欲内皇長子

於已襁褓中居之爲我哥兒左右閹黨皆凭藉貴妃
選侍以爲靈寵宫禁危疑朝野震驚給事楊漣御史
左光斗倡言於朝責貴妃姪鄭養性令理諭貴妃移
宫並辭封太后共集松棚下語咸嚴正公毅然作色
曰貴妃無他意不過欲汝長守富貴耳我輩文武俱
在此汝若聽我輩言爲汝包承汝若不聽我輩言郎
身家亦難言矣養性諸公語以爲然當諦貴妃貴妃
亦無齟齬意即移福寧宫而請太后意亦寢然李選
侍猶居乾清宫變且不測是日三召見帝情戀戀公

與諱公皆曰上疾已甚戀戀諸臣若不肯沒於婦人
手者庶幾宗廟社稷保無他故但選侍情無忌憚萬
不可托皇長子使與同宮共處耳至暮公始同楊左
出夜半宣召劇急公同楊左奔至宮門聞帝已賓天
公與楊左請皇長子至文華殿見諸臣皇長子久不
出再四請乃出嵩呼禮畢導皇長子至慈慶宮上謁
孝端皇后靈几閣臣劉奏李選侍尚未移宮殿下暫
居此俟選侍既出乃可居乾清宮公奏曰今日殿下
之身是社稷神人所托重出入不宜輕易郎往乾清

宮行大小殮與朝暮哭須臣等到扈從而行否則請
無發駕皇長子首爲之肯當是時一月之中鼎湖兩
泣國事危疑全賴楊左奮發其間使無罅釁令婦寺
可乘而楊左之所倚又獨在公內外晏然天下有泰
山安公力居多逮後魏璫擅權公疏諫不聽削籍以
去後復借移宮案誣楊左及諸忠良禍將至公會崇
禎踐祚誅斥魏璫公乃得免戊辰起公南銓衡甫就
職即請老歸年八十四卒諭祭葬贈少保

陶公左山傳　明宰輔張居正

陶公諱采號左山謚憲伯灄源里人年十九領嘉靖
癸卯鄉薦兩下春官第家貧親老慨然曰時乎爲貧
此其時矣二十六知河南泌陽縣泌民獷悍難治公
操冰茹蘖常賦外不責羨餘民皆樂輸諸躍治不逞
一切以法繩之鄉井帖然任滿詔上上考陞四川刺
史旋陞馬湖府司馬馬湖古僰牂牁地獠民雜處公
兼以服民信以靖獠上知之朝廷坐陞馬瀘兵備道
僉事紫黄三代公時年五十孀親偕首矣魂驚九折
愴然思歸遂陳情奉養山居二十三年卒公弱冠仕

宦中年懸車自文林歷陞僉事顯藉二十餘載公廉
勤謹所至有清白聲迨退田歸老敦宗睦黨鄰里念
其芳名祟祀鄉賢五柳之後斷推陶公云

節婦秦貞女王合傳　林縉光

婦以節名女以貞顯亦巾幗之不幸然兩間正氣恃
以長存可以挽頹風維世教所宜登諸
國史渺爲閨範者也余承乏郝城之次年因公過新店
見兩坊屹立道左一爲太學生徐鍾玉髮妻節婦秦
一爲儒童徐鍾儒聘室貞女王蓋一門娣姒同時奉

吉旌表者心異之歸署檢前卷事實則秦年十九適徐閱
三年而夫病衣不解帶欲以身殉夫囑之曰徒死無
益也先人櫬未歸土弟妹未婚嫁皆吾未竟之責且汝
已有身若幸而生男俾大宗有後庶吾目可瞑徒死
無益也氏飲泣聽受夫沒數月而孤開先生值夫弟
鍾儒繼逝王女聞訃泣辭父母曰徐氏之禍酷矣誓
終身不字與姒共守兒志已定請勿以兒爲念毀粧
成服遂之徐設奠營喪摒擋一切敬秦如兄秦亦愛
王如弟兩人共撫一孤茹冰嚼雪甘之若飴也中間

卜葬五棺奩嫁女弟罔弗如禮其訓孤也昕夕提命
絶不姑息孤亦能自砥礪早年爲太學生至於敦族
睦鄰周貧濟苦出其撙節所餘敦行不倦里人稱兩
母之賢者如出一口焉計
旌表時秦年六十有二王年六十苦節各四十年雖率性
而行匪以邀名而
曠典仝加兩坊對峙皆能目覩其盛嗚呼榮矣我
國家重熙累洽道一風同窮鄉僻壤或限於例紬於力
弗克舉行者何可勝道卽各省彙

題歲有其人然天下之大或百里一見或千里一見一
邑之中或數十年一見或百餘年一見今一節一貞
娣姒濟美是天地之正氣鍾於一時而並萃於一門
也豈非巾幗中不數數覯者哉聞爾時士大夫皆有
詩章歌咏其事而無爲立傳者因紀其畧俾後君子
有所徵焉
贊曰卓矣秦氏苦節不渝遵夫遺命誓守其孤懿哉
王女克明大義聞訃奔喪終身不字一門之內相敬
相憐氷機雪杼四十餘年

榮錫璇坊光增梓里天佑善人開先有子子復生子命
以嘉名一名緒節一名緒貞慈母之志孝子之心爾
蕃其族永載德音　以上舊志

新纂藝文志中

古人立言與立德立功並垂不朽故操觚不容率
爾也安邑官紳相望類多據所見聞濡染淋漓作
爲文章傳誦藝林雖體各不同要皆本其素學自
出機杼成一家言者續爲採入閱者可以觀其根
柢矣

盧鏡亭先生傳　　邑人吳盛桂　秋巖

盧嬪號鏡亭優貢生幼穎異卽爲其祖所器以家中全書賜之生平博學能文尤耽吟咏在東五年遊趵突七十二泉謁闕里觀杏壇魯壁遺蹟並由對松山躡十八盤登泰觀日觀諸峯著有高津雜韻及岱遊草南旋受洛陽李公犖縣陳公聘叠主雪香東周書院名宿多出其門凡平泉金谷伊闕神堤太少二室無不身歷其勝有洛遊犖遊嵩遊諸草中間在汴在滹在宛轍迹所經皆有小集接受孟筠圃篆保安聘

踰函谷抵長安躋玉井明星之頂攬武功太白之雄過橋陵沿圁水北至邊牆有秦中草在青門歐太守屬爲海嶽遊人詩叙畢大中丞梓以行世是冬道終南至安康循江漢歸有山行舟行諸帙旋丁外艱廬墓三年適睢州牧王公聘主襄臺講席門下士遊泮者五十餘登賢書者六刊有駝岡分韻草嘉慶丁巳決意歸邑尊陳公雲村調黃陂延之西席日與陂名士多倡和越三載邑尊孫公曉山請掌萃英書院歷十餘歲年七十學使涂瀹莊考取優選貢士入都迫歸有古今體三百餘首名記里鼓集自後名心遂灰惟以蒔花種竹含飴弄孫爲樂顏其齋曰壺公壺與至則援管孤吟刻立就其七四一集邑尊王公雲夫手爲評訂題卷有絕代才人艱一第之句蓋惋惜者深矣爲人財不私已橐無蓄積撫猶子如已出教諸姪皆有成性耿介不與外事至邑中倡修文峯勸設粥廠請免驛站咸殫心籌畫督修家譜族里有牙角必規誡解釋邑尊林公瀓文稱其淡然無欲藹然可親非溢譽也道光二年秉筆重修邑志年八十四卒

輓之曰文獻無徵信夫若鏡亭先生者存心之厚制行之篤有名山大川拓其心胸能揚風抱雅養其性情不逐逐於貨色不戚戚於貧賤陰隲有以及桑梓詞章有以溉後學豈非士林傑出者哉

主事彭公信甫傳　　邑人王承志

彭宗達號信甫邑之西南鄉人也甫能言其祖父卽期以遠到口授爲子盡孝爲臣盡忠二語終日記誦弗忘稍長先後失怙恃隨胞叔肄業家塾弱冠後舉登科第官戶部主事咸豐癸丑假歸甲寅四月粵匪

陷邑城信至適與其諸昆弟夜飲擲杯歎曰今世承平二百餘年人不知兵何處不被蹂躪我輩讀書數十年若僅全軀保妻子何以對君父遂奮志倡首捐貲募勇一日夜馳告百餘里期聚鄉兵周圍攻擊無分晝夜克復城池盡殲賊衆桑梓以安旋奉制軍楊札辦沿江團練遂率勇出境到處追擊不下十餘戰是時滁生曾爵相駐節鄂垣壯其武略手書期會水陸並進直抵齊安賊聞風九月初旬棄郡城遁彭公督隊直追至蘄水南關外與賊對壘十五日大戰於

雲路口自辰至未力竭捐軀蘄水紳耆感其忠義收入殮哭號震天時年三十有九親弟宗達胞弟宗進率其子超鸞扶櫬回里葬於桃花之睦虎山曾爵相專摺以聞特
旨照知府陣亡例賜卹父焯與誥封朝議大夫母吳氏
誥封恭人子廕雲騎尉世襲以恩騎尉罔替大江南北郡縣咸爲立祠春祀同治二年闔邑首士已將彭公神位列入昭忠祠

豫階阮公昌綸傳

黄　鵠　液池

阮昌綸原名夢夔字豫階性忠厚品真醕攻習經史務精純不以遲悟哀厥志十三經皆有纂解本五經撰合纂序儀禮撰玉沆序傳贊文詠一體漢唐時稿明文有風簷展讀世澤餘編三鳳齊飛諸集子三庭訓有方長恩顧三恩晉早歲入泮屢膺房薦次恩兑中經魁官訓導殉難賜襲雲騎公起家寒素躬儉約業筆耕不與外事嘗有誣控反坐者案難結私以二百金賄求公和解叱不顧佃有屢逋租者懼催圖賴公

不逐佃並捐其租自著十迂諸事紀畧廉謹長厚大率類此舉乾隆丙午孝廉十上公車不第挑授江陵教諭設帳授徒衙齋幾滿訓諸生盡情直言負嚴師之望荆襄道興公振堂延請教其四子皆捷南宮官三四品他如尚書祝慶藩御史祝慶揚造就顯達數十人而采芹折桂者尤難悉數後以卓異推選清澗知縣卹窮簷決獄訟非俸糈不飲貲非重犯不加刑然强官有司終非所樂在任一載致仕歸壽八十餘終至今孫曾繼起克紹家聲

孝廉阮秋府傳

友人張家俊 灼三

阮熙仁榜名恩兑字秋府豫階之次子性爽直姿偉岸喜談忠義事幼承庭訓勵志詩書早歲入庠食餼廣結納而學不少閒手披口誦日無甯晷生平著作甚富文有珍聘録賦有縹緗集字有辨譌韻字合叅等書其他性理文宗命學醫術天文地理窮竟原委待梓者數十卷後侍父公車留京邸肄業國子監額於例捐教職授潛江訓導課諸生寛嚴互用遇公事有司難决者獨抒已見辨理裕如以故府縣委提重

案學憲委訪貪汙游以廣文膺民事亦其才長也中道光辛卯科經魁就甲辰科挑等選江夏司訓省垣乃人文淵藪秋翁莅任願交就教者縉紳無閒在任六年脩聖宫刊縣志数十載不能舉辦者一經營而告成以是上憲垂青咸豐二年粤逆竄楚北院台謀團練無成秋翁奉委設席約紳曉以大義團遂就爲上條陳三十二欵刊城守輯要一卷悉合機宜各大憲委以總巡城軍米局練總局已奏保即補縣奈阮於数竟有十二月初四陷城之變義不受屈自經明倫堂死冢奏准崇祀昭忠祠賜襲雲騎尉三代恩騎尉罔替子二釗詵庠生保縣丞釗譜精舉業孫紀南餘慶皆英爽不羣時論咸許可焉

如亭張公錦珩傳

邑人吳端委 竟亭

張錦珩字如亭以名諸生中乾隆壬子嘉慶巳未鄉會魁文譽藉甚通籍後由吏部主事晉員外郎司選事不狥請託不肯干謁部中銓選諸文册每苦例文繁蜜吏胥得以高下其手因於纂修則例時力加删汰至今選曹遵之歷山東雲南道監察御史所條陳

悉關至計如太白經天乞修省請屯田伊犁以足兵食歲可節帑金數百萬兩他疏類此出知南安府事南安爲江右瘠郡安之數年不求調大府稔其廉苦狀以好語慰之若將劑以善地者顧從容應曰此固優於京秩禄糈也事遂已其淡於仕進如此所屬南康有巨室類姓嫡庶訟産經數官不能决所費不貲久亦自苦其累以三千金求結唆卻之徐集其族黨廿餘人於庭曉以大義反復數百言咸感愧事立釋又倡修校士館以便試者所振拔多寒畯爲治務寛

簡不尚煩苛郡士民稱之曰佛移權廣信政聲如在南安時年踰六十致仕歸主講吉安白鷺洲及本郡河東書院十載生徒環集生平於臧獲輩無疾言厲色尤不輕議人過即家書盈笥無不可以示人者服官中外逾三十載惟守清廉而於諸弟孥從及族貧窶者時分鶴俸周之終其身如一日焉年七十八卒卒之日僅有先人敝廬薄田數十畝蕭然如諸生時焉著有槐雲書屋文集四卷子葆湆別有傳次如湆太學生孫五承庥由廪貢選巴東縣教諭薦擢知縣

小如張公葆湆傳　張雲錦 屏山

張葆湆字小如南安守錦珩長子幼歧嶷爲諸生有聲黌序以摒擋家政馳驅南北故困於闈試既乃肄業國子學期滿銓武昌縣學訓導薦升安徽桐城縣縣丞權知桐城欽縣事俸滿擢知縣未及真除以親喪去任起復授浙奉化縣丞之官兩載餘呈改教職選京山訓導卒年六十五生平性豁達不屑爲家人生產計戚友有急難者輒稱貸以濟其乏即身肩重累無少憾再世爲廉吏囊無餘貲官於桐最久桐人愛之如朱邑上官以有爲有守咸相倚重遽請改官論者惜之著有還青堂文集三卷子承庥見如亭傳孫春煦太學生次綸邑庠次炘業儒

秦貞女傳　王念祖 藎臣

貞女秦氏女儒士張萃湆之聘室也年十九在室聞萃湆病歿匍匐奔喪父母昆弟皆憐之告於張張托媒妪辭方往復間而氏已持服至矣至則撫棺慟哭義不獨生夫之父母止之曰汝良苦汝良苦然既爲我家婦則當從我言子已死即代以事我可也汝若

死我何依乎氏乃歛泣受命襄內政惟謹深得尊嫜歡終年足不踰閫族姻罕有識其面者歷十年病且殆歎曰未亡人不得終事舅姑也而今而後其可以見夫子於地下矣卒年二十九族人義之公請旌與以夫弟澤湆之子承棟爲嗣

康熙四年　擬
上大婚禮成頒詔天下羣臣賀表　邑人盧爾慥
龍節犛金函礼極乾坤初正位
鸞旂環翠輦中天日月始雙輝俔天符作合之禎叙彝
倫於宫壺應地協安貞之吉肇風教於寰區
天子假家快覩好逑盛事臣民得
毋遠騰扶杖歡呼四海謳歌六宫喜起臣等誠懽誠忭稽
首拜手上言竊惟同地天而交泰取象陰陽正男女
之大倫造端夫婦實郊華渚首呈虹電之祥修巳慶

都載獻星雲之瑞佐平陽之丙則娶女散宜闡蒲坂
之閨箴館甥貳室癸甲辛壬綿禹服紀四日於塗山
丙丁戊巳盡湯孫衍十干於莘國來朝走馬率水滸
而興岐造舟爲梁在洽陽而顯渭若夫魏因漢制后
有常尊迨至晉監陳儀嫡無並配燕喃石宇擅萬方
毋后之尊人覆玉衣繫九廟靈承之重長孫文德初
聞納自蘭宫馬后扶風亦謂譽隆桂殿獸皮二駟馬
二玉璧一東西晉典制名殊香磴先腰輿先金根次
南北朝禮文特異奉常進引譙嘲綿蕝之文太尉親
迎平蹈偏安之習從未有調玉鬯而備内佐一人主
鬯之馨歛黄裳以在中奏九陛舞裳之盛如
今日者也茲蓋伏遇
皇帝陛下
坎離合德
父母亶聰
適同少皥初年呈澤馬山車之慶直媲神堯幼服發
卿雲膏露之華宜室宜家正四國是矢無怨無曠與
百姓同之比荇菜而詠參差采之房中可薦之郊廟

訖關雎而思窈窕刑于兄弟以御于家邦金毋木公
人閉之嘉偶類此郎星妃火萬物之伉儷皆然乃於
御極之四年爰賦穠車之百兩仰遵
祖訓降帝子於雲中俯協輿情迓天孫於月窟人惟求舊得
諸股肱心膂之家倫有攸先正其父子君臣之始菊
浦鶬隨鸚鵡汚漢曾有法須當兕壯鴻來椒房烟繞
鳳鸞翔秋以爲期恰是風清月白過中秋十餘日多
飄桂子之香先重九一過天頒送茱萸之暖玉階星
燦燦肅九嬪之婦功金戺夜煌煌弼四方之男教毋

太任婦太姒嗣彼徽音前有娀後有莘揚其令聞
肇稱殷禮
誕告多方
綸綍敷宣共識
天顏有喜尊親誦禱咸知
坤德無疆臣等遥瞻天上麒麟競傳有種敬仰女中堯舜
共羨同尊效裴學士之慶大婚初知拜表陋李供奉
之調樂府漫學催粧欽五麟七鳳之姿祝詞思方曼
倩沐三毋二妃之德誦詩敢讓姬公伏願

季女盈朝
賢妃脫珥
蠅聲月出璇宮絕同夢之心
龍漏宵衣丙夜警何其之問高明剛健
君道與於穆同流博厚含宏
后德共
至尊齊體將見螽斯麟趾開九天福祉之祥樛木葛覃流
萬國肅雝之化矣謹奉　表稱　賀以
聞

新建考棚暨增建
文昌宮
文昌先代祠記　許賡藻

懿夫戴筐六星光曜雲漢懷瑾握瑜之士夥頤沈沈
將試以經藝而怪雨盲風沍寒溽暑俱足擾其心思
而且爭坐紛紛彌多冗費此童子試所以宜立館舍
也顧事爲前所未有而創建之其難有三多士如雲
朗朗百餘間屋非巨金莫辦其難一也近而無曠土
形勢家言人人殊誰耆然解者其難二也金多而卜

吉矣而謀夫孔多規畫不定事奚以濟其難三也是
以先後宰斯土者數議舉行而皆未克就予甲辰秋
蒞任每擬督修苦無頭緒適丙午冬附貢生阮觀光
稟捐錢千二百緡以資興築遂允其請亟招在城孝
廉耿君瀾廣文吳君言昌附貢盧君若金茂才汪君
澤從九余君立豫籌議集貲並語以署東偏隙地可
作基址外零星民居有善價得之地寬然有餘衆皆
曰諾剏馳書告諸鄉爲民望者無遠近麋集出一冊
俾自註樂輸若干數向所謂三難者茲一無齟齬豈

偶然歟抑事與時會歟廼涓吉經始越二年歲在戊申而落成凡爲屋三重中堂臯後爲燕息所前置棹號千八百有奇翼以廊房四間庖湢咸具復就塽塏地建立文昌宮及文昌先代祠各三楹一切宋桷瓴甋塗茨丹䨼之屬靡不豊得約中足垂久遠用錢計緡萬五千五百有奇尚餘緡八千二百有奇以七千緡付質庫取其子錢供春秋闈賓興及文武童試卷資其歲時修葺亦取於是更以其溢餘計緡九百二十有奇繕治城垣而其他淩襍須理料者皆預儲無缺

簿籍具在出入井井朗若列眉嘗謂楚北山川磅礴士生其間者類皆雄奇瓌瑋跌宕自喜蓋得江山之功也而操觚家運筆如風若有神助則且以爲戴筐六星黙相之也夫神也臨在上質在旁其啟牖文壇非特爲葩流春蔓蓋將以覘其靈臺焉則又衡文者與多士所共爲凛凛者矣是役也思集盍廣其中尤出力者石茂才瑩其子丙午科副元九華鄒拔貢聯奎黃茂才沅陳太學玉生鄒太學恒坦彭處士際起吳太學鵬翼其最也餘悉刊石以垂後云

建考棚落成碑記

邑人盧繪雲

安邑自建縣以來士無號舍試日杌奔席躐非所以習容觀壹心志也况復沍寒溽暑倏忽陰晴寸管既操尺椽莫庇露搖筆霄霜挾字飛甚而驟雨淋漓瀉毫尖以下濃烟勃欝噴紙上而來黑雲催未就之詩白雪阻難成之曲蓋無可假幕不會張壘瀋零星黈點黵又不獨圓毡之莫辨矣作事謀始其在艮有司哉前任劉公練洲諸邑侯皆志切權輿事輒中止有能捐之鶴俸無可傍之鳩工則亙合之難而玉成

之尤不易也道光癸卯邑侯許公枚卿父臺涖任甫化三鄉風清百里農桑畢務舘築翹材大開桃李之門廣集梗楠之選露臺可作惜其無金月斧能修信其有寶當年馬庌舊爲駒縶之場此日龍門新卜鯉登之地垣連官廨嚻隔市廛議息蜂談謀從龜契度遠邇定基址莫善於此然而勤事之需人也暗中摸索信心恒覺無多公則採月旦之評屏雷同之見不啖名士之餅不餔衆人之糟出其夾袋所藏筆而書之犁然各當故董其事者咸矢公矢慎任怨任勞行

如銅介如石不染指不潤脂人可以俯仰其頭我不可以下上其手蓋體公心以爲心也公擇人固愼而潔已尤嚴有文焉垢可投有詩焉銅可答而簿書所載管鑰不司鳴堂上之琴止留鶴伴懸室中之磬不許蚨歸扶破狐疑剔除蠹弊官清似水而吏肅如冰也有然所以風聲響應如鼓得桴手實一編家自書券畝分甲冊戸樂丁輸不租而催不稅而勸桃花犬吠欣聞隔岸人呼桑樹雞鳴笑指鄰村客到有青衿之士無黑衣之郎公庭除火速之符而里閭不擾焉

於是地拓弓張道周矢直石攻宕戸甓任陶人萬棟千楹星攢虹指場屋之北宫起　文昌金碧煒煌俯瞰考榭輝光新入望氣似珠六星戴天上之筐二月發人間之儀士升自屋帝近紫垣落筆興酣其有神功乎躋斯堂者想見鳬遡以至魚貫而登九轉丹成一齊白戰文壇馳騁棚約東西陣列兩行覩鸛鵝之分領路開萬里看騏驥之初騰繼此而蜚擷桂宫繼此而簪纓杏苑含芳吐秀皆自蔚華堂始也不其韙而

安邑義民紀畧 自咸豐二年起至同治六年止 邑人吳道昌 謁人

慨自粤逆之倡亂也入鄂州陷郡會承平日久人不知兵無有敢攖其鋒者惟我安民實始擊賊是不可以不紀也咸豐二年逆自楚南上竄十一月陷漢陽十二月陷省城時邑侯許公枚鄉聞警亟招城鄉各紳者議團防悉踴躍如命規初定而賊於三年正月遠竄江南矣旋因公攝陂篆代理者爲王公頌三時方歲試文武童事遂寢忽六月念六日大股賊由仙花鎭竄我邑人多驚匿匆猝未之備也九月賊自金

陵分隊陷黃漢薄省垣許公回任重飭舉團練民各奮興四年二月賊由岐亭河口兩竄安境均未據城而竊駐岡陂者蔓延東南西鄉三月朔分黨抵城會勇力殲之三鄉賊衆聞風悉遁雖逆鋒僅小挫而人固知賊可擊矣四月十五夜雨甚賊大至乘襲入城閉門堅守越三日鄉團合勦不期而會者十萬餘人是役也鉦鼓震地礮石驚天揭竿與修戟争驅裂帛共搴旗競耀日月爲之變色山岳俟其動搖婦孺亦餽壺漿僧衆咸揚威武誠足破賊膽褫賊魂矣遂乃

越堙偵之設伏待之麥苗別之燧燧防之援木以登燬闕以入賊不支十九日開門逸出追者逐其後伏者截其前環擊十餘里無一脱者殲賊三千餘署中丞楊公霈諗其事自河南馳奏七月中旬奏
旨嘉獎義民賚給大旗四面蠲免是年糧並頒
上諭謄黄布告天下詔以黄安團練爲法越數日許公以
特旨陞署黄州仍兼攝安邑事九月督率義旗勦賊黄郡五六兩年並克復岡水濟梅等城雖圻水南關外一戰主事彭信甫陣亡而義旗直搗仍獲勝仗是

則餘勇可賈者耳洎八年逆由麻邑分竄安城其時谷會未至惟大有從義東烟沙平會禦之賊蠭聚萬勇僅及千與戰力竭陣亡四百八十餘人幸忠武李公迪菴與何元戎大兵至民復助擊賊敗竄又沿途截殺之事平建昭忠祠祀死義者自是以來十一年寇大至則擊之去同治元年寇又至則遏其衝二年二月賊過東偏權理邑侯江公世玉率勇堵禦賊畏不敢入境三年春環城鑿濠沿鄉築砦爲堅壁清野計時雖三五年中髮捻流竄來往靡定莫不登陴固守入堡嚴防聯絡聲勢賊無如何則允民之好義始終不倦者也夫黄安一彈丸邑耳自咸豐初迄於今無一民甘從賊無一民不禦賊樂於敵王愾奮同仇如此豈非我
聖朝漸仁摩義所以入民者深而化民者至哉

寶書田記　邑人駱逢源

嘗讀李德裕平泉莊記云以平泉莊與人者非吾子弟以一木一石與人者非吾佳子弟退而深維不禁喟然嘆曰斯人也何其思深慮遠情見乎辭有如是

耶嗚乎民各有心性之所近第非溺情富貴聲色服食器用度越恒流即迹近懷居誠無足異以余束髮受書自曾祖父遺編秘著靡不兢兢焉毋敢失墜奈才微運蹇書債莫還淪落芸帷幾穿桑硯數十年恒悉心閲録着意發明約數萬言雖曰雕虫亦云心苦故年四十既竭目力焉又不幸長子中殤二三子稚鈍余昆弟雖瑜管城惜上黨藩濤花攻端石以紹書田而繼起云遥彼匡床鄴架所貯當不僅平泉木石供耳目之玩過此以往或存或亡未之或知矣夫君

于刱業垂統爲可繼也後之人縱不克恢先緒並不能守成業皆棄於李子者也不然撫古今而計之帝王垂裕幾見無疆神聖貽謀難云不朽彼豈不識具達觀數明消長而徒鍾愛於平泉思永保乎木石哉或曰樂天歷念杭湖東野流連山水達士類然如斯記者私爲巳有謀及子孫攖情實甚余曰否否此言雖小可以見大類而推之致治保邦昭茲來許率是道也繼自今在我後嗣子孫誠紹高曾之規矩綿世澤於詩書餘慶錫光克昌厥後拾家笥壽梨棗將著

述永存遺編不殁以視平泉莊奇木石相懸萬萬固所願也否則手澤僅存脫令王粲復生我子孫亦未可以吾家書籍與之矣若其不事詩書拋棄卷帙是謂塵視壘莊銖視書田乃祖乃父乃斷棄汝夫豈徒以非吾子弟相詈以非吾佳子弟相斥乎哉是爲記

游似馬山雲臺寺記　秭城　萬奇芝　仙坡

癸亥夏客遊安邑息駕於南郊山麓見樹林陰翳上接雲霄中露亭閣數楹若蜃樓狀其右則童山峻拔怪石嵯峨皆隱隱有奇氣御人莫能名及詣諸父老乃知爲似馬山雲臺寺蓋邑之名勝也至甲子春仲集同人數輩携壺挈榼爲登臨計舍輿徒步披草萊而上徘徊巨石中橫斜曲折别有天地旋由石罅入經一線天側行半射許乃出復小憩於風洞前見有昂然如馬者巖壁鐫天馬行空坦然如床者石上刻棲雲枕石又有駕風鞭霆不好登别天等字題於如石壁或蝌蚪篆文或行草楷體皆前賢法書筆力遒勁刊鏤精工惟董文敏署欵粗能辨認餘則苔痕斑剝不復知其爲誰矣石刻均在懸巖絕壁間人跡所

不到究其如何書如何刻竟不可得噫其仙乎俯竹留連塵襟頓釋但覺神仙不可接山石自清幽不禁飄飄然有遐思也巳而片雲蔽日山雨欲來趨詣雲臺寺與同人飲飲次微醺清風入座細雨灑窗振衣而起緣石磴躡絕頂憑眺四圍山色烟霧溟濛若隱若現幾疑此身在海上三山與萬頃波濤相上下心曠神怡殆有莫能過者夫人生宇宙間幼有所學而又見用當時則當以奏績於朝廷規畫時事爲任雖有山林之樂而不暇及若我輩則不然也內無經濟

之才外鮮特達之遇寸長莫展滸食天涯倘欲狗苟蠅營自尋苦境計亦左矣況當烽烟未靖之秋兵燹凋敝之後得與二三賢士載酒遊山亦幸事也且此一遊也論地則仙凡爭羨論時則淑氣融和峰巒悅目花鳥醉心其樂顧何如哉同遊者爲柯根臣廣文汪鳳生幙府李立齋司戎邑紳吳少岩藹人昆仲盧竹岑諸人也

重修萃英書院記　邑侯　朱錫綬

伏稚於土雨露以萌之藏玉於璞追琢以瑩之何地無

才亦視培植裁成之有術耳邑故有萃英書院在官廨西不數武軍興以來弦誦輟響歷有年矣余下車時亟亟崇文教以端士習推邑中名宿爲院師戒浮靡敦內行立考課法本藍田呂氏鄉約及朱子鹿洞規條之意增損爲數十則並延訪品學純粹者以登薦牘恐奇材磊落不偶於時者之老於牖下也權縣事之明年始鳩工庀材而修葺之粗立規模簡施丹雘庖廩有次師生有舍既蕆事仍顏之曰萃英不欲與古蹟歧也竊惟庠序學校之設非徒教之抑有所

以養之者顧天資高邁往往背道而馳其質性較拘者又溺於功利詞章而不悟豈先王修道立教之意歟古者造士以義理養其心後人讀聖賢書所學何事因乘案牘之暇過從其中亦冀於月課詩文外相與講明先聖先師之正學旣勵諸生兼自勗也余本茶院支後裔爰設朱子位俾登斯堂者升降俯仰怳然如親先賢之聲容則日用飲食間悉正心誠意之事而游可幾於大道矣夫山水炳靈鍾爲偉器行見賢良文學並起一時名宦鄉賢後先輝映則斯舉也

庶得古昔教養之遺風哉謹誌顛末於此後之君子能增廣而式廓之抑又幸甚

天臺山龍王廟田記　邑侯　許賡藻

光黃間有山曰天臺明　耿恭簡公讀書處也中臺最高山半周圍石起磅礴屹立下上約數十丈許頂極平土深數尺合左右兩山參差排列天然如亭之三成其下離垢門內坐忘臺右有石鋒稜東西現若龍首尾然水涓涓從其口出　恭簡題曰作霖池龍王廟之興由此始每歲旱楚豫鄉村走禱不絕余亦

屢往祈雨輒有應丙午復至其地見廟漸傾圮捐廉陸十千並同衆志重修越二載廟像一律完好且爲買田八斗坐落羊角壪千山寺計一冲即俗所謂燈田者暫令上方寺僧領發嗣後軍務益繁余亦無暇及此矣巳未春余居憂偶回邾城始知有住持僧道明者樸實勤謹蓋僧而農者其徒果滿成徒孫真修均儒家子朝夕唪誦釋經每年鋤種所出並鐘魚所資交相銖積得自置田一石七斗坐落高山崗不計坵數師若徒益自作苦吾知精進不怠古寺蕭瑟變而

爲百尺浮圖金碧璀璨裕如也道明深慮後人不諒苦衷以游惰致敗乞余爲文泐石凡自置田及前捐田均永不得出售庶廟宇整潔栴檀馥郁足以妥神靈而徧沭膏澤也余嘉其志爰不辭而爲之記

安航記

奉賢袁瓚

海之大也河淮之遠也洞庭彭蠡之浩淼而可駭也余皆歷遊之而幾蹈於風波之危也今年春客邾城令斯邑者爲朱嘯筠司馬結三椽屋於官廨側延余居其中屋小類野航以安航顔之蓋三十年來之怖於風波者至定乃少憇航有篷有舵外環以溝暴雨至水聲激激新苔犖戞若荇藻然宛在航矣嘯筠若風塵將引疾去而余方出山則江漢沮漳扁舟歷定雖非昔者歷遊之境而風波則類是安得乘此安航俾隨遇而安哉且安航在平地而風波之作平地爲甚此尤余所亟述其安並願與塵海浮游者各安於素也

委修黃安縣志記　奉賢 袁 瓚 廉叔

丙寅冬日從軍至黃安事旁午日夕居幕中郭外多山水未之賞也耳是邦文人學士名心焉誌之越三年捧檄重來褰簾邑乘乃得與都人士過從薄宦頻年蹤原似梗清言湍耳臭並如蘭六十年軼事旁搜二百里醞風猶昔飾須梓匠集腋咸謀筆走芸窗續貂竊媿合前編而釐訂愧舊學之荒蕪所幸翰墨餘閒詠觴敘樂春花謝艷結浮瓜沉李之歡秋月揚明有舉琖停琴之趣凡我共几硯者無少長皆以文稱

羣爲不遠之匡獨守可藏之拙盍以優游暇日俯仰中庭刪繁蕪培早菊賦詩則爭相和勸酒則互相酧文字之緣友朋之樂信可娛也今者友方求鳥歌漸聞驪游子浮雲附長風之一片故人蕉雨飄離緒之千絲笑留題壁之詩詞同瓦礫屢盡壺觴之興情重醍醐簷溜涔涔徑泥滑滑一日不見將賦采蕭會當以笠屐相尋不俟晚霞紅也

又同事記　袁 瓚

春風二月初來印雪之鴻秋雨三更漸聽辭梁之燕應星躔於天上近接珠宮蔚華采於堂前紛羅玉笈則有才高倚馬詞富雕龍談經特啟乎南軒謂張灼三張屏山觀樂載遊乎東魯謂吳竟亭吳少岩吳讜人禮傳大小謂戴心齊詩美神仙謂李月卿李少白商山舊有黃公謂黃液池絳嶺喜招王子謂王藎臣集兼少長蹟彙古今五色雲蒸艷吐詞人之筆萬言日試芬流潛德之光固巳邑有春秋而林成翰墨矣每當花晨輟管月夕銜杯幾度吟風巳涼風之換序一庭坐雨亦舊雨之尋盟苦正同岑萍將泛沚溪山一別不忘雲樹於孤懷笻屐重逢再敘詠觴

之樂事　同治巳己七月三日識

僧勇記　邑人 王念祖

國家兵制合天下六十萬有奇咸豐初粵寇流竄脅從日繁額設之兵殊不足以敷防勦統兵將帥乃各募勇丁四出擊賊兵制雖一變仍不越乎營哨什伍也其各州邑之遠於大營者以鄉勇衛之禦賊亦有功至於法宮梵宇緇衣寂居理亂且不聞豈復有荷戟戎行而作洸洸武夫者乃鄂民之擊賊倡始於黃安民之擊賊尤賴有寺僧菩薩低眉金剛努目洵一轉

務閒耳方其妖氛搀地毒燄灼天越嶺嶠浮江湖所至之區凶鋒幾莫能遏自入安境賊攻則僧守賊走則僧追與官民一心戰必獲捷先後十餘載賊毋內犯皆不得逞志而去

朝廷既以義民獎練勇復

賜僧紹喝等頭銜有差則安邑之武功又與古之用兵者殊焉寰宇廓清佛日有耀龍潭水碧界林霧消凡永安南北各寺固皆昔賦同袍今依咒鉢與農工樵牧共樂承平矣四方聞之當有望風而遐想者

盧以崇疑仙舘近藝序

艾南英

予一見雪村子而定交或問予曰子之交雪村子愛其制藝乎予曰非制藝吾無由知雪村子然天下能制藝者固多矣吾無所輸誠焉或曰請言其本予曰雪村子從其尊人宦與家居無纖過信於親吾是以友之或曰既得其本請言其用予曰吾始至齊安旬日齊安之士其交吾也有貌有衷有數年慕悅中道棄我者雪村子嘗先事料其人曰某也誠某也詐某也好龍見眞龍而走卒如雪村子言雪村子知人吾

是以交之或曰既得其本與用矣請言其竟予曰雪村子急友誼如不及雖遠數千里或隔歲月雪村子堅忍沈毅急其事如初至或曰子之言雪村子言其用與竟抑子之自爲耳予曰取友者未有不先於爲一身而後爲天下者也吾不能聯其志使爲我有烏能聯其志使爲天下予與雪村子言天下事詳矣韓信耿弇諸葛亮數君子一見時君言天下事如指掌天下竟不出其範圍天下無事則已天下有事吾與雪村子聚旬日其代肉食者而爲之憂也且爲之謀

豈下數君子哉會雪村子有近藝之刻函書所問答以弁其首使天下知予之知雪村子以制藝其交雪村子不盡以制藝也雪村子名爾惇字以崇而予艾南英也天啟三年仲冬月廿五日自蘭溪放舟至九江書

巴遊自序

盧雲鳳

巴州之役歷三世矣哀我憚人究奚益乎然而孤蓬萬里飄蕩經秋先世遺踪殷勤覲止當夫風柔浪淨天籟晴空渡瞿塘涉灩澦覽白帝俯紫陽下逮白狗

黄牛牛肝馬肺陸離光怪耳目一新我先人流覽何愉快乎若乃灘號峽撼怒若驚雷腰猴袖手火杖傾頹形摧魄落胆喪神沮幾不知此間何世託足何地爾我何人如醉如癡雲裏夢裏而已嗚呼險哉先人當此其何以堪由白帝而永安想見託孤之處鞠躬盡瘁死而後已非武鄉侯乎陰平之入天耶人耶謂非成敗利鈍難以逆覩哉他如入夔門而問草堂歷通州忠州而懷元白誦南斗京華之句杜少陵念切思君何若唱和如二子嗚國家之盛也悉稟之川殊為可惜更有陸宣公之墓在焉孤城萬里藁葬中阿何奏議之赫赫史籍膾炙人間竟不能回德宗之忌使其身一日容於朝廷之上乎最後抵我宕渠故壤訪舊日規模先大夫孤忠碧血猶有存乎先君子執掌風塵故老猶能言之乎一時大叫復大哭州治之西則有嚴將軍之頭南龕而下又有章懷太子之墓夫獨無與斯人比烈乎胡有幸有不幸耶憶斯時也丹霜隕盡猿腸與醒羈人之夢蘿月冷殘鵑舌呼回遊子之魂則未嘗不慘目傷心慷慨悲歌一唱而三

歎也嗚乎痛哉自傷寂莫致前人莫獲顯揚雖墓表南龕主崇名宦先大夫之靈先君子之志當事諸君子之功兩間不磨滅之正氣僕何力之有焉異日者或伏闕陳情如岳珂故事恩賜褒封竊附武鄉侯諸先儒之烈與白帝灩澦諸名勝後先輝映歌詠弗衰詎非厚幸此又為人子若孫竭力致身之事千古遇合之奇所深願而不可必得也惟徐以俟之康熙十有五年歲在丙申仲秋月楚安遊子盧雲鳳敬識於夔門舟中

復方存之大令書　劉秉琳

存之先生足下書來承指示數條知存省功深真得程朱道脉非晚進所有也昔范忠宣謂以責人之心責己以恕己之心恕人自是名言考亭以為已不可恕則人亦不可恕矣此大儒愛人以德盡己性斯能盡人性也先生本此意以覺世有志者當以三字符佩之敬服敬服惟中庸不可能某是以取姚江良知之說以接人應事亦屬直捷所謂良知者欲驗其知不知先驗其良不良非卒臆之謂也與考亭之致知

原非剌謬道心良知也人心則不良矣克念良知也罔念則不良矣赤子之心良知也習俗之染則不良矣平旦之氣良知也旦晝之為則不良矣姚江出入經史從上下古今反覆體驗一番始悟學以良知始以良知終即大人不失其赤子之心之謂特不失者有察識之功有擴充之功未易語人耳姑就人人易曉者親切指示之如凡人稱為君子則喜喜即良知稱為小人則怒怒即良知眼前即可用存遏工夫便是致字關鍵此中徹上徹下一道理在人領會之也

欲有所營句獨不敢登公之門故中外達官膴仕識其半面得其一紙者或寡矣光緒壬午乞假省親未數月卒於家時年五十有四公才雖未大用而凡有關名教之事必以身任之嘗春闈不第歸中途遇賊避寨中賊圍寨索金首領將醵以與之公曰索金者賊也索金而與之金者亦賊也奈何為此不義之舉乎其曷懸重賞募死士以決一戰首領大悟須臾應募者數百人擊賊大破之家居聞阮姓女許字辛姓未婚夫遠出不歸阮守母家六十年公謂辛姓宜迎

歸卒故無立錐地公倡捐為之築室表其事以徧告鄉里通籍後撫恤孤寡振拔寒微盛德尤不可悉數故捐舘之日論者莫不惜之著有捧檄堂詩賦文稿萬事統編待梓子蔭桐邑庠生蔭棣蔭桂業儒

邑侯江公樂峯傳

邑人張之鶴

公諱世玉字樂峯姓江氏江蘇上元人性嚴毅多才智尤嫻武略同治元年冬來涖吾邑知地瘠而民貧數遭蹂躪政務寬平興利除害畢竭心力每斷一獄輒明慎用刑而無留滯人以是頌神明焉公蓋精申韓業曾見重於阮芸臺林少穆諸公禮羅幕下謂他日作吏當無愧循良也邑故接豫壤向未置郵賊猝至不及知城傾圮不可守公剏立保安局探賊情嚴守備民賴以安會格於吏議僅數月而將去任民如

失慈父母相約冒雪詣省乞留欲循借寇故事大府命公襄辦團練公益修城壕編保甲更附郭築女牆使避難者得暫棲止而奸宄卒難涸跡四鄉行堅壁清野法守望相助賊無可掠且不得逗遛焉二年三月賊踞麻城之料棚窺我境人心洶懼公曰賊擾且囂可擊也乃留新尹守城自率團勇與賊戰殲厥渠魁斬獲無算餘黨遁嗣後人守公法賊不得逞留公數月讞獄者不之新尹而之公得一言兩爭皆釋其愛戴於吾鄉者如此他如代應城而弭水災署監利而除奸暴守鄖縣單騎退賊權武昌百廢具興所至皆有政聲當道以性直守介到處民情感服膺上考洵稱實焉去之日無少長無遠近趨送者踵相接榜其名於邑門曰邾城保障奉長生位於文昌閣并祀功德於石以志不忘後引疾歸隱垂二十年八十卒邑人思之爲請入祀名宦祠

論曰公以經術飾吏治所至皆理折獄如神愛民如子洵可謂循吏矣涖吾邑數月而政教行傾側危亂之間出其智勇以資捍禦迄今謳歌俎豆弗能忘禮

謂有功德於民則祀之宜矣顧事業光簡策而才志僅以牧令終惜哉

秦洛臣公暨子方如公孫潤吾公合傳

邑人戴範金

公諱光展字洛臣廪生嘉慶丁卯戊辰聯捷以知縣候補直隸歷署滿城唐縣補完縣陞景州知州該處向有陋規民生子女悉納官稅以故多不育公免之鄰境荒歉流民有七婦女富豪某偪奸不從致之死無知者公雪之恥律謂興一利不如除一弊即此二事而公之惠政可知矣卒於官子二次再煜出繼伯兄長堃字方如官甘肅濟木薩縣丞署高台知縣案

無留牘有土番爲變時承平日久人不知兵同寅多畏縮公率兵勦平省中有疑難事上游多委公辦理無不中適使竟其用雖古名將之治邊何以加焉卒於官次孫悳鈞字潤吾甘肅高台知縣時猖逆盤踞肅州大兵進勦棨高台公撫輯軍民兩無猜忌適以内艱解任後事者辦理多未協上遊復委公墨絰從事差次猝遇猖逆不屈死之見危致命固曰天性使然而其家之講明大義蓋亦有素云噫之三公者循分盡職求心安不求名重故當時若不汲汲於利民

而民實陰受其福以視世之好煩其令不免於郭橐駝之譏者其相去何啻天淵哉民之父母此之謂矣公服官三代而一貧如洗其清廉之操較之歐陽崇公建世之日無一瓦之覆無一壟之植又何如孰難孰易必有能辨之者

觀察劉崑圃先生傳

受業王儀吉

劉秉琳字西美號崑圃中和里人也曾祖希聖祖公行父載華世有善行俱以公貴母張太夫人生公公嚴氣正性與生俱來孩提時堊指於壁上仿之無點畫端楷舅氏張公席賢奇之攜入塾初授小學書見眉間畫貴人乘馬旂卒前導謂同學曰我輩不當如是耶是時封翁以足疾卧榻累年家貧如洗太夫人紡績以繼飧饔公每撫綠車輒嗚咽流涕稍能力養即朝汲水晚拾薪舉止端莊見者莫不驚異讀書目

數行下尤留心經世學凡先儒語錄名臣奏議必手鈔之以餘緒發爲文章援筆立成精實醕厚弱冠補諸生舘脩所入僅供菽水至隆冬衣不絮絮從不干人嘗讓道婦人退立秧畦中屨襪漬陷少年節操類如此講學宗良知之說期於腳踏實地文行相符嘗云有文無行譬如優伶扮演忠孝節義脫去衣冠仍是無賴子耳故公設皋比廿餘年眞儒悉出門下即鄉鄰婦孺亦皆呼曰先生而不綴姓名中道光巳亥舉人旋丁內外艱哀毀骨立喪葬悉如禮咸豐壬子成進士以知縣發直隸歷膺繁劇擢州牧轉郡守洊至廵道慈祥正直爲治服官幾三十年未嘗有所屈撓甲寅署大城官廨如村舍事本無多惟南鄉健訟積逋曉諭之俗亦漸革未數月調寶坻首免蓆硼雜派及榷酤贏餘商民稱便連年水潦繼以旱蝗撫恤災黎囊衣典盡一日將出卒取開道雙鉦司計簿者曰是亦輸之質庫矣故邑人歌云一代循聲標水鏡百年佳話典銅鉦僧王防洋取木爲河樁甚急鄰邑委之胥役搜及墓柏牆桑寶坻獨懸重價以求木辦

而民不擾先是王兵牧馬躪民禾民有逐馬被執者公聞之急詣幕府則前侍郎某左袒兵公力以官爭請納還印聲振王幕王使侍郎謝至是民輸木至營頌公之德王曰是強項令耶如此恤民可謂甘棠遺愛巳未調宛平輦轂之下事極煩難在任三年豪貴爲之斂手游擊張某以賣醬起家都門盛傳醬張奪人墓地與訟有詒書者謂是年闈場供億浩煩果能庇張張爲籌畫公歎曰苞苴敢進豈無不德有以致之乎立集訊叱張地歸原主則巳不然汝不足惜竊

恐累汝冰山擲書示之張汗慄遵斷或謂詒書者貴
人恐銜公公曰貴人自賤頂上珊瑚獨不能擊碎耶
卒不敢犯太醫逐佃佃以加租訟之御史臺臺與京
兆皆不直太醫然下縣時意有不能恝然者公曰增
租奪佃有干例禁此案不由卑縣斷結則已屬之卑
縣鐵案難移後遂無敢請托者庚申之役達人蹶至
大臣倉卒議撫委公與明府某某首詣外國營中探
其意兼議供具某某行至中途怯不敢進公厲聲曰
自古怕死者皆轉念誤之耳今日之事有進無退遂

挺身獨往達人所欲牛馬甚奢公抗論減半達人怒
公出韡刀爭諸黑寺者一晝夜生死已置度外矣嗣
達人知不可屈乃曰聞君是好官但具一如所議事
定以政最並敘其勞擢直隸州知州而公以黑屋中
激烈不自持足遂痺目亦眚乞休久之始愈同治壬
戌忽奉
特旨調取林下十人彙皆前任顯要之官惟公以知縣
附末公感
朝廷特達之知益思所以報稱故以直剌發直隸隨總

督劉公長佑勦辦張宋捻逆文移羽檄倚馬立成帷
幄運籌皆悉心參贊凱撤後劉公奏請俟補缺後以
知府用其委署任邱則因東道未靖萑苻欲借循聲
素著者弭盜以爲諸縣倡也公履任選幹役懸重賞
未及一月於都門酒肆獲劇盜鄭大毛等七名皆
上諭指名要犯申牒詳報歸之城守廉捕而已不居功
初下車百里內素耳公名爭一望見丰采公亦勞以
所苦舊例驛傳車取之里下民折錢歸役役以車應
官最爲民害乃以招募免之練鏢勇數十疊換巡邏

幾於夜不閉戶庠生楊毓奇豪於貲爲暴鄉里取逃
若債者激猫刻其膚又集衆抗糧前令就近招之匿
爲擊碎令無如何適匿人子女事發公搜得之楊使
其弟率惡黨數百人鬨於堂且呼且走曰獨不聞楊
某之於某守某令耶追捕亟楊挾重賂奔走殆徧莫
有應者始就縛是日觀者萬人公曰楊氏子當投畀
豺虎乎萬聲齊應曰殺之有餘辜遂按其罪士民莫
不悅服醵三千金爭釀以償不受乃繪像於西關佛
寺中歲時稱祝乙丑大學士祁公嶲藻薦公人才奉

旨敉下酌量器使補深州州二百餘村村有學學有田多被惡衿據爲恒產公爲一一清出另擇生童有品行者爲之主講曰蒙以養正土產蜜桃厥貢已免前牧多以媚上游值桃熟大吏聞者以此爲言公云此桃出自官乎出自民乎出自官則吾不屑出自民則吾不忍大吏慚而止値張賴各逆擾直攻陷數城州城當衝受鹼剝落又曾爲粵匪殘破居民不滿千家聞警爭逃禁之不可或謂公爲守土坐鎮足已官眷可出而避之公叱曰妻子亦食

國祿豈可去哉督卒家丁隸卒百餘人誓以死守晝則陳設虛礮夜則然菅散置堞間賊逆有伏不敢逼數日後詗知其實則出逃者遇劫而返而鄰封避亂之衆亦皆蜂屯蟻附聚族於斯矣乃使壯者登城老弱婦女饋食巡更警戌各有規則大股環攻七次皆無所利賊始遠颺公衣不解帶目不交睫者蓋四十餘夜自謂倘一假寐心若一團死灰醒則觸火復然耳猶復精神振刷忠義貞烈分例表章賦稅差徭詳請豁免捐呈兵械勇糧不肯絲毫冒濫署督官文公上其功

賜孔雀翎俟補知府後以道員用曾文正公繼之接見各屬凡被賊之區政令皆命以深州爲法薦疏考加孤高卓立不事奔競等語奉

旨嘉奬庚午正定守缺卽以公題補將赴新任而深隣冀州居民以輦鬻其地產之鹽官兵誤爲梟逆草殺外生擒十七名繫之深獄公爲留滯月餘出民懷中糠餅反覆辨論云以此爲食實貧民非逆匪也特地止產鹽非鬻之無以爲正供耳獄旣平反又力請奏弛

其禁正定爲燕南重地軍民雜處號難治公政持體要措置咸如滹沱爲災招復流亡查有移交兵米公曰留之以化朽蠹不若散之以哺嗷鴻申請報可築曹馬口迴水斜角三堤水不齧城居民乃得安集振興文教遠邇從風至廣恒陽書院以居之置州縣承辦　大差公恐丞簿擅權書役舞弊有案必提一訊郎結郡人呼曰青天又曰一堂太守云固關外產煤入給關內於例不征守將貪橫民怒委煤塞關總戎諭復之民必洩夙憤勢益洶洶公聞風往勘數語撫

慰關啟若洗冘泥總戎乃服公之恩信一日總戎咨開巨盜三名並贓送案云申請處決大府謂須得公一言公於囚倘未推鞫易承行刼門徑道路應答如流疑之復訊則營兵博負誣陷逼供不服擊以洋鎗有死者三人蓋虎口餘生贓爲博揚富家子挾來者也因使人詢之某處並無是案總戎雖自投劾究營兵共爲三人昭雪然自是與公不相聞問者數月久之始悟卒於官病中獨延公以後事相託自謂少年血性用事閱人多矣惟公爲今之古人公嘗云凡讞

重獄必於可疑之中求可信可信之中求可疑聖人欽恤惟刑我輩何敢草菅人命又云知府知縣而曰知果能知之否耶我惟未徇一點情未受半文賄惟此稍堪自信耳今　上元年奉　命分巡天津道時直督李公鴻章以大學士兼北洋大臣駐節津門行館嘗奏對公爲人品第一任事忠實斷案平允至是倚公如左右手一切兩司六營之事亦或就近委之所薦賢能如李秉衡不數年由令而牧而守皆稱職聲名日達

內廷矣河堤各爲圖說凡屬險要先事預防終公任無潰決患於霸州之中亭河補築北堤與巨紳張建基持異同卒如公議堤成歲得粟十餘萬斛李公麾下健將買民馬抗不給值民訟之召質訊將謂如平時彬彬揖讓欲藩變有詞及見公獨坐堂皇面如鐵色惟叩頭謝罪償值而已自是練軍萬餘人不敢取民間一絲一粟天災流行山右及畿南流民環集者十餘萬衆承辦粥廠晝夜巡查歲製棉衣散之必戒鍼工毋得減薄嘗云哺飢衣寒此救荒末策也本源仍

當於河渠書農桑譜求之因勞成疾乞歸不許補牘以陳者彌年乃以二品銜加二級榮祿大夫致仕家居二年卒公生平絕無嗜好凡事不假手於人政餘惟招集士子講論德藝其經明行修前後登賢書捷禮闈者不下數十百輩解任時泣涕路餞政績必壽之貞珉尤異者去宛平而寶坻仿借寇故事別深州而束鹿衡水共八縣皆外府鄰州所屬亦相與車塞萊蕪鄧任邱篆十餘年再過之三尺童子有非賈男薛兒而亦拜舞於道其德澤之流長波及概可想見

自奉極約食不貳味征收必減羨耗雜稅裁革無名節壽閉門郤掃然廉俸所入一無所吝豐宗祀厚族人鄉里鰥寡月給錢粟朋友困乏傾囊持贈師事盧素傭孝廉生分俸以隆其養死置田以贍其孤當公解粗歸來時奔號徧運河南北而鄉閭親其坊表則欣然喜曰吾家先生歸矣捐舘之日行路皆爲流涕公生於嘉慶己巳年正月廿六卒於光緒壬午年正月初六壽七十有四著有藜照堂古今體文古今體詩律賦朔風吟畧行世子二人長鳳墀附貢生花翎

四品銜分部行走員外郎次亮藻己卯科舉人

劉母張夫人傳

姪劉鎣

一品夫人張氏劉崑圃先生配也張固安邑名族夫人識大義明大體事父母以孝聞年廿一于歸維時先生方補博士員藉舌以耕束脯所入不足供菽水夫人晝挽鹿車夜運繅車以助之養甚得翁姑歡先生丁外艱夫人襄事哀敬備至太夫人之歿也先生留滯公車夫人以婦職兼子職不解衣帶侍湯藥者月餘及卒貸錢殯殮凡附身附棺竭誠盡愼恨無毫髮遺鄉里莫不稱之咸豐壬子先生成進士以知縣發直隸歷任寶坻宛平夫人皆隨任治家嚴毅儉約操作如平時以助夫廉先生舉善政夫人必力贊成之是時兩公子方就學夫人商之先生曰讀書宜靜官署不過鬧中取靜中耳恐隳吾家舊業且君嘗云作官以十年爲期今已八年矣我請先歸教子以待先生是之夫人抵家爲子延名師訓廸業乃精於勤夫人好施藤花港義渡舊有田以養舟子兵燹之後爲司事者割賣十畝漸成野渡舟横夫人以四百緡

贖還之行人乃不病涉至族戚貧乏無不周給而嫠孀有志節者必如厚焉值粵匪擾楚一歲數驚夫人攜子女先事預防或泛舟江湖若匿居山寨皆以智免其避亂卓旺山寨也時値隆冬堅壁清野賊抄掠無所得夫人料必攻寨捐重貲與程謝大姓共募敢死者百餘人散處寨外各村復戒寨中人自爲守毋得疏懈數日間賊果來攻憑牆開礮擊之山固斗絕瀕長河賊方錯愕間而勇士復由村中鼓譟而出遂大驚走追殺外溺河死者過半生擒十餘名其被脅

者皆給背釋回賊退後故廬灰燼是時先生義不得歸補深州牧事載先生傳夫人挈子女復至深署同治戊辰春初張賴各逆北竄不離州城者月餘先生晝夜防守鄰邑被寇者久漸絕糧夫人親於大堂煮粥散之故雖風雪交加而人無去志先是城中民不知兵紛紛外適有紳眷至內勸夫人亦出而避之夫人笑曰官眷非紳眷比也紳眷原得自便所畏平原無可匿之地耳若官眷則城存官存官存家存官眷一舉足而城已動搖矣目前有井手上有刀吾守死

聽命不待再計欲恐訛言動衆特命老嫗日抱幼孫登城示之賊環攻七次卒之衆志成城夫人內助之力實多焉先生守正定夫人卒於署中前數月猶請之先生寄千金充宗祀祭費曰主祀奉蘋蘩婦人之職也其生平明大義識大體類如此卒年六十四歲後先生官至天津巡道以二品升銜加二級
誥封一品夫人子二長鳳墀附貢生分部行走員外郎次亮藻已卯科舉人女一適候補鹽大使劉君家駿夫歿守志例請
旌表

太史張公芝卿傳　　吳景福

張相宇宇啟爾號芝卿中和里人曾祖忠坦房縣教諭祖錫謙湖南太守軍長沙功保陞卽選道父源禮邑庠生母王太宜人生公公生周晬而孤太宜人晝荻丸熊教之成立大母陳恭人特鍾愛之公性純孝事重闈就養無方未嘗須臾懈母訓至嚴少拂意立予譴責公惟怡然受之大母晚失明終年坐臥暗室公慮婢妾侍無狀恒依依膝下扶持抑搔雖溽暑隆冬不廢老人苦寂寞公取鄉閭瑣事小說家言向榻

旁敷衍之詼諧奇譎以博歡笑古所稱斑衣戲彩不是過也讀書服膺前光譽敏絕俗方成童時出語已驚其長老從昆圃劉先生遊最久先生學有本原爲時楷模公坐風立雪門牆稱高足焉未弱冠補弟子員旋丁王太宜人艱公痛宜人苦節之貞而未享祿養之報也哀毁過甚又恐傷大母心晝則強慰安之而血痕常漬枕席間矣服闋登同治壬戌賢書癸亥聯捷成進士
廷試高等入詞垣是時公大母尚健在季父鴻舫先生

唐荆川得之而成經濟鹿定興得之而成氣節孫蘇門得之而與濂洛關閩異流同源矣若僅從外面考教而不返其知之良不良則以反經合道爲權以遜于不虞爲哲者貽誤正復不少先生以爲何如某謂無論氣質法律學問用事只取其眞著意正在眞字甲裹如黃老退一步而汲長孺一味戇氣質眞也神仙空萬有而顏曾公凡事實氣質眞也彼一切駁雜者正坐不眞耳張釋之爲廷尉而張杜之酷一變法律眞也徐有功爲大理而來周之虐一除法律眞也

彼一切殘暴者正坐不眞耳至學問眞則爲君子儒僞則爲小人儒無論矣先生謂以之取人則可以之處已尚未盡善誠以眞則眞矣無私而未必當理我輩自當取法乎上勿限偏長謹當書之座右先生謂俗人俗事俗言卽物也審處之間卽物則也眞有德之言哉金陵新法之行有謂姦邪執拗者大程子獨曰爲我語介甫不有益於彼必有益於我也伊川道學之禁有指族人邢恕者二程子乃曰族子無知不足責故人情厚不敢疑如此則捐我之人皆益我之人也陽明被宦寺之譖而直入九華石室中靜坐知其不足較卽不與較則又是一番處置矣先生今之純儒也前獲承顏則誠中形外今復聞教則推已及物某雖不隨俗俯仰而對之止形其偏當有道之前而又不敢自護其短也故直達鄙見以當一宵清話

太史毛公夔臣傳

劉鳳墀

毛五和字雲琴號夔臣中和里人也曾祖聲亮祖敬立世以孝行聞父道南授徒家塾貧者資其膏火母胡太宜人生公逾年母卒每逢生忌辰輒涕泣不食繼母盧太宜人撫之如已出惟戒嬉遊公積學敦品少有神童之目四歲隨父受經目十行俱下夢中常聞誦讀聲下筆爲文飈發泉涌其議論有老成所不及者父病以公屬劉崑圃先生先生一見器之曰遠到才也視正行端異日必爲士林模楷科名其餘事

耳父病旋愈仍命從先生游公坐誦行吟寒暑無間年十五補博士員是科幾領鄉薦房師爲董公伯樸董公分校中式最多例應外撥同考官願得公卷公亦名次在前而董公則他卷惟命獨公卷必靳不與限於額遂置之咸豐戊午科登賢書成同治辛未進士　朝考第一改庶吉士甲戌授職編修公居清要亦如講學時布衣蔬食手不釋卷每一藝出合　館傳觀大學士單公懋謙謂樹幟詞壇毛君可謂無敵性耿介往來惟文字交知名某甲涉訟挾巨貲入都

已先入詞林同給假爲大母壽竹林聯騎簪笏滿床鄉鄰皆豔羨之家居二年丁大母艱乙丑冬賊由豫入楚警報猝至公全家泛舟江湖公以失道獨後遇賊江上挾與俱公熱血中激睨賊有珮刀乘隙力掣之刀半出鞘矣賊覺奪刀血濺手公與相持急羣賊奔救公恐力不敵湧身躍江心順流漂數里若有提挈之者遇漁舟救之乃得免戊辰散館授職編修因勞咯血遂以是年卒於京邸年三十六于煒邑庠生

劉母張太恭人傳

邑人張家俊

太恭人張氏封君劉載華配也少隨其兄處士廌賢侍庭幃熟悉女誡篤奉觀音經及歸劉常以不逮事舅姑爲憾逢生忌辰薦魚韭惟謹生女一子一子名秉琳號崑圃壬子進士屢握縣篆歷深州刺史先是封君患足疾連年卧榻呻吟太恭人身親服侍夏握火煑湯藥冬敲冰浣衣垢至封君疾愈始息時崑圃方四齡太恭人云士田不必有書田不可無即遣從其舅受學紡霜織月兼課温誦嚴禁嬉遊甫弱冠太

恭人謂士宜廣交英俊值盧素傭孝廉講學名山遂命負笈從游旋入泮太恭人益加培植仍令侍講席數載鬻房基備資斧不以艱窘辭繼登賢書太恭人聞信流涕曰天不負人宜時存陰騭每逢飢饉家無擔儲一饘一粥必於三分留一給沿門托缽者嘗向戚里貸錢十數千族子陰竊去半次晚復從樓窗入遇之鄰舍聞縛議送官太恭人曰彼迫於飢且年少釋之既而竊者之父詢其事太恭人匿不言其人感謝而去初太恭人嘗夢至高山藹若坐女仙下有婢以盤肉進厭其腥却之自是茹素終身又嘗出村半里許摘蔬值雷雨催歸行若步虛轉瞬至巾裙毫無雨點他人則衣襟如浸合村驚異喜放生曾以百錢市一龜視甲有銀環投水中去而回首者三又值陰雨見水甕中有二寸許雙鯉金色炯然放之河須臾烟水若暝人以此類爲因果驗歲乙巳崑圃計偕北上下第未歸太恭人疾不起遺教崑圃曰無論窮達不改素志我入地亦含笑矣享年六十八而終

豐豫倉記　　　　邑人王學典

光緒庚辰秋　淩邑侯東藩蒞任之明年適　上憲有籌積穀之命所以廑天災防飢饉保境土安民心也顧事在興辦期歷久遠思艱圖易往往難之安邑地方百里戶口殷繁儲穀無多草率了事一遇凶荒罄其倉僅供一朝夕之食小民卒不能紓其困則有積貯與無積貯等難一　安邑僻處山陬家號素封者無幾即或激公好義踴躍捐輸未必於事克有濟計非量其家勢厚薄各出羸餘裒成集腋不可而鄉閭

無識之民遽曉以深謀遠慮之意或且以爲駭聞難二捐穀有成數矣徒設倉廒於城而貯之四鄉窮民或苦於就食分置之鄉間非擇其形勢險要人地咸宜又恐有借寇齎盜之害難三積穀之勢迥異積金金藏之百年而如故穀歷數年霉爛鼠耗在所不免倘經理不善漸次銷磨全功盡廢矣難四作事在謀始尤在守成而守成更在得人人非家殷實性耿介持重老成驟委以照守之任或聽其朽腐而不察或暗爲侵蝕以自便諸凡弊竇隨在可憂難五有此五

難　淩公獨身肩之集邑紳善爲商搉妥爲辦理計捐穀壹萬數千石有奇并籌欵建倉廒三所一城倉在縣署西尺有隙仍常平倉舊址而重修之屋三進倉六廒貯穀五千七百石有奇地固據城可守矣一北倉在七里坪屋兩進倉五廒貯穀四千八十石有奇其地依山靠水有砦可守一南倉在八里壋屋兩進倉六廒貯穀三千一百石有奇其地依山靠水有砦可守三倉均額之曰豐豫取豐年儲積豫備不虞之意也惜乎規模粗定遽卸事去辛巳夏五月　陳

邑侯稚亭接篆戴星督理計日程工越月而倉廒成越數月而捐穀繳妥議邑紳照守以專責成籌畫錢文存放以備歲修歲稍歉則平價糶之以易新穀歲大飢則臨時酌議以賑飢民條定章程付諸剞劂徧傳各鄉俾家諭而戶曉焉　陳公於此思過半矣今夏六月　邑侯陶公柳泉蒞任甫接事即延三倉局紳詢顛末核穀數亦首以重民命爲心耳是役也

淩邑侯剏之於始　陳邑侯成之於繼　陶邑侯善之於終兼以邑中諸紳勤勞奔走贊勷其際自是

而後長官稽之董事守之境內飢民賴之法誠良也意誠美也彼常平之制善矣然而移撥借支可慮社倉之制善矣然而侵漁剝蝕難防孰若此舉以安民之積濟安民之飢酌盈劑虛官紳監守所謂惠而不費者其若此乎夫國以民爲本民以食爲天甚至歲祲不爲灾無他有所恃無恐而已時壬午孟秋記

重修文昌宮記　　邑人王學典

邑向有文昌宮距城西里許與仙湖書院直樓五楹上塑　帝君像並木主祀之崇神道培文教也其地

則鼇峯左峙若僕從然河瀨右環若襟帶然似馬五雲諸山前列若屏障然形勢寥曠景物幽麗於以開擴心胸靜觀自得信乎一邑之名勝也夷攷其始建自康熙十五年逮嘉慶六年　頒行秩典並追祀文昌先代由是肸蠁益隆無如廟貌已古牆垣傾頹兵燹後亦仍之而已辛巳夏　邑侯陳公穉亭適蒞吾邑政簡刑清百廢具舉越明年壬午爰擴而修之殫精力籌經費度基址定規模鳩工庀材嚮應雲集工尚未竣遽卸篆去夏六月　邑侯陶公栁泉接事遂

蹶而落成焉旁翼兩廡各三楹面廻廊五楹宮之西堂四楹爲仙湖書院設講席處生徒計以書院地逼濵河多水患故也桷宋櫛梲丹刻而堅凝棟宇閈閎黝堊而軒敞巍巍然璨璨然向所謂一邑壯觀之地而今更非昔比矣夫文昌六筐星躔北極作文章之主宰司祿命之權衡靈爽式憑冥冥陰隲維持世運啟牖人心所係於斯文匪淺矣況乎水秀山明助逸興焉晨鐘暮鼓發深省焉學者絃歌誦讀於其間地靈人傑薈蔚菁英於是宮不更增勝概哉憶　陳公

自下車以來培植書院作育人才勤課試以督之給膏火以奬之雖案牘蝟冗而延士子談文理輙終日無倦容　邑侯陶公亦然然則兩侯之重修是宮者抑亦有深意存焉爾都人士歲薦馨香於此躋斯堂者庶無忘栽培之意焉時則襄其事者程君瑞堂貢生董君星階監生馬君立齋貢生鄒君綏臣廵檢李君華圃茂才阮君竹卿縣丞銜是爲記

重修魁星閣記　　邑人熊　飛

邑舊有魁星閣剝蝕久矣光緒庚辰年　邑侯淩公

東藩允衆紳請籌費重修之未及鳩工遽去辛巳年
陳公梧亭自下車來以培植斯文爲任增舊制拓
新模兩旁各構廟三楹定久遠計乃工將告竣旋逮
瓜期　陶邑侯栁泉踵而成之夫閣之建也在城東
南隅高二層東踞三山西峙鼇峯南控五雲北障天
台自朝而夕自暉而陰浩浩落落氣象萬千巨觀也
即文峯也咸豐年迭經兵燹其牆垣聳峙戎馬蹂躪
幾壞而爲邱墟其梁棟輝煌烟火沸騰幾燎而爲灰
燼撫今追昔有令人蕭然滿目感極而悲者矣迺者

儲材購木踴躍赴功傑棟危閣崢嶸矗起登斯閣也
則有洋洋灑灑意態自豪動凌雲倚日之思非但把
酒臨風抒歌嘯云爾彼夫涵輝清暑高則高矣留雲
餐霞幽則幽矣止於供名流游覽騷客咏吟而妥神
靈邑文教則惟魁星閣爲最著魁星上應天星下司
文運有閣焉得所憑依有廟焉延僧供奉古人立德
立功期諸不朽此舉誠然考斯閣創自乾隆五十三
年　邑侯朱公梓後雖迭次補葺尚非經久計也幸
凌公運成局於先　陳公督成功於後而剋其期

邑令文公德政頌 有序　　邑人吳言昌 少巖

同治三年春三月蒙古穆齋文公奉檄令邾城下
車之初值鄰寇内擾與民定防禦計晨夕不稍懈
邑賴以安賊既遠理案牘明燭奸宄綏乂閭閻訟
庭之前草色葱秀囹圄閴寂胥役蕭然雖古循吏
蔑以加茲公事得間與學中諸士子講文藝並捐
廉泉益書院膏火士風一振去之日邑人懷之恐
政績之閟久漸忘也乃誌
以頌曰

猗歟文侯籍隸帝州與山首選器重上游甲子季春
權茲邑事甘雨滿車清風一騎有寇自東偵探先通
與民固守城乃不空城濠倡建指麾團防保全萬億
賊爲遠揚我侯勤政虛堂懸鏡昕夕不遑克念作聖
我侯愛民髓浹肌淪安良懲暴燭照如神我侯勵士
課無停止加奬分廉科名鵲起我侯興學士林雀躍
雅管琴偉風才卓卓暇不輟吟静不鼓音清心寡欲
博古通今善難指數碑是口傳溢茲三載奚過前賢

邑令江公去思碑 石刻東城外關帝廟側

賢侯江公派出文通來涖吾邑易俗移風世玉其名樂峯其字人地相宜三月大治事上不諂御下不驕吏直強項令不折腰我公戾止不煩而理決獄如神愛民如子憶公之來寒梅正開春風解組未盡其才寓兵於農莫如團練築城鑿池能守能戰賊黨鄰封嶺隔重重誰能禦之攖此凶鋒留公不任求公暫駐性命攸關能不我顧十萬烝徒與子同仇指揮如意借箸而籌勇如山立賊不敢入望風而逃保茲安邑衆志成城衆口成碑以頌公德以繫民思紀德以年紀功以日同治二年三月廿七

闔邑公頌邑人吳言昌撰

委修邑志袁公去思碑 石刻蔚華堂

廉叔袁君瓚吳江名士也家世簪纓由拔萃科游楚北膺保薦即補縣以文學受上憲知薦王當陽縣書院講席接委修興山邑乘巳巳春奉上臺檄來安纂修邑志博通經典樂誘後進工書法各體各家俱備求墨寶者幾於紙貴洛陽性嗜酒時獨酌自適或對賓友勸酹恢洽興酣時援筆爲詩文不假思索而珠璣錯落耐人玩誦邑宰朱君嘯翁告疾廉翁奉上司批示筆墨外兼理案牘懷清履潔決斷如神爲人精明渾厚不失儒者氣象人與之交如飲醇醪不覺自醉茲邑乘將竣匆匆晉省士林景慕望若登龍特勒諸石以昭甘棠之愛云同治八年七月初九日 闔邑紳士公頌邑人張家俊撰

輯刊邑侯陶公碑記序

邑舉人　毛蔭桐

安邑當萬山間地狹而人稠鄂省倚爲北門鎖鑰故自明嘉靖建縣以來每簡賢員鎮撫斯土凡事神治人諸善政載之邑乘示弗忘也而論者謂非美備洎咸同時捻髮疊擾邑人仗義防剿募丁籌餉者垂二十年是以他務弗遑有廢無舉厥後承平休養民物阜財簡陋因仍於吏治尙多未備守土者冠蓋相望非絀於瓜期更代卽遲遲焉留待後人蓋非忠信孚於士民未易籌鉅款以成善舉也光緒壬午歲陶公柳泉先生以南陽名

進士捧檄來安甫下車時目覽而口諮之爲茲邑謀樂利計久長者意深且遂於城之巽方重修　奎星閣象文峰也於坎方創建月城門乘地脈也南葺　關帝廟西葺　文昌帝君先代祠體
國家崇德報功分科取士之意也偶值春夏雨澤愆期近而　城隍　龍神遠而天台山　龍神必親禱焉禱畢而雨匪惟雨之且遍沃之安之民歌於市忭於野歸功於公公曰不然翳神之力今神不遺汝曹寒賜以衣飢賜以粟恩莫大焉予其以　城隍　龍神暨天台山龍神之靈應聞於
朝恭請
欽頒匾額以答神庥自是雨暘咸若屢豐年矣十七年
公奉
上諭籌辦育嬰事宜設總局於城內設分局於七里坪八里灣三局每歲所費不訾公倡捐而民應之統籌全款分寄富家又倣六文會銖積成貲飭貧民生女之家月支養費育嬰多而用不絀法最良也邑有賓興爲春秋試士人觀光費而文武新生印脩書價二款闕如公

推大庇寒士之心又慮以邺貧者擾富也永念思艱人感其意或聚貲成之或獨力任之二款裕如多士益勸邑自道光丙午歲許公賡藻創建考棚迄今五十餘年楹桷垣墉塗茨丹雘寖傚雖隨時補葺而全局不支丙申之夏大雨時行考棚東號舍二十餘間一併傾頽餘亦震動欹側公念試期伊邇籌款建造飭城內諸紳撥各項存款尅日興工復飭鄉紳籌捐以彌各項工成而試輪奐一新斯事神治人法盡美而規模大備矣計公在安除遷調外前後三至僅八年耳而議創議因成功

如此其夥自玆以往

朝廷不遽奪公去其爲功於民人社稷當復如何若夫政貴有恆不亟勿壞非於蒇事後歷言經始之艱與善後規制昭示來玆壽諸貞珉奚以歷千百年而不敝此記之所由作也公以同治辛未科與先大夫同舉進士逮光緒戊子桐舉於鄉公復入闈分校雖不出公門下而誼若師生甲午丙申濫列賓席居官事蹟經目覩者已不勝書計記十篇特紀其十之一耳然公生平文章政事崖略俱存於玆爰付梓民編輯成卷附邑乘藝文

志後俾後之士君子讀其文觀其事且師其意於爲民司牧時則安邑之幸而非獨安邑之幸也時光緒二十二年歲次丙申仲秋月

重修奎星閣記

邑侯陶大夏

黄安城東南隅舊有奎星閣乾隆戊申邑宰朱君梓創建之自此以後登秋榜捷南宮者代有其人迨嘉慶辛酉咸豐庚申屢次重修培文風也自同治甲子乙丑以來迭遭兵燹斯閣殘毀殆盡邑人議欲重修久而未果光緒庚長凌君東藩以蜀西名進士權守斯邑下車伊始謂奎星閣爲一邑文運所關今頹廢若此乃守土者責也卽籌費興工柰草創未就擢升孝感以去嗣任者爲陳君嵇亭甫經到任卽以培文風爲首務捐廉

俸以爲之倡各會士民咸與樂輸因方向不利故遲至今年五月開工及經營匝月陳君又以瓜期已逮而去六月初余蒞任斯邑視事後邑紳首以斯閣之興乃二公善政後先濟美雖規模已具而成功未告亟應督修以成斯舉乃鳩工庀材拓舊制而大之閣分三層軒開六面上祀奎星迴以週欄自下而上拾級以登並於閣之左右作屋二楹左爲齋房右爲客廳留僧照守以圖永久亦藉以暮鼓晨鐘發學人之深省誠善舉也工旣竣邑紳請爲文以誌之夫奎星上應列宿下司文

運而是閣也突兀特起以聳峙於文明之方平挹雙泉高連五雲杳墅春融花開及第鼇峯秋霽草秀科名即文教之興起卜文風之丕振從此香分蟾窟指丹桂以同攀路展鵬程干青雲而直上凌君與陳君之爲此舉葢以地靈人傑望於都人士也是爲記時光緒八年歲次壬午仲秋月

重修四城門樓創建月城北門樓碑　邑侯　陶大夏

縣城四門樓經前縣鮑公光焘於道光二十三年重修迄今四十餘年雨晦風瀟形勢斜欹東北兩門樓尤甚歲戊子冬余於調簾後回任斯邑越明年邑紳以重修之役請並稱縣城來龍發自天台山綿延數十里結聚於此自同治三年建修北門月城於附近城牆偏左開門當時軍務方興爲守禦計並未計及於方向方今聖天子統一函夏寰海鏡清廿有餘年安邑雖小食德飲和咸棠乂安似宜於守禦之中擇以方向於月城之北開門以迎來龍生旺之氣不惟城內居民棠樂利之休即闔縣之民亦無不共享和平之福矣余以爲繕修

城郭乃守土者責況利賴在民生尤爲政之先務爰命諸紳董其事鳩工庀材經始於己丑夏四月四城門以次修理並於月城北開門以迎生氣創建門樓題曰江漢屏藩緣安邑居江漢之北界連豫壤山川險阻乃巖疆也辛卯秋九月功既竣居中以望則鳥革翬飛金碧輝煌分峙於四方如辰宿之列張而東南之突兀特起干雲霄而直上者又有　奎樓崢嶸於其間南望五雲北望天台仰瞻鼇峯平臨杳墅又如星羅碁布列陳於城外地靈人傑其在斯乎因敘其事以爲記時光緒十七年歲次辛卯秋九月

重修　關帝廟記　邑侯　陶大夏

縣城東門外岡陵起伏南北亘綿數里山水迴環拱峙鬱鬱葱葱佳氣鍾聚地勢夙稱名勝其南首尤高敞建有　關帝廟南向計三重正殿拜殿山門各三楹其右亦平列三重上殿祀　啟聖中殿祀　財神前屬山門自外觀之牆垣則合而爲一其中之區分如此廟貌雖存近年以來半就傾圮兼之各殿並無門窗迴欄每當春秋致祭之時偶值風雨交作不惟屋漏堪虞無以致

神靈之降鑒卽奔走肅將亦皆辱在泥塗殊非所以崇體制而昭明禋也歲壬辰城守武弁陳鼎臣以重修之役請並言自同治元年前縣諸公蘭谷重修甫經三十載廟之頹廢已若此及今弗圖將來工程浩大集費尤屬維艱余亦以爲然遂爲之籌款興工由紳首王鼎臣張維洤孟祜謙程耀典董其事基址仍舊棟宇維新勤垣墉塗丹雘左右分列上下秩然節棁桷宗材取楨幹而堅固門階戶牖勢以宏敞而光明蓋不啻草創加以潤色焉工既竣諸紳請爲文以識之乃縣志中並無記

可考僅於祀典志內載　關帝廟在城東門外明末何副將建乾隆五十二年前縣朱公梓新拜殿門樓各三楹嘉慶十三年前縣李公榛暨邑人重加髹堊咸豐年間燬於賊同治元年重修志內所載如此然皆略而不詳但諸公既經重修當日似不能無記遂偏爲探訪旋於　城隍廟壁間見有諸公重修　關帝廟　龍神祠　城隍廟落成碑記內載三廟於咸豐年間燬於兵燹因屬永安寺僧會仕成督率縣屬各寺僧衆捐貲重修落成後披閱捐名共計六十六寺查核帳目用錢四千四百餘串因爲之立案泐碑以垂不朽惟光緒八年續修縣志未將此記敘入想係採訪遺漏故爲詳敘於此並將原記刋刻附於縣志之中庶諸公崇禮明祀之至意與僧會仕成等慷慨樂施共成善舉之心得以並傳於後世異時重修斯廟亦可藉此以資稽考焉是爲記

光緒十八年歲次壬辰冬十月

創捐文武新生入學印脩記　邑侯　陶大夏

皇上御極之十有五年舉行
歸政典禮崇上

皇太后徽號普天率土忭舞臚歡多士如林涵濡
聖澤推
恩錫類特開慶榜嘉予宇內士鉅典也適余於戊子科由潛江任內調充同考差竣回任邑紳進見之時咸以爲今年恭逢己丑
恩科邑中文武士子志切觀光應鄉試者多至四百餘人賓興向有稞田刻下存款支絀不敷發給請就縣屬殷實富戶每鄉按年樂輸錢二百五十串計四鄉共錢一千串由庫書經收交賓興首事以資彌補余曰賓興

向有稞田卽偶有不足稍爲挹注可也四鄉挨年既有此樂輸何不另圖善舉僉曰府縣學師歲科兩考文武新生向有印倚此乃弟子謁師應具之儀黄郡八屬如岡麻七邑均經勸辦有款藉以體恤寒士縣中學額原設僅十五名逮咸同以來
皇恩特沛加增加廣至十二名之多兼之每屆撥府二三名不等合計歲科兩考文武士子入學者每次幾三十名富而好禮固不乏人而寒士居其大半在學師樂育爲懷雖束脩由於自行未嘗無誨而弟子執贄明禮

倘多儀或不及物殊覺未安印倚一節實爲當今急務從前疊奉　各大憲檄飭籌辦因需款甚鉅以致未能舉行今賓興既有額設稞田生等擬將此項樂輸永遠作爲縣屬文武新生謁見府縣學師印倚之費以重學校而恤寒畯敢以此請余曰是舉也於尊崇師道之中寓培植士林之意善莫大焉卽諭飭各紳分鄉籌辦以十六年爲始是年所收錢千串卽以彌補賓興之不足嗣後每年所收之錢專歸縣學印倚而府學印倚仍無所出於是復飭各紳勸捐錢一千二百串存放生息卽以歲入之息作爲府學印倚至書門飯食一項則由各新生捐給是事也經始於十六年至十八年始克就緒是年秋余因公赴郡謁見　太尊高壽農面陳數年來籌辦印倚事宜諭據情具稟奉批准予立案飭由縣移各學知照而各紳之勸辦府學印倚一項於十九年秋始經收齊由首廩交殷實鋪戸生息遂爲之酌定章程並縣中存案一併泐石以垂久遠事既竣諸紳請爲文以識之余曰士習與民風相表裏也士習端則民風厚正本清源乃其急耳然欲端士習而不有以養之亦未

能生其廉恥之心卽今印倚之設亦不過培養寒士之一端既無廣厦千萬安能使盡歡顔要知士可寒而志不可寒以爲寒而不易所守窮且益堅以爲寒而無所不爲窮必至濫相去之間善惡攸分可弗懼哉故爲士者當以寒自惕不可以寒自棄也惟望邑中士子如此存心則始進克端列庠序之中與吾人崇敦實行束身自愛爲廟堂之器從此日立定根基英豪輩出後先輝映共成
國家有用之材以仰副

聖天子作人雅化庶此舉爲無負也夫因敘其事並綴數言以爲多士勗是爲記時光緒十九年歲次癸巳冬十月

重修　文昌帝君先代祠記　　邑侯　陶大夏

聖朝尊儒重道文教昌明　文昌帝君載在祀典春秋致祭更推水源木本之義追祀　文昌先代崇德報功禮莫大焉邑中　文昌宮建於城西里許由來久矣光緒壬午前縣陳君嵇亭重修之並於其右創建　先代祠經營數月工未竣擢遷以去是年夏六月余蒞任踵

成之邑孝廉王君學典詳記之載於縣誌迨癸未冬余奉檄調省甲申夏山水驟發是祠近依河干而右壁適當其沖波流浸灌遂致傾圮並　文昌宮之門扉窗櫺亦漂沒殆盡戊子秋余由潛江任內調充簾員差竣回任亟欲重修未果癸巳夏邑紳孟六階程曉齋復以爲請蓋自被水以來於今已十年矣夫　文昌之祀崇文教以培文風今頹廢若此亦守土者責也遂爲之籌款興修由該紳等董其事經始於六月至十月告成規模一如其舊而植基深厚庀材堅固視壬午年之重修尤爲過之並於　文昌宮之東廡三楹立爲賢侯祠凡歷任斯邦有實惠及民既沒而都人士思慕者敬祀於此以示不忘至　文昌宮自創建以來屢次重修地據名勝爲一邑文運所關已於王君之記詳之茲不復及惟望後之守斯土者隨時而修葺之以仰副我

國家崇禮明祀之至意庶可以垂永久而昭來茲焉是爲記時光緒十九年歲次癸巳冬十月

重修　龍神祠暨創修　藥王　羅祖祠記　　邑侯　陶大夏

縣城北門外向有　龍神祠其基爲舊寶藏庵邑人於庵前修祠三楹奉祀　龍神每歲春秋由縣官率僚屬虔誠致祭歷來偶因雨澤愆期設壇祈禱靈應異常迨咸豐年間斯祠燬於兵燹至同治元年前縣諸君蘭谷重修之惟是修復之後迄今又逾三十餘載風晦雨瀟勢將傾圮兼之正殿僅止三楹規制狹小中間奉祀龍神其左間則　藥王右間則　羅祖均附祀焉正殿之下卽接廂房前屬山門階前幾無盈尺之地因陋就簡由來久矣夫　龍神載在祀典自應建立專祠方足

以禮神明而崇體制亟欲重修奈鉅款難集癸巳春邑監生祝道三祝壽山願以祝五美祖公產歲入之息捐銀二百兩重修　龍神祠於好善樂施之中見表揚先德之心洵堪嘉尚即諭飭紳首王占元董其事基址一仍其舊棟宇則從而新之正殿居中左右列走廊接以山門秩秩有序視向之湫隘者今見其爽塏矣神靈式憑其在斯乎惟　藥王　羅祖仍宜爲之立祠方可移祀僧會司紹鼎龍潭寺禪師也法戒嚴明自奉尤必儉約寺中香燈田每年盈餘必廣爲佈施凡有善舉無不

樂從因飭其於　龍神祠之左創建　藥王　羅祖祠僧會卽督同永安寺僧崇禮戒林寺僧榮吉先捐鉅款以爲首倡並於縣屬各寺僧衆親爲勸募計共得五百餘緡於冬十月擇吉興工建正殿三楹中奉　藥王左奉　羅祖其右則留作齋房爲道衆憩息之所東南二面繚以牆垣前開山門一道弁後之寶藏庵一併修葺整齊三閱月而工竣佛門法力成之不日宜其功德無量也嗣後　龍神祠之歲修由縣內隨時籌款以圖永久　藥王　羅祖祠之歲修則由龍潭永安戒林各寺共爲經理庶異日僧衆知功德所由成爲之繼起以興耳是舉也　龍神既有專祠崇體制以昭明禋祝道三等之善於因　藥王　羅祖亦爲之立祠妥神靈以祈來格僧紹鼎等之善於創事分因創而好善之心則一也故樂爲識之亦樂道人善之意云爾是爲記時光緒十九年歲次癸巳冬十二月

創設育嬰堂記　　邑侯　陶大夏

光緒十七年九月十三日奉

上諭御史恩溥奏各省教案皆緣育嬰而起請廣設育

嬰堂一摺所奏不爲無見育嬰事宜從前疊奉

諭旨通飭辦理現教案繁興半由各國育嬰起釁若使地方官籌辦盡善自可隱杜亂萌惟各省情形不同全在疆吏因地制宜委用得人立法周備庶日久奉行不致滋生他弊著各直省將軍督撫悉心體察妥爲籌畫總期實惠及民以恤羣黎而弭隱患欽此仰見

皇上德侔天地以仁愛斯民之心爲保赤誠求之舉俾薄海內外含生負性之倫咸登仁壽無一物不得其所覆載生成之恩爲何如也耶且於慈幼之中寓防患之

道長治久安胥基於是矣時中丞　譚敬甫撫鄂有年中丞爲湘南名進士以學問爲經濟有古名臣風蒞任以來凡有益於
國計民生無不悉心籌畫其孜孜爲之惟恐弗及者勸種蠶桑之外則以舉辦育嬰嚴禁溺女爲急務蓋必有以育之始可禁其溺之也政之先後固宜如是耳遂通飭各屬因地制宜認眞舉行安邑僻處山中向無繁盛鉅鎮以通商賈土著居民雖無甚富亦無甚貧生女之家尙無忍而溺之者但因婚姻涉訟時常有之推原其

故安知非因溺女而女或少以致肇此爭端哉當茲善政初行自應盡心籌辦上以廣
朝廷之慈惠下以挽閭閻之頹風身任地方責固無旁貸也縣署西南隅舊有保赤堂建自嘉慶年間前縣孫公當日原爲育嬰而設惟因籌費維艱以致歷任皆未舉行今仍以此堂爲城內育嬰堂並於縣南八里灣縣北七里坪分設兩堂飭紳首董其事在城若程君耀典阮君鴻翥王君占元程君典琡張君維淦吳君芳夏在南鄉若謝君介眉盧君正張君直楷盧君燮和在北鄉若吳君紹鴻鄒君嶧方君家矩皆首先倡辦共襄是舉
郡守　存寬甫太尊復檄委儒學廣文方靜齋以督率之遂曉諭各會凡貧民育女就近赴各堂報名領費名爲寄養蓋以寄養一法以生女之母養其女恩愛當必逾於乳娘也至經費一節城內育嬰堂則以稅捐爲大宗此外六文會及各行戸百貨捐南鄉八里灣育嬰堂以分銷局質當舖之月捐爲大宗及各會之六文會北鄉育嬰堂設於七里坪該處近依山河乃米糧雜貨滙聚之所以各行之捐爲大宗此外輔以六文會余復捐

廉俸以爲之倡並各會殷實亦皆量力樂輸共湊成本一千四百串分存各堂領放生息以每年之息補經費之不足其成本則不准動用以爲久遠之計此外清凉棗林金山羊角長水大城陡墩蔡祠各會亦皆分設子堂以會內所籌之費育會內女嬰各堂均於年終將育嬰名數造具清册並出入帳目報縣備查縣中亦於年終稟　各憲一次計自辛卯冬設堂開辦以來迄今四年共育嬰八百餘口共須費四千八百餘串堂中開支所需無幾緣各紳赴堂經理並無薪水應用一切力

爲撙節如有盈餘仍作育嬰之費以故縣中貧民生女赴堂領費爲之寄養小康之家見而興感遂不自溺其女至殷實富戸捐輸六文會赴各堂按月捐繳以救生爲急務惟恐人之溺其女不致自溺其女也尤爲明甚數年之間大著成效是皆
皇上以不忍人之心行不忍人之政默化潛移以馴至於民風丕變也而中丞祥慈在抱康濟小民亦於是見其一端矣因敘其事並另泐章程及存款數目於石庶後之守斯土者有所稽考云時光緒二十一年歲次乙未仲冬月長至日

創捐文武歲科試書價碑　　邑侯　陶大夏

黃安於諸邑稱望水紆山鬱蒸爲奧區翹秀之風莫最於茲土曩者分領並隸不常厥邑至明代而三壤咸則焉顧地於黃爲屬邑凡就郡歲科試獲雋者必備印脩入贄　學師禮也又備送　學院隨棚書價例也案學政全書載此款嚮有限制茲奉　奏
准因加收核減已如議酌中定數矣以上二項在有力者不難依時措辦無力者動形肘掣亦游泮時觖望事也余嘗尋思往復求所以謀永久者而未有當廣庇歡顏之願於此心常怏怏焉越歲庚寅乃首議倡捐印脩集紳妥籌定章白之　大府報曰可遂伐石以紀其事是役也先其事之最鉅者而成之至書價一款將議漸次籌備庶於初願乃償耳而議者謂一歲合府縣學應集費千緡有奇重款也須少紓物力以俟徐圖余雖然之而猶以爲未慊此癸巳科試時集議也其明年恭逢
皇太后六旬聖節既榜慶春秋復推廣學額甚盛典也適吳君錦堂上舍之文孫焜於是年入頖旋因公來謁

語及前事謬加引重余以爲書價闕如未爲美備吳君慨然以身任之卽籌捐安平銀二千兩繳請會紳議款以光緒二十年六月十八日發領起息逮二十一年春歲試額廣息尚不敷吳君又續捐銀二百五十兩以拓此初基自今以始則歲其有矣惟念紳稟吳錦堂其家不及中人之產而乃樂善孜孜於地方之裨益非尠已如例請題
嘉奬並擬撰額以顏其閭雖吳君不欲以是顯而究之眷言桑梓倍士林聲價之先資實則嘉惠來茲爲

聖朝元氣之一助也昔蘇文忠客黃嘗往來岐亭桃花杏邨地謂光黃間多隱君子又謂尊德樂道異於他邦其信然哉抑余重有思焉思夫人讀書明理凡事樂觀後效尤宜顧念前艱昔之措置無由者今則安居坐致矣其籌畫爲何如也耶彼吳君以積銖累寸之貲而爲此倍數千金之舉此固有所諉者不能先有所悋者不能爲也余嘗深諗其意並非以里門市義爲子孫作後日之推援然而身經美利者宜何如設身處地感奮自興不以在人者忽其難不以在己者弛其力由此爭自

濯磨求爲經世有用之學於以上副我
國家右文崇化之至意亦藉慰集事者之苦心則近之矣至論培士氣育人才固守土者之責而無庸修禳者尚冀諸君子之相與有成焉爰誌巔末以善吳君且勵多士並另列諸紳原議章程以備稽考時光緒二十一年歲次乙未冬十有二月

祈雨記　　邑侯　陶大夏

民爲邦本食爲民天故例載各直省廟祀正神實能捍災禦患有功德於民者由各督撫題請
勅封頒發匾額交部議奏以昭靈應而答神庥仰見
聖朝懷柔百神無非仁愛斯民之心重民食培邦本也安邑在萬山之中地處高阜山多田少去江湖甚遠向無水患然每苦於憂旱光緒辛卯春夏之間雨澤愆期不惟二麥苗將就槁而堰塘水涸瞬屆分秧之時動關終歲之計倘日久不雨無麥無禾民食何望敬筮艮辰率同文武紳民恭詣　城隍　龍神暨天台山　龍神各廟設壇虔禱旋裳甘霖迭降四野均沾年歲轉歉爲豐遂遵例詳請　督撫憲具題敬爲　各神懇請

欽頒匾額在案嗣後壬辰癸巳甲午三年間雨暘時若民慶大有皆　神賜也迨乙未夏又旱五月甲午敬於
龍神祠設壇祈禱越三日大獲甘霖丙申春復旱因上年入秋以後雨不破塊冬間瑞雪又未盈尺亢陽日久池水全竭山居之民飲食需水間有取於數里以外者較之辛卯年之旱又有甚焉敬筮二月辛卯日設壇於　龍神祠親詣天台山　龍神取神水並率僚屬
城隍廟行香越五日乙未乃雨民以爲未足三月戊戌大雨三日乃止癸卯甲辰日復雨連綿不已至於月望

計二十餘日之間疊沛甘霖高下原隰溝澮皆盈二麥含秀木棉發生迨初夏之時秧苗徧浮水面綠野青疇幾無從辨其陌阡也而辛卯年題請
欽頒匾額一案適於是時奉到　湖廣總督札開准
禮部　咨開由部議具　奏於光緒二十一年十月二十六日奉
旨允准旋由　內閣交出湖北黃州府黃安縣　城隍匾額奉
硃筆圈出靈昭翊贊欽此黃安縣　龍神匾額奉

硃筆圈出贊襄德沛欽此黃安縣天台山　龍神匾額奉
硃筆圈出聲靈洋溢欽此崇德報功華衮
特榮以四字時和歲稔馨香宜薦以千秋是皆
聖天子仁育萬物子惠元元精誠所感百神無不效職也相應欽遵虔製親詣　各廟敬謹懸挂以顯
天章而昭靈貺從此和飄玉燭歲卜金穰不識不知之民耕田而食鑿井而飲羣游於光天化日之中渾忘帝力於何有懿與盛哉時光緒二十二年歲次丙申夏四月

重修考棚碑記

邑侯　陶大夏

士之奮志雲程翱翔天衢者由縣試始有司培植人材書院而外以考棚爲重蓋書院所以育材澤以詩書俊秀咸游於庠序考棚所以掄材擇其奇異楨幹上貢於
國家由此觀之考棚之設不綦重哉安邑考棚自前任許君枚卿於道光丙午年權輿締造越二年而蕆事計費萬數千緡所以固基址厚垣墉爲觀光者計久遠也迄今五十餘載日月逾邁風雨漂搖歷年既久向之堅

固者漸以不支余自下車後隨時補葺凡八年於茲矣歲在丙申科考縣試期以八月而夏雨兼旬連綿不已山河漲溢溝瀆瀰漫城內積水無所疏洩兼之烈風鼓盪日夜不息以致六月十四日考棚之東號舍計二十一間一併傾頹並南邊屏牆損壞大半西號舍亦震撼搖動有岌岌不可終日之勢經理諸紳亟以重修之役請亦迫於事之不容已也余覩此情形實難緩以須臾第念庀材鳩工必先籌款倘俟款措齊再行舉事貽悞試期誰執其咎爰集城鄉諸紳議借城倉南倉存儲穀

價各五百緡同豐質舖一千緡卽於十五日興工遂飭四鄉紳董勸各會殷實之家量力樂輸以清借款而濟工用時督修諸紳若胡君元福程君耀典吳君慶熙王君占元祝君慶三黄君元吉秦君維幹董君尙馨莫不潔己奉公日昃不遑因材於舊者十之一二取材於新者十之八九經之營之趨事赴功不日成之門分內外號列東西秩然有序閱四十五日而告竣計需費二千二百餘緡規模雖仍其舊而輪奐增美較之肇造有其過之無不及焉縣試之時多士翹秀師濟雍容揚華摛

藻十光五色上下交暉顧而樂之因記其事以爲多士勗夫

國家明經取士猶巨室之求大木廣廈之須異材也儒者學古入官上爲

朝廷黼黻休明下爲宗族交游光寵卽邑之人亦與有榮焉大庇歡顏固余之責而諸紳籌款督工心力勞瘁四鄉編戶亦復傾囊倒篋竭蹶以襄斯役之成者蓋其所期望於爾多士意良厚也爾多士螢窗雪案績學有年尤必厚其積沃其光捷足先登簪纓繼序庶不負余與都人士之厚望也夫時光緒二十二年歲次丙申秋九月

邑侯陶公德政碑

邑貢生 吳行健

夫陶毅創造士宏規受境內立碑之報朱穆有惠州遺愛亭都中畫像之榮自來郅治播馨香深恩周士庶莫不宣盛德騁宏文在當時爲美談傳後世爲聲響況乎風高五柳望重百梅居身而砥勵廉隅五斗不爲腰肢之折爲官而憂勤君國百覽不辭手運之勞代有傳人世多令德如我 邑侯柳泉陶公者顧可不本口碑所稱道倩手筆以揄揚哉 公籍隸鄭南符分楚北當其讀書讀律觀我觀人鳳翥士林鵬搏文苑香探桂窟高

翔羊角之風露挹杏園奮起鼇頭之浪方冀臚傳乎雁塔不期鼓聽於鶴樓乃我 公則大雅扶輪虛懷若谷惟澡身而浴德不和光以同塵品實人師行爲士範謂行己必先有恥而藏器尤貴待時養氣不僅於十年艮金已經乎百鍊

天子重親民之吏特授銅章

朝廷宏治劇之才榮膺墨綬青燈黃卷舊是書生瘦鶴焦琴新爲令尹漢濱父老欣瞻一路福星江上丈人快覩萬家生佛試牛刀於下邑停鹿轂於山城其初莅吾邑也惠澤覃敷賢能懋著常勞撫恤之心用識寬猛之濟刮金篦而校士持玉尺以量才治理本乎文章吏事潤以經術如賈公之守新息剔弊爲先若言氏之宰武城見賢恐後正訝廉來之何暮復欲寇借而未能日蔽浮雲本類塞翁之失馬風傳大地又看葉令之飛鳧雲蒸昔日之甘棠召公仍甜雨潤當年之芃黍郇伯重來竹馬兒童迎郊若昔杖鳩老叟觀政如初五載宣猷百廢畢舉思培風之有自樓重建乎奎星嘆掩骼之無人澤並沾乎枯骨爰神祀享巍峩增廟宇之輝茵我金湯

丹碧煥城樓之色行育嬰之善政局設三鄉宗弭盜之良規牌聯十戶六房似水吏胥踏冰上而行百牘如飛判斷掃秋來之葉斯固羣生所戴德亦爲多士所傾心況乃館啟芹香捐輸花戶以斯地家多寒素微吾儒眼孰垂青謀夫孔多集議已經乎數載善人爲寶規條復進於今年藉定議於紳衿惠而不費雖假手於書吏弊無自生營搆廣廈萬間盡歡顏於寒士得集巨貲千貫供脩脯於冷官愛士文翁今茲再見作人壽考此日重逢倘其加恤寒儒輸貲周乎院吏而且滋除陋款捐貲

及乎書門此雖奢望之無窮諒亦栽培之有意也爰爲頌曰

惟我安邑蕞爾一區民生樸質士飭廉隅我　公再至不煩而治政拙催科勤勞撫字百姓曰嗟　公來何暮富之教之畢張治具乃沾惠德五載于茲眞不戾俗清畏人知相安既久草滿訟庭興利除弊克樹儀型德比涵濡家絃戶誦顧我寒畯憂患與共不避嫌疑不參猶豫束脩自行籌勞借箸聞諸夫子學道愛人清廉仁惠迥出風塵維　公有母既壽且康輿迎潘岳饌進仇香

維　公有弟壎篪協吉姜被同眠和樂以翕維　公有子志奮青雲翩翩才藻軼類超羣凡茲治化德備才全善難筆罄碑是口傳

黃安縣肇建儒學記

明戶部尚書耿定向

皇明嘉靖癸亥初置黃安縣縣必興學居博士弟子員建廟祀　孔子蓋洪武二年詔定制也黃安新造有司絀於財力學宮未遑亟營先是黃岡人陶仲文者爲黃老言初得幸肅皇帝曰爲遣冬官郎治祠宇李坪仲文死其言復讎遺詔追罪之墮其祠宇隆嘉三年邑令李講請其遺材挪　先師廟左右廡祠閣堂門及博士弟子齋舍以此棟楹榱桷皆楩楠杞梓嚴嚴翼翼稱規制矣學址居邑治右稍前北遙枕天台諸山右抱大溪環

折而左南面五雲山峰奇秀功成迄今逾乙[illegible]祠廡堂齋漸有傾圮者邑令李含錦以時修葺如初屬學博何翌暨阮艮謨來徵記余以不文且病辭何君曰昔者翌也竊在門牆曾聞夫子言學之名昉于傅說孔門卽說命衍之爲學記篇覺斁學之義章章矣粵稽唐虞命契之敷教也曰五品其要領也三代因之由漢而後英君開國率視爲迂闊屢世始議及焉或置學弗廟或建廟弗學其教迷人或雜以黃老刑名訓注辭賦惡在爲學哉惟我高皇帝御極之明年卽詔天下郡縣咸立學

廟祀　孔子列祖相承功令益厲漸磨二百餘年化翔
致洽猗與盛矣惟茲土爲三邑甌脫地聲教幽阻其民
標枝野鹿猶然古鴻荒世也嘉靖季置邑興學聯比師
儒絃誦衣冠遍於山谷豈不郁郁稱文哉乃今醕或漓
樸或鑿學者或　異而之邪詖懼吾道將充塞也山徑
之蹊經啓孔道不旋踵而茅塞行道之人猶爲憫惜矧
乎自艾蓬斬藋者哉惟今道在夫子爲邦之典型又曾
位司徒主上倚眷方切乃重煩度支俾投閑泉石意將
以爲木鐸若唐虞之契敷教于天下也夫子盍姑數數

言枌榆間因以達天下及後世耶余曰於向何言惟我
國家彝制祀崇　孔子堂揭明倫煥乎煌煌皇謨丕顯
矣而弗執於正弗迪於吉者憲典俱在赫然烈也何俟
向言司徒敷教今非其職矣退而在野歌詠太平老臣
分也且若舉也經始與議聿觀厥成慶忭如何藎嘗拜
手稽首而作頌矣子其以告我邑人士俾歌詠而繹思
焉頌曰於我高皇化覃萬方郡縣星布在在膠庠惟餘
我壤楚魏裔疆聲教伊阻俗等鴻荒肅皇在宥作人壽
考天地一民靡遺懷保我邑既置我學斯造墮彼淫祠
用彰正道咨爾多士游斯息斯煌煌帝制其永繹思祀
惟崇孔正學攸歸明倫昭揭民秉之彝錫極敷言聖作
聖繼德協勳華仁同天地士庶熙熙帝力何有老臣作
頌垂之攸久時萬歷甲午季秋月

重修儒學碑記　　鄒汝魯

乾坤位而人極立明良著而師道隆自虞夏以來幅員
之廣大聖學之尊崇莫有如
今日者也黃安僻在萬山學宮規制無改其舊河陽張
侯憫厥卑庳敝陋慨然歎曰廟學者善教化正彝倫人

材攸出脫有崩摧瀆神莫甚微臣庸敢以疏遠而不任
其責乎迺命工繪圖涓吉興事梓匠效藝以宏制執事
奔走以亟成舊梓新松來積如阜鑿山載石輿土版築
記登階而履德基者蓋二尺許矣株檽互結重簷飛甍
雲騰郁靄日映葱蘢記陞之一而再再而三者有五尺
許矣榱棟之腐撓者撤而易之垣墉之俯頹者壘而起
之階戺之薄鏬者甓而增之於是行其庭薅薙荒翳循
其牆塗雘漫漶中奠廟堂後妥　崇聖旁理兩廡以達
於櫺星各有次第咸正無缺至若工募於民厚與之值

木石金攻不戒而勸落成之日公私改觀僉議刊勒以垂久遠乃具書告於余曰侯之培植安學者不一而足曩歲於五雲山闢浮屠所費不訾今巽峰文筆插天卓立廟學前以故飮鹿鳴宴瓊林者比比也其爲我記之余覯侯之政於斯其知所先務矣聖天子繼統立極百度維新侯其仰體焉無斁且安固庥析也余之先世實安產也則記以銘之者余固宜也銘曰大哉孔子垂訓萬方羣生軌範亘古綱常維安廟學肇自榛荒歷百餘歲墜緒茫茫張侯至止顧瞻徬徨發謀重新僉曰允臧

奮力捐俸輦木陶甎塡堦升楹榱題孔卬屹然邃寓輝賁高岡春秋釋菜禮陳樂張肅儀酌獻逢掖蹌蹌洵美儒風龍鳳翱翔鑱石勒銘謹志不忘侯名琮字瑞璜浣村其別號也時雍正元年歲次癸卯仲秋月

重修　關帝廟　龍神祠　城隍廟落成碑記

邑侯　諸　鑣

昔聖王之制祀也天子七廟諸侯五廟大夫三廟皆所以明禮而報本也若夫日月星辰山川社稷而外則以死勤事以勞定國能禦大災能捍大患有功烈於民者亦皆立廟以祀之故曰廟中者境內之象也有民社之責者顧可苟焉而已哉安邑建自明季城池甫定土木肇興壇墠廟堂至

國初而始備載在邑乘詳矣慨自咸豐三年以來粤匪復竄省垣流毒縣境氛祲遍野烽火連宵簷墮青鴛鼓飛白鷺昔之雕甍畫棟而今則破瓦頹垣已九年冬余承乏斯邑下車後巡視四城親詣五祀宮牆以外惟火神廟巋然尙存因奉　關帝　龍神　城隍各主於火神後殿分龕以祀之每至朔望行香春秋致祭一

堂奔走寸心忐忑不安而廉俸無多屢欲捐修而不可得十一年秋永安寺長老仕成適充僧會來謁余見其精明誠實因以斯舉屬之曰軍興以來吾邑倡辦團練得僧勇之力諸多以故　前撫憲胡文忠宮保飭建碉堡勸捐至一萬八千有奇而僧不與焉嗣後　奏准本省籌餉減成捐輸奉派二萬加廣倍之而僧又不與焉其所以體恤僧衆者不綦厚乎今夫廟者貌也固神所憑依而實僧居址也矧僧之隸吾邑者寺以百計徒以千計田土亦以千百計合三眷之力以董三廟之工雖

獨木之難支究衆擎之易舉余有厚望僧其免之仕成乃卽日招集僧衆諭以予意無不慷慨樂從用是諏吉興工歷年所而始蕆乃事不避嫌怨不憚煩勞善哉仕成可謂無負斯任者矣於是周歷工次詳察地形而歎其前賢之創建位置有深意焉安治惟東郭最高巍巍乎上出岡巒遥與黌宮對峙者 關帝廟也意者帝出乎震微 帝神武不足以當之循岡而上過騎龍關躡雨臺而西則 龍神廟在焉龍乾象也易曰雲行雨施品物流形其斯之謂與迤西而南地勢稍低矣上環雉

堞下繞 濠人烟寂寥林木陰翳令人望而神悚焉者城隍廟也其位爲坤其象爲泰易曰城復于隍勿用師自邑告命有以也夫合而觀之規模依舊氣象維新斗大山城幾疑在方壺蓬島間矣今日者牌位既安鼓鐘並釁大會僧衆告厥成工余披閱捐名共計六十六寺查核帳目通用九九錢四千四百有餘准如所請立案泐碑與三廟永傳不朽並綜其顛末爲文以祀之時同治紀元歲在壬戌仲秋節後有十三日也

黄安縣重修學田記

教諭　蕭德尊

凡事之欲垂久遠者良法難有良法而行之得人爲尤難井田之制學校之設三代聖王之法豈不善哉然不數傳而行之輒敝者無他前人竭其心思剏爲法制以行當時而傳後世後之人奉行不善儒者狃於因循巧者逞其私智有立法之名而未收其實效可慨也黄安文廟之設由來舊矣道光己酉夏余奉簡命秉鐸茲土謁 聖後徧瞻殿廡見其規模宏整異於他邑詢諸紳士乃知邑舊有修學田其法置田若干畝以歲之所入爲修葺 學宮之資擇紳士之能而廉

者遞掌其籍而學官以時查其出入縣尹於歲終考其成焉因不禁喟然歎曰立法至此可云善矣明年春經事諸君子以舊制未備丹雘剝落謀所以新之聞諸邑侯而商酌於余維時衆材紛集羣工畢興余竊從旁微窺諸君子經營計畫毫無倦容金錢出入必大書特書雖饔飧之費絶不以一文累公歷盛暑汗滲滲下往來不懈如初閱五月而缺者增廢者舉閒無華者皆塗金飾碧氣象輝煌焉噫任事如此可不謂得人歟閒嘗游覽諸郡邑見夫 學宮雖設有鞠爲茂草者有石泐材

蠹甓落簷飄不蔽風雨者更有志切更新旁輸遠募積久不成者倣此制而行之且有如諸君子者出而經其事又何 聖廟之不以時修而有久而廢弛之慮也哉夫前事者後事之師一邑者衆邑之倣余今日躬親洒掃之餘得與諸君子勷斯盛舉既云幸矣異日者倘告無過退老歸里行且與倣同志謀諸當事奉此良法擇人而行之不又余之厚願也夫時董其事者巒易吳君瑄梅軒王君華甲磊庵秦君大模汝中張君允坦也

詩賦下

古者命太史陳詩以觀民風咏歌所寄託俗之貞淫正變徵焉非徒曰揚風扢雅云爾兹就其麗以則正而葩者載於篇以備輶軒之採志詩賦

賦

國朝進呈

上賜御筆白羽扇賦臨本賦 有序 張希良

臣惟景龍兆瑞已開八體之先靈龜負圖早洩六書之秘倉帝旁羅日月高陽近倣蟲魚雲容峯頭碑傳禹畫陳倉野外鼓重宣文賜方國以驚奇煙霏漢札宣庚僚而嗟美露潤唐屏自昔已然于今尤烈欽惟

我

皇上日新盛德天縱多能清讌偶閒游藝不輟頻拈寶翰燦雲漢於尭章每點金壺露乾坤於羲畫造化協其隱顯陰陽象其卷舒日珥星鈎邁正觀之飛白龍翔鳳翥渺皇祐之填金片碣所留嶽靈增色单文遥布海嶠生輝百家舉入環中奚啻

帝王第一萬品盡歸鎔鑄直將天地爲三蓋氣和則墨和

醲海晏河清之象惟　心正則筆正昭垂裳端拱之形
奎文妙已入神
聖學精如不及明臣剩蹟未厭手追唐相風流遂傳心畫
因染翰而想雲龍之遇卽臨池而見魚水之歡大哉
聖衷讀之欽朴神明再煥豈惟頰上添毫骨力逾超信是
此中得昧何期垂寶下逮微臣
天語殷勤採春華於旣往
聖恩周渥提晚節於方來伏　陛鐫　心捧函　制涓自昔紅綾
賜扇榮近侍之恩輝白玉名堂作詞林之光寵劉洎

登床引手幾拄彈文趙鎔覩帙生　心亦成佳話或宣
朝堂而未賜或藏殿閣而弗宣徐鉉工書遲瞻寶翰
昌朝讀奏始賜瑤箋無忌殊榮不過蝶龍數字賓王
驟擢才棠鸞鳳四言未有
天藻淋漓連緗竟素
恩波浩蕩溢格踰涯輕用抵鵲之珠重況雕蟲之技侍臣
爲之動色同列見而欣　心此雖莘十洲之琳瑯無能
擬其價磬九天之雨露未足名其恩者也至小臣學
殖漸荒顛毛益素孤踪孑處抱拙憑愚擢伊呂之科
敢同子壽事
堯舜之主實勝開元姓氏偶同知遊翰之無意遭逢何幸
若眷注之有憑請始郭生或藉激厲顧爲考父益重
屏營敢不畤蓺名薰襲以重錦鏤之於臆豈特翠珉
守之以身眞同鴻寶昭子孫而不朽世矢忠貞拚頂
踵以何辭仰酬
高厚謹拜手稽首而獻賦曰
聖治茂矣
聖學光矣啟祕殿登俊良緬喜起之盛事齊芳躅於虞唐

披瑤函而遠覽嘉魚水於哲王昔在開元忠亮翊輔
應伊尹而擢科與姚宋兮爲伍兼燕公之藻翰餞魏
公之媚嫵深契主衷遂賜白羽銜恩知而點筆蒙深
嘉而樂與君臣之際美談至今傳在竹素散在墨林
當幾暇而游目實有當乎
聖心切夢想於大風繾審象於澍霖感負俎於莘隴憶投
綸於渭潯緣曲江以寓旨每延佇而虛襟於是拂帝
鴻展龍牋握鏤文之管澄思靜慮乃動乎其天波委
雲屬乾轉坤旋布自則山河朗潤映帶則珠璧蟬聯

往如
神武之震九域止如
聖文之靖八埏若乃蕭森肅穆渾淪停蓄偃波寅發中銛
屭贔縱不矩踰約不規戚結構始終精采奪目豈惟
識
帝王之有真亦將綿歷算而過卜爾其凌躒百代膠轕三
光螭函鈿軸承藉芬芳護以山君衛以海王雖鼎台
其希覯何小臣之敢望肙綴行以陳乞實悚惕而徬
徨際千秋之隆遇竟蒲願於非常爾其近侍傳呼玉

階伏跪雲章捧出掩映金戹似若華之四照凝赤城
之霞起爛蓬萊之五色儼榮光之紛委日震蕩以倏
時曾不可乎正視怵以加額往復諦觀
天題倘濕泥璽逾丹碧鄉累算不足爲其價康侯三錫無
以表其歡撫微軀而深幸紛感激以闌干若乃江湖
下質蒲柳微姿拙愚終矢文采漸懸江淹夢回而惋
惜羊欣手重而成唫雖屢蒙乎
褒錄轉顧影而自疑縴
天章而汗赧愧前代之風儀誓束身於末路拚頂踵以俱
靡忝子孫以忠孝世世來
聖皇之彤墀

學宫告成賦爲劉邑侯作　邑人盧綍

伊三台之朗朗兮原以映文運之昌迨雙泉之汩汩
兮亦以徵德澤之芳我侯才雄八斗書擁千倉闢鴻
烈奮奎光稟過庭之懿訓紹世德之綿長操牛刀以
小試挽下邑之頹綱百廢俱興庶事安康德威烜赫
於有截文教覈咨乎無疆神休旁臻地靈斯見既應
時以協吉自右文而宗彥將遵軌以立極遂尊　聖

而建殿乃展宏規選吉日因子來於庶民豈殫稅於
萬室經之營之不華不質準水臬攢雲梁運斵石於
隴坂搆梁棟於瀟湘巧奪神工峻極穹蒼起層覆之
綿邈建高基之唐皇故其學宫之壯麗也遠而望之
若摛朱霞而耀天文廹而察之若仰高山而戴垂雲
羅疏柱之汨越肅坻鄂之縝紛飛檐翼以軒翥反宇
巘以高騰流翡翠之威蕤響環鐸之鈴鏗既櫛比而
櫕集又宏敞以豐盈若夫修梁彩制下褰上奇桁梧
複疊勢合形離施如宛虹赫若奔螭列髹彤之繡栭

垂玳瑁之文楣爰有龍文鐫勒翼張承以陽馬捿以
員方分間賦白踈容成行宗廟之美俎豆之塲優乎
如見愾乎在旁龍蹲鳳峙儀端表祥仰大成之殿陛
儼聖德之温良四配十哲兩楹二房既優域而登岸
自入室而升堂覩階除之連遠蓋蕭漫以雲征芸若
充庭檜柏成陰綴以萬年㩜以九垠或以嘉名而取
姸或以材美而見珍結實商秋敷華青春廻廊繞砌
雙廡輪菌見知之輩聞知之人温房陳其東序凉室
列於西宸重樓複屋中權後勁彷彿藏書之府依稀

明倫之政跨蓬萊之海樓探北斗之魁柄爾乃由戟
門而望天田華表杌其高懸巔屭仡以重遷得其門
者寡矣近其居者誰焉矧濟濟之仙班與靄靄之後
賢倘分左以分右且欲却而欲前環橋觀泮似湯池
之鞏固壯金闕之垣郛茄蕾倒植吐彼芙蕖粹以青
萍繚以白榆菡萏艷翕纖縟紛敷至其左掖也展乎
廟貌輝乎聖儀傍瞻神臺順觀雲之軌仰對清陛推
配天之規採宋制準元時雜以世室重屋之名釋其
崇子抑爻之㲯壯不及奢美適其宜崢嶸嶒峴執競

緝熙若其前巒也似鬼似業忽出忽没拏金龍之蟠
蜿挂天珠之硉矹殿閣崛屻以奔向城闕嶔歁而避
謌掓華蓋以倘漭仰奎躍之恍忽鑿五雲之天柱矗
九霄以嵂崒凡若此者何莫非賢侯之經營而揭中
天之日月乎更潔菹醢修粢盛奠三犧薦五牲太祝
正辭分獻精誠鼓咸和之樂章張鈞天之璈匏孤竹
合奏空桑和鳴盡六變齊九成百神來兮降明庭此
賢侯之入廟告虔而享祀惟殷者也然後殖元氣酌
和風埏植大昭於藝圃栽培廣潤乎儒宗正畸行之

趨向訂諸生之異同疋疋魚魚恂恂冲冲羨龍螭之
繚繞看禮樂之瓏璁則更我賢侯鳴旂在泮之雅化
也豈比夫層臺廣廈爭高競奢興土木騁繁華非崇
文之鉅典徒掩月而参霞也哉進揚休美爲之重曰
穹崇學宫倚天開兮龍嵸鴻濛構瓌材兮偃蹇坱塝
邈崔嵬兮宣聣
聖化育賢才兮

官閣雙泉賦并序　涇上朱　梓

黄安士高而泉少署中素無井自康熙丁丑九河蔡

齋劉公來治黃三月政通人和百廢具舉苦燕堂卑
隘掘地置礎柱忽雙泉溢出左右分列不踰尺寸堂
成因即命名曰雙泉堂寔德澤及人井養不窮之應
也乾隆丁未歲余亦適至是邦攬其遺跡心竊異之
默然有感遂援筆而爲之賦曰
竊嘗遨遊百花之潭嘯傲五湖之舸雙溪夾鏡表名
勝於陵陽二水分洲溯雄風于江左平原則古樹雲
封龍井則靈湫烟鎖非不極宇宙之瑰奇終自列郊
坰之淡沱從未有濫泉瀸沸深藏蓮幕之簷雙穴澄

清近入琴堂之座者也維兹邾城僻壤安邑偏隈四
面山環絶少平原曠野三鄉牙錯迥殊汝墳江涯而
乃耿氏肇疆聿見天台之著劉公建宇忽逢地肺之
開延一脉於江黃淵源遠隔啟雙泉於官閣溢湧何
來是固由地靈之鍾毓而實緣人傑之胚胎則見夫
淵然而靜窈然而深初盤旋而隱伏繼漸清以浸淫
一穴先開疑堂坳之偶聚雙流並出訝靈液之頻斟
左右分排恰似天然布置大小合度非關人力搜尋
瞻勝境之匪遙退藏于密快纖塵之不染實獲我心

爾乃傍雕楹當玉磶掩映槐柯參差肺石大廷相對
儼兩鏡之同懸公事時臨恍四門之並闢詠伐檀于
輪輻不須置彼河干思濯纓於滄浪自可取諸几席
雖居傳舍之諠囂不異溪山之形跡是則泉以閣而
呈奇閣以泉而增美占井渫之不食行道傷心思泂
酌之難圖西江空指惟就深就淺常潆洄于廣廈之
天斯爲雨爲霖得潤澤乎蒼生之旨酌貪泉而覺爽
此地偏宜對習坎以無言清流澈底於焉閒凭玉案
俯瞰明窓覩波光之瀲瀲聽幽韻之淙淙吏散人稀

彈琴而志在流水鳥飛花落修禊而酒泛銀缸湧萬
斛之璿源宛助我以蘇潮韓海浸千尋之冷碧更懷
人以黃度潘江月影沉時珠還對對星光帶處璧自
雙雙洵可引高情于騷客而誌勝事于名邦獨是前
人之流風已杳後人之繼跡難賡愷澤宏敷乃致清
泉並溢湛恩罔沛漫教聖水常盈愧余行之未修謬
司承乎兹土緬前人之足法空繾綣于中情飲水思
源民監者何如水監履冰知懼心清兮未似冰清慮
淄澠之淆亂期涇渭之分明敢不凛雙泉以志潔坐

官閣而心驚也哉

詩

明

朝重遊天台　耿定向

自與茲山有夙盟不辭老病往來輕看雲憶昔思何極刻石書遊事幾更八衮翁強七衮子五旬弟傍七旬兒兒曹爲續岡陵頌欣對山靈一舉觥

其二

觧紱歸來苦病侵愛山時復强登臨蒼崖不改千年色古檜猶垂十畝陰風谷坐驚饑虎嘯霜林卧聽曉

猿吟舊遊朋輩今何在手把茱萸淚滿襟

題天臺别意圖　耿定向

層巖崪嵂與雲平一望關門紫氣横地坼東西分汝漢天連南北見嵩衡丹邱幾度虛遊予白髮孤征念友生此去秣陵江萬里臨流應憶濯長纓

其二

天臺佳氣鬱葱蘢悵别瞻依意不窮路側徘徊吾道遠尊前酬贈古人同當年蚤見二三子今日相看七十翁一覽岱宗天地小無勞西極訪空同

宿天臺頂　温陵李贄

縹緲高臺起暮秋壯心無奈忽同遊水從霄漢分荆楚山盡中原見豫州明月三更誰共醉朔風初動不堪留朝來雲雨千峯閉恍惚仙人在上頭

題天臺十景　安成鄒善

了心關

了心亦何期一了一切了疇能度此關閒坐聽啼鳥

坐忘臺

厓上雲相逐誰是坐忘者習静此臺中世外任瀟洒

留月巖

明月照空山山空月自住清輝夜半發欲去仍回顧

賓陽壁

日去扶桑東偶此成賓主纖陰不暫停堪與神明伍

撫松岩

嵒上有孤松輿來時一撫聊同五柳翁閒作三徑主

披雲峯

雲散瀰蒼穹雲歸仍太空披雲誰氏子獨立向長風

採奇窟

探奇亦何爲可似荆山璞寧老萬山中毋運匠石琢

卧龍洞

龍卧洞雲開探驪與世絶豈忘行甬心且任泉聲咽

作霖池

池中有老龍卧此忘春冬誰倩池中水飛洒遍提封

告天爐

我心一天心告天猶告我終朝對此山默默自印可

北山有臺　白下焦竑

北山有臺南山有窩鬱鬱中林泛泛横波樂只君子

來遊來歌

南山有窩北山有臺與爾祁祁育彼羣材樂只君子

其心孔諧

有臺崔嵬萬山宗之樂只君子四國同之

爾德茂矣如山壽矣永昭文德同此四國

弱侯作頌清風珊珊願言同心共登此山

豈無燕婉遊非其鄉不見飛鳥隨風以翔

天臺　邑人耿定力

誰壘層臺着此岑洪濛天造到于今盤懸仙掌朝承

露泉注瑶池早作霖雪立中天成玉柱風廻石籟振

金鈴到來絶頂援琴鼓萬壑千巖得我心

其二

足躡丹梯步紫雲息緣離詬達天門息緣離詬達天臺三門題名

一聲長嘯千溪應四顧低回萬巘蹲崛起孤標身建

極石支羣聚孰移文化工巧作支天柱好柱鋸釭破

夜昏

天窩行　淮海孫應鰲

天窩高高幾許我誠不知其幾千萬丈但見五城十

二樓金光掩映紅霞裹中有仙人者誰之子方瞳緑

髮披兩耳羽衣蹁躚黄鶴翻瓊玉爲漿芝爲餌奏鈞

天之廣樂躡飛雲之翅履前導安期生後擁赤松子

容成洪厓分左右顧我粲然啟玉齒授我一靈丹令

我長不死稽首再拜之服之頓覺沉痾起神清氣爽

毛骨輕一日飛行幾萬里仙人仙人我尚欲遨遊九

垓之上六合之外芒乎芴乎任其所之借君青鳥一

隻騎乘風御氣常相隨

五雲山　同安李獻可

淩空石壁欝嵯峨徑艮参差隱薜蘿叠嶂擁來千雉
壯三台近處五雲多舊三角山更名三台憑欄高閣烟中賞策
馬荒郊霧裏過獨怪山靈開泰運邑城今日始絃歌

李節孝一百六十八韻　　邑人盧堯臣

翹首巉巖日朝曦麗早暘一枝紅杏出九畹翠蘭香
弄瓦來名閥調絃適大方粱鴻欽案舉冀缺儆賓莊
甘脆供中饋圖書賣奩裝延陵承父訓隴石凛夫倡
外政無攸遂生謀却有洸陳廉親曉辮崔整罷新妝
夜讀頻然燼晨炊辦異粻熊當馮節勁圜解謝辭剛

服御皆荆布勤劬問稻糧家襄躬主伯冢督屬糟糠
翁節絲紽素官貧苜蓿凉韋編憑淬礪巾幗任徬徨
漂麥攻高鳳殘機佐樂羊陳牢羣待哺田藥爛成芳
既耐同居忍誰營别室藏那資分叔季以義報尊章
同令鬮婚嫁宏徹比父娘不惟風共爨端可愧門墻
織維窮吾力騫騰塞彼蒼談經榮里選挾策阻明光
瓊夢悲三號鸞凄失兩眶城頹哀倍杞竹點淚如湘
晝荻懷孤慮摩笄忍自戕目盲心獨曉慈母昜無忘
隴畝勞諸藐書香屬大艮和熊投仲郢夜績效齊[illegible]

葛藟登爽杼蘋蘩采懿筐素心卑舐犢赤尾效勞魴
卒歲賡無褐恒饑辦乃倉青氈嗟舊物縫掖步虞庠
白雪歌成調紅霞夢繞床墨莊雖不廢旅櫬復堪傷
父志摩燕闕官卑老越杭夜臺哀纘隔晝錦盼宗亢
在羽期鸞鷟於跡擬驌驦良弓繁弱利匣劍太阿鉎
金重雙南價圭稱白玉璋窮愁膚可刺激烈膽堪嘗
寸草思春旭孤吟對曉霜茶經團扇業酒債縕袍償
作賦知呼霓投書笑誤麞幾年營細柳一日賦長楊
秦説權歸洛琳名久度漳七襄雄藻續二酉恣徜徉

平步青蓮社馳神碧草塘惠車儲墳典鄴架飽縑緗
著作思如繡茹搜腹是箱技逞燕國售才許照鄰望
幸附長征尾欣偕上國翔筍窺吳會社紙貴洛陽坊
晉代機雲辟齊朝顏謝偪心雖從帖括血已滿奚囊
袁豹胸踰富張華記倍彊借書經日邵説古觧顧匡
不是題名固寧同執戟揚經寥左氏癖書砭夏侯肓
周易情探孔毛詩義阻萇句躭子美上禮問老聃傍
妙選斤成郢精思工邁斯才名超四傑售譽邁三康
欵綮皆緘舌浮誇敢弄吭詞源傾倒峽筆陣屈長槍

比器雕丹漆如君備楔宗停涵中井井韜斂色爌爌
朗識三秦鏡堅持百煉鋼飲和非媚骨守正有剛腸
曠達羞中散真醇到上皇九臯聲噦噦千頃度汪汪
蘊蓄淵難罄英華渾不彰洛人蒙説項更僕數徵臧
投契嘲吳喘酬譏叱楚狂龍門争取御北海謬登堂
脱郄形骸畛飄然名利韁知心追管鮑寡合别蘇蟯
末世藉瀾柱斯文拱棟梁名譚穿月脇石畫走風檣
剴論饑于粟危詞辛聚薑詠諧聯色笑辯博黜荒唐
補衮崇山甫殉戈慕國殤愛人忘美醜省己勤型創

卓有中心好而無猜忌防閑辭安邑餽范極麥舟喪
據算無長物籌家任乏儲同心真可臭兩面豈成羌
要眇通三界均平徹四旁長城雄百雉大厦列千廂
風韻綵諧竹丰儀琳與瑯山巖夷峻坂川濟穩餘艎
不學蝸牛觸寧儕蜂蝶忙好生仁庻蟻窺殺怒蟾蜋
趨勢嗔撩鬚干時唾吮瘡衢尊隨飲酌巨海納汙潢
麟種誇振趾龍駒仰上驤程門争避影歐録重耑房
詞翰能叢苑賢勞廼咏卭雅優賔客對允擅主司塲
杲日千山麗長風萬里浪掄才揮軋茁得士共琮璜

對仗堪鳴馬埋輪欲問狼危明綱斤厲保泰儆城隍
飽笑侏儒粟貧竊説士糧不懷方朔叙寧要鄭侯糖
孝展南陔戀忠懸北闕襄無車歌短鋏有馬陟高岡
鵰翅今搏水雕飛訝槍枋頓回眸烱烱莫禁喜洋洋
賸有蘁監苦應成桂蕚芳同人聞後笑北叟賽前殃
志足酬君子明還快若郎爵縻知和遠鶴筭自神昂
花甲周逾半蓂庚百未央姮娥丹餌緑婺女瑞烟黄
絳亥經年茂嵩申祚應祥推移更稚老閲歷記滄桑
古柏摩烟柳長松傲野棠蟠桃千歲熟閶棗萬年穣

酺授青鸞液精分朱鳥芒良辰佳宴集美景浩歌颺
素月揚初朏高天激早商山崖層巘嶭海屋迴滄茫
歌吹宣嘹嚦蹁躚響珮璫洞簫調咏閒蘭板叶鏗鏘
俎鼎羅冰雪肴蔬進藷葛瓊樓迎爽籟晶宇遶新篁
姑射陳觥斝瑤池共頡頏比隣齊祝頌列管布笙簧
皓髮揆皇覽龐眉逼老彭綺園虛玉質宓洛失金相
久視雲莖漱長生月藥攘輕身非薏苡紅頰剖檳榔
煑石飧瓊汁栽松擣玉肪三多符華祝百祿醉霞觴
歷庚期頤永紀膺福祉長郭門丁與鳥緱氏玉吹凰

喜懼驚遲暮幽閑悼倜儻斑斕晴弄綵霓羽午飄纓
墀列會懸舞尊開沆瀣漿乘槎嗟靡鹽愛日喜遑將
綵仗環僊嬪朱絃奏冶嬙菡先諸毋氏德是丈人行
遠鮮占能介辭繪憶未亡泣瞀心愷悌置緯恤嚴鄖
範俗都姚姒傳家有紀綱行行超列傳念念總慈航
里有名媛號居標孝婦鄉固知仁者壽始信善餘慶
果結心田穫因留穀種秧桑嘉行地扎脅上越都鄙
椒遠從茲盛瓜綿未可量釜鐘怡豫悅杖履羡踉蹌
莫畏明珠謗還開博望疆易州情見久捧檄義無妨

不作王門倚終圖漢祚昌帝閽今已闢皇路勿教荒
膝下分曹見寰中妙翕張登車雄祖逖在位賴王陽
漆室心原切遵生志復釐范金庸作礪塞鼓政其鏜
懷橘毋爲繫鋤蘭豈足惶萇宏藏地碧箕子辱奴佯
達孝榮千古許謨請一當天心方曲折時局尚劻勷
鑊鑠猶堪老行藏豈再詳慈幃牽弱線遊子褱征裳
許國移明發揚親在太常驪歌催小草願以報君王

題桃花書屋　　邑人吳　化

綺雲萬朵白雲濵都是劉郎手自勻黙以無言存大
道怡然一笑解逢人漁溪春色猶秦世胡飯仙台有
漢民聞說星精作霖雨何因詔起玉衡神

九月團江館遲盧蕭二孝廉不至

澤畔行吟強自和遊心無賴任蹉跎黃花對酒三江
外白露伊人一水多深夜月星飛鳥鵲高秋風雨起
黿鼉汀蘭岸芷渾無際何處新詩到汨羅

東堤步月

明月蕩空堤長風萬里西幾聲松子落一個鳥兒啼
天地星河動江湖草木低蒹葭淺水外竹笠故人睽

山居

山寺不聞鐘春寒坐翠茸野雲來萬里朝雨失羣峯
天地一飛鳥江湖起蟄龍懸知小衡嶽七十二芙蓉

登果老石　　邑人吳士伸

鬼斧何年劈遊人此日過喚晴禽語滑賽社鼓聲多
石徑生苔蘚巉巖引薜蘿衆山爭到目着翠總如螺

其二

造化何其巧亭亭矗一峰恐隨流水去長使白雲封
未駐吹笙鶴曾迎扶老笻雜花春爛熳樵客欲迷蹤

庚辰奇荒歌　　　　　　邑人盧之璸

仲夏不雨到暮冬、可知年穀秋不登傳說卒士無糴
滿兩都米價甚爲囏往年五穀上塲時穀賤于泥人
不知今年五穀上塲時穀貴于珠人不支江南斗米
二倍價江北升米人叱咤菽麻豆稑俱不登農夫一
似未曾稼街坊醉夫爲人瑞十戶烟火九不炊羅衣
數典米盈升或有朝飡夕莫繼官吏追呼半逃亡鵠
面鳩形多病尫賣兒不上錢百計賣女并賣其糟糠
田巳荒蕪宅巳毀道殣相籍骨似霜三四五六歲孩

童爺孃視如土糞同募糠募粃人誰與嚙絮吞衣箭
是風生者刀剜死者肉日暮塗人早擇宿白日爲盜
昔賢艮殺人奪貨尚不足吁嗟乎鹽似玉柴似禾油
似猩血魚似璠市上每物多錢值不能果腹奈如何
年除矣夕將更田阡二麥尚不成春光冉冉朝如歲
只恐屍橫遍野萍老人記得神宗事說道十七年荒
莫與此年京

運米丁夫歌

人不似舟船可以因風行千里人不似騾驢可以鞭
策馳都鄙一肩之力不過幾十斤安能負荷穩步履
餽糧遠道軍待炊莫得將沙量作米軍士枵腹戰不
能運米丁夫趨不起況當此際雪霜天赤腳穿山又
渡水傳言百里無人烟虎豹豺狼與孫兒一石到彼
先辦三十鍾食者爲少費者侈士不宿飽奚不黠軍
士倘說多糠粃戰塲之地血爲燐夜不生芋充箸匕
采薇采芑冬不生食者運者兩不喜窮民貪利充運
夫重繭龜策不顧趾募夫之錢從何來賣田貽婦並
鬻子一家哭聲不見悲一路哭兮哀如此嗚呼弧矢

欃槍星莫明干戈勿稱車馬勿馳烽火勿報吾民得
以聊生誠幸矣老人後見太平年放歌縱筆千張紙

國朝

秋日果老石晚眺　　　　邑人吳之珍

人倚危峯意欲僊何須張果事當年嵯峨石上雲來
去嘹嚦空中鶴往還丹葉滿林留夕照黃花徧地弄
輕烟稻香拂袂頻延佇林外西風咽暮蟬

其二

山懸片石挿雲隈俯瞰溪巒萬態開瀑水澌聲飛雨
岸蘭峯翠色上層臺孤雲帶雨將西去返照凝霞八

晚來十畝桑田闊野叟羣隨飛鳥莫驚猜

江汝社宴集　黃岡王一翥

透迤匪御溝碧蒲間淺黃羅戸廓清夜樵隱俱城西
奏愁寧可詳舒意強刀觴開館詎無友躭歡物不齊
孤景依妙善龍門騰艮驪傾光借短燭蘭氣橫麥畦
偶來投隣壁爨餘絶輪蹄報德切雲覿往史慵討稽
琴高穿地軸羨門希天梯渺予披粲翁放情當巖栖

送秋日桃花店簡耿文倩

澹月桃花店輕雲似馬山送秋戀黃葉結友悔紅顔

丹竈藏非似金囊去不還人情老莫問名在有無間

自得園　周　楨

片片城東石授君之野心雜花低結屋一水細穿林
鳥立紅橋雨人迷緑徑陰十年志出處兵燹敢相侵

花朝自得園賞花　邑人耿應衡

尋盟選勝報筵開酒政茶經次第裁地慣留題延客
坐花知覓句送香來閒翻舊譜懷前哲競酌清尊訴
後杯月下相邀欣入社故移梅影到蒼苔

九日飲陶我容山莊同諸子登高歌

江陵胡在恪

九日又看客巾菊萬壑正走先生居巖腹剌角挂薜
蘿陰洞泠泠動蝙蝠童子纔斫松枝歸蒸梨未熟來
開扉見客驚呼主人出見我一揖嗟踈達露濤清絶
天台月山盤香有瀑源巖堂巾簷外逞雲烟更愛高
秋高峯揭瓢尊賞之手自携題糕布荻都超越人生
鴻水各西東鴻雁橫飛霜葉紅長吟一身向天末何
處更尋賣藥翁縱酒正高歌其如風雨何山神對博
去樵人歸斧柯握君手偕君走君家醉石傳家久肯

與遨遊客借摩何須更買青州酒 時將爲山左之行

天台行

遠來不辨仙居樹近來始識天台路憑將黃鶴羽毛
高高飛絶巘淩雲霧幽撐摩青逼洞天石脂琅菜護
清泉時憑蜥蜴盆能霰俯看熊羆館作烟烟開一練
長江曉洞庭葉落沃焦小天目平分少室東壑奔雷
走河淮棹錯趾列屏西爽開函闢去後幾時回神人
何處尋金汁飛鳥頻頻下石臺 老君山峙其西

仰天窩次李卓吾壁間韻　邑人鍾　琇

高鳥不可即空濛烟水寒掩關人髣髴開帙事艱難松竹清暉老碑銘故字殘幽奇想澗壑長作昔時看

白沙關

萬里經行久今方見楚山歸心疑夢境酒味識鄉關谿水廻千曲夕陽第幾灣畏云親友集宦況愧雲間

獨山寺

巘嶮孤巒蒼翠餘飛來鐘磬滿寒墟石橋潭水堪鑴字澗草漁舟可卜居羸馬已輸塵外杖對牀常快雨中蔬登臨懷遠攜相聚應賦茱萸秋葉疏

送邑侯徐子厚爻毋　邑人耿宗塡

朱輪遙紫陌冬日霽朝霞京國文章在江黃豈弟賒十年餘客夢千里戀殘家欲別心無限桐坦映月華

謁耿恭簡公專祠　閆雋龔　璋

懋獨伊周事燈分濂洛傳六經雄舊業雙杜入遙天美覲宮牆近道欽松柏前琳琅風作嚮繩武看斯年

登天臺　三秦白艮珀

誰將一塊石高揷碧雲頭蒼翠千年色青冥萬古秋脈傳華岳意日靜洞庭幽清籟朝靈廡星天次第遊

坐忘臺

當日坐忘時可知有臺否臺以坐忘名忘根尚未癡

了心關

心從過關了關以了心謂試問過關人心果了也未

留月岩

萬山烟鎖一峰開明月尋幽自往來極目江光隨鳥嶼尚餘清影獨徘徊

撫松岩

崖上高吟何所適撫松長嘯豈無因登臨欲叩關中意明月西來說故人

博士崖

博士門前千尺水潺湲深注古今情我來獨酌丹崖側花改新粧鳥弄聲

仰天窩

天窩古洞天幽靈與世絕日月自中生廻龍護山闕亂峰光入流四壁動明滅澹然一老僧意氣春雲疊手註楞嚴經見面不識客花木亦靜修含香未輕接會心悅衆妙忘機莫能說忽指巒山音聲從何處歇

乳山石四絶　邑人盧爾愷

嵌竇懸崖奪化工離奇姤殺玉玲瓏寒汀烟鎖西山雨搖曳雲根萬竅中

其二

詰曲崎嶇鏤幾重天然結搆舞虯龍只疑身在封湖畔片片飛來西竺峰

其三

分明五色碭山雲夜半携來逐楚軍白被歌聲吹裂後粘泥帶水結殘紋

其四

城西幾處聳璘珣爲結宣和艮岳鄰棄擲不須生愛惜免教朱勔又勞民

遊天台　邑人盧綖

攀藤窮絶頂睥睨小乾坤列嶂排空立嵯岈勢怒奔臺高難仞計鳥雀礙飛屯繞壁徑如甕欹嵓俯若門峰峰留蘚篆樹樹挂秋猿松老虯龍舞巒奇虎豹蹲嵐光翠欲滴石乳膩堪吞邃谷發幽響泉聲珠雪噴空青蕩胸次俯仰暢吟魂枕潄忘神倦登臨任日昏

披襟領清趣幽爽莫能言帝座知不遠長吟通九閽

登五雲

苔徑石嶙嶙山行屐盡折十步五步停人疲徑逾窄山重林莽深多言爲虎宅時聞腥風來人人皆怖虩予獨致從容大笑以向客射石昔誰雄一談便落魄行行問答間客子心稍釋未幾履層巔四顧心目闢峻嶺蓋天青羣峯礙雲碧凉陰落我衣謖謖松千尺雲霞已滿掬日月誠可捫下瞰彼城市青烟微幾痕羣山相拱向羅拜如兒孫

望遠衆山低立久境彌曠天晴日色黃空江一線白置身霄漢間萬里供驅役深嘆古人愚卧遊會何益憑空一放歌劃然迸雲隙山鳴與谷應下界自驚嘖薰風吹未休倏爾人烟夕與客咏而歸路傍多虎跡

仰天窩　邑人張希良

十年不到此泉石事都非老馬披雲入高僧挈棒歸諸天一氣接孤磬衆山飛翠竹黃花地從今願息機

雙山亹邑北八十里

望去疑無路洪崖到亦開溪聲奔草木天影卧莓苔

度險心逾怯躭奇首屢回往來愁化石後騎爲頻催

萬槿園

園林非我有魂夢每相關問訊先叢桂探幽得小山
漁樵何處老兵甲此中閒萬事惟杯酒相看且破顔

其二

三徑秋陰積千峰暮色長鳥窺題壁字蟲響讀書床
寂寞思遺老淹留戀晩芳池臺荒更好莫漫感滄桑

屢乞歸養未得　邑人吳應庚

六載郎官汗漫遊每逢佳節感松楸引舟力竭臨風

健彈鋏歌殘帶雨收令伯有情虛歲月淵明無夢不
林邱公侯關內如雲集細草荒城一片愁

題桃花塔影圖呈于北溟夫子　吳宏初

古塔摩空碧晴雲影獨懸蔭流千嶂澤高傍九重天
麥隴浮煙靜桃花上雨妍南山歌樂只好向畫圖傳

冬日同王子峻山盧子端族遊天窩

勝地傳聞久追隨及此辰四圍山斗削一徑石嶙峋
瘦樹斜穿壁危巖曲逗津坐來圖畫裏寫與寄霜筠

其二

朔風淨木葉晴日煖林邱一共高人往從知佳致幽
遠山更戸向逝水築堤留不是浮名繫羲皇可與遊

其三

四山如鉢影兜翠別開天鐘遞浮雲外人來落照邊
地寛雷碎石僧逸竹通泉謝朓新詩好應無讓昔賢

其四

來去何匆遽倉忙易倦人偶逢石郎坐遥望鼠難馴
乘興同王子居前愧照鄰行歌離谷口溪印月痕新

張邑侯鰲山書院題壁　張希良

畏壘新成報蚤鶯瓣香騎竹滿山城三州入夢雖多
喜百里攀轅可勝情慈藹依稀瞻畫像典型端的倚
宗盟他時共酌韓稜酒也向兒童隊裏行

前題　邑人盧續

大夫報最發新硎下邑無緣繫福星綠逆虎符秦嶺
樹青留鷁首楚江萍石碑贔屭鐫三異書院縹緗祝
九齡分袂匆匆明月夜慚無杯酒勸長亭

散里歌　邑人鍾應遜

自昔壼循良古今稱卓魯亦在止酷烈前後思召杜

吏治雖多端慈惠實所主張侯蒞此邦邦人歌樂土百里感和風萬戶沐甘雨牧民在休息焉用斤與斧士以文墨通笑談傾肺腑其或等狂且不嫌賦鸚鵡老農力耕鑿年來憂粟腐醉飽穩三眠吏胥目未覩靡麗無所喜廛市無所取給價倍平人風聞來遠賈聽彼輿人誦詎能指屈數於中有一事乃更足千古安昔遭喪亂十不存其五餘戶三百六次第輪差伍十載一當年當年爲最苦每逢歲晚時老幼走公府官卒循舊章持籌索規矩法密憑伊弄文深亦任舞

此輩已食人尤愁積保戶保戶專苛派白晝肝人脯遇事卽風生發言人皆俯纏頭與簪珥取辦悉窮宇三五類成羣未語先含怒強者偶一吐鰥寡尤所侮金錢嗔不足益之以布縷布縷窮女紅無能飽餓虎富者日向貧貧者嘆終窶侯當下車初太息膺常拊赫然削陳牘盡掃從前蠹里正不到門雞犬皆安堵如春回黍谷如日正當午又如病困夫頓覺沉疴愈租稅無後期公私眞兩補向之攫金者寂寞歸農圃昔之九上肉歡然歌有秫強弱匪所論勤惰分良楛

風俗自此醇鄉曲漸無武良法貴久遠今卽後之祖旣已頌侯德還須勸堂廡守此以勿退安民以無瘉奸頑或竊弄小子當鳴鼓

天臺秋月　盧　績

岧嶤片石削峯尖王氣遥從北固瞻匝地黃花迎玉兔倚雲紅樹擁金蟾霓裳曲度遊仙聽桂子香飄古佛拈莫惜下弦稍黯淡琉璃夜夜補莊嚴

雙泉堂詩有引　九河劉承啟

黃安建邑百四十餘年矣邑治公廨梁棟墻垣頹

朽殆盡幾不能蔽風雨而燕堂湫隘更無退食之所予承乏茲土經營重建非敢侈壯觀恣逸豫也落成之日忽于堦前得泉二眼清泚甘冽可以鑑人邑人士競誇爲異瑞因以雙泉名茲堂賦詩二章用記其事云

薰風時雨徧山城荒署經營幸落成千嶂碧雲迎戶曉數竿修竹映窗明放衙每切思民隱聽事寧求協政聲天勵臣心當似水雙泉爭自獻澄清

其二

銅符初綰坐專城漫望他年報政成處世未諳惟敬
慎臨民敢信自廉明欲舒鴻雁千村色愧説絃歌萬
戸聲酌水有懷天鑒在好教心曲照泉清
和雙泉堂元韻　　盧　績
茂宰初膺斗大城隨車甘雨卜秋成保民咸服蒲鞭
教課士爭傳藻鑑明百祿受天先有兆雙泉湧地静
無聲我纓久愧塵埃聚滄浪何時一濯清
前題　　邑人耿宗坤
靈泉迸出駕盧城福澤源流巧合成鑿以天工心一

徹潛通地脉眼雙明輝生礎柱灤洄影錦砌屏墻金
石聲至治化神何所頌官清難得吏如清
前題　　王風隆
蚤卜人龍見楚城雙泉位置自天成頻開水鏡藏花
影似湧冰輪妬月明不俟洗心饒美澤定教沐化播
休聲賢侯徧地廉風洽共彼安瀾萬古清
劉夫子邑志落成五十韻　　邑人盧紘慈
聖朝崇吏治夫子獨醇儒宿列郎官上名懸御座隅
青蔾傳舊學白髮奮新圖二陸人爭慕三蘇世莫逾

持標嬈八愷飛舄伺雙鳧紙向長安貴鞭先上苑驅
敲詩探鈷鉧潑墨走珊瑚才過張燕國猷宣汲長孺
專城披壘綬借徑剖銅符游刃烹初試隨車雨欲濡
阜財揮玉軫律已濯冰壺露冕巡阡陌提筐饁芋蒲
行仁田種玉示信浦還珠獄折刑仍恤情矜罪不辜
公庭消雀鼠夜柝静萑苻撫字瘡痍起綢繆凋儆扶
琳瑯顔閈闠畚鍤固垣郛豈乏乘軺客爰開授粲厨
琴堂澄井渫綺署闢萊汙頫壁施塗茨芹宮奠欂櫨
丹楹瞻美奂碧甃看平鋪右道功原峻崇文治誕敷

雋才精許月課士振蘇湖并剪裁綃錦泰盧琢珷玞
屩簦來俊髦舘穀聚生徒學者欽山斗田間後袴襦
已誇花作縣早見澤淪膚何以敦風俗須知示楷模
廉明操筆削紀載展訏謨渾噩般周别詹炎大小殊
羅搜追遠代問察遍窮嵎合鐵堪成錯微瑕不掩瑜
考文惟杜史廣益集工輸巨傑藉良技鯫生匪棄繻
聞言方耿耿捧詔更瞿瞿吐鳳慚司馬雕虫愧董狐
懃懃蒙顧盼佩荷頗躊躇德驥難齊駕疲駑許並趨
蓬心研著述奇字拜庥衈帙合縹緗裹函分甲乙區

聊酬班固志莫擬子真愚戢德歸知已銘恩矢報軀
民歌皆樂只我詠在茲乎翰墨逼堯陛聲華動舜衢
蘭臺虛左席宣室定前詠帝曰汝霖雨人登公舳艫
官勳巍耿賈霄壤隔劉盧尚念門墻物彭宣略遺無

喜邑志告成　　吳宏礽

興廢仙才百度貞千秋徵信一編成史傳曾筆風裁
峻學本蘭臺睿藻精憲乞留心尊國老莧羅不惜采
群英樗材斷朽塹同廁襄贊無能負鑑衡

遊黃楊古砦　　邑人盧　績

插天古砦接浮光好結蘧廬向此藏石巘嵯岈愁虎
豹土坪坦率快牛羊劍門自古難於守棧閣從來失
所防俯視諸峯如繞膝那知人世有旗鎗

登天臺山

廿載違蘭若沙彌盡白頭輕裘披五月薄凍結三秋
苔蘚封詩闕烟霞鎖寺幽巨靈開妙境想為玉蟾遊

烟波亭載府志　　明吳　琳

漢水連天濶江雲護曉寒青青山數點正好倚欄看

二程山道中示友人韓奕梁庚寅并序

吳應庚

邑西灄里村曰大活野老傳宋洛陽大中程公由
黃陂治北携明道伊川兩先生嘗泛灄溪登眺二
山山下有小港潛見不常有墩焉高不尋尺二水
中分由龍阬石踏以北達於灄雖港水暴溢墩亦
不沒故大中父子下榻其間六百餘年傳述如此
顧吾疑之茲區也菊甘薏苦非有丹巖翠壁之勝
茂林幽壑之奇與夫樓館臺榭絲竹管絃之麗大
中公不憚跋涉而至於再與三也豈其時有故人

高士如陳季常輩隱處其中故不吝往來而傳述
者之佚其名耶抑如蘇端明所稱風土厚善尊愛
賢者雖山谷崽氓莫不以戴司空之澤深慕大中
之賢尤異明道伊川兩先生之穎悟絕倫俾我幼
子童孫有所矜式與不然何以美其東阜曰大程
西阜曰小程墩曰程子鄉曰程鄉與垂髫戴白者
莫不頌其名也若夫東望黃楊西瞻百藥北顧老
君南覩木蘭莫不各有雲巖石屋可以悅耳目怡
心志茲區特培塿耳且所謂大者卓爾差高小者

坦而少側殆不過難爲兄難爲弟云爾慨自大中
暨兩先生隨宦南安從遊周元公而後茲區茲阜
徙拜重叠之名索諸殘編斷碣古蹟新玏了無依
据何此中人士之質而無華也暇日閲總志載孝
感東五里曰程子港者其傳述與茲區同而黄郡
志不之及惟黄安初乘云先是有程鄉小學歲取
數童子以充學校之選是孝邑之虛名反不若吾
鄉之沐實化也明神宗初周思久修黄郡志於時
爲稍近而操觚者概行抹煞從此欲傳將安仿也

嗟乎古所謂金錫圭璧之姒在瓦石草木被其光
澤則大中再世之宦蹟暨兩先生昆弟之誕生詎
特蹟隨山水幽而已哉頃訪友奕梁徘徊山下漫
賦二律以釋夙疑與廻瀾解誤庶幾采風者申詢
愛惜聊備故實而山川之久晦亦待時以顯云
望魯臺高百里程舟車上下往來輕聽吗池名池瑩
水壺色理趣林名林幽木鐸聲宦蹟優優千古誦仁
風拂拂四郊清大中繼司空蒞陂邑孝昌志足徵文獻幾負茲
山大小名

千秋絶學肇周程濂洛昌明横議輕天以一元擕運
會哲如二子著賢聲文成楠葉休非小楠葉成太平字馥自
蓮花遠益清奇賞析疑同學在登高作賦豈虛名山頂
池中蓮花盛開故並及之

邑侯張公一躍重修學宫　　吴宏功

旰食琴堂盡影遲煌煌黌序壯新儀拊循政㝡堯封
日景仰雲生孔壁時百里謳吟民有母六經鼓吹士
爭師如斯治績題芳碣早信甘棠去後思

邑侯徐公秉仁禱雨有應

一旱春之夏天心懼改移風雷偏有意草木豈無知
花縣陰重滿平疇緑更滋
聖朝霖雨重四海望恩施

邑侯曰公良瑄賑荒

不堪炎火蘊爐隆深憫灾流百室空十五雨風偏此
缺九三耕蓄問誰充屑榆甘我猶難飽易子傷心曷
忍窮
帝命神君炊玉粒春回寒谷一時融

登五雲山塔次同人韻　　吴文鳳

馮盧面面盡宜騘翠掩藤蘿覆寶幢累邱正愁驚墮
鳥飛帆隱約見長江遙望長江如帶九廻遶佛途皆直獨立
千霄影不雙曠覽自矜窮碧落睡魔愁陣一齊降

春遊壘烟冲二首

策蹇通幽逕層巒迴接天蒼藤盤古木怪石瀉流泉
日暖禽爭語風和柳篆烟詎惟遊子趣更羨得牛眠
路引清風入幽深別是天暗香通竹徑好鳥曳林泉
細滴茅簷雨時烹松火烟絶無詩思苦何俟酒家眠

遊碧巖寺　吳人鳳

覽勝誰辭去路賒山深最處老僧家靈巖瀑布銀河
瀉翠竹平林石徑斜春色一樓風景異村烟幾縷暮
雲遮清幽寂歷塵囂遠一片心情無際涯

恭步郡伯王公捕蝗原韻　吳泂

德望齊山斗賢勞半域中下車纔幾月善政已旁通
盡力除螟螣深情計始終葵心矜向日稚映慶雲紅
水青山色遠郡治亦蓬萊戴得晨昜出携將甘雨來
餘氛俱洗滌嘉種遍培栽百里區區地先叨燮理才

林邑侯捕蝗四首卽次郡伯王公韻

吳兆澧

清遠分山水神君蒞此中丹心膺
帝簡德意與民通旱去三時害能成萬物終河陽花更異
葵藿遍傾紅
螟螣災方熾負田近草萊如雲官吏集積案簡書來
力役連年起祠壇廣里栽萬端勤幹濟竭盡士元才

春日登鰲峯亭　盧淮詩

菜田麥隴碧千重日午遙聞古寺鐘老樹雜將紅杏
好頹垣多是白雲封橋西射圃留陳迹竹外書帷認
舊蹤謂鰲山書院境勝不嫌城市近萬山低處一高峯
嶙峋峻壁俯郊坰幽敞朱檐接杳冥此地並無塵可
到昔年曾記我時經一灣春水環堤曲四面遙岑照
眼青試坐石欄杆畔望何輸西蜀子雲亭

雙泉堂　盧國彬

山繞樓臺樹繞窓簾泉地湧卽名邦源分左右遙通
海派合東西暗入江肝膽照來明鏡兩蛟龍伏處夜
珠雙有時宓子扶琴暇吏凛春冰意早降

雲峩寺次果亭韻　吳兆澧

水抱山環竹樹窩禪房有客夜經過雲烟起處揮毫
疾詩料投來野色多

上方寺

巉岏躡盡歷村西橘刺藤梢路不迷到得上方塵境
隔五更清磬曉雞啼

天臺疊前韻

石磴高盤東復西龍池欲借洗塵迷高人勝蹟難尋
遍藤蘿起空山鳥亂啼

官閣雙泉

爽塏成宮闕雙泉表吉祥自繇君子澤匪只水泉香
甘冽纖塵淨渟涵萬象藏兩行冰鑑列四座玉壺彰
蕉讓無分美東西若並瀼養八占井井綆汲偏瓊漿

鰲峯亭春望　吳大桂

郭外春晴爽氣攢鰲峯亭上耐盤桓景當適意九馳
阪酒入枯腸水下灘溪滿倒涵高樹矮雲開轉覺瘦
山寬妙香不斷催詩債秃筆年來幸未乾

呈孫曉山邑侯次盧鏡亭原韻　吳大棨

聞說盟心凜四知理棼端委細於絲撫民不愧衆人
母學道應推儒者師百里梓桑皆額手一時芹藻盡
揚眉祇憐未遂瞻韓願快讀盧仝七字詩旅食三吳未遂景仰

贈二姪女貞孝　吳謣

貞孝鍾靈淑偏教命不辰何堪待字女長作未亡人
事可追前躅謂從姑貞姑四姑心期慰老親歲寒松柏在同
耐此艱辛

遊五雲山　阮昌綸

萬峯盤錯橫空起一逕孤危鳥道裏山前山後盡雲
封片片飛來凝岫紫我登未半目已迷上顧無巔下

無底狐兎驕癡不避人陰森大木逾千紀峯迴忽駭
路不通怪石突出遮遊屐悍如怒獸堅如鉄仰行觸
額俯礙趾捫蘿攀壁息復行半日傴僂度邐迤造極
劃然南北開上窺天路惟尺咫呼吸直與帝座連右
控木蘭左舉水習習清風兩腋生一空塵猬無渣滓
坐久白日欲西傾暮色催歸嘆觀止循塗漸下萬仞
蹊迴望深烟凝綠茫始知登高能探奇所見盡非世
人比嘆彼半塗迴軫人學山不至徒徙倚

吾邑徐子鍾玉娶婦秦四載玉亡弟鍾儒越月亦

尋卒儒幼聘王氏聞訃歸徐隨秦守志未幾秦舉遺腹子茹荼晝荻共歷艱辛今孤開先年幾三十矣成均委贄率由萱訓深嚴因狥其請賦詩贈之

正氣垂千古深閨立大綱妙齡甘苦節皓首耀孤芳
志共乾坤老名懸日月長咸陽家範肅槐室閫維張
憶昔聯鴛夢偕期報佩將結褵瞻婉娩待字羨端詳
百歲同心締踰旬折翼傷貞猶嚴姆訓席莫煖君床
不弔嗟雙逝餘生嘆未亡操盟匣劍在矢死柏舟償
白晝青霄暮高秋八極荒總幃空寂寞泉路隔微茫

淨洗鉛華質長捐翡翠妝笋凝斑竹淚聲斷子規腸
蟾闥清如水銀缸冷若霜飛原無破鏡鏘早絕鳴璫
從此天難問誰知善有慶弄璋占趾瑞飲泣借荼嘗
晨夕艱危盡門楣慘淡當媼憐哀齒伴嬰看尺來強
晝荻和燈剔咀丸映雪光且欣儲國器會更舞萊裳
勉勉恩勤隱孜孜婦孺忙卅年人紀振二美世謀昌
堅白風塵礪精神造化勸文章俱燦彩草木亦流香
輶採褒封亟鄉評激賞彰舊新喚笑哭清濁感潢滄
抱一霞分片刋珉祉錫瀼玳箋摛盛德烱烱貫穹蒼

星集即德星集亦南北通衢

村落依山麓人家綠樹遮雞豚乘暖旭魚鼈戲平沙
藥餌分畦種香醪稱量賒豳風圖未遠作息不聞譁

遊千工堰因登玉雲山　邑侯孫文驊

瘦馬披雲入閒情偶樂山人行千樹底村在萬峯間
亂石成三徑流泉疊幾灣蘭亭餘斷碣我欲拭苔斑
別有藏書處仰天窩爲李卓吾藏書處行窩倚石根巖深藏福地
路轉見柴門雁爪留陳蹟松濤淨俗喧何年學高隱
添築浣花村

不覺雲崗險曾經蜀道難帽簷秋色滿鞋底葉聲乾
地與蓍明近山還子細看捫胸塵壑少百感笑無端
孤墖凌空起雙眸頓豁然環村皆碧巘負郭盡腴田
遠水平沙外晴霞夕照邊臨風思富樂囊澁買山錢
收拾名山景都歸夾袋中塵消千日酒骨傲九秋風
客意矜遊覽尋心念困窮惟期紅葉雨洒遍畝西東

重午後一日遊文昌閣次周半江學師原韻　署邑侯樊鍾英

訟庭無所事桂閣與朋邀漫把蒲觴續聊將白日銷

許聯詩酒社不作賤貧交此地晴光好嵐烟瑣斷橋
爲約窮奢戒時蔬也入筵尊前無雜客座上有詩仙
覆射榴花落杯浮竹葉娟分題勤擊鉢莫問夕陽偏

乙丑三月留別郝城　署邑侯盧家元

出宰山城越十旬殘冬過去又經春年當閏月寒猶
盛地近中州俗更醇私室好無投刺客開庭幸少受
鞭人原田歷歷常堪念會見芃芃麥穗新

過盧鏡亭山長壺公壺卽題七四詩集　署邑侯王進祖

天與寬閒養大年倦遊嵩少返林泉折腰尚笑淵明
俗頫首惟稱太白仙絕代才人艱一第百年詩史當
長編小軒自闢壺中境瘦石疎篁瑣碧烟

天台風洞歌　吳瑄

我來天臺春已暮探奇亂踏天臺路山腰怪石聳嶙
峋虎豹虬龍僅容步側身更向絕頂行歷盡崎嶇漸
坦平危橋盡處有奇窟耳畔號呼風作聲山中老人
爲余說是名風洞殊奇絕吹噓四序嶺頭雲解釋三
伏懷中熱邀我攀藤入洞中蒼松幾樹影摩空洞前
芳草芊芊綠洞口山花故故紅乘閒偶坐松陰下一
枕羲皇正瀟洒倏忽風吹夢漸回千層碧磵潺湲瀉
長嘯一聲天地清洞門人去白雲生何時重與山人
約不負松風夢裡情

雨後同友人登鼇峯亭

翠瑣層巖石徑灣尋芳有客暫忘還四圍草色亭邊
路一帶花香檻外山斷續疑烟春已暮急雲拖雨鷺
飛閒老僧細數興亡迹悲咽聲聲磵水潺

遊千工堰次孫邑侯韻　盧熿

穿竹逼幽谷山深不見山村烟紅樹裏梵磬白雲間
夾路石千疊沿溪水一灣重來風景是只有鬢毛斑
何處張家寺千尋碧巘根歸雲藏石磴老樹隱山門
地少輪蹄至林惟鳥雀喧分明人境隔雞犬自成村

老君山石門　吳家龍

歷盡巉巖道攀藤出石門人疑天外到水向峽前奔
繞壑風聲壯銜山日影昏綠溪松竹好緩步問烟村

乳山寺石

名山走遍眼偏青不但山靈石也靈半幅奇雲懸峭

壁幾灣流水繞荒庭空明應訝遊三島虛籟渾疑鑿五丁彷彿吳興圖第一層巖百尺透瓏玲

界林寺　盧一煐

薄暮叩禪關松杉杳靄間忽驚千嶂失却對一僧閒石榻幽雲宿山溪隱鶴還直須披破衲塵慮頓時刪

果老石歌　陳中銑

果老石當巖脊丁丁一柱凌雲碧魂硊周環近百圍嵳峩約計三十尺遥擬肩輿歇嶺頭更訝山巔遺礎碣頂平合駐王子鳧勢聳難升謝公屐人功不逮想

神功鄉村皆道張仙迹憶昔鴻濛蝙蝠精唐時光祿署官名中條山裡傳奇術噀紙成驢走萬程此事由來涉荒誕正史不載載雜傳緣何砐硪得聲稱高談倘是庸夫見我聞妙諦自堪輿岡巃嵸結秀氣儲石骨入相成吉地石形發露氣之餘或作官星或爲羅此中定有達人居閒遊是處覘形勝灞水盤山左右應山環水遶地靈鍾氣核土精堪作證登臨幾欲發豪吟徘徊更覺增逸興贍言此石幾春秋猶未攀援到上頭倘教借得階梯便好取入間仙境奇觀一目收

雙泉堂　署教諭樊恭懋

堂上雙泉出嘉祥底事呈應將廌作號當以讓爲名水與民同鑑心隨跡共清天教賢邑宰對此發深情

書熊太學之炅傳後　林縉光

君山傳烈士大義獨能明罵賊剛無屈捐軀死若生一方資保障千載著英聲巳入昭忠祀常垂竹帛名

前題　戴錫綸

礟雲壘黑雷雨惡蟻緣蜂擁豺狼搏戰聲甫歇罵聲

高烈士山頭甘受斫是時青犢起鄖襄楚豫傳烽儵陸梁犄角　王師增氣勢異人今又說光黄老君南麓熊河北祖臂健兒誓殺賊斷布爲幟竹爲鎗滿腔熱作丸泥塞一朝蓑鶴等沙蟲髮指齦穿恨碧紅魄褫張鴟成鵲退祀應汗馬報鴻功我讀此傳念鄉邑兵火當年猶出入賊由羅山大勝關入光邑之墨斗關迤東數十里踰觀音巖又折而西南由牛坑出修善關入黄安境父子國殤悲謝家斗沙河謝監生父子素武勇聚丁壯堵禦力戰死賊亦大創聞各隘皆義勇把截不敢更東遂南出光境鬼雄接武英名立

聖代漸摩大化渲秀民生恥並頑民將軍討逆從天下草莽捐軀自性真

前題　　盧熿

我昔客歸自襄邑塗逢里老下車揖維時教匪西竄川詢以鄉鄰猶飲泣爲言吾輩生

昇平百六十年無刀兵去春小醜襲鄰境先是匪窺羅山之仙花預防波及先心驚道路郵傳聲息惡賊來匪只相刼掠握槊操刀敢殺人紛紛老幼塡溝壑熊君聞之髮衝冠誓當一面誅凶殘椎牛煮酒督鄉勇堵賊不使南來安賊營距站三十里不能南下姑東徙賊由仙花東據光山南境可憐一路任橫行無數蒼黎馬前死光黃之界老君山峯巒崱屴踰雄關熊君糾丁握其要晝夜設伏青林間提戈枕甲相持久逋寇勢窮惟株守追師聞有慶將軍百討無如挺而走黃汝四塞雲低垂一雨十日無晴時泥深徑滑烽烟濕强弩利劍無從施鄉兵力絀羣賊喜乘間蹈隙哭如豕十家鄰舍九家逃獨有熊君罵不止自稱

六朝國學生久拚一命鴻毛輕死爲厲鬼還殺賊狗彘焉

能汚我名英風凜凜心如鐵白刃攢身氣不折戰袍寸裂血模糊口中一片常山舌賊怒如蛙忿未除積薪舉火焚其居牛羊倉廩一朝盡高樓廣廈成邱墟旣來復去非初意馬不渡河心駭畏首伏熊君挫賊鋒蕞爾孤城因有備賊擬南下値河溪水漲復聞城中有備遂西竄郎今祀典明春秋名入昭忠祠雙丁二到綿箕裘天佑達人大其後卓哉熊君誰與儔亦有劉生並盧老諸生劉琨老人盧茂伯均以罵賊死一坏猶得藏肝腦其餘死者幾千人白骨滿山殊草草爾時我聞里老言臨風搔首歌招魂何幸客遊別松菊到家團聚歡兒孫登堂握手昔年事此日拈毫頻下淚闡揚潛德賴詩人篇賦瑶箋勸忠義

巳酉秋杪路過西張家書贈明經張光甲庠彥鳴珂鳴鑾弟兄以誌不忘　　邑侯朱梓

爲民勤于役前路日巳曛僕夫爭告瘁指宿野人村何來羣俊秀道左躬逢迎肅我入門右再拜伸慇懃兄先而弟後詞氣多溫文名皆列膠庠初不類蚩氓俄見少年子器宇尤精英揖罷不敢坐云皆渠後昆學書兼學劍選巳中干城倘有羣季在頭角皆崢嶸

一門環五代食指將百人有書可共讀有田可共耕
然各自得團聚爨未分誠哉公藝後能不忝家聲歲
晚務已閒婦子無經營況逢歲大有隴畝多收成桔
槔掛在壁稻粱貯滿囷安居河閉戶足不入市城夜
深留我飲牢燦烹雞豚山肴雜野蔌一一皆具陳庄
牀可就枕機上裁布衾雖未誇燦爛清潔有餘溫卽
此傲羲皇何憂犬夜驚淩晨出戶望山水環前門霜
林飽紅葉觿塢堆白雲依然桃源境藏此懷葛民我
愧更羈紲僕僕奔紅塵野菊荒三徑孤松翳草根何

時返初服社酒洽比鄰作詩聊寄意此意與誰論

登雲臺山　吳盛蘭

城南有雲臺去城不數里崟岑上逼天矗立何秀峙
緩步入幽逕烟巖山色紫怪石疊嵯峨駉馬相邐迤
颯颯秋風生行行復止止山中一老僧山外幾樵子
秋深黃葉多匝地迷遊躐清泉繞磵流野鳥驚人起
翹首望霜林爛若霞成綺古寺晚鐘聲縹緲白雲裡

過棗林寄族兄人模　秦大樟

紙牕寒透風聲入老梅半開香欲襲兒童拍手發高
歌光陰冉冉流水急而我聞之慨以慷屈指那堪年
三十學書學劍兩無成爲射爲御將奚執猶記束髮
受書時同學少年俱負笈相逢半作五陵人衣馬輕
肥下車笠壯士得志馬革尸英雄失路牛衣泣儒冠
從戀老生頭皎皎白駒其誰繫阿爺尚在阿母死擗
書怕讀蓼莪什丈夫貴不及親在累茵列鼎終羞澁
我有一人居三山屬在雁行稱既翕願言努力猶未
遲咄咄徒勞重憂悒感子殷勤意致深惠我昌言當
拜揖大禹惜寸陶惜分只到於今始見及拔劍斫地

氣復雄我何人斯胡爲不自立君不見南山一夜雷
雨聲池塘頓起蛟龍蟄

桃花書院中秋卽事　秦光辰

桃花洞口山突兀節屆中秋書作歇歸者大半留者
稀空山飲酒邀明月山有楂兮水有菱採歸盈掬供
肴核高峯平處厰清筵席地列坐當山闕無端風雨
西邊來滿頭吹濕青絲髮而我危坐不肯移三友同
心都不發風爲散兮雨亦收爆竹千聲驚棲鶻舉頭
遙望廣寒宮廣寒深際浮雲窟不見素娥神飄揚微

聞雲桂香秋禱我思去年中秋時同堂骨月悲殞殘
又思明年中秋時射策風簷筆花茁今夕何夕玉山
頭人不倦兮酒不竭吁嗟此地非尋常舊有將軍秉
黃鉞山河半易人半非賴有子孫世閥閱吾儕爲訪
名師來欣逢佳夕思橫越未知時命究何如幾回欲
對姮娥白

星朝山 并序　韓文清

瀰里山多自西北來麤硬瘦削蜿蜒數十里至南
陽韓氏村一峯秀挺高里許頂平上有池池南二

巨石蹲左右磊磊獅象狀四面衆山環拱勢若列
星故以星朝名每春秋佳日遊人登覽西聳望月
東拱五雲南峭木蘭北枕仙鼎瀰水貫其中極大
觀焉乾隆庚子重陽偕姪邑庠思純子增廣光舉
携茱萸酒效龍山會因各賦詩以誌勝

不辭覽勝步深秋着屐相携最上頭掃盡餘氛開四
面送來美景豁雙眸人宜九日清如許山抱羣峯翠
欲流到此襟期偏淡遠逍遙還許御風遊

步前韻

羽蓋繁華已晚秋追隨直上此山頭十分美景添吟
興別樣清光縱遠眸絕頂更無纖翳隔半天時有斷
雲流今朝滿醉茱萸酒欲擬仙人汗漫遊 思純

莫嫌花事已逢秋載酒還宜步嶺頭淡遠山光堪入
畫清空景色欲迎眸俯看羅列羣峯小遙指灣環一
水流選勝由來恭妙悟好同風浴舞雩遊 光舉

林明府禱雨有應　學博汪　瀛

天降甘雨澤滂沱殖我百穀生嘉禾一雨三日優且
足側聽衢巷民謳歌曰余邑侯涖茲土軫念吾民厥

心苦政簡刑清煩苛除四序無愆節風雨今歲亢旱
偶爲虐躬禱名山履絕㠁鶴扇青詞奏重霄釋迦經
宣振梵鐸赤烏如火蓋不張泥濘濺韠雨沾裳以誠
感誠獲天助惟侯之德烏可忘余聞此語稱謂然然
未足盡邑侯賢邑侯化民務以實夙夜捫心期對天（内署自題爲夙夜捫心之室）偏隅小旱時所有侯曰翳維予之咎
欲與羣生解倒懸敢爲一身惜奔走奔走羣神月雨
周幾次膏雨徧芳疇齋宮惶悚彌自責雨不深尺終
不休吁嗟乎有虎而冠欲谿壑視民疾苦如隔膜禁

磨戒沽只具文那得精誠通冥漠亦或要結愚黔黎
爲民悍患磬璧圭翊翊輙自矜良牧弋取民譽爲階
梯如侯豈復宜致旱遇旱自責不稍緩禱而得雨寂
若無邑人克知侯意罕我爲此言非譽美願侯勤民
長視此他日台鼎調天工宰天下亦如是矣

前題　　武進瞿　培

日暘日雨主造化惟人一心與天通旱乾水澇時所
有至誠感名理則從今夏不雨將雨月赤日流火氣
蘊隆萬民奔告苗待槁邑侯求禱來齋宮戴星出入

靡敢懈焚香執禮心愈恭直履崕巔探龍穴攜取勺
水貯杯中經翻貝葉頌千佛楊枝甘露一灑空心誠
求之無不應油然作雲四布濃殷殷其雷轉霹靂雨
師開道鞭頭龍大沛祥霖徧郊野三農抃舞歌神功
生者已植死者起須臾轉歎而爲豐歸之邑侯非諛
美邑侯遜讓歸　蒼穹

黃安道中

肩輿得得轉山腰五里人家三里橋纔過重陽冬已
到霜林紅葉氣蕭蕭

勞勞堪笑此浮生何事能如讀與耕難得深山最深
處數家茆屋出書聲

出南郭門至靑蓮庵

人家圖畫閒出郭盡秋山埜水寒沙白霜林楓葉斑
畦荒古墓近菴小一僧還信步來初地蕭然塵慮閒

喜雨爲林邑侯作　　盧　爌

山城午日逢甘雨化作千村續命絲告廟書懸通邑
曉憂民念切大神知壇先期即已沛然恰當積水車
乾後剛是嘉禾插罷時翹首濕雲凝不散滿傾蒲酒

賦新詩

題乳山寺　　林縉光

山逕盤紆曲閒尋古寺來靈泉浮碧蘚怪石點蒼苔
乳脈何年結鐘聲入夜催偶緣公事暇到此絕塵埃

遊龍峯 錄一　　孟正芴

遊遍天涯興未磨梓鄉勝地笑初過溪環雉堞浮埃
火寺倚龍峯積翠多空際雲開橫雁字橋邊風起度
樵歌登臨滿目饒秋思一望靑山靄黛螺

九月登文昌閣次壁間韻 錄一　　教諭侯安國

灊城風雨一朝開爲是題糕不用猜天起高亭連閣
壯人騎快馬望山來但憑樹杪看秋霽還據樓頭捧
玉醅此日詩囊何所得歌聲猶聽紫雲囬

前題　林縉光

有客登臨草閣開隔林花鳥莫相猜劇憐幽絶慚孤
往不許情深結伴來落日青山撐瘦骨晚霞紅樹醉
新醅一官笑我成羈束又逐風塵擾擾回 時因公下鄉

登鼇峯 録一　盧　熿

岸濶沙如雪橋横水不波秋深場事畢雨霽竹簰多

遠渚翔鷗鷺澄潭泛鴨鵝村連城市近比屋有絃歌

杏花村即景　李中杰

茆店依村面市廛杏花落盡酒旗懸樹多爾雅無名
鳥山有茶經未品泉古驛昔時稱巨鎮縈林宋代隱
高賢宜人風景都如畫一片秧鍼緑滿田

重修邑志歌行體一首　張孝坦

幸哉遭遇乎斯時也合璧聚奎榮鏡宇宙原隰呈穎
棻鱗毛貢雕繡五嶺若吞倚天南黔嬴造就鍾粤秀
海山鄉爲作霖雨來爲蕞爾之區洗孤陋蒸蒸吏治
成　郢隆求之莫向傳書中果然心勞自政拙詎識
智名兼勇功問誰化蜀俗喻說古文翁問誰冠賈傅
僅有一吳公而我林侯纂修盛意能同同林侯入閩
英茂姓鉅門地陣掃秋闈早搴幟人非百里才腹足
五經笥偶然現出宰官身借棲也似蒲亭季下車以
來兹六歲桃李無言文章砥礪禮羅既已切咨諏製
錦尤思辨利濟昔者竊聞史才良最難持中傳信乃
不刊豈徒覓米滋口實誤金尚誚昌黎韓至於郡縣
之志即小史紀獻蒐文擘諸此我侯嘉惠收樸鄙攬

挈如椽不惜齒蘐麥絡繹俱大歡喜以爲必獲公且
是傚邑建自有明嘉靖年邑書草創勞前賢久知踳
濾未讎校刓多殘闕需續編水在盤杆衡在架膠幘
紙裯風月暇侵晨據案花欲飛午夜臨池燭頻亞白
沙闊南紫潭北民生其間者先疇而舊德或從部屋
閲瑰琦都伏毛錐起顔色吾儕小人欵啓陋文懸魚
蹟邈刻鵠功勤轅部苦怗濃遊照餘放紛閉門只許
附劉勝提槧何堪陪子雲叢叢天臺峰嶋嵲以律兀
磊磊似馬嶂嶙嶒更超忽扶輿磅礴動幽潛元氣淋

滴開鬱勃企俟書竣捧書讀稿備輶軒華分典録大
雅卓不羣君子恥爲獨有如敦洽投泥女瘤宿一朝
飾以簪纓賁花沭謠衢擊壤樂春褀慕義彊仁衍星
福蘭弗當門圃亭菊管城本相匪甘肉敢將對山五
泉斧藻之複爲公祝

七言近體二首　張孝坦

四面雲山繞座來堂中一鏡湛然開口碑久慕司文
化心秤還優作史才遜聽循良摽杜密深慚幽仄趍
澹臺安仁縣裡花含笑都被陽春着意催

名氏徒存論謙盧瑶琴飛韻滿樵漁兩岐杳杳孤遺
愛三僊荒荒共索居今雨浥成棠蔽芾古風吹長樹
扶疎益昌採入唐家傳榮藉孫公直筆書

前題　韓致中

百年曠典近何如遥溯陳編亦魯魚幸有艮才工斧
藻更無軼事隱菰蘆搜羅直欲窮辰谷凭吊休教賦
子虛他日輶軒供採訪定知信史擅嘉譽

以上舊志

新纂詩賦

詩主諷詠賦主敷陳乃才子之緒餘亦六八之韻
事體各不同總以語出性靈工鍊典雅爲上淵此
者無論官紳但感慨時事流連景物係邑名勝抑
或公舉始得續刊否則濫矣

遊淨居寺　寺向在光山縣南四十里自建黄安縣始在東畑會　宋　蘇軾

十載遊名山自製山中衣願言畢婚嫁攜手老翠微
不悟俗緣在失身蹈危機刑名非夙學陷阱損積威
遂恐生死隔永與靈山違今日復何日芒鞵自輕飛
稽首兩尊足舉頭雙淚揮靈山會未散八部猶光輝

裵裒竹溪月空翠摇煙霏鐘聲自送客出路猶依依
回首吾家山歲晚將焉歸

廻龍山寺　邑侯李　榛

蜿蜒山勢鬱龍虬徑引征車九月秋踈影老梧撐古
刹淡香叢菊逗層樓一灣水抱含奇氣兩袖風清快
壯遊我爲催科兼問俗許多靈萃小諸侯

問有橋　邑侯詹應甲　錄七首

市遠疑無路橋平尚有墩港横三折坂山隔二賢村
泉石詩情引津梁道蹟存買春花落後誰指酒家門

將遊天臺追訪講學留題處爲風雨所阻

壁立崖千仞天高尺五臺山名歸道學巖隱護風雷汝漢分疆域圖書闢草萊小儒空仰止聽講許重來

桃花店問東坡訪故人陳慥季常處

此地曾經笠屐尋謫遷相遇出風塵世家豪俠偏耽隱富室妻孥轉耐貧園宅荒蕪尋故土衣冠高古是遺民而今山店花如昔誰向江黃問異人

示萃英書院肄業生童二首

縣官非進士抗顏論文章校宮亦秀才垂老拋巾箱

衙西開講院督課月有常雷門諸弟子先後同升堂宵行輒過聽絃誦聲琅琅群英倘萃此名與實相當藝文乃餘事問道遵周行而鄉古賢哲祠宇鄰宮牆千秋重氣節著作名山藏經濟出理學蔚爲邦家光讀書守章句所獲猶粃糠

講章囿高頭經文泥旁訓不讀漢儒書何以資考證不讀宋儒書何以宣義蘊詁疏須學宮在在可徵信理必本諸心得心手相應速化與淺嘗修途無捷徑童冠數十人袖文來請正勦襲半雷同亟當去其病病在爛時文洗滌未能淨夫子之文章何以根之性諸生多讀書馭文自有柄

雙泉堂

此心本無波烱烱雙睛碧杯非覆堂坳甕豈建屋脊劉君偶得之座隅甃以石鑑影借方盂象形合圓璧如調分水符如量平水尺嗟哉一勺多涓涓常不息

五雲山館

山雲成五色架起筆一枝筆端生五花光彩尤陸離花枝與雲葉飛落我硯池五星集百里五風協三時

雲心自舒卷山骨無轉移裁時還判牘墨氣同淋漓

天臺山二首　　浙西許賡藻　錄八首

半空突兀峙層臺曾說尚書曳杖來絕頂生雲漫潤谷當年留月識樽罍林泉最羨天倫樂蓑屐咸推大雅材百尺龍門勞景仰標題惜未與追陪

其二

諸峰紫邐似兒孫險隘公然據劍門虎帳勛名憑勘石雉垣廬旅自成村鳴琴曲磴清泉響蝕錦懸巖碧蘚痕絕好畫圖堪聚米至今人指謝公墩

新建考栅落成四首　許賡藻

雙派清泉滌筆秋哦松廳側廨東頭四圍疉相會留圃百尺元龍舊卧樓大厦豈容規制隘長材早倩斧柯捜經營意匠標成竹築室從來誠道謀

其二

石介剛腸衆望傾聚星門第愛難兄春風鄒衍噓人暖秋月吳剛照眼明共讀梓材勤樸斵更欣喬木集嚶鳴過懷最是盧鴻一集腋人爭倒屣迎

其三

遥瞻奎宿靄祥光糺縵雲霄輔戴筐造鳳樓臨雙闕禋登龍門闢五雲傍星辰奏事稱臣軾孝友懷賢道姓張閭闔明神盡酯士鑒臨一瓣爇心香

其四

此邦先達儘堪師品望天臺獨冠時學士才華行幄重尚書風度野𣅀知世猶近古無言遠室爲掄才不肯卑莫漫風簷矜速藻植躬行世固初基

督勇克復縣城紀事　許賡藻

四月中旬余因公赴鄉賊乘虛襲城閉門堅守集鄉團圍之破東門入殲三千餘人賊少逸出者時奸民勾賊踞石堂灣衆議剋日往勦余令姑緩而記以詩

大旗一麾上下睦千雷萬霆震山谷狂賊覩此始駭然登陴款語請自贖湯網君誠開一面泰輌我以識此桑從茲裹足設誓辭但請莅盟立簡牘壯士一躍登女牆責數侃侃詞往復於意云何問衆人衆人齊笑賊乃哭哭巳憤發強撐拒火皆燃機矢抽箙我師間暇遵成謀匝地往還互犄角趫捷豈盡攀枝猿周圍直防走險鹿賊怒砉然啟扉出戈戟森森高出屋跳盪勁旅三百人當頭截擊皆駢戮大隊伏城城未權夕陽銜山衆枵腹爾時飢渴頗難耐設或解散定遭屻絡繹黍肉兼壺漿竭來婦女暨田僕飽餐勇氣更百倍誓欲殲旃勿淹宿貿版薇體門爭焚舉油灌炬爇愈速斬闗轉自外傳呼川草似聞內觳觫細鱗潑刺罔漏網狡兎迷離盡納麗絳帕紅衣掛樹間膽寒却早計窮魘幺麼游弈記春杪同仇小試爭弱肉河口一提焚百艘餘孽倉皇棄館穀嘉禾忽被根莠

攙祥麐豈有豺狼伏是誰勾致作淵藪長官涼德自
慚恧衆怒勃勃鳴征鐃義旗翻翻轉林麓滌污欲傾
東海波書罪且伐南山竹我謂休息姑徐徐一舉殄
除百里肅

重整黃安團練紀事 許賡藻

制府吳文節公堵城敗歿黃岡各市鎮賊皆滿鄉
民畏其鋒且惑於浮言團練將散連日苦口勸諭
始復整頓因以韻語紀之

大星忽已墮兵氣誠不揚狂寇恣蔓延鴟顧而鴟張

賊謀極狡詐賊語喧道旁謂分富室田貧民有倉箱
謂得神力助羸老亦方剛首誅在練勇最惡惟團防
鄉民怵凶焰頗亦誕膏粱富者謀遠行雞狗且共將
成約漸解散戈矛行匿藏我亟招之來一二鬚眉蒼
中有青衿士慷慨明綱常門外圜聽人婦稚襍農甿
我謂賊紿爾貧富實兩傷刼婦半椎髻間或凝華妝
焚屋多茅廬亦或燎高堂豈以多田翁爲爾餽貧糧
邪術本假託所語尤渺茫其中實恇怯厥後故披猖
若輩皆盜賊豈真爲侯王朝廷待爾等深恩殊汪洋

爾縱不知書野詞聞之詳古有良家女被選充宮嬙
恩愛一以割蓼莪徒相望今則永禁除嫁娶依其鄉
古最重縉紳倚勢欺馴良低首若奴僕含冤淚沾裳
今則法度明絕不庇豪強古者重賦役僉丁戍邊疆
租庸且遞增逋賦那得償今則薄征斂畫一懸定章
倘遇水旱災宵旰彌傍徨帑金亟賑濟軫念尤多方
幸逢恩慶事耆艾皆輝光孝弟與節義一一標縢黃
凡茲浩蕩恩高厚信難量捐軀未足報況自衛藩牆
爾若爲賊民驅使如犬羊戰陣列前隊肢體膏鋒鋩

淩辱及閨闥悉索罄篚筐偶或不當意決首猶探囊
一旦賊殄滅官吏逮鋃鐺治爾從賊罪燬爾寓賊莊
百喙莫能辨身家俱云亡何如各努力治地作校場
擊刺皆有法戈矛自成行火器須多備偵探必戒裝
彼此互慰勞隨時具酒漿萬人同一心閭里固金湯
衆謂我言是轉與我相商內則事整飭外勿形張皇
我謂壯軍威賊聞行遠颺先聲破賊膽義聞宣鄰邦
聞罷色起舞丈夫誠激昂忠勇矢報國姓名流芬芳

九日同友登長竹山寺二首 邑人駱逢源 錄八首

令節登臨興自寛同人握首笑言歡路危客子多欹
步風疾遊人數整冠寺鼓一鳴深谷響山嵐四顧塞
陰寒茱萸揷鬢塵氛遠金菊殷勤並採看
將近禪林俗子回山僧携茗到蒼苔流清可並同儕
挹竹蔭尤宜別徑開峻嶺直隨雲氣下孤城旋望雁
飛來歸時箕踞南窻裏興味悠然頗壯哉

復遊八角廟二首

猶憐高興未曾休莫負重陽縱遠遊石徑巳知幽處
僻禪房更覺好花悠玲瓏槅柚含風静淅瀝梧桐帶

露稠獨惜陶君籬下醉於今不見此風流
日暮長堤尋路歸辭僧回首望雲飛題糕巳短英雄
興塵世還隨心事違可惜鞠華將色淡那堪秋氣逼
人微漫云酩酊酬佳節祇自低垂玩落暉

上元登三角山二首

三山聳峙幾千秋令節同人縱遠遊踞石盤桓忘虎
豹披襟飄拂任颼颼遥憐野寨藤蘿密更見雲根洞
壑幽宿霧忽騰迷古道儼然昏黑到高頭
峭壁懸崖象萬千一村春樹一村烟高瞻北闕恩光

迴遠眺南鴻道里縣古寺孤僧留古貌寒山怪石吐
寒泉逐狐燒圃家家急薄暮歸來月影圓

東歸經雲臺山寺

東歸散步到雲臺唱和餘閒別徑開入廟不須僧作
主升堂何意吏同來玲瓏野菊經霜淨鏜鎝鳴鐘促
雁回眺望三山如咫尺無端秋思旅人催

大饑傷懷　乙巳冬

昊天胡疾威經年竟不雨莫植一壺秧無從封比戶
滌滌盡山川炎炎唯卓午凴他萬頃田任爾周原膴

赤壤徧九州流亡嗟六宇萬目士偕農傷心工並賈
餓殍不堪言凋殘難逆睹信耕九如先悔餘三不古
垂憐伊何人殷憂僅聖主發帑卒無裨捐租終莫補
官吏恣鯨吞深文誰敢侮疇推子惠恩罔恤閭閻苦
膏澤漫平分疾痛空噢咻始知濟衆難何有博施溥
恨弗近君門細把哀情縷

似馬山　　吳言昌少岩

似馬真如馬山靈特表雄昂頭疑嘯月展足欲追風
自具千鈞力誰成一汗功若教逢伯樂顧盼早群空

仙人牀

山頭有巨石龜伏若方牀諸葛高眠處希夷穩睡鄉
千年封碧蘚一枕夢黃粱可惜仙人去無從問老莊

一線天

邱壑在胸次乾坤亦渺然兩巖屏立壁一線管窺天
徑窄行難並峰危勢欲連不堪幽絕處已讓古人先

仙人脚跡

一掌真仙跡留傳歲月多趾跟猶可辨風雨未能磨
曾作行行詠如聞踏踏歌更無人接踵山鬼笑蹉跎

風洞

石洞橫盈尺微風習習生也能消夏熱却不爲冬鳴
晴雨占偏驗相傳將雨則風息較大　烟雲望欲橫遊人欣憇止
解慍覺心清

雲臺

樹蜜雲深處巍然獨有臺蒼龍天際舞紅杏日邊栽
慣惹游人憇常乘仙子來蒸蒸隱樓閣又是一蓬萊

咸豐丙辰大旱蒙　恩免徵恭紀　吳道昌

纔過兵荒又歲荒誰家饒有饋貧糧籲天適見民生
蹙屢次祁雨未應畢炊空嗟戶口傷莫叩
重閽馳萬里敢呼太守活三鄉太尊許公據實申詳
聖朝澤沛如春暖蠲免連年感戴長

石林樵洞　盧春華廩丞

石林寺畔謁樵公洞口幽遐小徑通一代名賢留勝
蹟兩朝遺墓想餘風山梁蘚道行應遍澗水松濤聽
不窮肯雨弗嫌歸路滑遊踪又向紫雲東紫雲岩名

題吳秋岩南亭柏梁體　學師呂庭栩梁湖

延陵世系多文豪端居習靜貞所操城南卜築心志

超邈視富貴如秋毫名園數畝屋周遭池沼廻環不
容刀我來共談暑堪逃耳畔颯颯吹松濤莊惠晤對
逵塵囂樂哉魚乎同觀濠令嗣文思細于毛爾音金
玉相推敲孫年五六肩垂髫對客粗解畫卦爻君居
幽僻無喧呶竹床近接海棠巢讀書聲起山月高老
鳳雛鳳韻不淆我署咫尺連蓬茅經樓同上俯四郊
暇則携榼斟香醪看白雲出庋堂坳千層氣蒸濕青
袍學河朔飲樂陶陶

詠東坡淨居寺遊蹟　詹元燮春亭

鬚翁萬斛涌淵淵一過郟城地亦傳汝潢曾通官驛
路光黃介著玉堂仙有懷溪月涼依竹不隔靈山會
結緣大小蘊家峰可認我來仰止溯前賢

題貞女趙三姑七古一章　李　溶　月卿

郟城自昔無邪慝夫何忽竄紅巾賊男婦分途各自
逃烈哉三姑情更廼銜鋒冒刃慘難言窘急忍離慈
母側紅顏不惜泥沙汚拚死竟向幽泉涉慷慨全貞
早見機自命清流人罕測此心真如寸鐵堅百鍊紅
鑪不可滅此身皎如片月明八寶粧成不可涅我爲

貞姑特表揚邑志炳彪名永溯

天臺題壁二首　陳元壽

遠天朝旭石岑東知是雲山第幾重行到雙峰回首
處半空飛下一聲鐘
暮秋天氣朔風微檢點歸裝尚未歸我亦戀山山戀
我漫空俱是白雲飛

自黃砦遊天臺二首　方鳳翥

亂煙堆石壁牢護小丹坵古磴披雲坐靈泉擁月流
高臨三界迥俯矚萬山幽宛轉天臺路偷閒掛棧鈎

其二

一朶芙蓉麗遙遙古郭西白雲扶地軸紅日引天梯
列壑爭呼犢荒村亂唱雞梵鐘聲起處隱隱逗幽蹊

蔚華堂留別四首　袁　瓚　廉叔

漢皋北去拂征塵風定游湖獨問津柳眼半開含別
意杏花一路送行人三年鴻爪尋餘迹滿架蟬編伴
此身院落羣芳媚紅紫仗他添作管城春
鶯囀春林日漸長驅車問俗歷三鄉虛心雅愛千竿
竹聽訟曾無一樹棠到處人烟依澗壑比年風景足

農桑本來懷抱清如水激激雙泉湧畫堂
幾日陰霾走迅雷雨餘澗水穙喧豗詞人本有騰蛟
意俗吏慚非吐鳳才靜對綠陰攜茗坐略嫌紅日盼
風來顛張短李皆仙骨待月空庭約舉杯
彈指新涼送晚風驪歌乍唱感匆匆多情舊雨聯佳
話無定浮雲渺太空此處原非千里別有懷常繫萬
山中重來定是霜葭候相對酡顏又一紅

題寶劍橋　橋在方妙會籐花港每山水漲蛟龍起輒壞相傳明太祖以所佩劍插此尚書吳公琳承修橋成得不圮故名

戴貢楠 心齋

小溪曲曲向西流兩岸藤花夾渡頭亂石斜堆驚落鴈斷礄殘臥帳牽牛三篙叠漫湍聲急一帶中橫客路愁𡙇有太阿承解贈彩虹鎮起亘千秋

重九後一日仝遊天台郎景 律三 張家俊 灼三

凌晨浥露緩從行地僻村稀四望明叠嶂層巒連遠近聞花野草自枯榮踏殘石磴雲梯接響激巖泉玉漱鳴不識崎嶇猶老健聯翩蹀躞也如平

乘興同人到上頭入門且溯告天由 山城內有告天爐 高登

自喜能離垢 歷石級入離垢門 小坐如忘亦破愁 門左坐忘台 石蘚成花供畫本 繞門右行石花異樣無數 霖池釀雨濟時求 坐忘台右有二井題作霖池祈雨最驗 息緣好向禪關住 石鐫有息緣字 細聽沙彌說靜修

臨風啜茗意優游再伴高僧覽一周壁近朝陽光信早 寺外左嶺鐫賓陽壁 巖深夜月影能留 右嶺上周柳堂書留月岩 此心期丁思前哲 中鐫了心闕 有窟標奇任博搜 作霖右有大石由底隙入面鐫探奇窟 看遍滿山名勝處雪泥鴻爪記千秋 時正纂成邑志

仝遊天台漫興 張雲錦 屏山

從遊着屐亦前緣歷盡崎嶇思渺然一徑彎環行緩緩四圍眺覽興翩翩鐫題賸蹟今猶古楚豫荒烟斷復連莫怪羣峯歸足下此身原在白雲巔

其二

凌空蒼翠倚雲橫到此塵緣我自輕秀色三分收弗盡遠山一角畫難成天開幽谷靈泉活地闢層巒怪石撐極目黃花紅葉塢慚無好句結詩盟

題贈袁廉叔使君 李溶 月卿

星軺歷遍駐都城琴鶴遥臨具鑑衡賦就雕龍欣共

賞才高倚馬不虛名當空明月前身認繞座清風滿袖生館廠蔚華追桯史三鄉從此話公評

志書告成 七絶二首 王念祖 藎臣

刼火燒殘已累年人間那剩有遺編今朝信史重爲訂漫掩前賢說後賢〇同人握管寫連篇附驥經年亦夙緣亥豕較成文不朽也將姓字托書傳

前題 張雲錦 屏山

千秋金鑑集堪徵傳信無疑得未曾總爲先賢供實錄特搜潛德剔疎燈輶軒他日資讎校簡策於茲寓

勸懲葑菲采來評月旦一輪清澈玉壺冰

前題　吳端委 竟亭

紫陽秉筆繼尼山後輩從知學步艱幸昔有書藏史氏至今遺蹟仰賢闕三鄉月旦編摩就四座風流笑語閒直待輶軒來下里蒭蕘採得任增删

前題　吳道昌 邑人

猶憶嚴君珥筆先先君秋岩道光二年校修邑志而今史册又重鐫敢言花萼庭爭秀今與胞兄少岩仝與重修且喜文壇座有緣領袖得材推重望謂華英山長灼三張老夫子豕魚互校步羣賢謂諸

館友書殘遺稿纔收盡快覩新編克紹前

誌成偶草　張家俊 灼三

瑶函屢奉到邾城慚對鄉賢下榻迎自笑胸中無篆入何從筆底有花生芸編細訂存公論蘭臭同忝賴友聲班馬才高徒仰止衰年深識負持衡

題陶公墨蹟七古并序　邑人詹元夔

北垞鑄金心香可祝南山瘞玉手蹟難稽惟茲牛壁之石尚有一句之詩神動天隨形因誠著蓋至性所流山靈亦護故歷刼不毀世遠猶芳彼夫貯酒支琴趣則趣矣而不文也硯田架筆韻則韻矣而非孝也仰茲遺跡常播清芬愧乎枉負蘭陔徒愴永感似此長留藪澤可入冥搜不辟槍譏聊吟巴曲

亘古盡孝第一義何人能識思親字骨肉呼吸氣相通僅誦口碑二十四天台之山棗阪旁鍾毓靈秀肇

書香陶公岐嶷幅然起純孝性成迴腸思親九逕望白雲飛荻教吟哦不敢歸省親赴館情難已寸草欲答三春暉橐筆聊寫思親句報恩山觸思親意字向石上皆纏綿揮毫滴盡思親淚我來石壁字重捫山邑空濛水邑渾一句管中窺全豹愴然隕涕聲併吞山頭日日風和雨文鳳采苞存片羽貞珉同壽山同盟皇天護之勸懲寓況公五十戀庭除棄官養母早懸車愧煞終身宦海者遠離膝下竟何如此意誰人不當知舊聞石字今見之風木含棲徒永感謂我如

何能弗思

聖廟古栢五言二十韻　邑人李翰藻

有柏參天立婆娑閱古今虬枝盤古殿鶴骨起文林正氣坤輿聚靈光頖壁臨獨鍾名教地長守後彫心幹拂春風久根滋化雨深含貞逾百尺挺直討千尋呵護資神力支持仰德歆兩層擎翠蓋一樹聳華簪磊砢株拳鐵輪囷質抱金種從新甫得標合閟宮欽葉密香偏吐柯高暑不侵氷霜多歷練歲月幾銷沉性豈嚴冬改材堪大廈任沼芹榮秀色壇杏繞清陰

鳳宿巢殊穩龍蟠閣早霓午涼醒蟻夢晨爽靜鴉音部婁生終杳門牆蔭自森暫依思禮習常茂取詩吟憩擬萊公植雕羞宰我箴東山還待往松下譜瑤琴

輓陽台僧勇殉難　邑人車元燮

天台門外雲烟裏陽台山寺緣山起蒼松翠柏滿山巔嶺斷峯高山透迤禪闕靜掩白雲橫法劍高懸秋月明慧性早參因十二華嚴讀罷喜談兵憂煩苦腦君家戒山僧詎敢儲戎械戒刀長繫戒珠邊上方仍是清閒界一朝流寇走郯城勢如電掣與雷轟弓開兩石風雲怒炮響連珠鳥鵲驚村村男女皆奔避鄉鄰眼見成墟地十家廬舍九家空幾人揮灑英雄淚山僧按劍怒難平不爲名爭與利爭頂上圓光身八尺也隨招募作鄉兵征塵攪擾旌旗側虎穴直探無懼色矛橫丈八勢如龍叱咤一聲天地黑斜陽冉冉暮雲遲正是山僧鏖戰時銅鉦日黯神潛江鐵騎雲飛馬自馳窮追直抵淮陰市怒目眈眈如虎視那知羣犬吠方休天靳奇功歸釋子可憐忠義薄雲霄碧染緇衣血暗消雲歸鷲嶺禪心寂月冷猴江鶴夢遙

雙雙脫盡塵囂鎖此生即證菩提果試問浮圖老化身何如馬革將尸裹我聞山僧死猶傷又聞山僧喜欲狂黃花翠竹真歸宿過眼烟雲盡杳茫

東坡暗井歌　邑人吳　煦

我生三歷黃州路古蹟真難更僕數堂開寒碧半銷沉峽號雙流尚如故攜鑴鑿百踏沙行甃石鱗鱗別有情檻外桐陰苔蘚滿中有潺潺泉湧聲市上老人爲余說是爲暗井名雖滅冽寒沁齒不甚甘能解懷中一片熱低頭欲汲古井中玉女虎跳將毋同井邊

芊芊鎖井底靈源混混通乘間坐對斜陽暮徑
嶙雪堂樹憶昔坡公與未闌家僮走報催佳句
暗壁石溜穿到此幽人洗俗緣蜜雲龍煮留客
話一杯如飲醒心泉

石林樵洞賦以此中大有人焉為韻　　邑侯詹應甲

耿少保桂石名臣儒林信史致身隆萬之朝結鄰文獻之里高山仰止開後學者千百年古洞幽棲從先生者十八子今日丹崖翠壁還招鶴表歸乎當年絳帳青氊嘗遇樵歌到此一卷兀立萬笏排空石梁瀉月石磴飛虹石屋比藏舟之小石床敷席地之豐窮理窟而石文共砥闡賢關而石罅可通兩字摩崖弱侯恪遵師範一家同社介弟能繼宗工識者曰此間繁林翳薈瘦石玲瓏洞藏花雨徑引樵風昔有黃安

夫子者曾著書講學於其中方其宅掩蓬蒿門辟軒蓋契合東林西林之閒招尋大山小山之外豈洞龍早潛幽壑枚卜雨霖如洞鹿高卧匡廬爻占兌泰立功德言不朽國幹維楨通天地人曰儒匠成者大時有同里秦生真樵者荷蕢過門擔簦載酒爰詢爰諮維薪維樵因而地以人名業從師受非入桃花源問津非遊古鉧潭記柳胸羅星海百家傳播藝林眼放雲山一搭標題文藪近異仙居縹緲畫石虛無深疑福地嫏嬛書林富有因思徃哲邈隔前塵求友聲於

伐木衍家乘以傳薪先民惟芻蕘是採荒莊與木石
爲鄰當其正笏登朝蚍鼠之奸未肆入臺草奏嚴吳
之罪惟均祟祀陽明致良知而勵學求全忠介扶直
氣以還醋既而南國翹林直假斧柯在手東郊賜杖
先從荆棘抽身蓋由沉幾觀變養素全真履氷霜之
日月歛松柏之精神七年主講天台非比考槃石隱
九疏乞歸鄉里重尋看奕山人今則石磴歷歷石泉
涓涓石齒粲若石骨森然客問尚書舊宅家傳先進
遺篇午橋宰木成林思手澤而樵蘇久禁丙舍祠堂

勒石爇心香而俎豆遥傳求道者執柯不遠稱名者
刈楚争先繪洛社之耆英尚留遺像集宋儒之詮録
獨契真詮相與掃山房落葉披崖壑荒烟四壁經香
彈指道林同在否一堂理趣點頭頑石與聞焉

賦

赤鼻山賦以江水左經赤鼻山南爲韻仿回文體 孝廉盧繪雲素傭

嵐晚奪光返照而峯迷六六溆深鋪彩回陰而影倒
雙雙藍蔚接天霽餘烘岫赤撑平地聲遠桃江南浦
咏秋兮露滋琴響北牕吟夏兮風弄笛腔涵星硯而
浸月屏鳳樓慚巧錦織文而珠貫字龍鼎愧扛若乃
山園近郭一一兮長亭長亭鼻齧驚濤溶溶兮淺水
深水般紅飽雨鴨綠添油老碧肥春魚赬駭爔煸爤
鬬巧媚珠輝玉争妍糺縵呈奇燃火冶冰競美斑蘚

剝而痕劃歲歲披緋素紋流以暈深年年散綺是則
膩勻鷗浪磷磷之石頳喧虹落鴈橋灧灧之波秋鎖
瑞靄迷前瀏映左翠點鶩煊紅黏欲彈鼻撲濃芳兮
燦爛巖溼雨花眉修壓黛兮氤氳嶺蒸雲朶熾熾而
光融粉堞城赤羗標輝輝而豔燭烟村屋丹流火乃
遂赫赫炎炎山拱鼻兮波摇矗矗形形色色鼻聳山
兮景燦熒熒陌近蒸霞如光被百千綫蚌峯遥滃霧
如影摇三兩燐螢赤奮鱓鬐如燒徧火㽙添紫朱施
馬鬣如染鶩騘玉失青翮紋排藻鳳騰輝如鸞翔鶴

翥鱗錦纖梭龍煥彩如地緯天經或又玲瓏借助赤
帶山兮黛　罩　峯回遠近迷離山映赤兮晶龍嶺隔
星微碎火漁燈夜岸草凝紅日射餘霞晚霽天江楓
染赤靈炳曜而光絢淺淡莓苔采章融以艳飛相交
紫碧經橫小閣緲縹樓高韻檢幽亭還迴徑窄無不
坐八而移雲杭駿馬拂塵彎初而掛月鉤鏡娥爭媚
左癖浮誇騷歌壯志墮幘飛觥聯鑣疊轡舸滿詩仙
而興逸囊錦壓肩瓢盈酒子而情豪甕香滋鼻瑳笑
微微兮答響禽囀弄歌酡顏渥渥兮酣光酒釀新醉或

乃迤邐榮光羅青似帶縱龍繞瑞玉碧如環紫姹紅
嫣光豔偏開珠蕊黃抽白配琢磨來貢玉山是或寒
郊瘦島何如豔宋香班水倒兮成文詞噴衍曼花生
兮弄筆和寡塵寰是惟降盡酒詩妙句而鐫圴壁譜
翻絃管清音而逗遠潭颸摇桂月蘿烟素心交竹座
泛黃鶯綠蟻香齒沁柑缸殘兮焰焰鼓晚兮鼘鼘江
澄靜練兮藍拖渚深汀淺岫遠堆螺兮赤閃亭北榭
南

邑侯陳瑞瀾題孝子陳源信跋

邑人陳源信有割肝療親一事余聞之深憫其孝之
愚而轉歎其志之苦行之卓也世俗澆漓天性日薄
子道之克盡者鮮矣源信以農家子不事詩書而能
忘身以事親母亦出於至性至情之不容已乎於戲
是可尚已用　旌其閭以志奇微時光緒辛巳

黄安縣志卷之十

知黄安縣事朱錫綬 胡承組 主輯

雜志

祥異

春秋不言祥異則紀之然石言蛇鬭之類帷見於傳至大水大旱大無麥禾則特書焉盖氣數存乎天而徵應本之人未可謂天灾流行所在多有無關人事也志祥異

明萬歷二年黄州各縣地震　十六年旱　十七年春大疫　三十六年大水壞民居黄州舟可入城　四十二年四月黄州地震是年大旱　四十三年蝗　四十五年大旱飛蝗蔽天　四十六年蝗復爲灾大旱

天啟元年大雪四旬不止人多僵死　五年雨不止無麥禾

崇禎元年春湖廣地震有聲如雷夏冬復震　六年地震有聲　八年冬黄州郡縣地大震　十年有男化爲女　十一年秋野燹入城　十二年夏大雨河溢城垣壞蛟龍起　十三年蝗大饑　十四年蝗農輟耕民謠云草無實樹無皮宰却耕牛罷却犂孤負蝗蟲來盛意可憐楞腹過黄陂　十五年黄州郡縣蝗大饑繼以疫

皇清順治二年十一月西關外民家牛生犢二首趙家山石驟長　九年大旱

康熙元年旱　二年復旱　六年春夏大旱　七年夏大旱　九年旱　十年大旱　十三年大旱　十四年旱　十八年旱災　二十五年旱災　二十九年旱　三十二年旱　三十六年閏三月大雨雹　六十年大水南門内行舟

乾隆二十九年大水壞七里坪　三十年夏飛蝗屢入境郡守王三至縣偕知縣林光祿撲滅之有有司無我念太守爲民來之句邑人皆和焉　三十九年大旱　四十三年大旱偏災飛蝗入境　五十年大祲流民死者堆積里人掘坑叢瘞之名萬人坑　五十九年大水浸没文昌閣東墻並仙湖書院

嘉慶三年旱　七年大旱　十二年有火大如毬其

光弈弈由東而西落於泮　十三年至二十三年夏
多旱
道光元年日月合璧五星聚奎　二年春野獸入於城
西門爲文禱於城隍遂絶秋禾大熟
以上舊志
新纂祥異 道光二年至同治八年 吳道昌
祥異前志備載近以時變災異尤多祥瑞亦間有
之往往有出於耳目見聞之外者錄之以見上天
休咎感召由人足資儆勸非妄志也

儒學泮池向植荷歲值秋試邑以紅蕖有無多寡卜中
式數屢驗人稱爲科名草 補遺
邑西闕外半里許王家畈村後大路有五谷樹一株春
二月葉生時視形像以驗歲麥熟垂穗形稻熟垂谷
形如菽如魚如木棉皆酷肖 補遺
道光九年十一月初一夜由東南至西北地震有聲
十年文廟月臺右古栢一株歷二百餘年頂上復茁一
榦長丈許形如蓋柄半曲葱蘢有致風鑑家以爲科
甲兆

十一年五月大水浸入南城壞城隍廟泥馬湮城外民
房甚多
十五年六月飛蝗遍野食禾邑侯劉坤琳捐廉募民捕
之
二十年四月大雨雹多傷禾稼
二十三年五月野獸入城至東門坡
二十四年大疫民多死七月造龍舟龍燈禳之始安
二十九年六月大水　又有雙鶴翔於東鄉高沈村民
羅得一獻之官時署令蔡傳樞携之去

咸豐元年五月地震有聲屢有紅光如電俗謂天霞秋
野獸入城止花園及天字崗
二年十一月四白雉飛止城南蕭家林民獲二提獻未
果
三年夏長星見於軫翼　又有鵋鶀二止署大堂樑聲
甚惡被役斃一　九月有流星由東北至西南聲
如雷
四年三月二十一日大雨雹麥大損四月初八縣北又
雨雹顆重十餘觔

五年春雨豆形甚異雨蛇大小不一落鄉田中　秋鄉村池塘水香　冬塘池水自沸騰上岸見泥底少頃復定又十一月初五水閧

六年夏大旱災　秋羊角會民産一子二首一身越一日死

七年秋夜有白光如電洞燭暗室有聲如雷八月飛蝗入境蔽日無光不傷禾稼

八年正月人日夜半有鳥由北飛往南聲如綠竹又如車行或曰九頭鳥　二月鴟鴞止於城守營樹每夜

鳴聲甚惡晝則不見　又憲司街社前大椿每至午樹泣　秋月下屢見蝗飛八月彗星見形長一尺尾如鉤

九年春天鼓鳴夏雨魚秋狐祟鄉民又有雞怪人咸宰之　又麥穗兩岐

十年七月十三日雨雹大如雞卵

十一年六月中旬彗星見長百餘丈尾如帚大數丈七月朔始滅　八月朔五鼓時日月合璧四星聚奎

同治元年夏晝有火毬自東而西七月亦然没時有聲

二年春社椿又泣為建雙椿廟塑像祀之

五年夏隕星

六年犂背樹民産子形甚怪兩牙垂外寸許右肩一指越日死　夏旱民飢

七年三月十八日大雨雹禽鳥多斃　三四五月邑南地生羊豕毛長短不一燃之臭　八月十七日雨雹

八年六月十七日晚有青虹自東灣向西半亘天桃再實

按祥異關乎天下

國史紀之蕞爾邑無所謂祥與異也然麥秀兩岐蝗不

入境不可謂之非祥水旱頻仍饑饉洊臻不可謂之非異誠能遇灾而懼側身修行則休多咎少天人之應當有不爽者矣

兵事

宋元時地屬邊界屢用兵焉明爲萑苻之藪建邑後烽鏑漸稀泊流賊煽虐延及豫楚崇禎六年至十六年無歲無寇民皆避難深山倚砦爲固

本朝定鼎始慶那居小醜跳梁旋即撲滅葢百有餘年人不知兵也生逢

盛世桴鼓不聞踐土食德之餘當勿忘所自矣志兵事

崇禎七年元日城中男女驚逃三日乃還冬流賊至

八年正月有賊數萬來寇焚殺甚慘

九年紫雲砦兵刃有火

十年春流賊至

十三年復至

十五年秋七月賊草里眼率衆萬餘襲城破之大焚殺市井爲墟

十六年春正月賊草里眼復陷城踞城數月

國朝順治元年奸民夏嗣伯等爲寇結朋人會大肆剽掠里人張五敦王獻臣集鄉勇勦平之

五年王俊公等起兵脅降舉人盧希儲不從殺之並屠其村提督柯永盛討平之

八年奸民張正中向有惠廖國楨劉若愚等煽惑臧獲結黨叛主揮戈横市邑紳盧爾愷竇化芳吴晋王獻臣勦之亂乃平

康熙十三年羅山奸民譚以從等嘯聚仙居山知縣徐秉仁遣邑舉人盧爾愷率子生員盧純慈及生員李之韡張守瓊督鄉勇往諭降之置賊家口於北關外各給米布尋解赴豫省安插

二十七年夏裁兵夏逢龍倡亂會城本邑亂民李若

謙等勾連叛兵宋二詐置僞官民盡逃散知縣張國柱儒學周國購及闔邑紳耆率鄉勇殲平之

嘉慶二年春教匪焚仙花蔓延光山逼近安界監生熊之炅等集鄉勇禦之相持三日賊不得進二月廿七日適大雨賊由土春嶺蜂擁而至遂焚熊家河村落殆盡之炅死之將南涼河水泛漲馬不能前偵知城中有備且聞慶將軍大兵躡其後乃由羊角會横坡岔西竄一路殺人無算其經舉報者皆邀

卹典名附忠義是役也運籌帷幄者郡守舒分守四門

者知縣王承銓仇必達韓海署令平治日夕派民上堞稽察奸細者典史鄭以仁捐散油燭堞設一燈冐雨提戈倡首登陴者各門紳士凡屬險要皆有鄉兵先聲奪人勇氣百倍故烏合之衆聞風西遁不然一城如斗數千亡命能禁其不豕突而南哉賊匪西竄復有餘黨百餘人留擾華家河趙家嘴等處經鄉勇勦散並緝獲三十餘名觧縣懲辦亂乃平

以上舊志

新纂兵事 道光二年至同治六年 吳言昌

攷前志所載賊擾河南時其黨相戒云光山一籠雞羅山一堆灰莫向黃安走不破麻城誓不歸則賊之憚黃安也久矣 國家承平二百餘年間有開亂者不久就滅近惟粵匪勢最猖獗所至各省郡縣罔不披靡安邑士民忠義奮發倡首團練敵愾爭先自是官軍之氣益壯豫省楊制軍奏 聞奬賜義民旗幟是不可不詳紀也

道光九年三月初九訛傳烏馬潭賊至鄉村男女數萬

入城避亂三日無事始歸

咸豐三年六月二十六日大股粵逆由河南仙花鎮竄入境一宿去越日方伯唐公統兵至駐城中遣隊追至宋埠戰於鄢家河逆自馬鞍山竄江南

四年二月初五逆酋李三元由岐亭竄河口二十六日由河口竄至縣越日往宋埠鎮 時賊在西鄉九壠冲韓吳二姓集衆禦之爲所敗屋被焚又駐河口時黃祥畈黃姓督衆往勦亦敗賊乘勢追之沿路焚民房甚多黃姓屋亦焚 三月初一日數百賊由河口竄至河漢會鄭家田初二日華會西張家同金姓楊姓暨呂會鄉勇會勦無一漏網者又初一日數百賊由黃陂竄至城焚燬縣署析壞學宮初三日被大有會殲盡其時駐東鄉長竹山西鄉馬家壠者悉聞風遁初八日邑令許督勇勦河口賊斃數百焚七十餘舟四月十五日數千賊竄踞城十六日賊衆北出焚掠義會下李態村十七日李姓集鄉勇禦之賊復入城閉守十八日又同衆會鄉勇及僧兵共十餘萬環城攻之賊不出夜半數百勇援木登城入鬭被賊戕

殺四僞將首擲外勇見愈奮擊火焚北門十九日賊逸出衆追殺之殲三千餘人時奸民恃兗惡弟兄勾賊駐伊本塆十七日奸先遁歸五月大有從義等會督勇往擒之奸又遁衆焚其巢團練自是益緊遂邀義民旗之　賜　六月賊突至城外東南近鄉燬演武廳燒民房甚多遇人戕殺半日卽去鄉勇追之不及

八年四月賊駐麻城分股萬餘於十三日從北鄉苦竹坳來竄因大雨宿龍潭寺斗山等處十四日辰刻至

縣乘虛襲城十六日大有從義東烟泌平四會鄉勇勦之衆寡不敵陣亡四百八十餘人二十八日李中丞何司馬統兵至連日與戰鄉勇助之斃賊千餘五月初三夜半賊縱火焚燒民房城市爲墟開門潛遁兵分追之民截殺之復斃數百餘賊仍竄麻邑去

十一年二月十六數千賊由東鄉僻路竄至城越宿卽去復有數千賊踵至越二日去均由黃陂至德安來往不常至五月始靜

同治元年閏八月二十四日捻賊由河口擾邑三鄉離城五六里南至沙河北至葉家河西至木蘭山長亘百里橫數十里越八日轉竄廣水二狼畈去

二年二月捻賊在麻邑謝店料棚等處偪近東鄙署邑事江公督勇至北寺堵禦賊不入境

三年三月蔡游擊統一旅至縣防堵營扎火王廟令兵丁助培城掘濠濠內外豎木城五月初旬捻由北鄉七里坪至西南鄉蔓延一帶離城僅三四里城中戒嚴蔡軍分扎四門鄉勇登埤同守一月餘始去竄駐岡水濟梅及麻邑白果鎮七月二十二日忽回竄東

鄉五雲山周樓河等處蔡率軍出禦迫鄉民入城後始歸保城翌日黎明賊蜂擁至蔡出兵城外堵禦其時王泰來李軍功在城並與練勇百人防堵民皆登城固守賊偵有備十餘萬離城里許竄往北去自辰至戌始盡二十四日僞王幕下兵數萬隨後追勦亦由安邑往北去十月中駐岡水等處賊復由南鄉至西鄉離城十餘里竄往黃陂

四年十二月初四黎明賊數騎突至東門外鏁子山隨後騎賊步賊數十萬離城半里許竄往東南三日始

盡其時無兵惟城鄉民千餘晝夜防守賊未攻城自後各鄉皆依山築寨自守

五年十一月十六日賊擾東鄉黄石礄等處十有餘日離城三里許來往不常民皆攖守城中獲二奸細斬之賊始竄往麻邑

六年正月二十八日大股賊由黄陂站呂𡋯城至西南鄉離城二三里竄往黄陂二月初二辰刻髮捻數萬騎賊甚多由七里坪竄至城外東崗縱火燬屋施鎗攻城斃一童子鄉勇燃炮擊之始往東南去延路焚殺二

日夜始盡是時城鄉聯絡登城嚴守克保全城　四月初七日髮捻復由河口而東遇官兵戰於夾山寨楊師敗績十一日於鷹爪山與官兵戰賊敗回竄黄陂長堰長軒嶺遁於豫

按同治二年五月撫軍嚴公樹森閱邊至安邑令江公世玉面禀請掘濠後人始敢登城攖守三年諸賊之役分守四門者游擊蔡正清兵丁晝夜督率巡查者署理知縣文公齡分門稽察出入者東則刑席書席二人暨東門首士南則儒學李余二人暨南門首士西則典吏金鵬暨西門首士北則城守潘萬泰暨北門首士派民守垛查點人數倡首登陴者各門紳士城上各建更棚垜上各書名姓各燃一燈終夜擊柝者城內居民戈戟林立旗幟高懸故能有備無患嗣後四五六年無兵守城而城中首士任其責城鄉百姓任其勞成法俱存遵行不懈今更加以聯絡礮械旌旗靡不俱備人心鞏固垣池高深雖斗大山城居然金湯矣

合纂寺觀

寺始於白馬是後蘭若遍宇內矣安邑舊傳五百餘寺今存者百數十餘蓋貧者多并於富廢者無力復興亦可驗民間佞佛之風漸衰息也志寺觀

白衣庵

淨土庵　明耿紳建僧心如爲開山鼻祖俗姓王其爲僧也不募緣不叅學惟六時唄誦一衲一念珠見人無貴賤貧富悉以平等視苦行數十年而没有藏經厨藏西來文字極富

緑照庵　舊名冷家堂明末有王氏女其夫死于賊矢節祝髮爲尼居此後里中齊氏新寡亦矢節同居重新其寺邑人盧爾慥爲文志其事詳藝文

九蓮庵　相傳僧旭明俗姓蘇英年棄家遁跡空門持戒終其身今廢

龍興庵　即十方庵廣數十畝昔有僧澹然者年八十餘工詩字精內典都人士時相過從近林木蕭索非復當年矣龍潭寺僧購而新之梵宇垣墉漸成壯麗

鐵佛寺　一名六壬庵

青蓮庵　俗呼金井寺明嘗掘金於此後金無所得中止井尚存

竹隱庵

延壽庵

東林寺　在東郭每歲迎春於此

自在庵　邑紳耿應昌建今廢

徐家堂　今廢

準提庵　順治初建今廢

三教堂　一名大隱庵有僧半偈者禪棲二十餘年足不出關外或過之從牖中作竟日談都無俗諦年近八十先定逝期至期果示寂今廢

小淨土庵　今廢

靈鷲庵　順治間今廢

羅家堂　今廢

蓼莪寺　邑紳周世鎮建念蓼莪也今廢

以上附城

峰山大寺　在峰山麓古刹也又山頂有廟祀土主

基係曹姓所捐嘉慶二年竄匪逼境神著靈異賊始西遁土人建廟以報功焉

呂家廟

蔡家堂　在義會星后墳苑係李人祖塚

鐵鑪寺　明行取御史秦鎧建道光元年邑人秦光鼎秦光鵬等重新之舊傳寺有鐵鑪爲宋元故物

徐家堂僧文法建俗姓徐中年棄家入釋以田三石囑其姪徐萬憲永爲供佛香火費云

梅家堂

青雲庵　即李家堂明萬歷間建僧容容修持之地

永安寺

南　寺

北　寺　在小坳口兩峯對峙搆廟其巔奇趣插雲互相犄角北寺住持西遠坐棲賢方丈徒名松華

柴家堂

鄒家堂

龍潭寺　明僧若無建寺三面距河水環如帶林木幽邃潭水澄深莫測清秋皓魄浸入冰壺其上爲木魚山折而西爲獅子山觀音洞皆勝境也其西院則明末僧蘊空建

萬護庵　低寺

彭家堂

知音庵

石家衆

興佛庵

上方寺　僧冲然建有大樹壓石簷冲然欲去之衆謂不利於殿僧意堅斫之不盡如綫幹及牆人力莫支冲然喑聲佛號樹旋仆不損隻甎片瓦咸謂

高僧所感云寺遠塵囂山空閒寂但年久傾頹乾隆間僧慧能復修之

檀聖寺　一名仰天窩僧淡然建寺後有泉導以竹涓涓達香積當谷口弥望渺曠路紆廻由中峯而上逕側石壁題曰開一逕曰者裡來數折有巨石蹲而倚若人延佇狀題曰等個人層累而上又題曰向上處僧重普書後僧洞源置燈田以供香火

東嶽廟

普光寺

雲峩寺　舊多竹乾隆間捕蝗取竹爲具蝗息而竹
盡矣

婁老寺

石丈山寺

光玉山寺

張谷冲廟

新安寺

碧岩寺　僧碧岩建

高山寺

長竹山寺

樊家寺　捐貢樊心鶴祖人建

興佛庵　郎悟明寺在七里坪

紅花冲寺

張家寺　石磴盤曲叢竹蔽之到門始知有寺

細　廟

歸元寺　神最靈春秋進香者不絶

養元寺　林木甚茂邑紳盧柏川讀書於此捐有燈
田四石

馬埠頭寺　一名護城庵

桃花大寺　舊志載寺在桃花鎮北先是一老人偕
媼居此居後有井日産鹽數兩乃募緣搆寺其上
旣而貪得掘井擴之鹽不復産云寺内有東坡先
生題聯芯草田邊帯雨桑麻隨處緑桃花洞口入
坐燈火萬年紅之句旁有洞爲方山子故居相傳
東坡先生訪之曾三至其地寺側爲鐘鼓樓明尚
書吳琳建乾隆五十七年邑舉人吳海生員吳光

韓吳文翰等重新之今寺已頽敗巨鐘尙存數百
年物也

左家岙寺

毘盧寺

喻家堂

漢津廟

祁家堂　郎龍臺庵僧必成疏濬浂河以便民田

白衣庵

羅家堂

夾山寺　茅堂　調御庵　楞伽寺
潛龍寺　原名東嶽廟秦僉事建明太祖微時避亂
於此故名
長壽寺　秦太學建
界林寺　一名大圓陽台七十二寺之一也寺居環
山中分東西二刹左爲擂鼓台右爲木魚山前峯
突起如獸以爲障後山擁伏如龜以爲屏林木清
幽景致佳絶
蘆葉岔寺

仙佛寺
古松庵
安樂寺
柏林寺　內有于太守成龍題庭前柏子匾
淨居庵　宋蘇東坡嘗遊此有題詠
古劍庵
不二庵
桃佛庵
栁家堂

西聖庵　即王家堂
雲台山寺　寺居山頂最高俯視西南諸峯如兒孫
羅列歷歷可數
以上太仙鄉
能忍庵
珍珠觀
王毋寺
祖師殿
陳河寺

砦基山寺
楊子山寺
獨山砦
姚家寺
彌陀寺
吳家寺
經堂
王家堂
清涼寺　在鷹爪山側古木交加盛暑不熱

鐵佛寺

朝陽寺

三師廟　戴洪建在戴氏祖塋百十萬山麓

馬家寺

界嶺寺

方家寺

水岩寺　明萬歷四年張李二姓建寺前有石巖泉涓涓不息名曰滴水岩因以名其寺

盧家堂

希有庵

仙人山寺

永興寺

蔣家衆寺

八里灣寺

卓望山寺

覔見寺

保應山寺

龍王山寺　嘉慶十四年鄉民艾榮德修建砌傭工爲業不娶妻積四十年稍有餘貲捐修此寺併置田六斗以作招僧香燈之費

廣信砦寺

亭　堂

以上中和鄉

雙臺庵　僧古春建

楊家寺

汪家寺

廻龍庵

道滿寺

龍泉寺

西張家廟

道林寺

金家寺

安佛寺

佛塔寺

蔡家寺

七寶山寺

存德庵
大　寺
後寺
觀主寺
門家寺
圓融寺
萬壽寺
熊家堂
千佛寺

百祥寺
見天寺　瑒寺皆山當寺中仰視蔚藍一線故以爲名
乳山寺　詳八景圖考張大地張大士張大成重修
長海寺
老山寺
韓錫寺
羊角寺
五峯寺　明末僧怡然建卽植聖寺僧淡然弟也以見遁跡空門亦棄舉子業與之偕隱卽五峯山搆寺以居並置燈田以供僧食舊志載寺外秀峯五不減炎洲勝概云
易家寺
峯子寺
王家堂
洪安寺
左家堂
靈臺寺

靈洪寺
雲容寺
林峯寺
大量寺
普賢寺
龍田寺
龍王山寺
琉璃寺　宏峻甲諸寺
本心寺

大方寺
華　寺
彭家堂
興法寺
傅家廟
戴家廟
西林寺　宋元以來寇賊蹂躪所至皆成灰燼而此寺巋然獨存
楊家堂

九龍寺
桐柏廟
興古寺　一名馨穀明初邑人吳祈陽建捐田供香火勸石焉
保安寺　邑人吳季舒病痊後捐建因以爲名
岐峰山寺
九峯觀　在棗林會
清貞觀　在陂坊會
廻龍觀　在呂旺會

以上灄源鄉

帝主宮　在延嗣閣西側道光年間新建
雙椿廟　在城內臬司街同治二年新建廟前兩椿對峙多靈異人爭祀之
觀音閣　在城東杏花村朱仙山上同治年間新建
天馬寺　在東烟會明封君周孔開山鼎建家廟上下貳所捐田肆石作香火貲子家棟號鶴揚督學京畿升監察御史在廟塑其父遺像自明迄清如舊後裔大任希禹又各捐田貳石共田捌石及山

地壹所盡作該廟香燈聽其招僧供佛永垂不朽立有案
貞節庵　在蔡家沖萬歷間邑侯黎來玉典史吳從龍捐建以祀節婦蔡純仁妻張氏純信妻徐氏並前任應存祠給田壹石有奇事載省志及一統志
天臺山寺　在天臺山頂住持僧道明仝徒孫真修持齋苦修勤儉積累並募捐各貲共置田叁石捌斗柒升以供香火後僧不得忘本售賣立有案前邑侯許有記詳藝文志

東峩寺　前明甘姓建山嶺峻絶林竹茂蔭有園山
樵唱滴水琴鳴巷八景秦高士嘗題詠惜不傳
土墩寺　距桃花洞口八里許寺嶺不甚峻陟其巔
名山勝境歴歴可數四圍雲樹羣峯環拱若牙笏
然亦小洞天也寺前濟陽書院江氏建以講學並
爲游覽處院後梵宇二楹兵後江劉楊三姓重葺
明月寺　凉亭寺　水口寺　李態廟徙義
尹家廟　付左尹姓建　福勝寺　付左董姓建
水口寺　付左張煜建　大屋廟　付左程姓建

長冲寺　付左會　滌波庵付左女尼僧人稀募建
獨山寺　桐柏廟西呰　廣應菴　無爭堂西呰
横山寺　天津寺　王德寺　王德祖建
威靈閣　即吳王廟在邑南七十五里
烏龍山寺張承祖建　廻龍山寺　文昌宫在呰基山王姓建
按淫祠固所必黜而神道亦以設教安邑寺觀大
都各擅山林之勝力田自給游手者少焉但二百
餘年毁敗既多命名亦半非其舊姑據僧册參以
舊志證之新聞録於篇

黄安縣志卷之八
知黄安縣事陳瑞瀾闇大夏主輯
雜志
新纂寺觀郎廟宇
秋月菴　在付左會峯山側孟姓建四圍皆松每月
出松影婆娑月光朗澈不可形狀故以松月名
蔡家廟　在付左會西南其先廟貌傾頽神像剥落
胡世英重建
延壽庵　劉行健捐田一坵計四斗作香火原在關

帝廟前今盡圮
福神祠　前名財神殿在縣城城隍殿右側後遭兵
燹光緒丁丑年戶糧科衆姓重建故改名
奎星樓　在縣北松栢村烟墩水口內光緒七年黄
梅雨黄義生捐建高數丈餘有上出重霄之勢古
松數株映帶左右
普安寺　在棗林會
觀音閣　在徙義會前明正統十二年邑人張與李
鼎建道光壬午年張士舉重修光緒辛巳歲張景

渠等同衆又重修

新　廟　在西砦會西峯山南光緒元年建

老君廟　在縣北老君山廟上下兩重

靖節庵　陶宗澍妻彭淑媛建

三司廟　在縣西係劉藜軒雲軒募建

延嗣閣　劉光祖施田一所坐落鄭家岡門首一坵三斗又一坵七斗共一石以作燒香之費

居仙山廟　城東大有會同治八年建

華嚴庵　舉人江澐風主講處有紫竹千餘竿丹桂

一株士多題詠其間

白衣庵　增生張文藻建

東嶽廟　重慶府太守孟琰建

長塘廟　面繞水堰長垂秋練邑名士多主講其中

南極庵　同治四年程開運倡首承修香燈共田二石

新纂仙釋

熊婆婆周氏奇行難以枚舉明季土匪蜂起本村置箭樓禦之創造時工甚衆食恒苦不充婆婆炊之米升許衆役食之綽有餘人名之曰衣祿婆婆事載家乘

補遺

徐氏梅長春妻性貞靜寡言笑同治丁卯于歸操女紅孝事姑無事不出門庭同里罕見其面逾年夫病侍湯藥不懈月餘夫愈而氏病沉睡中忽一艷妝女子招與同遊瞥至一大第類蘭若燭彩香花如賽神狀

其中麗人最多氏逡巡門外倏有女伴授兩紅丸氏吞一顆其一欲懷之女云子如不食可見還氏仍與之寤後覺精神頓爽其病若失自此厭食烟火物日惟服茗數杯畧食果實即授餐亦不多食產後亦然而乳無缺迄今十有四載習以爲常現年三十歲育女二復有娠居黃石磯距城北五里許

合纂仙釋

六經無所謂仙與釋也自劉向燃藜而桂父安期始列於傳自達摩面壁而瞿曇剎利遂衍其宗吾儒讀聖人之書服聖人之教原不求仙何羨乎仙既不佞佛何取乎釋然其人非仙而近於仙奉釋而全於釋則亦仙之釋之而已矣志仙釋

明朝

劉慶雲號長春真人也生於前明少聰穎好讀書十五歲成文章達時務三十遊蓬萊習仙術夢醒邯鄲

丹成粟粒數百年後猶能驅使鬼神奪雨移風歲旱禱請飛鸞批定雨期不爽髮捻滋害臨壇指示免災者衆他如判科第降邪魔歷著靈驗今猶嘖嘖人口焉

耿六沉

耿六沉諱汝念博學不仕棄家去爲赤松黃石之遊至終南幽僻險絕處行半月都無烟火值大雪遥睇山腰有洞如古陶烟一縷迸出急趨赴一道者端坐其中伏戶外以俟踰時道者出念泣懇授書一册習之知未來事頗多異徵然深自韜晦人莫窺其底蘊偶花辰邀客飲客曰彼庭前石可移置乎念曰諾命數人力扛之及門門狹不得出念叱之石出出復如舊黃初平之叱石成羊殆謂此歟後其書被焚失傳

涂純一

涂純一者名永鑒童子時延醫治母疾遇道士醉卧烈日中張蓋陰覆之道士覺問其故具以告道士命隨往步履如陟空瞬息間渡溪流八九曲一念毋不欲前道士嘆曰是尚未可教也因出囊中針授之教其歸以針母疾言訖擲一自雲中下恍然如醉夢之覺也訊其地則信陽界去家已五百里矣歸持其針

以砭母疾立起徧試諸病者罔不應後入天臺山修葛洪丹砂之術

無名道者

道者何道其所道而非吾之所謂道也其無名奈何以其嘗謁耿天臺而不得通其名也夫既不通其名矣而猶留一詩云身披破衲草麻鞋短髮長鬚漢外來只爲清閒游海島豈圖名利謁天臺內知金木交加併外曉丹砂自結胎覽遍乾坤無賣處狂夫依舊笑盈腮是亦逃墨歸楊逃楊歸儒之幾也即謂之以

詩爲名也亦可

李趣蓮

李趣蓮不知何許人狀魁梧鬚長五綹儼然仙也以訪鐵彈僧至耿六沉居六沉叩其由曰募緣詢所需曰待鐵彈至求試其長未嘗一語洩一日六沉謂曰子以蓮名義將焉取蓮笑曰試爲公解可乎乃取一盂水投蓮子其中頃之葉出花開菡萏生香芙蕖出水衆方詫異而李已聳身蓮上不復見矣

西鄉丐者

有不乞人間食並不乞人間火亦不以其火與食爲人間乞而自食其食者西鄉之丐者也丐者之自食其食也以松葉共煮松葉也自空燒之樹一大木若榾火從下發灰從下燼恒不令人窺有窺之者必知之郎挈之而走甚且詬而投之以石誰得而食之苟得而食之其色明潤其味柔脆其芳香不可名狀因而善良者幾何人然而貪之者卒寡以丐者之不輕以食人也若夫詩書中有眞味初無有禁之而反不食之者異矣

程八龍家道者

道者不知何許人萬歷末嘗住庠生程八龍家骨瘦如柴不復類人形或強之食犬盡一隻飯盡一斗酒盡一甕不言醉飽或閉戶數日不與食亦不言饑餓盛夏暴日中不知暑隆冬出戶外不知寒偶積雪驅使出久之意其去也察之乃舁卧屋傍卧處丈餘無雪氣如蒸呼之歸則歸亦不嗔怒住七八年忽去不知所之

無爲僧

隆慶初有僧無爲者敝衲扶筇自北都來遊天臺之陽二舍許曰饅頭石故豺狼窟也駐錫焉一茅廬僅蔽風雨久之里人爲建數椽名曰朝陽庵僧趺坐其中竟夕不寐居數年一日語里人曰吾將以某月某日西去矣其積薪以待衆以爲誕弗聽會耿恭簡公講學天窩山僧請謁恭簡見其狀粗厲弗爲禮漫問之僧答透機乃進之坐僧曰此來無他吾燔化去後遺二三徒衆希公盻睞耳後果如期自焚化去

釋心如

心如俗姓王邑人削髮爲淨土庵開山祖苦脩頓悟耿司馬官金陵僧隻身往謁歸遇二兇僧威令負重兇者亦不知僧爲淨土庵師也徑造庵門釋子輩望見師懽呼曰師至矣二僧愕然衆將縛撻之心如亟止延二僧上堂欵待以禮語佛法大義二僧感泣不去終身師事焉後楚藩迎主修靜寺端坐而化鼻端玉柱雙垂有異香四散邑釋氏半師之

止止

止止北直行腳僧也嘉靖中卓錫玆土時耿恭簡不

信二氏學獨以眞行重止止爲搆牛耳寺居焉寺前有峯嵯岈巉嶒止止燃一指以禱雷爲擊去未幾復以某事再燃一指故人又名之爲指指絕穀不食食泳米沙或十餘日並沙亦不食常隱居石洞洞門有二虎守之謁者從山下大聲遙呼俟止止驅虎去乃得前迄今石洞宛然名爲止止洞

國朝　釋半偈

釋萬緣字半偈俗姓黃年十八父毋俱喪誓不完娶禮師乘普遂祝髮爲弟子後雲遊諸禪林及盧山晒穀石受戒于了宗了宗深契之歸行苦行煙無主白骨千計耿宮嘉其勤修延居三教堂歲辛卯慕浙中天童靈岩諸大知識往參之多所證明仍歸三教堂慨然曰是郎可以大隱矣閉關二十年晝夜提撕融會心性邑人欽之投拜皈依者踵相接也客至啟關側小窓對坐語機神所觸莫不歡暢微有領會處噫釋氏以募施爲事而萬緣總不言修助釋氏皆冷煖應酬而萬緣獨持平等心接待一切必不因人爲高下年七十九預定逝期集徒衆屆期微疾而逝至今

屈指僧德無虧戒修兼至者必首萬緣焉

釋旭明

釋定曜字旭明蘇氏子父祖業儒授生徒多榮顯曜年二十一父毋授之室不就寢矢志爲僧遂削髮於淨土庵苦心修行撿埋枯骨收焚字紙種種善果行之久而不倦晝則募餐夜則露宿邑人敬而憐之爲募建準提庵數楹以居凡所得施與恒分濟於人於是助資者日益衆而修行日益篤皆遵淨土開山祖心如垂訓也卒年七十一共徒亦恪守清規焉

淡然

淡然故楚藩戚畹甫結褵三日卽棄家直走黃安至邑北七十里地名八畈見其山形若天窩者悅之擬剏菴卽以居初卜基有二虎起自茅中叱曰孽畜此地須讓我虎貼耳去是夜宿虎穴中次日誅虎穴茆得三十餘擔結草庵以棲將搆正殿建左右廂苦地狹又大石肘其脇非人力可去難之一夜震霆若崩裂狀旦視則擊石片片大小咸中矩用代塩塼工費俱省中爲佛殿卽虎巢左爲樓卽石砌也樓中尙存

石一段橫直三四尺高四五寸寺僧不復鑿去留示後人焉淡然能詩字美髯白晳雖爲僧而無僧習態年九十餘卒徒衆至數百人

僧守閒

僧守閒貌甚寢機鋒四出住淨土庵素不識字然士大夫有經史疑義爲敷陳白文卽能闡說大意往往有異論出人意表

東林僧

僧某初賣妻出家東林寺懷金飲酒博戲不事僧事久之師不堪督責之則忿怒詬詈師鳴之官法徵之令頂禮其師是日始就叢林規矩其夜攜一蒲團坐師榻前師懼甚假寐伺之夜半乃見火光出其頂大駭叩之則曰我將自焚可廣招僧衆幢旛鼓樂送我於夾山寺也從之遠近驚異施柴山積友僧尤之恐其惑衆而無實行也僧笑曰吾眞火已煉就矣試以示汝因兩手相摩於香爐上火光擠濟墜灰中友嘆曰吾不識子矣次晨登柴堆趺坐日中火自發烈焰中見僧兩手持錢紙左右揮以助火勢火熾但見火

色裸形人騰翻上下數次倏然而去邑西郊引龍崗有僧大梁亦如此自焚至今塔踞山旁因並紀其名

僧才合

邑北朝陽寺古刹也井可供數百衆有僧才合自江南來行眞篤貌威嚴望而知爲宿德於寺後二里許結茅居靜基卽寺坐山背山高里許澗在山足汲運維艱忽一日朝陽寺井涸而茅庵側石罅中淸泉湧出人咸謂山神擁德移泉以供語雖不經然兩基共在一山泉脈相通涸此湧彼理或然也後才合死徒

衆散庵邱墟泉流如故亦足紀也

釋冲然

冲然名正義陂邑李氏子幼娶室生子甫就塾性不喜讀書卽棄妻子祝髪於孝感大悟山師喪吾喪吾淨土庵支派也後遍遊南浙諸叢林至天童苦叅客證若而年値歲暮正默坐澄思忽聞爆竹聲卽成偈曰本來空腹乾淨只因悮服毒藥今朝幸遇知音徹底掀翻打破手不能書倩隣僧筆之自是雖目不識字而冲口成韻又歷諸方若而年

國師宏覺禪師深契之爲付法器歸本邑創素山蘭若忽棄去壬寅來安耿巖庵以祖六沉避暑亭地延建上方寺寺成殿梁甚巨工人力盡不能起義用杖指之立上寺後有羅漢松工匠鋸將傾勢已壓新宇義亟呼山神卽反風向北得無恙遠近見聞者共尊禮之誠不啻瞿曇之在雷音也居數年又棄去居陂邑西溪庵預定逝期遍辭邑人暨諸舊識果如期趺坐而逝

志遠和尚

志遠俗姓龐黃陂人受戒叢林參學名剎曾遊南海謁普陀行雲野鶴無定所也乾隆間來黃安駐錫東岳府不招徒侶淡食粗衣日夕一蒲團木魚聲不絕人有佈施則以修廟嘉慶九年營龕廟側畢列所有以貽後僧預別諸檀越禮佛而化蓋非中無所得者矣今邑人言禪行清苦無不稱志遠和尚云

王光咸未薙髪性至潔少失怙事母極孝母歿喪葬後棄家室遊木蘭山數年歸不飲酒不茹葷不食油鹽體常豐健心慈悲見求神拜佛輒欣慕之守殺生

戒卽蟲蟻亦不忍害殆以俗而爲佛家子者

張應碩中年入釋名靜正性恬靜惟務實修於焦氏易林朱子性理皆能闡明其義尤喜分衣食之餘以勸善舉募修華嚴菴萬元寺不辭勞瘁無愧佛門焉

僧容修具夙根初生時不茹葷酒剃度後奉佛尤虔凡經咒典籙過目輒了了爲龍潭寺住持能文工詩與人多唱和延儒師訓徒衆數十年敬禮弗衰年六十四於觀音生日圓寂其能證佛果者歟

張崇善幼讀書即慕道及長好習易精術数能知未來事親歿喪葬畢立嗣守墓悉以家產與之攜眷至西蜀峨嵋山寓安樂窩数十年丹爐藥灶煆煉養真藉賣卜勸人爲善免刼卒後常飛鸞警世言皆不爽意者其仙乎

尼僧名人稀年廿餘而寡苦守数年酷好佛削髮爲尼始寄居别庵繼而隨地募化先後創建庵二重題名綠波蒲塑神像供奉香火惟虔朝夕嗪誦釋經無間寒暑事姑孝姑老且衰迎庵奉養每賊至肩負姑逃

匿深山而庵卒未燬或者敬佛孝姑其心誠故神陰護之也

按天下那有神仙空門端惟釋教誕妄寂滅均非所以訓世然絶粒服氣説禪誦經好元渺者毎樂道之故取其明心證道者合前箓入以表異云

僑寓

昔郭林宗訪黄叔度於汝南至今泐碑其地偶爾投足人爭慕之況喬寓是邦者乎安邑僻在萬山建自明末名賢碩士惠然來者無多焉然其人德行文章高出流輩則吉光片羽皆增人景仰之思因據舊志所紀外參以數人亦如桃花之洞不没坡公灊水之墩猶傳程子云爾志僑寓

明朝狀元焦竑

秣陵焦弱侯竑耿恭簡之門人也恭簡督學金陵執

經問道有日矣後入詞林訪師過安築室天窩書院與温陵李贄及驛人馬逢暘呂四峯何心隱輩同遊處相周旋凡所題咏山川皆增色翰墨淋漓今流落人間者珍之若拱璧公事業在朝廷文章耀當世俱載明史不具論論其僑於安者如是而已矣

太守温陵李贄

李卓吾名贄字宏甫福建舉人與邑中耿楚倥相遇自下榼友善仕爲姚安太守將之任路經團風紆道過楚倥因謁耿恭簡深投契合遂有寓安之意以其

堦及女僑居於耿氏之五柳别墅與楚倥約曰待吾三年蒲收拾得正四品祿俸歸來爲居食計即與先生同登斯岸矣既三年果棄官來歸曰吾老矣得一二友以永日吾樂之何必故鄉耶爰棲此焉初講學多與天臺牴牾晚始合故楚倥傳中有云兩舍則兩忘兩忘則渾然一體又云志同道合豈偶然耶所著焚書藏書續藏書皆脱稿於天窩釣臺似馬之間時笑傲山水覽輙題咏其遺跡至今宛然在也尋徙麻城

巴州刺史駱億

駱之族其先隸籍義烏後爲麻城人有駱億者字静軒號無懷中嘉靖甲午鄉試歷官巴州刺史不畏强禦不諂事上官遂不得晉其秩父源泰以孝行聞宗黨之不能自立者悉周之事載麻邑志今其里巳隸吾安而億與源泰之邱墓皆在焉語曰里名勝母曾子不入邑號朝歌墨翟回車觀賢人君子之所止其亦知風土之所存矣

何心隱呂四峯

何心隱不知何許人與其徒呂四峯以問學來從恭簡遊胸次落落有不屑輳下意每風雨之夕師弟常相抱痛哭人莫知所謂四峯字正寘福建人饒學識身長腰濶虬髯膂力心隱體不勝衣峯事之惟謹及隱被逮峯隨詣訊裂眦握爪隱目囁之乃止會應試鏈闈俄海泊至當事扣闈出峯遇數百倭拔舟桅撞擊賊應手斃奪舟走復掀湫岸石碎舟退寇仍歒闈竣試事其在安也嘗過似馬山吳氏書院有亜蝕檜九孔如貫珠指使射之九發次第不差工詩草間題

壁間有龍戰虎爭之狀字漫滅多不可讀僅辨一律云山城一雨百花新水色雲光轉綠蘋芳草不生車馬路垂楊偏戀酒家春南北西郊梅巳過一枝聊寄隴頭人後不知所終云爲海外酋長耿司馬一日坐海船中偶念之忽一人從天際飛來但覺鬚眉改色耳縱談移晷復飛去遂不見

馬逢暘

馬逢暘字伯時金陵人石林書院十八子之一幼治舉子業弱冠爲諸生恂恂雅飭耿恭簡見而奇之命

受學於焦弱侯已而出遊得一劍附歸鐔有賜死一二字逢暘不知也妻見之以爲杜郵之命遂伏劍妻家構之繫獄三年家益落恭簡爲白乃釋歸棄諸生不事擔簦躡屩來黄安見五雲山有耿先生講學精舍因擇最幽處誅茆壘石偃仰其中藝花種竹日以圖書自娱有勸之娶者曰而不見傷弓之鳥驚餌之鱗乎人以室家爲樂固余之弓餌也時與緇衣羽流往來亦讀二氏書然不深解獨喜故所習儒書居山數年足跡不入城市不知所往

陳法瞻

陳法瞻閩之貴公子也工字法初與董公其昌同師莫雲卿後爲董代筆董莫辨真贋安人耿逹倩盧昭許延師之其論中鋒偏鋒折鋒提飛捺滿真鍾王嫡派然法瞻所負不在字也常携十客來安於桃花鎮猝遇賊數千南下瞻率客轉鬭而北賊衆披靡伏兩行侯其過始整旅去蓋客皆力能舉千鈞超越重壁劍俠儔也瞻形短小如不能縛雞然肘脅肩膝無非暗器觸之輙死後應楊公嗣昌募不返矣

殷海鶴

殷海鶴孝感人明末天下大亂鶴以僮僕妻子數人來居邑西之岐峄山自言江夏陳生求爲鄉人訓蒙以自給與之論文不應亦終不定言家世姓字或有遇鶴酒後吟詠極苦似能詩者卒莫得其稿一日忽不知所往入其室見壁間遺聯云閉戸不聞嚴虎嘯披衣常待燭龍明墨書淋漓深得顔魯公筆法至今人呼其址爲陳先生廬云

趙孟襄

趙孟襄太倉人常客安能背誦廿一史不失一字爲文下筆千言立就詩則矢口不假思索善火器有地雷竹炮水炮等百餘種善舞刀舞時人以器擲之皆迎刃破無能中者善導引隆冬裸體以冷水灌頂氣蒸蒸起灌愈多氣愈盛水爲之沸後應楊公嗣昌募去　已上舊志

彭蕙支

彭蕙支字田橋四川舉人前令彭公瑞徵猶子也能詩工書著有棧行三十首時目爲名士與孫令文騂

善因過訪焉襟期瀟洒議論縱橫有不可一世之槩孫令雅重之初至聚飲一枝香室分得田字詩云雲蹤忽寄楚中天舊贈綈袍着五年甘苦境常慎已往升沉事更感當前酒泉有福應封郡陽羨何人爲買田却愧此來仍戴笠莜廳衙放聳吟肩啟明樓賞雪分得過字詩云東門門樓敞賓坐款客客起爲公賀昨朝今朝雲氣凝千片萬片雪花大天霏玉屑地無塵麥飽瓊漿人不餓雪兮雪兮人我筵酬爾三杯再飛過皆一揮而就豪於酒無日不醉醉則吟吟則書

邑人求書者惟招之飲醉墨淋漓頃刻十餘幅醒則不爲書矣居四月江右撫軍延之去後有自蜀來者傳其屢試春官不第客中州病酒而卒以彼奇才淪落如此可哀也已

賀長清

賀進士長清字耐亭光州人前令李公榛與其太翁璋同年友延之課孫癖吟咏日與邑人相唱和著作甚富在安五年門人弟兄三同月遊泮後赴都就銓得山東臨朐知縣行至蘆溝疾作而逝曾見其題人別業云修竹成林綠到天閉門清興亦翛然案頭猥藉三升墨腕底絲綸五色箋老屋不華添古趣才人隨地有詩緣輞川別墅平泉業好趁新晴坐曉烟清麗可喜又傳其月夜賞桂有花既分明月亦香之句四座擊節亦嘉話也

瞿培

瞿培字德田武進宦裔也重然諾慎取與動必以禮工詩古文詞屢躓場屋入都館倉場劉少司農家預校三分書籍在江南徐州時有舊友貧且病慨然送

之歸未抵家卒出橐中金爲摒擋一切生平古道類如此旋遊江右有匡廬小孤諸記與廉訪嚴公貧賤交延之來楚嚴調甘藩遂客安幕凡六年著有德田存稿五言如風聲驅石走雨勢挾江飛野水浮牛鼻晴沙趁鷺拳百病老方覺一身客亦難初月隱高樹微風生夕凉七言如十數點雨不碍日三四片雲常在天千重紫塞穿雲背萬里黃塵撲馬頭月當寒夜疑無色樹近深秋易作聲皆警句也道光元年就醫僧寺竟卒孤惇裕扶櫬歸里邑人士重其品愛其詩

且稱其古範清標可以風世固請登之喬寓此豈能得之他鄉者鳴呼難矣 以上舊志

新纂僑寓

席方璘號介石襄陽樊城人由廪貢保授訓導姿聰慧性洒落文藝極堅卓六試棘闈三膺房荐尤喜談山水趣道光辛壬兩歳爲司訓曾百賓西席日與廣文吕梁湖少府章埔泉暨郡城士紳相唱和縱情詩酒外手執一編不輟邑中逺邇爭識荆焉

范鶴壽號蔭堂捐授縣丞晉保儘先知縣原籍浙江

從先君橐筆湖北咸豐丁戊巳庚四載前邑侯林心培揚春生延致幕席屢館荆宜施道署爲人處心積慮多方解釋有大化小小化無之譽暇則與學師吳九帆李定庵怡情詩酒假館南亭數年從未與俗人面殆僑寓中之矯矯者歟

貢士萬奇芝號仙坡與山人爲文穆齋大令西席居署內甜颿書屋品學爲幕友中最性耿介喜遊覽年近七旬精神矍鑠政事之暇輒與二三文士遍覽邑中名勝吟咏甚夥節載藝文

按天地遽廬也人生其間過客也宇宙雖寬何非僑寓之所哉苟其勲名赫弈則不期傳而自傳若岩穴之士惟抱負過人或相與物色焉然而風塵轣轆中交臂失之者比比矣敢詡寥寥數人足以槩其蹤哉

合纂方技

形上謂道亦形下謂器百工小技而至理寓焉士志無所成各耳果其專心致志則公輸之巧奕秋之善安知不卓絶千古哉志方技

明朝羅正則

羅正則蜀人也挾奇術遊黃安嘗在松陽令盧縉慈座宴中令衆離席數尺正亦叉腰遠立席忽起跕梁間頃復下杯肴無所動又宴別駕耿應衢座從衢索視寶劍衢言劍在後樓請俟異日正遂注目視後劍

忽飛出從罅隙中插立席上庠彥王以延以六壬書數部請時方擁鑪正遽投之火延深不平正笑曰書固在也出諸袖中程太守雪門以一硯請正熟視忽迸銀綫一道綫上一蜘蛛飛繞乃白佳佳以器覆之起器硯如故居安數載逞術以千百計後遊燕邸李公括蒼薦之於朝時有賊星在北斗懷宗命禳之乃披髮仗劍指星而呪呪畢星隕授以兵部司務順治十年後攜家來安主庠彥耿邁宗家不復逞術邁處之天窩書院中凡二年復歸於蜀觀其人其行或亦新垣平鄭裨竈之流亞歟

鐵彈僧

耿六沅好奇士有一僧求寄居於其庄側之避暑亭僕許之沅初未之知也一日出二鐵彈子如卵箝其腹以與衆挺搏挺擊彈首尾而莫傷其指笑曰非搏也格也若果搏彈早彈壓人挺莫能舉矣噫其弄丸之僚歟抑公孫大孃之劍渾脫瀏漓而進乎技者歟

彭長溪

彭長溪者太仙里人也少讀書明醫善鍼法一日行

道上見一男子謂之曰是倘有脇痛者其人曰然長曰腹有蛇將囓汝肝遲則不可起矣吾爲若鍼之鍼入臂其人亦不之知也約七日來會於此果如期至長曰其蛇已死可去鍼越三日蛇自腹中出腐其首果如長言

張昌張清

張氏之先有曰昌曰清者兄弟也皆力能斃虎碎石捷若猱猴方未建邑時里中多盜聞盜即往敉先後斃盜百數矣盜魁患之佯爲結好思圖之一日折柬

招伯飲仲曰不往示弱往恐見害奈何伯曰往哉汝爲吾繼仲伏山後伺動靜伯至羣盜出迎皆如猛獸奇鬼狀伯獨坐南向盜列兩行前擁十餘席盎暗四之矣盜魁曰聞公高藝試觀可乎曰諾衆方矚目已飛越十餘席立塒中北向矣會仲亦隨至遂攜手去羣盜股慄裔孫有正甫者傳其鎗法能敵慣盜二十餘人盜不敢犯焉

國朝

王之善

王之善字淑之本農家子習儒者業一日過道士授以書占驗休咎其應如響以此徧遊海內名動公卿年六十五以疾卒

李文軒

李文軒不知其名世居灄源里家貧順治初嘗從山僻間得素書一卷砭針數枚錢馬勒一具遂精馬醫聲噪遐邇林大中丞聞之召試其術有馬孕數月合射腹中駒蹶曰當産某駒已而果然邑紳有愛馬病命視之曰爲我具雞黍已而取雞腿二納馬鼻中須臾出蜈蚣長數寸許馬遂愈其他破腦開胸應手而起未可殫述孫列邑庠後其書失傳

王子寀

王子寀邑西鄉人少業匠引繩削墨已擅時名嗣因痘毒入眼年十五而瞽人皆以爲廢及痘痊仍操是業運斤成風視未盲技更進其錐刀斧鑿之物鬪笋合縫之工都不與凡匠等殆所謂盲目而不盲心者歟噫技也而進乎道矣以上舊志

耿興儼董夢蛟

耿興儼字鐵山善畫馬於山水尤工省志後庠彥董夢蛟字角木亦以水墨大幅著

韓五公子

韓五公子者黃安人兵部職方司庚寅季子也生而聾且啞父教之識字能摹樂毅論見者以爲神肖有武力徒手可敵二三十人雍正間歲大祲富室吳某家近河南有流民恃衆將行劫吳延韓衛之盡逐流民去及歸有十餘人以棒尾其後擊之棒未至碎爲兩段賊斷右臂遁省志

楊重華

楊重華瞽者也以手相馬臝凡牝牡年齒毛色德性能歷言不爽省志

彭仁池

彭仁池亦瞽者以星學自活遠行不用相一日詘五里山失錢十七枚既歸仍往原處尋而得之

劉秉德字均粹灝源里人幼業儒不成棄而業醫遂精岐黃一日途遇小兒之以痘殤者將瘞曰可活也乃置尸井傍汲水注之色轉白俄頃兒噫遂活有貴人目中見鏡形乞治均粹邀過已家食既至劉入內

久不出而几上置醯一楪貴人取而飲之未幾劉出曰見鏡乎曰無矣劉曰君善飲醉食魚鱗鱗粘肝故有斯疾也乃歡飲而散大抵疾愈奇藥愈妙效愈速其用藥不拘成法或一味或數十百味以意裁之悉與病準無問吡隸乞丐有求必應學使姚公聞其名檄縣舉爲鄉賓辭不赴給扁旌之年八十餘終子紹基廩生紹堯太學生

韓維魯太學生少習舉業父遘疾屢醫不效遂專精岐黃時族中某有奇疾盛暑暴烈日中猶畏寒衣奄待斃魯診之曰是倘可爲也命取涼水將病者袒衣淋之二人交扇約十數刻汗出如雨氣騰如燭竟勿藥而愈甲午歲光羅大疫延魯至無不應手輒痊全活甚衆常於通衢置義漿以濟行人猶小惠也

阮楚平字子原幼聰慧博極羣書兼通輿雲致雨之術嘗值歲旱黃陂令延請設壇祈禱刻日甘雨大沛贈以德堪作霖扁額後客京師士大夫皆樂與之遊少宗伯王昊盧叅政俞森皆器重之益不惟其術而惟其品也閱數年歸里子啟稷入黌序

秦德馨庠生膂力過人常逐奔牛持其角牛不得前逐奔馬攬其尾馬爲却步坐山凹間一鹿爲獵者所逐超越其頂遽起執鹿後足而反撲之鹿頓斃又立門閾前數人拽後數人推不爲動其力自十二至七十未嘗少衰亦未嘗一日疾病性和平不與人爭非值用武之時故終無所表見

明陳志明字養晦習岐黃哲於術之無奇由是北遊燕薊西入關中東至白下南涉湘沅徧師名手遂得其要訣之無不偶發而奇中於傷寒陰陽二症汗吐

下三法尤得其肯綮安陸雷芳筠倩授之梓一名窺垣秘術其書現存業醫者宗之

陳宗伯品行端直醫道精通存心濟世錙銖勿取土庫店街嘗有挑貿路過者腹疼斃市人延伯往救敕以磁針立甦又有産婦驚風病久昏暈就木適宗伯遇之一藥而起

王俟綏號夔堂精醫學活人無算著有靈樞得要行世子蘭號者香能文未遇繼父志亦善醫兼工書耽吟咏著有蕉軒集沔遊草待刊

程森福太學生業精岐黄存心壽世子五長監生楚璜承父志仍醫術濟人

程身維學宗盧扁人有疾隨時診治不計利貧者施藥晚舉三子長德煥庠生

王崇道號輝辰精醫學達至光羅黄孝四邑活人無算訣生死無一爽里人重之著有傷寒秘訣待梓

瞽者周宗仁性坦直家貧以藝售善星學卜筮談休咎多奇中嘗自推終身有亂厄同治元年聞賊警人求卜驚曰爾等無慮吾家凶率妻子兩弟至卿避之夜果遇賊被執怒罵不屈賊刃交下至死罵不絶口妻與弟均受傷二子被擄悉如其言何一無目人而前知之神若是也

張元和幼讀書成童後遇有授以白水符術者遂業醫凡刀斧蹉跌諸傷治之立愈酬以金弗納咸豐十一年有彭姓孩被賊斷後項幾破喉和治以符三死而甦餘所活者類是

耿普睿工大小米倪雲林畫法花卉山水人物悉精妙具生趣尤善畫馬得先代鐵山真傳

陳鳳翔字小山善畫人物花卉更長於臨古畫酷肖唐白虎倪雲林筆意

李友松工山水有烟雲變幻態人莫能及

黄潤善畫嘗遊荆襄間尤工水墨寫意

程步文程心鏡善畫翎毛知琴一夕居鄂城撫琴七絃有一僧亦善琴過聽入座談叙至契因共彈更盡蓋知音相賞云

吴廷輔爲母病精岐黄有求者即至不受謝邑令李眷屬患鶴膝風名治而痊給儒醫濟世額誼有醫方秘

訣孫鳳翔得真傳亦神明其術云

按德成而上者藝成而下技藝與道德本自懸殊然而一節之長總由夙究精之亦可入神故凡專門名家例得編入以傳後云

新纂方技

監生程爲楠品正行端少習儒因遇艱遂殫心醫術有延之者即往不避風雨施藥活人無算

監生黄登選屢冠童軍未售遂託業岐黄里有災癘全活無算且多濟世奇方治疾輒出人意表

貢生熊錫魁栽花種竹時以琴書自娛究心醫道遇奇疾應手而愈每年捐貲買藥濟人分文不取尤明地學

黨學謙號海雲祖由陝西貿易黄安遂家焉性聰頴善畫聞有古名人筆迹無遠近必親觀之玩賞不倦山水人物俱工尤妙於寫意筆法高古獨步一時桑隨邑人士遊學詩頗有别致又學琴抄有簡明琴譜

職員李全泰能文未遇遂業岐黄人求診視無貧富不計利多所全活有爭訟者極力解之年七十餘卒

儒士潘玉成號汝亭少聰頴善屬文屢躓名場晚更徜徉山水瀟洒自如嘗慕顧虎頭之爲人墨梅其最著也人爭購之

曹公朗號𢌞雲業儒性沉静工吟咏尤善畫潑墨山水室搆一小齋珍藏古今名人字畫日與騷人逸士爲

文字亦高雅士也
袁開先岐黃濟世不計利脉定修短立驗遠近延之無虛日全活者不可勝算
秦厚煥號席珍儒醫濟世年近八旬精神矍鑠治貧家病徒步往不受謝道光年間瘟疫大興煥至立愈生平和厚接人子三長必敬次必斐太學生均精醫理孫七紹游嗣游嗣暐邦彥俱庠生
州同熊錫祿精通外科每年捐貲施藥濟世子貢生文舫善畫山水尤工

鄒盛鈺號海門少聰穎及長精岐黃遇貧民患病無論遠近徒步往治不取利全活無算鄉里賢之
李印綬號若齋同知銜性剛直好施與里閭推服喜讀史歷代事蹟瞭如指掌尤精堪輿研究地理不爲形家言迄今年屆八旬遇有牛眠吉地猶不難徒步往視云
楊名川號海峯幼習儒不遇遂棄而業醫年七十餘有延請者輒往全活無算亟不任謝焉
鄒崇謙號益堂家世業儒性淡泊不圖進取得醫宗金鑑一部深探其奧遂以醫名世云
李印書積學未遇中年精醫術人有病求診不避風雨輒徒步往鄉里多所全活時人謂之神醫
趙朝元善符咒有起死回生之妙歿後猶降神以濟人鄉里多敬祀之
余中孝字裕國精通醫理有文正公濟世之心遇貧困家求治徒步往診不辭勞頓

重脩黄安縣志跋

在昔劉歆好事集雜記於西京師古多能輯巵詞於南部此皆跡涉游觀文成淹博不闗風化無益地方者也惟我黄安城處萬山界連兩省劃三壤以建邑地亦鍾靈拮百艱以安民官多名宦欲徵文獻全頼志書雖經創造於前明已成往事曾被續刊於曩哲亦歷有年况兵燹迭遭故版非徒蠹蝕而簡編遺失後人尤屬狐疑苟非載籍難以周知恃有成編始能

徵信爰議是書之續纂乃合衆論以詢謀刋刻必需經費照産業以勸捐贊襄端藉老成務選擇以任事因是奉　宰官之延致同志協修遵　上憲之飭知盡心彌補凡勝水名山備詳形勢荒祠古蹟添注本源鶴瘦琴焦廉吏之風規宛在鴻軒鳳翥名人之科第增榮孰宗理學於天台儔集名賢於樵洞經頻年之締造樓閣聿新壯合邑之觀瞻城濠踞勝三鄉隐逸漁水樵山百里款麗家絃户誦細數人才之盛功

名應列縹緗載稽生齒之繁户口宜登簡册而且忠臣孝子一本至性至情烈女貞姑都是可歌可泣以及舍生取義氣壯山河飲蘗茹氷心同金石倘聽其沉淪湮沒則千載誰知必為之表白顯揚庶九原無恨漫詡多文之士相與遠紹而旁搜惟偕篤志之儒務在黜華而崇實是非不謬願竊比於前賢採訪無私要必資乎僉舉持論衷諸直道垂訓不取奇行矧夫博我以文竊成嘉會抑亦愛人以徳奚事諛詞詎

擅三長評擬高於月旦聊攄一得語誰誚乎雷同故事可稽秉公無濫不津津於司馬之腴凛凛於南狐之筆也哉是役也分條别類三百年事蹟如新去僞存真五十會民情畢具官斯土者其亦可以徵安邑之流風睹郗城之盛事也夫

同治八年歲次己巳小陽月邑人少巖吳言昌謹跋

續原毀

邑人吳言昌少巖

古今磊落光明魁閎奇偉之士將欲自振於末流以播芳名於千載豈復尚有遺行不满人意者然名為人世之所爭抑亦造物之所忌故仁義之行至美譽詠者不容忠孝之數多奇艱難者被謗此文王見讒於祖崇仲尼受厄於陳蔡武穆喪生於檜禺也天壤有君子必有小人參差之產陰陽以之示神奇士君子生於衰薄之俗可以殺可以辱而其心終不校小人惡乎高世之行不敢殺不敢辱而其心究不死蓋

君子心目中無小人而小人之目中有君子而小人之心中則不願有君子也不願有之而究不敢辱之不敢殺之於是乎思他人之辱之殺之也而又不敢必他人之辱之殺之也遂午夜圖謀必思所以中之而使人惡之而辱之更憾之而殺之也蓋其心無適而不相刺謬焉故或則避其害袖手而旁觀或且乘其機落坑而下石即有與為同心者其時促其勢孤徒憤激而為之不平夫天地間清氣少而戾氣多故夫麒麟在山豺狼遍野蛟龍在水鱷鱷橫江靈芝之旁叢生乎水莽丹砂之外更產乎砒黃物猶於此況於人乎嗚呼噫嘻我知之矣名愈尊者忌愈深行愈高者禍愈烈如謂德可感人而人心不可問誠能格天而天道又不可知然則欲介然自立其必不生於斯世斯可耳士生斯世世生是人故君子愀然有世教之懼焉

補鍋者說　　邑人吳言昌 少巖

客有補鍋者過於門其容愀愀然余怪而問之曰天地有闕陷神仙其補之政治有闕畧君相其補之書籍有殘闕聖賢其補之此大較也方今之世忠孝節義之事人無闕行工虞水火之官朝無闕職而子以補救之術施於破鍋之間是亦不無小補也夫何有不豫色然客對曰嘻先生烏知夫予乎亦烏知夫予之心乎不知夫予之心又烏知夫予之業此乎曩者予游心於文章之藪肄業於道德之林竊見夫天闕

東南莫補女媧之石地闕西北宋補不周之峯風雨有時而闕漏日月有時而虧盈華黍由庚詩闕其句郭公夏五史闕其文他如閭望之儒闕其著作勤修之彥闕其功名守分之人闕其衣食積德之士闕其子孫孤掌難鳴也而闕其手足夫妻好合也而闕其昏姻以言乎人老也而闕其齒以言乎物兎也而闕其唇蓋指之難更僕數而述之莫罄其名也及夫曠觀宇宙遍覽寰區又見夫超然物表卓爾人羣者非不自命爲鴻儒而文章有闕焉非不自命爲名臣而經綸有闕焉非不自命爲全人而倫理有

闕焉非不自命爲搢紳而品行有闕焉人共指其鏬隙之處而不自知其欠闕之行即自知其虧闕之行而又不盡其彌補之道惟此一鍋之破綻則張皇而補苴是皆昧於已而明於物也舍其大而圖其微也可慨也夫予匪景公常切補耕之志予非山甫長懷補袞之思今乃無補於國家無補於天地無補於政治無補於聖賢無補於當時無補於後世而芒芒擔荷碌碌風塵徒試其技於破鍋焉是豈予之心哉